COMMENTAIRE

DE

L'ORDONNANCE

DE LOUIS XV

SUR LES SUBSTITUTIONS.

COMMENTAIRE

DE

L'ORDONNANCE

DE LOUIS XV

SUR LES SUBSTITUTIONS.

Du mois d'Août 1747.

Par Me F U R G O L E, Avocat au Parlement
de Toulouſe.

A PARIS,

Chez Herissant Fils, Libraire, rue ſaint Jacques.

M. DCC. LXVII.

AVEC APPROBATION ET PRIVILÉGE DU ROI.

A MONSIEUR
DE SARTINE,

Maître des Requêtes, Lieutenant Général
de Police de la Ville, Prevôté & Vi-
comté de Paris.

MONSIEUR,

Lorsque M. le Chancelier d'Agueffeau jeta les fondemens de l'Ordonnance

des Subflitutions, & que cet Oracle de la Juflice eut envoyé à tous les Parlemens du Royaume les queflions douteufes qu'il vouloit réfoudre dans l'Ordonnance qu'il fe propofoit de donner au Public fur cette matière, on choifit dans chaque Parlement des Commiffaires qui puffent répondre aux vues de cet illuflre Chancelier, & le fuccès juftifia que c'eft dans ces Compagnies Souveraines que réfident les Oracles de la Loi.

Après que l'Ordonnance des Subflitutions eut paru, M.ᵉ FURGOLE, fut invité par Monfieur de Lamoignon, fucceffeur immédiat de Monfieur d'Agueffeau, d'y faire des obfervations, comme il en avoit déja donné fur la matière des Donations.

M.ᵉ FURGOLE remplit les vues de ce Grand Magiftrat; mais fa mort *l'ayant privé de voir son Ouvrage im-prim*é, Monsieur de Joly célebre Avo-cat du Parlement de Toulouse, son gendre, digne successeur & héritier du mérite & des talens de son beau-père, eut la satisfaction de le lui présenter lui-même. J'eus l'honneur d'en être nommé le Censeur, & ce fut avec admiration que je trouvai dans cet Ouvrage immor-tel, les discussions les plus profondes & les plus sages sur tous les articles de cette célebre Ordonnance. Eloigné de la Capi-tale, Monsieur de Joly ne put veiller à l'édition de cet Ouvrage ; il me chargea de ce travail, & mon amitié pour lui me porta à accepter avec empressement une fonction aussi conforme à mon goût.

Il me laissa aussi la liberté de la Dé-dicace, & je saisis avec joie une occasion qui me mettoit à même de vous donner

*

une preuve de l'attachement le plus ſin-
cere & le plus reſpectueux.

Je n'entreprendrai pas de vous repréſenter ici tel que vous êtes ; je ne pourois
le faire que très-imparfaitement ; ma
plume n'a pas aſſez de force pour ſe ſoutenir avec la dignité néceſſaire : ce ſera
par vous - même que votre nom paſſera
glorieuſement dans la poſtérité. On s'y
ſouviendra avec plaiſir de la dignité
avec laquelle vous remplîtes les fonctions
utiles & pénibles de Lieutenant Criminel
de la Capitale d'un grand Royaume ;
votre juſte ſévérité contre le crime ne prit
jamais rien ſur la douceur de votre caractère ; & armé du glaive de la Juſtice contre le Criminel, vous fûtes ſenſible au ſort
du Coupable. Vos Jugemens étoient conſtamment proportionnés à la grandeur
& à la ſublimité de votre génie , qui

toujours

toujours guidé par la sageſſe & ſurbor-
donné à l'eſprit de la Loi, n'a connu
pour régle de ſa conduite que la volonté
du Souverain & l'amour de la Patrie.
Vous en avez, MONSIEUR, don-
né des preuves ſi éclatantes, avec tant
d'agrément, d'applaudiſſement, & de
ſuccès, que le Châtelet de Paris, au-
roit regardé pour lui comme une perte
irréparable, de ne vous pas voir dans
ſon ſein & au nombre de ſes Membres,
s'il n'avoit la ſatisfaction de vous voir
occuper la place importante de Lieute-
nant Général de Police de la premiere
Ville du Monde, dont vous rempliſſez
les fonctions avec une ſagacité & une pé-
nétration qui rendront votre ſage admi-
niſtration à jamais mémorable.

Pour moi, qui ai été plus à portée de
connoître l'aménité de votre caractère

*b

bienfaifant, permettez-moi de vous donner cette marque publique de mon attachement. J'y trouve le même avantage
qu'éprouverent les amis de Cicéron, dont
les noms feroient inconnus & enfevelis
dans l'oubli, & qui ne fe font confervés
jufqu'à préfent, que parce qu'ils fe
trouvent mêlés & confondus avec celui
de ce grand homme.

Je fuis avec le plus profond refpect,

MONSIEUR,

Votre très-humble & très-
obéiffant ferviteur,
PONCET DE LA GRAVE.

AVERTISSEMENT
DE L'ÉDITEUR.

QUOIQUE le nom du favant M. Furgole fuffife pour accréditer fes Ouvrages, par le feul effet de la réputation dont il a joui pendant fa vie, on ne fe croit pas difpenfé de raffembler ici ce qu'il y a de plus intéreffant fur fa perfonne, fur fes écrits, & par quels motifs il a travaillé fur l'Ordonnance des Subftitutions. Tout ce qui regarde ces hommes rares, qui, comme M. Furgole, compofent des livres originaux dans les matières qu'ils traitent, eft véritablement digne de la curiofité publique, ils font de tous les fiécles, & toutes les nations ont un droit acquis de les confulter.

JEAN-BAPTISTE FURGOLE eft né dans le lieu de *Caftelferrus*, diocèfe de Montauban, province de Guienne, le 24 Octobre 1690;

Jean Furgole fon père étoit Notaire du même lieu; il avoit des connoiffances au-deffus de fon état; mais il étoit encore bien plus confidéré dans fa contrée par fa probité, fon défintéreffement, & les charités que la Demoifelle Dané fon époufe exerçoit de concert avec lui.

Notre Auteur fit fes premières études à *Caftelfarrafin*, où il y a des écoles publiques, & enfuite à Moiffac dans le Collége des Doctrinaires.

Après fon cours de Philofophie, qu'il finit dans le mois de Juillet 1707; c'eft-à-dire, à la fin de fa dix-feptième année, il refta environ quatre années dans l'oifiveté; mais il fentit vivement la perte de ce temps, lorfqu'un âge plus avancé lui en fit connoître les conféquences.

On le vit reprendre le cours de fes études fur la fin de l'année 1711, par l'étude du Droit, dans la célébre Univerfité de Touloufe; & il prêta fon ferment d'Avocat le 9 Juillet 1714.

Dès cet inftant M. FURGOLE s'attacha à l'étude des Loix avec une application égale au desir qu'il avoit de réparer le temps qu'il avoit perdu ; on l'avoit vu d'abord durant son cours d'Université, employer à l'étude jusqu'à dix-huit heures par jour ; il étoit l'exemple de ses condisciples, & faisoit l'admiration du savant M. Duval, l'un de ses Professeurs ; ensorte qu'on ne fut pas surpris de l'assiduité qu'il porta au Barreau pendant les cinq premières années: mais l'on fut étonné qu'avec tant de connoissances, que M. Furgole avoit, il ne voulût jamais durant ce temps, se charger d'aucune Cause.

Le motif de ce refus étoit pris dans le genre de vie que s'étoit prescrit notre illustre Auteur. Son assiduité au Palais avoit pour objet de se perfectionner dans la forme & dans la pratique ; il voulut la connoître à fond, avant de se charger d'aucun Procès : il s'étoit proposé de compiler toutes les Loix du Digeste & du Code, les Novelles de l'Empereur Justinien, le Texte Canonique, les Ordonnances, les Arrestographes du Parlement de Toulouse, & les Auteurs les plus connus dans ce Parlement, afin d'allier les Loix avec la Jurifprudence des Arrêts, la théorie avec la pratique. Ce travail l'occupa l'efpace de huit années.

M. Furgole crut dès-lors s'être mis en état de remplir les devoirs de fa profeffion avec autant de dignité que d'avantage pour fes cliens : auffi fut-il reconnu pour un Savant dès la première année qu'il fe deftina à l'exercice, & fon emploi fut enfuite très-confidérable au Palais.

Le 17 Septembre 1720, M. Furgole fe maria avec Jeanne-Marguerite Paufadé, fille de M.ᶜ Pauzadé, Procureur au Parlement de Touloufe, dont il a eu plufieurs enfans.

Quelque temps après fon mariage, il quitta le Barreau pour fe renfermer dans fon cabinet, ayant altéré fa fanté par une étude immodérée ; ce qui ne lui permit pas de fuivre l'exercice pénible de la plaidoirie.

M. d'Aguelleau, Chancelier de France, ayant formé le projet de rendre la Science uniforme, il envoya pour cet effet au mois de Novembre 1729, quelques queftions fur la matière des

Donations , pour être éclaircies par quelques Conseillers du Parlement de Toulouse.

M. Daspre , Président au Mortier , qui étoit alors à la tête de ce Parlement, à cause de l'absence de M. le Premier Président , jeta les yeux sur M. FURGOLE pour traiter ces Questions.

Notre Auteur remplit cette commission avec zèle : il ne se borna pas même aux questions proposées ; car il en traita un grand nombre d'autres , surtout celles qui lui parurent les plus difficiles , & les plus susceptibles de controverse ; ensorte que l'Ordonnance de 1731 ayant paru , il fut invité par plusieurs Magistrats du Parlement de Toulouse, d'y faire des observations qui leur parurent nécessaires , à cause du mêlange des principes du Droit Coutumier avec ceux du Droit Romain, qu'on trouve dans les dispositions de cette Ordonnance.

M. FURGOLE entreprit ce travail d'autant plus volontiers, qu'il y fut encouragé par M. le Chancelier d'Aguesseau. L'exécution en étoit d'ailleurs très-facile à notre Auteur, & il y joignit les queſtions qu'il avoit traitées avant l'Ordonnance; ces queſtions n'avoient point été prévues ni décidées par cette nouvelle Loi.

Cet Ouvrage fut d'abord imprimé à Toulouſe en 1733, en un volume; il l'a été depuis en 1761 en deux volumes *in*-4.° avec des additions trèsconſidérables. Il eſt compoſé de trois parties.

La première comprend l'Ordonnance du mois de Février 1731, ſous ce titre : *Ordonnance de Louis XV, Roi de France & de Navarre; pour fixer la Juriſprudence ſur la nature, la forme, les charges & les conditions des Donations : Donnée à Verſailles au mois de Février 1731, avec des obſervations autoriſées par les Ordonnances, le Droit Romain & les Arrêts du Parlement.*

Les deux autres parties comprennent cinquante queſtions, ſous ce titre : *Queſtions remarquables ſur la matière des Donations, avec pluſieurs Arrêts du Parlement de Toulouſe, pour ſervir de ſupplément aux obſervations ſur l'Ordonnance du mois de Février 1731.*

Tous

Tous les Arrêts de préjugé que M. Furgole rapporte, ont été rendus (à trois ou quatre près) fur fes Ecritures, quoiqu'il ne l'ait pas dit dans fon Ouvrage.

Dans fes Obfervations fur l'Ordonnance, M. Furgole donne d'abord une explication littérale du texte, il explique enfuite les motifs & les raifons de fes difpofitions ; il confère le texte avec le Droit Romain & les anciennes Ordonnances , il remarque les dérogations que la nouvelle Loi a faites au Droit Romain, aux Ordonnances : antérieures , aux opinions des Auteurs , & à la Jurifprudence des Cours fupérieures ; il examine enfin les difficultés qui peuvent avoir du rapport avec la Loi qu'il explique.

Dans fes queftions , M. Furgole rapporte les différentes opinions des Auteurs , & la Jurifprudence des Cours fupérieures , furtout du Parlement de Touloufe, avec les raifons fur lefquelles on fonde les différentes décifions ; il embraffe enfuite l'opinion qui lui paroît la plus conforme à l'efprit de la Loi , fans s'arrêter aux

ç

préjugés : dans les queſtions qui ſont ſuſceptibles de recherches, il remonte à la ſource, & il
fait une hiſtoire chronologique des différens
changemens qui ſont ſurvenus dans la Juriſprudence par rapport à la queſtion qu'il traite juſqu'au point de ſa fixation. Cette méthode qu'on
ne trouve pas, même dans les meilleurs Auteurs,
parceque l'exécution en eſt très-penible & très-
difficile, lui a paru l'unique moyen pour décou-
vrir la vérité & le bon avis dans le conflit des
opinions.

M. Furgole crut devoir faire préſenter ſon
Ouvrage à M. le Chancelier Dagueſſeau, qui
l'avoit invité à y travailler : il ſuffit de rapporter
ici la reponſe que fit cet illuſtre Chancelier à
l'Auteur, pour en donner l'idée que les Savans
en ont portée à ſon exemple.

J'ai reçu l'Ouvrage que vous m'avez envoyé,
Monſieur, & je n'ai pu le parcourir encore que
très-légèrement ; mais le peu que j'en ai vu m'a
inſpiré le deſir de le lire attentivement, & je
profiterai du premier moment de loiſir que j'aurai

pour faire une lecture qui me donnera lieu de mieux connoître encore votre grande capacité & la netteté de votre esprit. Vous jugez bien après cela, que je recevrai avec plaisir les difficultés que vous pourez me proposer; & comme je ne desire que le bien public, dans le travail dont vous avez fait l'objet de votre application, rien ne peut m'être plus agréable que de profiter des lumières des plus habiles Jurisconsultes, pour le porter, s'il est possible à la plus grande perfection. Je suis, avec toute l'estime qui est due à vos talens & à votre savoir, Monsieur, votre affectionné à vous servir. Signé D'AGUESSEAU.

A Versailles le 11 Juin 1733.

Cette lettre est entiérement écrite de la main de M. le Chancelier, qui a toujours honoré depuis M. Furgole d'une corrrespondance suivie, également honorable à ces deux Savans.

A peine M. Furgole eut-il fini ce premier Ouvrage, qu'il employa les vacances de la même année 1733, à en composer un autre sous ce

titre: *Traité des Curés primitifs, où l'on exa-*
mine leur origine, les différentes caufes qui y ont
donné lieu, leurs droits, leurs prérogatives, les
moyens canoniques pour les établir, la manière
de les exercer, leur charges, & les autres queftions
fur la même matière, fuivant les Décrets des Con-
ciles, les Conftitutions des Papes, les Chartes
anciennes, les Ordonnances & Déclarations des
Rois, & la Jurifprudence des Arrêts, le tout
rapporté à la dernière Jurifprudence, fixée par la
Déclaration du Roi du 5 Octobre 1726, & celles
du 15 Janvier 1731, & 31 Juillet 1733. Cet
Ouvrage eft compofé de 25 Chapitres, & forme un volume *in-*4.º l'édition en eft épuifée
depuis long-temps.

Depuis l'année 1734 jufqu'en 1742, M.
FURGOLE diftribua fes occupations entre les
affaires du Palais, & le goût décidé qu'il avoit
pour les Ouvrages qu'il deftinoit au Public. Ce
fut alors, qu'ayant compofé fon Traité des Teftamens, fi précieux à tous les Jurifconfultes, il prit
la réfolution d'aller lui-même à Paris pour

le préfenter à M. le Chancelier, & lui faire agréer fes recherches fur la matière des Subftitutions, dont le plan étoit déja jeté depuis quelques années, pour en faire une Ordonnance précife, qui pût fervir de Loi dans tout le Royaume.

M. d'Aguefleau voulut bien jeter les yeux fur ces deux manufcrits, dont la lecture fit tant de plaifir à cet Oracle de la Juftice, qu'il eut plufieurs entretiens particuliers avec l'Auteur qu'il ne cefloit de combler d'éloges les plus fincères.

La réputation de M. FURGOLE étoit même fi bien établie, qu'ayant paru dans la Grand'-Chambre du Parlement de Paris, au mois de Novembre de la même année, où il étoit attiré pour y entendre M. Cochin ; cet éloquent Orateur, faifit l'occafion de citer une autorité prife dans le Traité des Donations de M. FURGOLE, le fixa, & tira fon bonnet ; cette attention fut aperçue du Tribunal & du Barreau, chacun la vit avec plaifir, & s'empreffa au fortir de l'audience, de faire politeffe au Savant dont on admiroit les Ouvrages à fi juſte titre.

On ne donnera point ici l'analyſe du Traité des Teſtamens, parceque tous les journaux & les papiers publics de ce temps-là s'empreſsèrent de l'anoncer avec les plus grands éloges. Il ſuffit de rapporter ce qu'en dit le Mercure de France du mois de Mars 1745.

» Ce Traité des Teſtamens & autres diſpoſi-
» tions de dernière volonté, (en 4 vol. *in-4.°*)
» eſt le ſeul ouvrage *ex profeſſo* en cette matière:
» l'uſage des diſpoſitions à cauſe de mort, y eſt
» examiné dans ſon principe & dans ſon origine.
» Les difficultés qui peuvent naître, tant du
» Droit Romain, que du Droit Coutumier, y
» ſont diſcutés avec beaucoup de ſolidité. L'Au-
» teur y obſerve avec ſoin les dérogations que les
» maximes générales du Royaume, obſervées
» dans les pays Coutumiers, & ceux du Droit
» Écrit, ont fait au Droit Romain; les principes
» de l'un & l'autre Droit y ſont éclaircis avec
» ſoin, & l'on y voit l'application aux différentes
» diſpoſitions des Ordonnances, & notamment à

» celle du mois d'Août 1735. Cet Ouvrage con-
» tient de plus une critique folide & judicieufe
» des interprètes, qui fe font quelquefois écartés
» du vrai fens des Loix Romaines. Tout y eft
» enfin approfondi avec une érudition parfaite,
» digne de l'Auteur, *& l'on peut dire que ce*
» *Traité mérite d'être mis au rang des originaux*
» *qui font en très-petit nombre* ».

L'édition de cet Ouvrage fut épuifée à mefure
que les volumes parurent féparément ; M.
Furgole avoit traité pour cette première édition avec Denully, Libraire à Paris, & il eût
été fort à fouhaiter que Cellot, qui a fuccédé à ce
privilége, eût voulu s'accommoder des augmentations confidérables que M. Furgole avoit
faites à fon Ouvrage, pour les ajoûter à la feconde
édition qui a paru. Il faut efpérer que ces augmentations qui font encore entre les mains des
héritiers de M. Furgole, paroîtront quelque
jour par leurs foins.

L'Ordonnance de 1747, concernant les Subftitutions, ayant enfin paru, notre Auteur tou-

jours infatigable dans ſes travaux, y fit des notes, qu'il prit la liberté d'envoyer à M. de Lamoignon Chancelier de France, qui l'honoroit de ſon eſtime. Voici la reponſe que lui fit ce reſpectable Magiſtrat.

A Verſailles le 12 Février 1752.

J'ai parcouru avec grand plaiſir, Monſieur; vos Notes ſur la dernière Ordonnance, concernant les Subſtitutions, & j'aï été bien fâché que mes occupations ne me permiſſent pas de les lire avec l'attention & l'exactitude qu'elles méritent. Le Public peut profiter infiniment de votre travail ſur cette matière, comme il a profité de celui que vous avez fait ſur la matière des Teſtamens, & autres. Quand vous aurez mis la dernière main à cet Ouvrage, j'entrerai avec plaiſir dans vos vues, pour inſpirer aux Juges les maximes qu'ils doivent ſe former ſur l'eſprit de cette nouvelle Loi. Je ſuis, Monſieur entièrement à vous.

DE LAMOIGNON.

Tandis

Tandis que M. Furgole travailloit à cet Ouvrage que nous donnons au Public, & qu'il jetoit les fondemens du Traité du Franc-Alleu, que nous donnons en même temps, (Ouvrage utile dans tout le Royaume, & plus particulièrement encore pour la Province de Languedoc) il plut au Roi de nommer M. Furgole à la place de Capitoul de Touloufe pour l'exercer en 1754. On fait que ces places diftinguées dans la feconde Ville du Royaume donnent la Noblesse au pourvu, tranfmiffible à fa poftérité.

M. Furgole qui n'avoit jamais démandé ni fait folliciter cette faveur, que tant d'autres perfonnes ambitionnent, crut devoir en témoigner au Miniftre fa reconnoiffance & fon refpectueux étonnement. M. le Comte de Saint-Florentin l'honora à cette occafion de la réponfe qu'on va tranfcrire figurativement.

MONSIEUR,

J'ai reçu la lettre de remerciment que vous m'avez écrite le 10 de ce mois au fujet de la

d

place de Capitoul de Toulouse, à laquelle le Roi a jugé à propos de vous nommer. C'est à votre bonne réputation, & aux témoignages avanta-geux qui ont été rendus de votre zèle & intégrité, que vous êtes redevable de cet avantage. Je me persuade que vous vous ferez un vrai plaisir de répondre au choix de Sa Majesté, en donnant une attention particulière à tout ce qui poura con-tribuer au bien de son service & à celui de cette Ville. Je suis,

MONSIEUR,

Votre affectionné serviteur,
S. FLORENTIN.

A Versailles le 23 Février 1754.

Le zèle que M. FURGOLE fit paroître pour le bien public, & son attention infatigable pour ses citoyens, jointe au travail du Cabinet, dont il ne put pas se séquestrer tout-à-fait, pour ré-pondre à la confiance de ses cliens, tous ces travaux réunis altérèrent ſi fort ſa ſanté, que depuis cette époque juſqu'au mois de Mai 1761, qu'il mourut, elle fut habituellement chancelante ; mais malgré ſes infirmités on l'a toujours vu continuer ſes occupations pendant dix ou douze heures par jour ; c'eſt ainſi qu'après s'être pleinement acquité des devoirs d'un bon Chrétien, d'un bon Citoyen, & après avoir été reſpecté pendant ſa vie comme le plus habile Juriſconſulte du Royaume, on le vit s'anéantir ſans douleur, & ſans peine dans la pratique & l'exercice de toutes les vertus.

Après ſa mort, ſes héritiers ont recueilli précieuſement les manuſcrits que ce Savant deſtinoit au Public ; & c'eſt à M. de Joly, Ecuyer, Avocat au Parlement de Toulouſe, ſon Gendre, que l'on doit l'attention d'avoir porté les Ouvrages de M. FURGOLE, ſon beau-père à Paris, d'en avoir procuré la cenſure, & d'avoir pris le ſoin de l'édition par lui-même, du Traité des Donations qui fut fait ſous ſes yeux.

Si pendant une abſence momentanée de

M. de Joly, on glissa un *Avertissement de l'Editeur* dans le Traité des Donations, où tous les faits qu'on vient de rapporter, ne sont pas aussi fidèlement expliqués que dans celui-ci ; on doit en rejeter la faute sur un de ces hommes qui, sans être Auteurs, pensent que leur attache est nécessaire aux meilleurs Ouvrages, qui étalent des mots, au lieu de moyens, & qui courent après la frivolité des expressions sans respecter la solidité des faits.

COMMENTAIRE

COMMENTAIRE

DE

L'ORDONNANCE

DE LOUIS XV,

SUR LES SUBSTITUTIONS.

Du mois d'Août 1747.

LOUIS, PAR LA GRACE DE DIEU, ROI DE FRANCE ET DE NAVARRE : A tous préfens & avenir, SALUT. Dans la refolution que nous avons prife de faire ceffer l'incertitude & la diverfité des Jugemens qui fe rendent dans les différens Tribunaux de notre Royaume, quoique fur le fondement des mêmes Loix : la matière des Donations entrevifs, & celle des Teftamens nous ont paru, par leur importance, devoir être les premiers

A

objets de notre attention, & elles ont fait le sujet de nos Ordonnances des mois de Février 1731, & d'Août 1735. Nous nous sommes proposé ensuite d'établir la même uniformité de Jurisprudence à l'égard des SUBSTI-TUTIONS FIDEICOMMISSAIRES qui peuvent également se faire PAR L'UN ET L'AUTRE GENRE DE DISPOSITION ; mais la matière des Fidéicomis, fort simple dans son origine, est devenue beaucoup plus composée, depuis que l'on a commencé à étendre les Substitutions, non seulement à plusieurs personnes appellées les unes après les autres ; mais à plusieurs degrés, ou à une longue suite de géné-rations ; il s'est formé par-là comme un nouveau genre de Succession, où la volonté de l'Homme prenant la place de la Loi, a donné lieu d'établir aussi un nouvel ordre de Jurisprudence, qui a été reçu d'autant plus fa-vorablement, qu'on l'a regardé comme tendant à la conservation du patrimoine des familles, & à donner aux maisons les plus illustres le moyen d'en soutenir l'é-clat ; mais le grand nombre de difficultés qui se sont élevées, soit sur l'interprétation de la volonté, souvent équivoque, du Donateur, ou du Testateur, soit sur la composition de son patrimoine, & sur les différentes détractions dont les Fidéicommis sont susceptibles, soit au sujet du recours subsidiaire des femmes sur les biens grevés des Substitutions, a fait naître une infinité de procès, qu'on a vu même se renouveler plusieurs fois à chaque ouverture de Fidéicommis ; ensorte que par un évènement contraire aux vues de l'auteur de la Substitution, il est arrivé que ce qu'il avoit ordonné pour

l'avantage de ſa famille , en a cauſé quelquefois la
ruine : d'un autre côté la néceſſité d'aſſurer & de favoriſer la liberté du commerce , ayant exigé de la ſageſſe
de la loi , qu'elle établît des formalités néceſſaires pour
rendre les Subſtitutions publiques , la négligence de
ceux qui étoient obligés de remplir ces formalités , eſt
devenue une ſource de conteſtations , où les ſuffrages des
Juges ont été ſuſpendus entre la faveur d'un créancier
ou d'un acquéreur de bonne foi , & celle d'un ſubſtitué
qui ne devoit pas être privé des biens ſubſtitués , par la
faute de celui qui étoit chargé de les lui remettre ; c'eſt
par toutes ces conſidérations , qu'après avoir pris l'avis
des principaux Magiſtrats de nos Parlemens , & des
Conſeils ſupérieurs de notre royaume , qui nous ont
rendu un compte exact de leurs Juriſprudences différentes , nous avons cru que les deux principaux objets
de la matière des Subſtitutions fidéicommiſſaires , demandoient que nous partageaſſions cette Loi en deux
titres différens. Le premier comprendra tout ce qui concerne les Subſtitutions Fidéicommiſſaires , conſidérées
en elles-mêmes , & les droits qui peuvent être exercés
ſur les biens ſubſtitués. Le ſecond , regardera les
obligations impoſées à ceux qui ſont grevés de ſubſtitution , ſoit pour leur donner le caractère de publicité
qui leur eſt néceſſaire , ſoit pour aſſurer la conſiſtance
& l'emploi des effets qui en font partie , ſoit pour l'expédition & le jugement des conteſtations qui s'élèvent
dans une matière ſi importante. Si la multitude & la
ſubtilité des queſtions abſtraites dont elle eſt remplie ,

l'oppofition qui règne à cet égard, non feulement entre
les opinions des plus célèbres Jurifconfultes ; mais entre
les jugemens des Tribunaux les plus éclairés, & la néceffité de refoudre des doutes, où le poids prefque
égal des raifons qu'on oppofe de part & d'autre , rend
le choix difficile entre les fentimens contraires, ont
retardé plus long-temps que nous l'aurions defiré la publication de cette Ordonnance ; nous efpérons que nos
peuples en feront dédommagés par la grande attention
que nous avons eu à la mettre dans l'état de perfection
dont elle pouvoit être fufceptible. Loin de vouloir y
donner la moindre atteinte à la liberté de faire des Subftitutions, nous ne nous fommes propofés que de les
rendre plus utiles aux familles , & notre application à
prévenir toutes les INTERPRETATIONS ARBITRAIRES par des
règles fixes & uniformes, ne fervira qu'à faire refpecter
encore plus la volonté des Donateurs & des Teftateurs,
en les obligeant feulement à L'EXPLIQUER D'UNE MANIERE
PLUS EXPRESSE : c'eft ainfi que nous donnerons à nos
Sujets une nouvelle preuve du foin que nous prenons
de maintenir le bon ordre au-dedans de notre Royaume, par l'autorité de nos Loix , dans le temps même
que nous fommes le plus occupés à les défendre au
dehors par la force de nos armes, dont le principal
objet eft de procurer le grand bien de la paix, à un
peuple fi digne de notre affection par fon attachement
pour notre perfonne, & par le zèle qu'il fait éclater tous
les jours de plus en plus pour notre fervice : A CES
CAUSES, & autres à ce nous mouvant, de l'avis de notre

Conseil, & de notre certaine science, pleine puissance, & autorité royale, nous avons dit, déclaré & ordonné; disons, déclarons & ordonnons; voulons & nous plaît ce qui suit.

NOTES SUR LA PRÉFACE.

SUBSTITUTIONS *Fidéicommissaires*):Il paroit par cette Préface, & par les dispositions de l'Ordonnance, qu'elle ne comprend, & qu'elle n'entend régler que les Substitutions fidéicommissaires, non les Substitutions directes, telles que sont la vulgaire, la pupillaire, l'exemplaire, & la militaire dont il est parlé dans la *loi* 5 *& la loi* 41, §. 4, *ff. de testam. militis*, qu'elle laisse sous la disposition du droit commun. Elle ne regle pas non plus, ce qui doit, ou ne doit pas entrer dans la disposition principale à laquelle la Substitution est apposée. C'est aussi par le droit commun qu'on doit se déterminer sur ces points.

Par l'un & l'autre genre de disposition): Il résulte de ces termes que le Roi a entendu régler, non-seulement les Substitutions fidéicommissaires comprises dans des actes de dernière volonté, comme sont les Testamens, les Codicilles, & les Donations à cause de mort; mais encore celles qui sont faites par des actes entrevifs, comme institutions contractuelles, donations en faveur de mariage, & autres actes entrevifs hors du contrat de mariage: cependant il ne faut pas les confondre, & il convient d'appliquer à chacune de ces deux espèces, les règles qui leur sont propres dans les différens articles de cette Ordonnance, & d'examiner toujours si les dispositions de chaque article peuvent ou ne peuvent pas s'appliquer aux Fidéicommis faits par contrat, ou à ceux qui sont faits par acte de dernière volonté. Cette observation est très-importante, & elle doit être toujours devant les yeux, pour ne pas s'équivoquer.

Interprétations arbitraires): Il faut donc chercher les Substitutions fidéicommissaires dans la disposition littérale de l'acte qui les contient, & non dans les conjectures, que les loix n'au-

torifent pas, & qui ne font que des imaginations des auteurs ;
qui d'une matière aifée, & facile, en s'attachant exactement aux
règles du Droit Romain, avoient fait une hydre & un monftre
prefque incompréhenfible, & où la droite raifon avoit fait un
trifte naufrage.

Le texte ajoute, *& en les obligeant feulement à l'expliquer*
(la volonté) *d'une manière plus expreffe ;* ce qui fait comprendre, que pour former une Subftitution fidéicommiffaire, foit par
teftament, ou par contrat (car à cet égard il n'y a aujourd'hui
aucune différence, comme il paroît par ces mots, *la volonté des
donateurs, ou des teftateurs*) il faut une volonté expreffe : c'eft-
à-dire, qui foit exprimée par les paroles, ou qui refulte du fens
& de la fignification des paroles.

Il ne faut pourtant pas s'imaginer, que notre Ordonnance
ait voulu abroger les Fidéicommis qui s'induifent des conjectures approuvées par les loix : ces fortes de Fidéicommis doivent
être admis comme auparavant, Elle profcrit, & elle condamne
feulement, les conjectures imaginées par les interprètes du Droit
Romain, qui avoient été adoptées par quelques Arrêts. On
trouve dans la *Loi* 64, *dans la Loi* 87, §. 2, *ff. de leg.* 2, & dans
quelques autres textes, des Fidéicommis fondés fur des conjectures, & ces Loix ne font nullement abrogées. *L'art.* 19 *du tit.* 1 *de
cette Ordonnance*, approuve auffi un Fidéicommis fondé fur des
conjectures, comme s'il eft dit, *j'inftitue Mévius, & s'il décède
fans enfans, je leur fubftitue Sempronius.* Dans ce cas, les enfans mis dans la condition 'fimple, étant grevés, il faut qu'ils
foient appellés tacitement, afin qu'ils puiffent rendre.

Comme ce qu'il y a de plus important & de plus journalier
dans l'exécution de cette Ordonnance, confifte à faire connoître
les obligations qu'elle impofe à ceux qui font grevés de Suftitu-
tion fidéicommiffaire, obligations toutes nouvelles, & qui
étoient inconnues dans le Droit Romain & dans l'ufage, il n'y a
point d'opération plus utile que de les mettre fous les yeux dans
un feul point de vue, afin que ceux qui font grevés de Fidéicommis, puiffent régler leur conduite d'une manière fure. Pour
le faire avec plus de méthode & de fruit, il faut diftinguer les

Fidéicommis faits par teſtament, codicille ou donation à cauſe de mort, de ceux qui ſe trouvent dans des actes entrevifs.

Celui qui eſt chargé d'un Fidéicommis par difpofition de derniere volonté, eſt obligé, 1.° de faire procéder, dans les trois mois, à compter du jour de la mort du ſubſtituant, à l'inventaire de tous les biens & effects de ſa ſucceſſion, ſuivant l'*art.* 1 *du tit.* 2. La forme & les conditions de cet inventaire, & par qui il doit être fait, ſont expliquées dans les *art.* 2, 3 & ſuivans, jufqu'à l'*art.* 8 du même titre.

2.° De faire publier & enregiſtrer la Subſtitution dans les ſix mois depuis la mort du ſubſtituant, en conformité des *art.* 18, 19, 21, 22 & 27 *du tit.* 2.

3.° De faire procéder à la vente des meubles & effets mobiliers dépendans de la ſubſtitution, par affiches & enchères, *art.* 8. *du tit.* 2. ſauf de ceux mentionnés dans les *art.* 6 & 7 *du tit.* 1, & ſauf encore que le grevé ne faffe ordonner qu'il pourra retenir en tout ou en partie, les meubles & effets mobiliers, pour les imputer ſur ſes détractions, ou autres droits, *art.* 9 *du tit.* 2, auquel cas il ne ſera pas obligé de faire vendre les effets qu'il retiendra.

4.° De faire l'emploi des deniers provenans du prix des meubles & effets vendus, de l'argent comptant qui ſera trouvé dans la ſubſtitution, & de ce que le grevé aura reçu des effets actifs, en conformité des *art.* 10, 11, 12, 13, 14, *du tit.* 2; & ce, dans le délai qui lui ſera fixé par l'Ordonnance du Juge qui lui permettra de prendre poſſeſſion des biens ſubſtitués, *art.* 12.

5.° Si le grevé reçoit des rembourſemens des ſommes qu'il aura placées, & dont il aura fait emploi, il devra en faire le remploi dans les trois mois au plus tard, *art.* 13 & 14 *du tit.* 2; ce qui eſt preſcrit pour l'emploi & le remploi, doit être obſervé pour chacun de ceux qui recueilleront ſucceſſivement les biens ſubſtitués, ſans diſtinguer ſi la ſubſtitution eſt faite par acte entrevifs, ou de derniere volonté, *art.* 16.

6.° Il devra auſſi faire publier & enregiſtrer dans les ſix mois, les actes d'acquiſition, d'emploi & de remploi en immeubles ou droits réels, devant le Sénéchal de la ſituation des immeubles,

ou du lieu où les ventes & droits réels se payent ; & si la substitution n'a pas été enregistrée dans ces lieux, il faudra pareillement
l'y faire publier & enregistrer, *art.* 23 & 30 *du tit.* 2.

7.° Il devra encore prendre la possession des biens dépendans
de la substitution, en vertu d'une Ordonnance du Sénéchal ou
autre Juge royal ressortissant immédiatement au Parlement
ou Conseil supérieur ; pour l'obtention de laquelle Ordonnance
le grevé de Fidéicommis devra rapporter l'acte de publication
& d'enregistrement de la substitution, & un extrait en bonne
forme de la clôture de l'inventaire, fait après le décès du substituant, *art.* 35 *du tit.* 2 ; si le grévé, qui a pris possession en cette
forme, a fait publier & enregistrer la substitution dans les six
mois, & s'il a fait procéder à l'inventaire dans les trois mois, il
gagnera les fruits depuis le temps de droit, *art.* 41, c'est-à-dire,
depuis la mort du substituant, s'il s'agit d'une hérédité, comme
nous le dirons ailleurs ; que s'il a négligé de faire faire l'inventaire
dans le délai de trois mois, & de faire publier & enregistrer la
substitution dans les six mois, il ne gagnera les fruits que depuis
qu'il aura fait faire l'inventaire & fait enregistrer la substitution :
c'est-à-dire, depuis celle de ces deux démarches, qu'il aura
fait la dernière, suivant les *art.* 41 & 42.

8.° En cas que le premier grevé ait omis de prendre la possession des biens substitués par Ordonnance de Justice, en rapportant l'acte d'enregistrement & de publication de la substitution, & la clôture de l'inventaire, le premier substitué, qui voudra
recueillir, sera tenu de prendre ladite possession par Ordonnance
de Justice, en rapportant la clôture de l'inventaire, & l'acte de
publication & enregistrement de la substitution, qu'il aura fait
faire lui-même, *art.* 36 ; ce qui s'entend, pourvu qu'il soit lui-
même grevé de substitution.

9.° Ce que nous venons de dire de la prise de possession du
premier substitué, doit avoir lieu dans le cas que l'héritier grevé
aura restitué par acte le fidéicommis au premier substitué, &
l'acte de restitution volontaire ne pourra avoir son effet, à moins
qu'il n'ait été satisfait aux *art.* 35, 36 & 37 du tit. 2.

A l'égard des substitutions faites par des actes entrevifs, il faut
d'abord

d'abord obſerver ; 1.º qu'elles ne peuvent valoir pour les meubles & les effets mobiliers, que dans le cas qu'il en ait été fait un état ſigné des parties, & annexé à la minute de la donation ; lequel état doit contenir l'eſtimation des meubles & effets mobiliers, *art. 9 du tit.* 1 ; ce qui doit avoir lieu, non lorſque la ſubſtitution a été faite dans une inſtitution contractuelle, parceque l'Ordonnance ne diſtingue pas ces différentes eſpèces de donations, qu'elle n'en parle pas, & que les inſtitutions contractuelles ſont différentes des donations entre-vifs ; mais bien quand elle ſe trouve dans une donation en faveur de mariage, ou dans une autre donation entre-vifs, parceque comme il vient d'être obſervé, l'Ordonnance ne diſtingue pas ces différentes eſpèces de donations.

2.º Celui qui eſt chargé de ſubſtitution, doit la faire publier & enregiſtrer dans les ſix mois, depuis la date du contract, *art.* 18 & 27 *du tit.* 2, en la forme, & devant les Juges marqués dans ces deux articles.

3.º Il doit pareillement faire procéder à l'inventaire des biens du ſubſtituant dans les trois mois après ſon décès ; lorſque la donation à laquelle la ſubſtitution eſt appoſée, eſt ſuſpendue par la réſervation de l'uſufruit ou autrement, & que les biens donnés & ſubſtitués ſe trouvent mêlés & confondus dans la ſucceſſion, comme nous l'expliquerons ſur l'*art.* 1 *du tit.* 2, où nous avons marqué les cas auxquels l'inventaire doit être fait, ou non.

4.º Le grevé de ſubſtitution par contrat, ne doit pas faire procéder à la vente des meubles & effets mobiliers compris dans la ſubſtitution ; mais l'eſtimation contenue dans l'état, fait qu'il en devient propriétaire, & il n'eſt chargé que du prix de l'eſtimation dont il doit faire l'emploi ; *art.* 10 *du tit.* 1, & le remploi le cas échéant. Il doit encore faire publier & enregiſtrer les actes d'emploi & de remploi, tout de même que celui qui eſt grevé par diſpoſition à cauſe de mort ; vu que les articles qui exigent ces formalités, parlent généralement & ne diſtinguent pas ſi la ſubſtitution eſt faite par contrat entre-vifs, ou par diſpoſition à cauſe de mort. Voyez l'*art.* 16 *du tit.* 2.

Enfin il devra prendre la poſſeſſion en vertu d'une Ordon-

B

nance de Juſtice après la mort du donateur, lorſque la donation à laquelle la ſubſtitution aura été appliquée, ne ſera pas exécutée par la délivrance actuelle, & que le donateur aura reſervé l'uſufruit; mais la priſe de poſſeſſion judiciaire n'eſt pas néceſſaire, non plus que le rapport de la clôture de l'inventaire des effets après le décès du ſubſtituant, lorſque la donation a été exécutée par la délivrance actuelle, & il ſuffit que le grevé ait fait publier & enregiſtrer la ſubſtitution dans le délai preſcrit. notre Ordonnance n'exigeant la priſe de poſſeſſion qu'en rapportant l'inventaire des effets du ſubſtituant, ce qui ſe rapporte au temps de ſon décès. Ainſi, il paroît plus conforme à l'eſprit de l'Ordonnance, qu'après que le grevé aura fait faire la publication de la ſubſtitution contractuelle, il puiſſe prendre la poſſeſſion, quoique pendant la vie du donateur, en vertu de la délivrance actuelle des biens donnés, parceque la poſſeſſion judiciaire n'eſt requiſe par l'Ordonnance qu'après la mort du ſubſtituant: par conſequent, le rapport de la clôture de l'inventaire fait après le décès du défunt n'eſt pas néceſſaire dans ce cas; parceque l'Ordonnance n'a pas voulu défendre de faire des donations, qui aient un effet préſent par la tradition actuelle, dans les cas qu'elles ſeroient chargées de ſubſtitution; toutefois ſi le donataire chargé de ſubſtitution devoit rapporter l'inventaire fait après la mort du ſubſtituant, pour pouvoir ſe mettre en poſſeſſion, & que l'Ordonnance du Juge fût requiſe, il faudroit ſuſpendre l'exécution de la donation, & priver le donataire de toute jouiſſance pendant la vie du donateur, ce que l'Ordonnance n'a pas entendu.

TITRE PREMIER.

DES biens qui peuvent être ſubſtitués ; des clauſes & conditions, & de la durée des Subſtitutions, & des droits qui peuvent être exercés ſur leſdits biens.

ARTICLE PREMIER.

Quelles perſonnes peuvent faire des Subſtitutions fidéicommiſſaires.

LES SUBSTITUTIONS FIDEICOMMISSAIRES DANS LE PAYS OU ELLES SONT EN USAGE, pourront être faites PAR TOUTES PERSONNES CAPABLES de diſpoſer DE LEURS BIENS, de quelque état ET CONDITION QU'ELLES SOIENT.

LES *Subſtitutions fidéicommiſſaires*) : Il faut rappeller ici ce que nous avons remarqué ſur la Préface, que cette Ordonnance ne règle que les ſubſtitutions fidéicommiſſaires, non les ſubſtitutions directes, mais elle comprend les ſubſtitutions fidéicommiſſaires contenues dans des actes entre-vifs, ou dans des teſtamens & autres diſpoſitions à cauſe de mort, ſoit qu'elles ſe trouvent ſans mélange d'autres ſubſtitutions, ou qu'elles ſoient compriſes dans la réciproque, ou la compendieuſe.

Dans les pays où elles ſont en uſage) : Ceci fait comprendre

que le Legiflateur ne veut pas introduire les fubftitutions fidéi-
commifl'aires dans les pays où elles n'étoient pas pratiquées
avant, elle entend feulement régler les fubftitutions dans les
lieux où elles font d'ufage. Elles font reçues dans tout le Royaume, à l'exception de quelques Coutumes, entr'autres celle
d'*Auvergne*, *ch.* 12, *art.* 53, où la fubftitution d'héritier par
teftament, ou autre difpofition de dernière volonté, ne vaut pas,
même à titre de legs, ou autrement. Dans les pays du droit
écrit, les fidéicommis ont toujours eu beaucoup de faveur, foit
qu'ils fuffent faits par teftament, ou par acte entre-vifs. Dans les
pays coutumiers, les fubftitutions fidéicommiffaires faites par
contrat entre-vifs, ont été accueillies plus favorablement, à caufe
qu'elles pouvoient s'appliquer à des biens qu'on ne pouvoit pas
fubftituer par teftament, mais cela ne vient que de ce qu'on ne
peut pas difpofer par teftament de certains biens; il n'eft donc
pas furprenant qu'on ne puiffe pas charger de fubftitution, des
biens qui ne font pas difponibles : voilà pourquoi il y a affez de
parité entre les pays du droit écrit, & les pays coutumiers, en
ce qu'on y peut fubftituer les biens dont on a la liberté de difpofer; & c'eft cette liberté que notre Ordonnance autorife &
confirme, fans lui donner de l'extenfion : fauf que l'*art.* 5 de ce
titre ne veut pas que les meubles, droits & effets mobiliers, ni les
deniers comptans puiffent être chargés d'une fubftitution particulière, à moins qu'on n'obferve ce que cet article prefcrit.

Par toutes perfonnes capables de difpofer) : Par quelque genre
de difpofition que ce foit, c'eft-à-dire, par teftament, codicille,
donation à caufe de mort, inftitution contractuelle, donation
en faveur de mariage, ou autre donation fimple entre-vifs, non
revêtue de la faveur du mariage.

Quelles perfonnes font capables de difpofer : Voyez le Traité
des Teftamens, *tom.* 1, *ch.* 4, *fect.* 1 & 2.

Toute perfonne qui eft capable de faire une difpofition principale, eft également capable d'y appofer une fubftitution fidéicommiffaire : delà vient que le fils de famille, qui peut faire une
donation à caufe de mort, avec la permiffion & le confentement

de fon père ; *l.* 2 5 , §. 1 , *ff. de mort. cauf. donat.* peut y faire des
fubftitutions fidéicommiffaires ; *l.* 1 0 , *ff. de mort. cauf. donat.*
& M. *de Cattelan*, *l.* 2 , *ch.* 4 0 ; parcéque toutes les difpofitions
qui font dans une donation à caufe de mort, font autant de donations à caufe de mort, & valent en cette forme, de quelque
manière qu'elles foient conçues : d'ailleurs les donations, à caufe
de mort font fufceptibles de toute forte de charges & de conditions ; *l.* 2 5 , *cod. de donat.* & celui qui eft capable de difpofer
en une certaine forme, eft également capable de faire toutes
les difpofitions dont ce genre de difpofition eft fufceptible.
Voyez le Traité des Teftamens, *tom.* 4 , *ch.* 14 , *n.* 2 6. On doit
dire la même chofe de la fubftitution faite par un fils de famille,
dans une donation entre-vifs, avec la permiffion de fon père,
mais le fils de famille ne pouvant pas faire de teftament, ni de
codicille, même avec la permiffion de fon père ; *l.* 6 , *ff. qui
teftam. fac. poff.* à moins qu'il ne s'agiffe de fon pecule *caftrenfe*
ou *quafi-caftrenfe*, il ne peut pas non plus faire une fubftitution
fidéicommiffaire, par teftament ou codicille, même avec la permiffion de fon père ; *l.* 2 , *ff. de leg.* 1 ; *l.* 1. §. 1 , *ff. de leg.* 3 ;
l. 6 , §. 3 ; & *l.* 8 , §. 2 , *ff. de jur. codicill.*

De leurs biens) *:* Pour pouvoir difpofer directement des
biens par fidéicommis, il faut en être propriétaire incommutable : cependant comme on peut difpofer indirectement du bien
d'autrui, on peut auffi le charger de fidéicommis, en obligeant
l'héritier d'en faire la délivrance, s'ils lui appartiennent, ou
d'en procurer la délivrance s'ils appartiennent à un tiers ; mais
un tel fidéicommis ne vaut, & n'eft efficace qu'autant que celui
qui en eft chargé accepte la libéralité qui lui eft faite par le
fubftituant. *L'art.* 1 6 de ce titre de notre Ordonnance nous en
fournit un exemple. On peut voir ce point expliqué dans le
Traité des Teftamens, *tom.* 2 , *ch.* 7 , *fect.* 1.

De quelque état & condition qu'elles foient) *:* Nobles ou roturiers, bourgeois, artifans, ruftiques, nonobftant l'art. 1 2 5 de
l'Ordonnance de 1 6 2 9. Hommes ou femmes fans diftinction de
la qualité, ni du fexe des perfonnes, pourvu qu'elles foient capables de difpofer de leurs biens.

Afin que la fubftitution fidéicommiffaire foit valable & efficace, il faut encore que la perfonne à laquelle elle eft deftinée foit exiftante, & capable, lorfque la condition arrive : que fi elle n'exifte pas, où qu'elle foit incapable lors de l'échéance, la fubftitution devient caduque & inutile, & les biens demeurent à celui qui en étoit chargé, à moins qu'il n'y ait quelqu'autre degré de fubftitution.

ARTICLE II.

Les immeubles peuvent être chargés d'une fubftitu=
tion particulière, quoiqu'ils étoient réputés meubles
à certains égards,

Les biens qui sont immeubles par leur nature, pourront être chargés de substitution, encore qu'ils fuffent réputés meubles a certains egards, par les difpofitions des loix ou coutumes des lieux.

Cet article & les cinq fuivans règlent les biens qui peuvent être fubftitués à titre univerfel ou particulier, & ils font quelque changement à l'ufage felon lequel il étoit permis de faire des fidéicommis, des meubles, droits & effets mobiliers, tout comme des immeubles réels, ou des biens réputés immeubles, foit par difpofition générale ou par difpofition particulière.

Pour en faire connoître l'efprit & les réduire en pratique, il faut favoir que, tout comme on peut faire des difpofitions principales à titre univerfel, ou à titre particulier, on peut auffi charger de fidéicommis les mêmes difpofitions générales ou particulières, avec néanmoins quelque diftinction pour ce qui regarde l'argent comptant, les meubles, les droits & actions, & les effets mobiliers.

On appelle difpofition générale ou univerfelle , celle qui comprend la totalité du patrimoine, où une quote de la totalité ; & l'on appelle difpofition particulière , celle qui ne comprend pas la totalité du patrimoine, où une quote, & qui n'eft que d'un certain genre de biens, ou de quelque effet particulier.

Chez les Romains on ne connoiſſoit d'autre titre univerfel ou général, que l'inſtitution héréditaire faite par teſtament, ou la fucceffion *ab inteſtat ;* tous les autres titres, même les donations de tous les biens, étoient confidérés comme particuliers.

Parmi nous, on confidère comme univerfelle , non feulement l'inſtitution héréditaire par teſtament, mais encore l'inſtitution contractuelle, qui fait un vrai héritier, la donation de tous les biens préfens & à venir, foit de la totalité où d'une quote de la totalité, dans le cas où elle eſt permife par l'*art.* 17 de l'Ordonnance de 1731, même la donation de tous les biens préfens, ou d'une quote de la totalité, & le legs univerfel.

Lorfque la difpofition principale eſt faite par l'un de ces cinq différens titres, foit pour la totalité, foit par forme de quotité, elle comprend fans autre expreffion les deniers comptans, les meubles, les droits & actions mobiliaires, & les autres effets mobiliers ; & par conféquent la fubſtitution fidéicommiffaire appliquée à une telle difpofition, comprendra de la même manière les deniers comptans, les meubles , les droits & actions mobiliaires, & les autres effets mobiliers, à moins que le fubſtituant n'en ait réfervé ou retranché quelque chofe, ou quelqu'une des efpèces de meubles ou effets mobiliers, comme il le peut, vu que fa volonté expliquée dans fa difpofition, eſt la loi qu'il faut fuivre, non feulement pour ce qu'il comprend dans fa difpofition, mais encore pour ce qu'il en retranche ; & pour la fureté & la confervation des effets mobiliers, il doit en être fait emploi, foit que la fubſtitution ait été faite par acte de dernière volonté , ou par acte entre-vifs, fuivant les *art.* 4 & 10 de ce titre. Que fi la fubſtitution eſt faite par acte entre-vifs, afin qu'elle puiffe avoir fon effet pour les deniers comptans, les meubles, les droits & actions mobiliaires, & les autres effets mobiliers, il faut qu'il en ait été fait un état figné des parties, & annexé à la minute de la donation, lequel état doit contenir l'eſtimation deſdits meubles & effets mobiliers, à peine de nullité de la ſubſtitution, pour leſdits meubles & effets mobiliers *art.* 9.

Si la diſpoſition principale n'eſt pas univerſelle, & qu'elle ne ſoit que de quelque eſpèce de biens meubles & immeubles, où même de l'univerſalité du mobilier, les deniers comptans, les meubles, les droits & actions mobiliaires, & les autres effets mobiliers ne ſeront pas compris dans la ſubſtitution appoſée à une telle diſpoſition, qui n'eſt alors que particulière, qu'en cas qu'il ait été ordonné expreſſément par le ſubſtituant, qu'il ſera fait emploi des deniers comptans ou de ceux qui proviendront de la vente ou du recouvrement deſdits meubles, droits ou effets mobiliers comme le porte l'*art.* 5. Ce qui doit avoir lieu, non ſeulement, lorſque la ſubſtitution eſt faite par acte de dernière volonté, mais encore quand elle eſt faite par acte entre-vifs ; parceque l'Ordonnance ne diſtingue point à cet égard.

Il y a néanmoins des exceptions à l'*art.* 5 ; la première, lorſque la diſpoſition principale eſt de quelque domaine, ou de quelque terre, où il y a des beſtiaux & uſtenſiles ſervans à les faire valoir, auquel cas la ſubſtitution appliquée à une telle diſpoſition, eſt cenſée comprendre les beſtiaux & uſtenſiles ſervans à faire valoir les terres données ou léguées, ſans diſtinguer ſi la diſpoſition eſt univerſelle ou particulière, ni ſi elle eſt faite par teſtament où par acte entre-vifs : de plus, le grevé de ſubſtitution ne ſera pas tenu de les vendre ni d'en faire l'emploi ; mais il ſera obligé de les faire priſer & eſtimer, pour en rendre d'une égale valeur lors de la reſtitution du fidéicommis, *art.* 6 *du tit.* 1.

La ſeconde exception eſt marquée dans l'*art.* 7, qui veut que les meubles meublans, & les autres choſes mobiliaires qui ſervent à l'uſage ou à l'ornement des châteaux ou maiſons, puiſſent être chargés des mêmes ſubſtitutions que les châteaux ou maiſons où ils ſeront, pour être conſervés en nature : pourvu néanmoins que l'auteur de la ſubſtitution ait ordonné qu'ils ſeroient conſervés en nature ; ſoit qu'il s'agiſſe d'une ſubſtitution univerſelle, ou qu'elle ſoit particulière : & en ce cas, le grevé de ſubſtitution ſera tenu de les rendre en nature, tels qu'ils ſeront lors de la reſtitution du fidéicommis.

Mais il faut prendre garde que dans ce dernier cas, le legs ou la donation d'un château, ou d'une maiſon, ne comprendroit pas les meubles & autres choſes mobiliaires qui y ſeroient, s'il n'étoit fait mention que de la maiſon où du château, ſans parler des meubles. *L.* 14, *ff. de ſupell. leg. l.* 21, *ff. de inſtruct. vel inſtrum. leg.* parcequ'on ne pourroit les conſidérer comme une dépendance & un acceſſoire. Afin qu'ils ſoient compris dans la diſpoſition principale & dans le fidéicommis, il faut que le ſubſtituant le diſe, ſans quoi le legs ou la donation du château ou de la maiſon, n'attireroit pas les meubles & les autres choſes mobiliaires, & il y a grande apparence qu'il faut entendre de même l'*art.* 6, qui veut que les beſtiaux & uſtenſiles ſervant à faire valoir les terres, ſoient exceptés des deux articles précédens, & qu'ils ſoient cenſés compris dans les Subſtitutions, cela ne devant s'entendre que dans le cas où les beſtiaux & uſtenſiles ſont nommément exprimés dans la diſpoſition principale, & non pour les y faire comprendre comme un acceſſoire & une dépendance, vu que le Droit Romain décide le contraire.

Les *art.* 2 & 3, veulent qu'on puiſſe faire des Subſtitutions particulières des biens qui ſont de la qualité y exprimée ; ſavoir, des biens qui ſont immeubles par leur nature, quoiqu'ils ſoient réputés meubles à certains égards par les diſpoſitions des Loix ou des Coutumes des lieux, *art.* 2, des offices, des rentes conſtituées à prix d'argent ou autrement, ſoit dans les pays où les biens de cette qualité ſont réputés immeubles, ſoit dans ceux où ils ſont regardés comme meubles ; à la charge de faire l'emploi du prix de la vente, ou du rembourſement de la finance des offices & du rachat des rentes, *art.* 3.

Les biens qui ſont immeubles par leur nature) : Il y a des immeubles réels & par leur nature, & des immeubles fictifs. Les immeubles réels & par leur nature, ſont ceux qui ont une aſſiette fixe & certaine, qui ne peuvent pas ſe transporter d'un lieu à un autre ; tels ſont les champs, les fonds de terre, les maiſons

C

& héritages, ce que la Loi Romaine appelle *Res foli.* L'art. 2
de l'Ordonnance, entend parler des immeubles de cette qualité, quoiqu'ils foient réputés meubles à certains égards, comme
fi par ftipulation contenue dans un contrat de mariage, il avoit
été convenu que certains immeubles feroient réputés meubles
pour entrer dans la communauté : un tel ameubliffement, qui
n'eft que de pure fiction, ne doit pas empêcher que des immeubles de cette efpèce ne puiffent faire le fujet des fidéicommis
particuliers.

Outre les immeubles qui font héritages, il y a d'autres immeubles, qui, dans certaines Coutumes font appelés *Catels* ou
Cateuls, comme font les granges, étables, maréchauffées & les
blancs bois, les bleds, & autres advetures après la mi-Mai, &
avant le pied coupé : toutes ces chofes font immeubles de leur
nature, & néanmoins elles fe divifent & échéent comme meubles, & font réputés meubles dans certaines Coutumes, qui font
indiquées dans le *Gloffaire du Droit François de Ragueau, verb.*
Catels ou *Cateuls.* C'eft de ces immeubles dont l'Ordonnance
parle, comme pouvant faire la matière d'une Subftitution particulière.

Les immeubles fictifs font des meubles qui ont pris la qualité
d'immeubles, ce qui arrive de quatre façons expliquées par
Claude-Jofeph de Ferrières, dans fon Dictionnaire de Pratique.
Les immeubles fictifs les plus ordinaires, font les droits réels
réfultans des fiefs, des cenfives, & des rentes foncières, les offices, & dans certains pays les rentes conftituées à prix d'argent,
ou autrement par dons ou legs. Toutes ces chofes peuvent faire
la matière des Subftitutions fidéicommiffaires, fuivant la lettre &
l'efprit des *art.* 2 & 3. Ce dernier *art.* veut même que les rentes
conftituées à prix d'argent ou autrement, puiffent être fubftituées par une difpofition particulière, même dans les pays où
elles font regardées comme meubles.

Mais il en eft autrement des hypothèques fimples, des dettes
actives, & des actions, qui font reputées meubles, à caufe
qu'elles ont pour objet le payement en deniers, qui font meubles.
Que fi l'action tendoit au recouvrement d'un heritage ou d'un

autre immeuble, comme dans le cas de la faculté de rachat, de l'action *rei vindicationis,* & autres ſemblables, elle pourroit faire le ſujet d'une Subſtitution particuliere *per ſe.*

Chargés de Subſtitution): même particulière & *per ſe ,* ſoit par diſpoſition à cauſe de mort, ſoit par acte entre-vifs.

Réputés meubles à certains égards): Nous avons expliqué ci-deſſus, quels ſont les immeubles de leur nature, qui ſont réputés meubles à certains égards par certaines Coutumes. *V. le Gloſ-faire du Droit-François , verb. Catel & Cateuls.*

ARTICLE III.

Les offices & les Rentes conſtituées à prix d'argent, ou autrement , peuvent faire le ſujet d'une Subſti-tution particulière. Emploi du prix.

LES OFFICES, & LES RENTES CONSTITUE͑ES A PRIX D'ARGENT OU AUTREMENT , pourront être chargés de Subſtitution, ſoit dans les pays où les biens de ladite qualité ſont réputés immeubles, ſoit dans ceux où ils ſont regardés comme meubles : & EN CAS DE VENTE , SUPPRESSION OU REUNION deſdits Offices, OU DE RACHAT DESDITES RENTES, il ſera fait emploi du prix deſdits Offices, portés par le contrat de vente, ou qui aura été par nous fixé, ou du principal deſdites rentes, en cas de rembourſement ; LE TOUT SUIVANT LES REGLES qui ſeront preſcrites dans le titre ſecond de la préſente Ordonnance.

LES *Offices*) venaux, ſoit de juſtice, de police, & de finance & autres , qui ſont héréditaires, peuvent faire la matière d'une subftitution fidéicommiffaire , sans diftinguer fi elle eft appofée à une difpofition univerfelle ou particulière , par teftament ou par contrat , & fi par la coutume des lieux , les offices font réputés meubles ou immeubles.

En cas de vente) la Subftitution fidéicommiffaire affecte l'office même, lorfqu'il fe trouve fur la tête du grevé : cet article imprimant aux offices héréditaires une aptitude à fouffrir des fidéicommis, même particuliers : mais comme ils font d'une nature périffable , & que pour les conferver après la mort du propriétaire , il faut préfenter un homme au Roi, & payer le droit annuel, le grevé qui ne veut ou ne peut pas fe faire pourvoir de l'office fubftitué, a la faculté de le vendre ; & en cas de vente, il n'y a dans la fubftitution que le prix, vu que les provifions du Roi & le Sceau purgent tout fuivant la maxime du Royaume, & rendent le nouveau pourvu vrai propriétaire, fans que le fubftitué puiffe réclamer l'office, qui eft fur la tête d'un tiers autre que le grevé. Il me femble même, que fi le grevé fe faifoit pourvoir de l'office fubftitué, fans que le fidéicommiffaire eût fait des oppofitions au titre pour conferver la propriété, il ne pourroit demander comme fubftitué, que le prix ou la valeur legitime, qui devroit être fixée, eu égard au temps auquel le grevé a été pourvu: mais dans le cas de la vente de l'office, le grevé doit faire l'emploi du prix porté par le contrat de vente.

Suppreffion ou réunion): Lorfque le roi fupprime ou réunit des offices, il pourvoit ordinairement à l'indemnité de ceux qui en font propriétaires, & le grevé de fidéicommis doit, dans ces cas, faire l'emploi du montant, auquel l'office fupprimé ou reuni, aura été fixé par Sa Majefté.

Les rentes conftituées à prix d'argent): Les rentes conftituées à prix d'argent, qui font appellées volantes, quoique dans certains pays elles foient confidérées comme meubles, particulièrement dans le reffort du Parlement de Touloufe , fuivant un Arrêt de reglement du 5 Mai 1706, peuvent être fubftituées par teftament, ou par contrat, par difpofition univerfelle, ou particulière, tout de même qu'à Paris & dans les autres pays coutumiers, où elles font réputées immeubles, fans avoir befoin d'obſerver ce qui eſt preſcrit par l'*art.* 5 de ce titre ; c'eſt-à-dire, ſans qu'il ſoit néceſſaire que le ſubſtituant ordonne expreſſément qu'il ſoit fait emploi du rembourſement deſdites rentes.

Ou autrement): Ces termes comprennent toutes les autres rentes perpétuelles, rachetables ou non, foncières ou non foncières, établies *in traditione fundi*, ou ſans tradition du fonds : toutes ces rentes peuvent être chargées de fidéicommis particulier ou univerſel, ſans examiner ſi elles ſont réputées meubles ou immeubles, ſans qu'il ſoit néceſſaire que le ſubſtituant ordonne expreſſément l'emploi.

En cas ...... de rachat deſd. rentes) : Les rentes conſtituées à prix d'argent ſont eſſentiellement rachetables ſuivant l'extravagante, *regimini, de empt. & vendit.* & le débiteur peut s'en libérer en tout temps, nonobſtant toute preſcription, même de plus de 100 ans, parceque c'eſt une pure faculté qui ne peut pas ſe perdre par la preſcription. Si donc le débiteur d'une rente conſtituée ſe libère en faiſant le rachat entre les mains du grevé, celui-ci doit faire l'emploi du principal de la rente rachetée.

L'article ne parle pas de l'emploi des arrérages de la rente, ſuppoſé qu'il en fût dû au ſubſtituant, & cela ſans doute, parceque la Subſtitution particulière de la rente ne comprendroit pas les arrérages dûs au ſubſtituant, ſans une déſignation ou une diſpoſition expreſſe des arrérages échus, & dus au ſubſtituant. Que ſi la Subſtitution eſt appliquée à une diſpoſition générale, les arrérages y ſeroient compris, & il ſuffiroit d'obſerver ce qui eſt porté par l'*art.* 4 de ce titre ; mais ſi les arrérages étoient nommément compris dans la diſpoſition particulière de la rente conſtituée, ou autrement, comme ces arrérages ſeroient des droits mobiliers : afin que la Subſtitution de ces arrérages fût efficace, il faudroit que le ſubſtituant eût expreſſément ordonné qu'il en ſeroit fait emploi, conformément à l'*art.* 5 de ce titre.

Le tout ſuivant les règles): Dans le cas de la vente, ſuppreſſion, ou réunion des offices ſubſtitués ou de rembourſement des rentes rachetables, le grevé doit faire l'emploi du prix des offices vendus, ſupprimés ou réunis, qu'il aura touché, & du principal des rentes, dont il aura été payé. Il devra encore faire l'emploi des arrérages qui lui auront été payés , fuppofé qu'ils foient efficacement compris dans la fubftitution, dans les cas que nous avons expliqués. Dans quel délai, en préfence de qui , & en quelle forme cet emploi doit-il être fait? Voyez les *art.* 10,11, 12, 13, *du tit.* 2.

Il faut prendre garde que, fi le grevé recevoit volontairement le remboursement des rentes non rachetables comprifes dans une fubftitution bien & duement publiée & enregiftrée, ce feroit une aliénation qui ne pourroit pas nuire au fubftitué, lequel feroit fondé à revendiquer lefdites rentes non rachetables, qui auront été aliénées fans caufe legitime, fuivant l'*art.* 31 *du tit.* 2.

Mais il en eft autrement des rentes rachetables, le grevé a la liberté d'en recevoir le payement, tout comme des autres dettes fimples; & les débiteurs qui auront payé au grevé même fans aucune formalité, & quoique le payement ait été fait volontairement, feront pleinement libérés fuivant la loi, *ante reftitutam* 102, *ff. de folutionib.* ce qui eft confirmé par l'*art.* 15 *du tit.* 2, enforte que les débiteurs qui auront payé au grevé, ne pourront pas être recherchés par le fubftitué, quand même le grevé n'auroit pas fait l'emploi des deniers par lui reçus des débiteurs de la fubftitution, à moins que le fubftitué n'eût formé oppofition en leurs mains, avant le payement, comme le porte le même *art.* 15.

ARTICLE IV.

Comment les Deniers comptans, les Meubles & Effets
mobiliers, Droits & Actions, ſont cenſés compris
dans une Subſtitution.

LES DENIERS COMPTANS, MEUBLES, DROITS ET EFFETS
MOBILIERS, SONT CENSÉS COMPRIS DANS LA SUBSTI-
TUTION, lorſqu'elle ſera appoſée à une diſpoſition uni-
verſelle, ou faite par forme de quotité, A MOINS QU'IL
N'EN AIT ÉTÉ AUTREMENT ORDONNÉ par l'auteur de la
Subſtitution, & IL EN SERA FAIT EMPLOI, ainſi qu'il
ſera réglé par le titre ſecond, à l'exception de ceux qui
feront ci-après marqués.

LES *deniers comptans, meubles, droits & effets mobiliers) :*
Ces expreſſions déſignent tout ce qui eſt meuble, ou qui doit
être réputé meuble; les deniers comptans ſont eſſentiellement
meubles. *Les meubles & effets mobiliers* comprennent tout ce
qui doit être mis au rang du·mobilier, & le mot *droits*, comprend toutes les actions & dettes actives, comme devant être
miſes au rang du mobilier. Il faut néanmoins prendre garde que
l'intention du Légiſlateur n'eſt pas de déclarer tous les droits
mobiliers; il peut y en avoir qui ſoient réputés immeubles, ce qui
·arrive lorſqu'ils ont pour objet la revendication, ou le recouvrement d'un immeuble. Toutes les différentes eſpèces de biens,
d'effets mobiliers, & d'actions mobiliaires peuvent être ſubſti-
tuées, lorſque la ſubſtitution eſt appoſée à une diſpoſition univerſelle, ou faite par forme de quotité de l'univerſalité; ce qui a lieu,
ſoit que la ſubſtitution ait été faite par diſpoſition à cauſe de

mort, ou par contrat entre-vifs : par exemple, si la substitution est apposée à une institution universelle en tout ou par forme de quotité, elle comprendra tout le mobilier, sans qu'il soit besoin que le testateur ait ordonné expressément qu'il sera fait emploi. De même si la substitution est appliquée à une institution contractuelle, ou à une donation de tous les biens présens & à venir, ou de tous les biens présens, ou au legs universel de tous les biens, ou par forme de quotité, elle comprendra le mobilier tout comme les immeubles.

Seront censés compris dans la substitution) : L'*art.* 6 de ce titre emploie les mêmes expressions ; il faut entendre l'un & l'autre article à cet égard de la même manière dans l'*art.* 4, les mots *seront censés*, ne désignent pas une fiction ; les meubles ou effets mobiliers sont réellement compris dans la disposition universelle ; & s'il est dit, *seront censés compris*, c'est pour faire entendre que la substitution des meubles sera aussi efficace que celle des immeubles, comme étant appliquée à une disposition qui comprend l'une & l'autre espèce de biens. Dans l'*art.* 6, les mots *seront censés compris*, signifient aussi que la substitution appliquée à une disposition qui comprend littéralement les bestiaux & les ustensiles avec la terre, ou le domaine, donnés ou légués, sera aussi efficace pour les bestiaux & ustensiles, que pour la terre, ou le domaine.

A moins qu'il n'en ait été autrement ordonné) : C'est-à-dire, qu'encore que le testateur ou le donateur appliquent une substitution à une disposition, qui, par son universalité comprend le mobilier, le substituant a la liberté d'en retrancher ou d'en exclure les biens & les effets qu'il trouve à propos : mais il faut prendre garde qu'il faut que la substitution soit universelle, ou par forme de quotité de l'universalité ; car si elle n'étoit que de l'universalité du mobilier, elle n'auroit pas l'universalité que notre article exige, laquelle doit se régler eu égard à l'universalité du patrimoine, & non eu égard à l'universalité d'une certaine espèce de biens ; auquel cas de l'universalité d'une certaine espèce de biens, il faudroit que le substituant exécutât ce qui est porté par l'*art.* 5 de ce titre.

Il en ſera fait emploi, ainſi qu'il eſt expliqué aux *art.* 10, 11, 12, 13 & 14 *du tit.* 2.

Du reſte, nous avons expliqué ſur l'*art.* 2, quelles ſont les diſpoſitions univerſelles, & quelles ſont les diſpoſitions particulières.

ARTICLE V.

Les Deniers comptans, & les Meubles en effets mo-biliers ne peuvent être chargés d'aucune Subſtitution particulière, ſi le Subſtituant n'ordonne qu'il en ſera fait emploi,

Lᴇs biᴇɴs ᴍᴇɴᴛɪoɴɴᴇ́s ᴅᴀɴs ʟ'ᴀʀᴛɪcʟᴇ ᴘʀᴇ́cᴇ́ᴅᴇɴᴛ, ɴᴇ ᴘoᴜʀʀoɴᴛ ᴇsᴛʀᴇ cʜᴀʀɢᴇ́s ᴅ'ᴀᴜcᴜɴᴇ sᴜʙsᴛɪᴛᴜᴛɪoɴ ᴘᴀʀᴛɪcᴜʟɪᴇʀᴇ, qu'en cas qu'il y ait été ordonné expreſ-ſément ᴘᴀʀ ʟ'ᴀᴜᴛᴇᴜʀ ᴅᴇ ʟᴀ Sᴜʙsᴛɪᴛᴜᴛɪoɴ, qu'il ſera fait emploi des deniers comptans, ou de ceux qui proviendront de la vente, ou du recouvrement deſdits meubles, droits, ou effets mobiliers.

L*ᴇs biens mentionnés dans l'art. précédent*): C'eſt-à-dire, les deniers comptans, les meubles, les effets mobiliers, & les droits mobiliers.

Ne pourront être chargés d'aucune ſubſtitution particulière): Cet article ne défend pas préciſément & abſolument de faire des ſubſtitutions particulières des meubles, des actions & des autres effets mobiliers; il exige ſeulement une formalité ou une condition, afin que la ſubſtitution de cette eſpèce de biens ſoit efficace, c'eſt-à-dire, que l'auteur de la ſubſtitution ordonne expreſſément qu'il ſera fait emploi des deniers comptans, ou de

D

ceux qui proviendront de la vente des meubles & des effets mobiliers, & du recouvrement des droits & des actions mobiliaires : fans cette précaution, la substitution des meubles, des effets mobiliers & des actions mobiliaires fera inefficace & inutile.

La substitution de tous les meubles, effets mobiliers, droits & actions mobiliaires, séparée de l'universalité des biens, doit être considérée comme particulière : par conséquent, afin qu'elle soit efficace, il faut remplir la condition portée par cet article.

Mais le substituant devra-t-il exprimer la qualité de l'emploi ? L'article ne l'exige pas, par conséquent cela n'est pas nécessaire : il suffit que le substituant ait ordonné qu'il sera fait emploi des deniers comptans, ou de ceux qui proviendront de la vente & du recouvrement des meubles, effets mobiliers, droits & actions mobiliaires qui feront chargés de substitution.

Par l'auteur de la substitution) : L'article ne dit pas, *par le testateur :* s'il se fût servi de cette expression, il y auroit lieu de croire que la formalité qu'il exige, ne regarderoit que les substitutions testamentaires. Il se sert d'une expression qui comprend la substitution faite par testament ou par contrat ; il faut donc remplir la condition, soit que la substitution ait été faite par contrat entre-vifs, ou par acte de dernière volonté, soit que l'on puisse prétendre que l'état & la prisée des meubles & effets mobiliers que l'*art.* 9 de ce titre ordonne, dans le cas de la substitution contractuelle, doive suffire, & qu'on puisse se dispenser de remplir la condition portée par l'*art.* 5.

Il n'est pas question de s'enquérir, de la raison pourquoi le Législateur a exigé cette formalité, ni de dire qu'il y a été suffisamment pourvu par les *art.* 8 & 10, *du tit.* 2. Lorsque la substitution particulière est faite par acte de dernière volonté, & par l'*art.* 9 *du tit.* 1, lorsqu'elle est faite par acte entre-vifs, la loi est précise & formelle, & elle exige cette formalité sans préjudice de celles qui ont été prescrites par les autres articles, il faut donc l'exécuter.

Du reste, les bestiaux & les ustensiles servans à faire valoir les terres & les meubles meublans, & autres choses mobiliaires qui

fervent à l'ufage & à l'ornement des châteaux ou maifons, font
exceptés par les *art.* 6 & 7 de ce titre, des difpofitions contenues
dans les *art.* 4 & 5, & tout cela peut être chargé des mêmes
fubftitutions que les terres ou domaines, maifons ou châteaux:
les beftiaux & uftenfiles ne doivent pas être vendus, quoiqu'ils
foient compris dans une fubftitution particulière. Il en eft de
même des meubles meublans, & autres effets mobiliers fervans
à l'ufage & à l'ornement des châteaux ou maifons qui doivent
pareillement être confervés en nature; pourvu néanmoins que
l'auteur de la fubftitution ait expreffément ordonné que lefdits
meubles & autres effets mobiliers des châteaux & maifons feroient confervés en nature, fans diftinguer fi la fubftitution eft
univerfelle ou particulière: autrement il faudroit les vendre, &
en faire l'emploi comme des autres effets mobiliers fubftitués.

ARTICLE VI.

*Les Beftiaux & les Uftenfiles des domaines font excep-
tés des deux articles précédens.*

N'entendons comprendre dans la difpofition des
deux articles précédens, les bestiaux & ustensiles
servans a faire valoir les terres, lefquels seront
cense's compris dans les substitutions desdites
terres, sans distinction entre les dispositions
universelles et particulieres, & le greve' de
substitution ne sera point tenu de les vendre,
et d'en faire emploi; mais il sera oblige' de les
faire priser et estimer, ainfi qu'il fera réglé par le
titre fecond, pour en rendre d'une egale valeur;

D 2

LORS DE LA RESTITUTION DU FIDEICOMMIS, A PEINE DE
TOUS DEPENS, DOMMAGES ET INTERESTS.

N'ENTENDONS comprendre): Pour ne pas équivoquer
sur l'intelligence de cet article, il faut d'abord faire attention
qu'il n'a d'autre objet que d'excepter les bestiaux & les ustensiles servans à faire valoir les terres, des dispositions des *art.* 4 & 5,
& qu'il n'entend faire aucune dérogation au droit, sur la question de savoir si les bestiaux & les ustensiles font partie du
fonds, ou s'ils font pour le faire valoir, & si la donation ou le
legs du domaine ou de la terre comprend les bestiaux & les
ustensiles sans autre expression. Cet *art.* 6, non plus qu'aucun
autre de l'Ordonnance, ne règle l'étendue que doit avoir la disposition principale, à laquelle la substitution est appliquée;
elle laisse cette matière sous la disposition du droit commun;
son unique objet est de régler les fidéicommis, ce qui peut ou
ne peut pas en faire partie, & les conditions nécessaires afin
que les meubles, les droits & autres effets mobiliers puissent être
efficacement substitués, lorsque la substitution est appliquée à
une disposition qui les embrasse, soit par son universalité, soit
par ses paroles, quand la disposition est particulière.

L'*Article* 6 veut que les bestiaux & les ustensiles des terres
soient compris dans la substitution des domaines & terres, &
qu'ils soient exceptés de ces règles, lorsque la disposition principale les comprendra, nonobstant les deux articles précédens,
& sans avoir besoin d'observer les formalités qu'ils prescrivent;
mais si la disposition principale ne portoit pas expressément sur
les meubles & sur les bestiaux, la substitution particulière du
domaine ou de la maison, ne devroit pas s'étendre aux meubles,
ustensiles & bestiaux, sans expression ou désignation spéciale,
en vertu du présent article, qui n'a point entendu déroger au
Droit Romain, comme le Législateur l'explique dans la préface
de la présente Ordonnance. Que si la disposition principale renfermoit les meubles, ustensiles & bestiaux, la substitution les

comprendroit aussi par la seule expression du domaine ou de la maison.

Les bestiaux) sont de vrais meubles de leur nature & tellement meubles, qu'ils se meuvent eux-mêmes : la Loi *moventium* 93 , *ff. de verbor. signific.* les appelle *moventia* , & les met dans la catégorie des meubles. Ils ne font point partie du domaine, où ils sont ; la vente du domaine ne les comprend point sans une convention expresse , *l.* 16 , *ff. de action. empti :* la donation, ni le legs du domaine ne les comprend pas non plus , *l.* 21 , *ff. de instruct. vel instrum. leg.* & *l.* 14 , *ff. de supellect. leg.* Et si quelqu'un donne entre-vifs , ou lègue tous ses immeubles , les bestiaux ne font pas dûs comme un accessoire des terres , soit qu'ils servent au labourage , ou à fumer les terres , ou qu'ils soient dans le domaine pour la seule dépaissance , *laboris* , *pecoris* , *pascuique gratiâ* , suivant les expressions d'un très-bon auteur , qui ajoute , *immobilibus legatis minime censeri debent animalia illa unà cum fundo legata ;* & l'on observe la même chose dans le pays coutumier , comme le remarquent les Commentateurs de la Coutume de Paris , *art.* 91 ; notament *Tronçon* , *Brodeau* , *n.* 6 , & *Ferrières* , *n.* 8 & 9. Mais il faut prendre garde que quand les bestiaux sont compris dans la disposition principale , tous les bestiaux , soit de labourage ou pour fumer les terres , & ceux qui y sont mis pour la dépaissance , sont compris dans la substitution appliquée à la première disposition , vu que l'Ordonnance ne distingue point , & qu'elle parle des bestiaux indéfiniment , & l'on devra appliquer à toute sorte de bestiaux compris dans la disposition principale & dans la substitution subordonnée , tout ce qui est porté par cet *art.* 6.

Ustensiles servans à faire valoir les terres) : Ces mots comprennent ce que les Loix Romaines dans le titre *de instructo vel instrum. leg.* entendoient par les mots , *instrumentum fundi ,* c'est-à-dire , les charrues , les charrettes , & tous les autres outils qui en dépendent , & qui servent à la culture des terres & à la perception des fruits ; mais on ne doit pas comprendre sous les mots , *ustensiles servans à faire valoir les terres* , ce que les mêmes Loix Romaines appeloient *instructum* , qui a beaucoup plus d'étendue que *inftrumentum*. Sur quoi on peut voir les auteurs qui ont expliqué le titre *de inftruéto vel inftrum. leg.*

Seront cenfés compris dans la fubftitution defdites terres) : Les mots *feront cenfés compris*, doivent s'entendre dans le même fens que les mêmes expreffions qui font employées dans l'*art.* 4, *fuprà :* c'eft-à-dire, pourvu que les beftiaux & les uftenfiles fervans à faire valoir les terres, foient compris dans la première difpofition à laquelle la fubftitution eft appofée, & non autrement ; parceque la fubftitution ne peut pas avoir plus d'étendue que la difpofition à laquelle elle eft fubordonnée. Les mots *feront cenfés compris*, ne fignifient pas que la fubftitution des terres ou domaines s'étende fur les beftiaux & uftenfiles comme un acceffoire, & une dépendance, quand la première difpofition ne les comprend pas ; mais feulement que les *art.* 4 *& 5*, ne doivent pas empêcher que les beftiaux & uftenfiles, quoique meubles par leur nature, ne faffent partie de la fubftitution particulière appliquée à la donation, ou au legs d'un domaine avec les beftiaux & uftenfiles.

Sans diftinélion entre les difpofitions univerfelles & particulières) : Lorfque la principale difpofition eft univerfelle, elle comprend les beftiaux & les uftenfiles par fon univerfalité ; mais fi elle eft particulière, il faut que les beftiaux & les uftenfiles foient expreffément donnés, ou légués pour pouvoir faire partie de la fubftitution. L'Ordonnance reftreint ou modifie la faculté de faire des fubftitutions des meubles, elle exige certaines formalités, afin qu'elles foient efficaces, lorfqu'elles font appliquées à une difpofition particulière : on ne peut donc pas penfer, fans choquer les vues & l'efprit du Legiflateur, qu'il ait voulu dilater & étendre les fubftitutions des meubles, en décidant que de cela feul, qu'un domaine auroit été légué ou donné, fans parler des beftiaux ou des uftenfiles, ils fuffent néanmoins compris dans la donation ou dans le legs ; auffi l'article ne le dit il pas : que s'il dit que les fubftitutions des terres ou domaines comprendront les beftiaux ou les uftenfiles, ce n'eft que pour lever l'obftacle produit par les deux articles précédens, & pour dire que les beftiaux & les uftenfiles pourront être fubftitués avec les ter-

res & domaines où ils font pour les faire valoir, tout de même
que s'ils étoient des immeubles fufceptibles de fubſtitutions particulières par leur nature. C'eſt à mon avis le vrai fens de cet
article. Afin qu'on en pût induire qu'il a décidé contre la difpofition du Droit Romain, & la décifion même des auteurs du
pays coutumier, que la difpofition d'une terre ou d'un domaine
comprend les beſtiaux ou uſtenfiles, fans en faire mention, il
auroit fallu qu'il eût dit que les beſtiaux & uſtenfiles feroient
compris dans la donation, ou dans le legs du domaine, ou de
la terre, & dans la fubſtitution y appofée, ce que l'article ne
dit pas. Ce feroit donc l'étendre dans un cas peu favorable, que
de penfer que les beſtiaux & les uſtenfiles foient cenfés fubſtitués, par cela feul que la fubſtitution feroit appliquée à une difpofition particulière qui ne parle pas des beſtiaux & des uſtenfiles.

*Le grevé de fubſtitution ne fera point tenu de les vendre, ni
d'en faire emploi*): Ceci explique littéralement l'exception que
j'*art.* 6 fait à l'*art.* 4.

Mais il fera obligé de les faire prifer & eſtimer): Si la fubſtitution eſt appliquée à une donation entre-vifs, la prifée & l'eſtimation doivent être faites lors de la donation, & dans l'état qui
doit en être fait, fuivant l'*art.* 9 de ce titre. Si elle eſt appofée à
une difpofition à caufe de mort, la prifée devra être faite lors
de l'inventaire des biens & des effets du fubſtituant, fuivant
l'*art.* 7 du *tit.* 2.

Pour en rendre d'une égale valeur): Au moyen de la prifée
& de l'eſtimation des beſtiaux & des uſtenfiles, le grevé en devient en quelque façon propriétaire incommutable, & le péril
ou la détérioration, même par l'ufage journalier, le regardent.
Il ne paroît pas même recevable à vendre les beſtiaux, & les
uſtenfiles en mêmes corps, s'ils étoient de moindre valeur. Il
doit en rendre d'autres de même efpèce, & d'une valeur égale.
Cela réfulte clairement du fens du texte; du moins s'il étoit reçu
à rendre les mêmes corps, faudroit-il qu'il en parfournît la moins
value?

Lors de la reſtitution du fidéicommis): C'eſt là le point fixe,
eu égard auquel il faut confidérer la valeur des beſtiaux qui fe

trouvent dans le domaine fubftitué. Il faut encore prendre
garde que le grevé ne devroit pas en être quitte en offrant de
payer en argent, le montant de la prifée : fuivant la lettre & l'efprit du texte, il faut qu'il rende des beftiaux & des uftenfiles de
même qualité que ceux qu'il a reçus, & d'une valeur égale.

A peine de tous dépens dommages & intérêts) : pour lefquels
le fubftitué aura une hypothéque fur les biens propres du grevé,
depuis qu'il aura recueilli les biens fubftitués, *art*, 17 *du tit*. 2.

ARTICLE VII.

*Les meubles qui fervent à l'ufage ou à l'ornement des
Châteaux ou Maifons, peuvent être chargés des
mêmes fubftitutions, que les Châteaux ou Maifons,
& être confervés en efpèce, fi le Subftituant l'a ordonné.*

LES MEUBLES MEUBLANS, ET AUTRES CHOSES MOBILIAI-
RES, QUI SERVENT A L'USAGE, OU A L'ORNEMENT DES
CHATEAUX OU MAISONS, POURRONT ETRE CHARGE'S
DES MEMES SUBSTITUTIONS QUE LES CHATEAUX OU
MAISONS où ils feront, POUR ETRE CONSERVE'S EN
NATURE ; POURVU NEANMOINS QUE L'AUTEUR DE LA
SUBSTITUTION L'AIT AINSI EXPRESSEMENT ORDONNE',
foit qu'il s'agiffe d'une Subftitution univerfelle, ou
qu'elle foit particulière ; & en ce cas le grevé de
fubftitution SERA TENU DE LES RENDRE EN NATURE, tels
qu'ils feront lors de la reftitution du fidéicommis,
A PEINE DE TOUS DEPENS DOMMAGES ET INTERESTS.

LES *meubles meublans*) : Ces mots ont une fignification plus
réfervée parmi nous, que le mot *mobilia*, dont les loix Romaines

fe fervent, qui comprend tout le mobilier; au lieu qu'en France on ne comprend dans les meubles meublans, que ce que les Romains appelloient *fupellex*, qui felon la loi 1, *ſſ. de fupellect. leg. eſt domeſticum patris-familias inſtrumentum, quod neque argento, aurove facto, vel veſti adnumeretur.* Pour connoître ce qui eſt compris fous la fignification des meubles meublans, ou le *fupellex* des Romains, il faut confulter les loix *du tit. de fupellect. leg. au digeſte.*

Et autres choſes mobiliaires, fervant à l'uſage, ou à l'ornement des châteaux ou maiſons): Les dernières expreſſions renferment une défignation qui reſſerre & limite les premières paroles. Sous le nom des *choſes mobiliaires*, en général, on devroit comprendre tous les effets mobiliers qui feroient dans les châteaux ou maiſons; mais on ne doit pas donner une telle étendue aux paroles de notre article, elles ne comprennent que les choſes mobiliaires qui fervent à l'uſage ou à l'ornement des châteaux ou maiſons. Ainſi, afin que la difpofition de cet article puiſſe recevoir une juſte application, il faut, 1°, qu'il s'agiſſe d'une choſe mobiliaire: 2°, qu'elle ferve à l'uſage ou à l'ornement des châteaux ou maiſons. Donc, afin que la difpofition de cet article puiſſe être bien appliquée, il faut le concours de ces deux circonſtances. Il n'eſt pas poſſible de faire l'énumération des autres. Les deux caractères diſtinctifs que nous avons remarqués, fuffifent pour faire connoître les choſes mobiliaires dont notre texte entend parler.

Pourront être chargés des mêmes fubſtitutions que les maiſons ou châteaux): Soit que la fubſtitution foit appliquée à une difpofition univerfelle, ou à une difpofition particulière, comme le texte l'ajoute, & fans examiner fi la fubſtitution eſt faite par teſtament ou par contrat entre-vifs.

Si par exemple la fubſtitution eſt appliquée à une difpofition univerfelle, elle comprendra par fon univerfalité, les meubles meublans, & les autres choſes mobiliaires, comme le porte l'*art.* 4 de ce titre; par conféquent le fubſtituant pourra ordonner, en faifant la fubſtitution, que les meubles meublans & les

E

autres chofes mobiliaires fervant à l'ufage, ou à l'ornement des châteaux, feront confervés en nature.

Que fi la fubftitution eft appliquée à la difpofition des châteaux ou maifons avec les meubles & effets qui y font, le fubftituant pourra ordonner de même que les meubles meublans, & les autres chofes mobiliaires fervant à l'ufage ou à l'ornement des châteaux ou maifons, feront confervés en nature.

Mais il faut prendre garde que fi la difpofition principale ne parloit que des maifons ou châteaux fans y ajouter les meubles & les effets mobiliers, la fubftitution appliquée à une telle difpofition ne comprendroit pas les meubles & les effets mobiliers, *l.* 14, *ff. de fupellect. leg.* & les autres textes & autorités rapportées fur l'*art.* 6 de ce titre.

Pour être confervés en nature): Quoique la règle générale établie par cette Ordonnance dans l'*art.* 4 de ce titre, & dans les *art.* 8, 10, 11, 12 *du tit.* 2 ; foit, que quand une fubftitution contient des meubles & des effets mobiliers, le grevé eft tenu de les vendre par affiches aux enchères, & d'en employer le prix, cela n'a pas lieu à l'égard des meubles meublans, & des autres chofes mobiliaires qui font fubftituées avec les châteaux ou maifons, & cet article permet au fubftituant d'ordonner que les meubles meublans, & les autres chofes mobiliaires fervant à l'ufage ou ornement des châteaux ou maifons, foient confervés en nature, ce qui eft une exception à la règle générale, portée dans les *art.* 8 & 10 *du tit.* 2 ; mais ce n'eft que fous une condition exprimée dans les paroles qui fuivent.

Pourvu que l'auteur de la fubftitution l'ait ainfi expreffément ordonné): Si l'acte qui contient la difpofition principale, & la fubftitution des châteaux ou maifons avec les meubles & effets mobiliers qui y font, ne porte pas que les meubles meublans & autres chofes mobiliaires, fervant à l'ufage ou ornement des châteaux ou maifons, feront confervés en nature, le grevé devra les vendre & en faire l'emploi : la volonté du fubftituant littéralement exprimée, eft la condition *fine qua non:* mais fi le fubftituant l'ordonne expreffément, fa volonté devra être exécutée, parceque la loi le lui permet: cependant une diſpoſition tacite ne ſuffiroit pas, comme nous l'expliquerons ſur l'*art.* 8, *infrà.*

Sera tenu de les rendre en nature): Afin que le grevé demeure valablement chargé des choſes dont notre article parle, il faut qu'il en ſoit fait un état, ſi la diſpoſition eſt facile, par acte entre-vifs, comme il eſt porté par l'*art.* 9 de ce titre; ou qu'ils ſoient ſpécifiés dans un inventaire fait après le décès du ſubſtituant, comme le veut l'*art.* 1 *du tit.* 2. Mais l'*art.* 7 de ce titre ne dit pas qu'on doive en faire l'eſtimation ou la priſée; il ſemble donc qu'elle n'eſt pas néceſſaire: toutefois, comme l'*art.* 9 *du tit.* 1, & l'*art.* 1 *du tit.* 2, exigent la priſée, & que d'ailleurs elle eſt néceſſaire, pour ſavoir ſi le grevé aura détérioré les effets autrement que par un uſage legitime, il faut que la priſée ſoit faite dans l'état ou dans l'inventaire.

Il eſt encore néceſſaire, quand la ſubſtitution des châteaux ou maiſons avec les meubles & effets ſervant à leur uſage ou ornement, eſt particulière; que les meubles & effets, qui doivent être conſervés en nature, ſoient ſpécialement déſignés, afin que le ſubſtitué puiſſe les réclamer quand la ſubſtitution ſera échue.

Le grevé qui doit conſerver les effets en nature, & qui doit les rendre tels qu'ils ſont, n'eſt pas obligé de payer la diminution du prix, occaſionnée par la détérioration qui eſt arrivée par un uſage légitime journalier, ou par le changement des temps; il en ſera quitte en les rendant en eſpèce, tels qu'ils ſe trouveront à l'écheance du fidéicommis; mais s'ils avoient été détériorés par ſa faute ou par abus, il devroit en payer les détériorations: cependant il devroit être reçu à les rendre en eſpèce, ſauf à payer la diminution qu'il auroit cauſée par ſa faute, ou par l'abus qu'il en auroit fait.

A peine de tous dépens dommages & intérêts): Pour leſquels le ſubſtitué auroit une action, & une hypothéque ſur les biens propres du grevé, depuis que celui-ci auroit recueilli la diſpoſition contenant les biens ſubſtitués, *art.* 17 *du tit.* 2, pourvu que la ſubſtitution eût été publiée & enregiſtrée, comme le porte l'*art.* 18 *du tit.* 2.

Hors des deux cas exprimés dans les *art.* 6 & 7 de ce titre , il n'est pas permis à un substituant de faire aucune substitution universelle ou particulière , sous la condition de conserver en nature, aucuns autres effets mobiliers. Cette défense est expresse dans l'*art.* 8 de ce titre.

ARTICLE VIII.

Défenses de conserver en nature d'autres effets que ceux qui sont exprimés dans les deux articles précédens.

Faisons défenses de faire aucune substitution universelle ou particulière , sous la condition de conserver en nature aucuns autres effets mobiliers, que ceux qui sont mentionnés dans les deux articles précédens , a peine de nullité de la substitution à l'égard desd. effets. Voulons que celui auquel ladite condition auroit été imposée , les possede librement, sans meme qu'il soit tenu d'en imposer la valeur sur ses detractions.

Lorsqu'un testateur ou un donateur aura fait une substitution générale qui comprend par son universalité les meubles , effets mobiliers, droits & actions, ou une substitution particulière , qui contient les meubles & effets mobiliers, ou certaines espèces de meubles & effets mobiliers, il ne lui est pas permis d'ordonner ni d'imposer pour condition , que lesdits meubles & effets mobiliers, autres que ceux qui sont mentionnés dans les *art.* 6 & 7 , seront conservés en nature, s'il n'y a d'autres meubles & effets mobiliers, qui puissent être conservés, & qui ne doivent pas être vendus, que ceux qui ſont exceptés par leſd. *art.* 6 & 7.

Il y a de la différence entre ceux dont l'*art.* 6 fait mention, qui doivent être conſervés quand même le ſubſtituant ne l'auroit pas ordonné, & ceux dont l'*art.* 7 parle, qui ne doivent être conſervés, & le grevé ne peut ſe diſpenſer de les vendre, que quand le ſubſtituant a expreſſément ordonné dans l'acte qui contient la ſubſtitution, que leſdits meubles & choſes mobiliaires ſeroient conſervés en nature : ſi bien qu'une injonction tacite, qui pourroit réſulter, par voie de raiſonnement & d'argument, d'une diſpoſition vague, ne ſuffiroit pas pour autoriſer l'héritier grevé à conſerver en nature les meubles & effets mobiliers, & à ſe diſpenſer de les faire vendre. J'ai été conſulté ſur un cas ſingulier ; un teſtateur avoit dit dans ſon teſtament : *J'ordonne à mon héritier de ſe comporter en maître dès le moment de l'ouverture de mon préſent teſtament, dans ma maiſon, & de l'habiter en perſonne avec un nombre convenable de domeſtiques..... lui fais défenſe d'en déplacer le moindre meuble de quelque nature qu'il ſoit, non pas même par forme de prêt........ à peine de déchéance de plein droit, de ma ſucceſſion.* Le ſubſtitué prétendit que tous les meubles & effets mobiliers devoient être vendus ; au contraire, l'héritier grevé ſoutenoit que le teſtateur avoit ordonné de conſerver en nature tous les meubles & effets mobiliers qui étoient dans la maiſon, qu'il étoit diſpenſé de vendre les meubles meublans, & les autres choſes mobiliaires qui ſervent à l'uſage & à l'ornement de la maiſon, & qu'à l'égard des autres ils lui étoient acquis, & qu'il devoit les poſſéder librement en vertu de cet *art.* 8. J'ai répondu que l'héritier n'étoit pas fondé dans ſa prétention, qu'il étoit obligé de vendre tous les meubles, & qu'il ne pouvoit en conſerver aucun, à cauſe que le teſtateur ne l'avoit pas expreſſément ordonné, comme l'*art.* 7 l'exige. Que ſi l'on pouvoit induire des paroles du teſtament un ordre exprès de conſerver les meubles, il devoit s'appliquer à toutes ſortes de meubles de quelque nature qu'ils fuſſent, qu'ainſi l'héritier pouvoit conſerver en nature les meubles meublans, & les autres choſes mobiliaires ſervant à l'uſage ou à l'ornement de la maiſon, & qu'à l'égard des autres meubles qui ne ſeroient pas de cette qualité, l'héritier devoit les posséder librement comme notre article l'ordonne.

Il n'y a point de différence essentielle entre le Droit Romain & notre Ordonnance, sur la faculté de substituer les meubles & les effets mobiliers. Le Droit Romain donnoit à cet égard une pleine & entière liberté, sans qu'il fût nécessaire de prendre aucune précaution, ni d'observer aucune formalité ; en quoi ce droit étoit imparfait, puisqu'il n'avoit pas prescrit des règles pour veiller à la sureté du substitué, & à la conservation des meubles & effets mobiliers, afin qu'ils pussent parvenir au substitué en espèce ou en valeur.

Notre Ordonnance a permis à la vérité, de substituer les choses mobiliaires par une disposition générale ou particulière ; mais elle y a ajouté diverses modifications ou conditions, qui sont autant de précautions sages, pour que les meubles & effets mobiliers ou leur valeur, parviennent au substitué, quand la substitution échérra. Ces précautions sont marquées dans les *art.* 10, 11, 12, 13 & 14 *du tit.* 2.

L'obligation de faire un inventaire ou un état des meubles & effets mobiliers substitués, de les vendre, & de faire emploi du prix, est la plus essentielle & la plus nécessaire. S'il étoit permis à un testateur ou à un donateur d'en dispenser, il ne resteroit plus aucune sureté au substitué, pour des effets qui peuvent être facilement divertis, dénaturés ou dissipés.

Voilà pourquoi l'Ordonnance défend très-sagement par l'*art.* 8, à tout testateur ou donateur, qui fait des substitutions, dans lesquelles des meubles & effets mobiliers sont compris, d'ordonner qu'ils seront conservés en nature pour les rendre en espèce, & de dispenser le grevé de les vendre & de faire l'emploi du prix.

Cette défense s'applique à toute sorte de substitutions générales ou particulières, soit qu'elles aient été faites par testament ou par acte entre-vifs, & lie également toutes sortes de personnes sans distinction, sans examiner si les meubles sont précieux ou non ; & comme les pierreries & les bijoux ne sont pas des effets servant à l'usage ou à l'ornement d'un château ou d'une maison, il y a lieu de croire qu'ils doivent être vendus tout comme les autres effets mobiliers non exceptés par les *art. 6 & 7.*

A peine de nullité) : Dans le cas que le ſubſtituant contrevien-
droit à cette défenſe, & qu'il ordonneroit ou impoſeroit la condition de conſerver en nature d'autres meubles & effets mobiliers que ceux qui ſont mentionnés dans les *art. 6 & 7,* la ſubſtitution ſeroit nulle, non pour les immeubles ou pour les effets que
l'Ordonnance permet de conſerver, mais ſeulement pour les
meubles qu'elle ordonne de vendre, & qu'elle ne permet pas de
conſerver.

Les poſſéde librement) : la nullité de la ſubſtitution des meubles & effets mobiliers qui ne peuvent pas être conſervés, dans
le cas que le ſubſtituant aura ordonné de les conſerver, & de
ne pas les vendre, fait qu'ils doivent demeurer à celui auquel ils
ont été donnés ou légués, avec charge de ſubſtitution, laquelle
ne peut opérer aucun effet; la prémière diſpoſition eſt bonne
& valable, & le grevé doit les garder tout de même que s'ils
n'avoient pas été ſubſtitués.

*Sans même qu'il ſoit tenu d'en imputer la valeur ſur ſes dé-
tractions*) : Dans le cas de notre article, la ſubſtitution des meubles & effets mobiliers qui ne peuvent pas être conſervés, eſt
non-ſeulement nulle, lorſque le ſubſtituant a ordonné de les
conſerver pour les rendre en eſpèce contre la prohibition de la
loi, mais encore le grevé doit avoir, par un eſpèce d'avantage,
leſdits meubles & effets, ſans qu'il ſoit tenu de les imputer ſur ſes
détractions; c'eſt une peine que le Légiſlateur inflige dans le
cas de la contravention à la loi & à la défenſe qu'elle porte.

ARTICLE IX.

Il doit être fait un état & une estimation des meubles & effets mobiliers compris dans une Substitution par acte entre-vifs , à peine de nullité quant aux effets mobiliers.

LES SUBSTITUTIONS APPOSÉES AUX DONATIONS ENTRE-VIFS, ne pourront avoir leur effet à l'égard des meubles ou effets mobiliers, QU'EN CAS QU'IL EN AIT ÉTÉ FAIT UN ÉTAT signé des parties, & annexé à la minute de la Donation ; lequel état contiendra l'estimation desdits meubles & effets; LE TOUT A PEINE DE NULLITÉ de la Substitution à l'égard desdits effets, SANS PRÉJUDICE AU SURPLUS de l'exécution de l'Article XV de notre Ordonnance du mois de Février 1731 , concernant les Donations.

LES *substitutions apposées aux donations entre-vifs*): L'article parle des donations entre-vifs en général, elle ne distingue point si elles sont universelles ou particulières, ni si elles sont faites en faveur de mariage ou hors du contrat de mariage; par conséquent il ne faut admettre aucune de ces distinctions. Ainsi, afin que les meubles & effets mobiliers puissent être substitués par une donation entre-vifs, il faut qu'il en soit fait un état qui contienne l'estimation, faute de quoi les meubles & effets mobiliers sont considérés comme non-substitués; parceque la substitution ne peut pas valoir pour les effets mobiliers dont il n'a point été fait d'état avec l'estimation; quoique la donation puisse valoir, lorsqu'il y a un état sans estimation, ou une tradition réelle sans état.

L'art.

L'*art.* 15 de l'Ordonnance de 1731, défend de donner les biens à venir : elle veut encore qu'il foit fait un état des meubles & effets mobiliers, qui foit figné par les parties, & annexé à la minute de la donation, lorfque le donateur s'eft réfervé l'ufufruit ; mais l'*art.* 17 de la même Ordonnance excepte de la difpofition de l'*art.* 15, les donations faites en contrat de mariage en faveur des mariés ou de leurs defcendans. Delà naiffent deux difficultés. La prémière, fi les donations en contrat de mariage, en faveur des mariés ou de leurs enfans, qui renferment des fubftitutions appliquées à la prémière difpofition, qui comprend des meubles & des effets mobiliers, doivent être accompagnées de l'état & de l'eftimation, ou non. La feconde, fi lorfqu'on appofera une fubftitution à une donation des biens préfens & à venir, la fubftitution fera efficace pour les meubles à venir, dont on ne peut pas faire un état, ni une eftimation, à caufe que les effets n'exif-tent pas.

On peut alléguer fur ces difficultés des raifons de part & d'au-tre, mais je les paffe fous filence, parceque cela excéderoit les bornes de fimples notes que je me fuis propofé de faire ; & je dis que la fubftitution ne pourra point être efficace pour les meubles & effets mobiliers, s'il n'y en a un état avec l'eftimation ; parce que les fubftitutions appliquées aux donations entre-vifs en faveur de mariage, ne font pas exceptées, par conféquent elles font comprifes dans la difpofition indéfinie de notre article. L'é-tat même fans eftimation, ne fuffiroit pas pour empêcher la nullité de la fubftitution des effets mobiliers.

Par la même raifon, il faudra dire aufli que la fubftitution ap-pliquée à une donation en contrat de mariage de tous les biens préfens & à venir, ou d'une quotité en faveur des conjoints ou de leurs enfans, fera inutile & inefficace pour les meubles & ef-fets mobiliers à venir, à caufe qu'il n'en aura pas été fait un état avec l'eftimation.

Mais que dirons-nous de l'inftitution contractuelle, faudra-t-il la mettre dans la catégorie des donations entre-vifs, vu qu'elle eft irrévocable, & qu'en cela elle tient de la nature de la donation entre-vifs ? Serat-t-il néceffaire de faire un état avec

F

l'eftimation des meubles & effets mobiliers exiftans lors de l'inftitution, & la fubftitution fera-t-elle inefficace par rapport aux
meubles & effets à venir, qui n'avoient pas été compris dans
l'état eftimatif.

Sur ces deux difficultés, je penfe que dans le cas de l'inftitution contractuelle, il n'eft pas néceffaire de faire un état avec
l'eftimation des meubles & effets mobiliers exiftans, & que la
fubftitution eft efficace, même pour les meubles & effets mobiliers acquis poftérieurement au contrat de mariage qui contient
l'inftitution & la fubftitution. La raifon eft, que l'inftitution
contractuelle eft une efpèce de difpofition différente des donations entre-vifs; elle forme une claffe à part, & ce qui eft dit
pour les donations entre-vifs, ne peut pas être appliqué à l'inftitution contractuelle, qui, à la vérité, tient de la nature de la
donation entre-vifs par fon irrévocabilité, mais dans tout le
refte, elle tient de la nature des difpofitions à caufe de mort,
& à proprement parler l'inftitution contractuelle n'eft autre
chofe qu'un teftament irrévocable. Il fuffira donc de faire un
inventaire après le décès de l'inftituant, & d'obferver les mêmes
règles qui font faites par cette Ordonnance au fujet des fubftitutions teftamentaires.

Qu'en cas qu'il en ait été fait un état): L'état dont l'article
parle doit avoir trois qualités. 1.° Il doit être figné par les parties.
2.° Il doit fpécifier en détail le nombre & la qualité des meubles
& des effets mobiliers. 3.° Il doit contenir l'eftimation précife
de chaque meuble, & il ne fuffiroit pas d'en faire une eftimation en gros ou en bloc. Il faut encore qu'il foit annexé à la minute de la donation contenant la fubftitution : mais fi les parties
ne pouvoient ou ne favoient figner, il fuffiroit que les meubles
& effets mobiliers fuffent détaillés, fpécifiés & eftimés chacun
en particulier dans l'acte de la donation contenant la fubftitution,
ce qui rempliroit les vues de l'Ordonnance, à caufe qu'une telle
précaution affureroit fuffifamment la confiftance & la valeur des
meubles & effets mobiliers.

Le tout à peine de nullité): L'article prononce la nullité des
fubftitutions appofées aux donations entre-vifs, quant aux meu-

bles & effets mobiliers dont il n'aura point été fait un état
àvec l'eſtimation; ainſi l'état ſans eſtimation, ni l'eſtimation ſans
l'état, ou l'énumération dans l'acte de donation, n'empêcheroient
pas la nullité prononcée dans cet article, mais cette nullité ne
doit pas influer ſur la ſubſtitution qui contiendra des immeubles;
enſorte qu'elle ſera auſſi efficace à cet égard, que s'il n'y avoit
point de meubles ou effets mobiliers, ou s'il y en avoit un état
tel que l'Ordonnance exige. Ce n'eſt donc qu'une nullité relative, & qui n'eſt pas abſolue.

Sans préjudice au ſurplus): Ces paroles & celles qui ſuivent
dans l'article, n'ont été ajoutées que pour faire comprendre,
que le Roi n'entend point déroger par cet article à *l'art.* 15
de l'Ordonnance de 1731, concernant les donations : par conſéquent on ne doit pas en induire que ſous prétexte que notre
article exige à peine de nullité, une eſtimation des meubles &
effets mobiliers, qui ſeront compris dans une ſubſtitution contractuelle, il ſoit néceſſaire d'ajouter à l'état des meubles & effets
mobiliers donnés ſans charge de ſubſtitution, une eſtimation
des mêmes meubles & effets mobiliers, afin que la donation
ſoit efficace.

Delà vient que ſi le donateur qui ajoute une ſubſtitution, ſe
contentoit de faire un état des meubles & effets mobiliers ſans
en faire l'eſtimation, la ſubſtitution deſdits meubles & effets mobiliers ſeroit bien nulle vis-à-vis du ſubſtitué, mais la donation ou
première diſpoſition ſeroit efficace vis-à-vis du donataire qui
auroit droit de les retenir.

L'état, accompagné de l'eſtimation, eſt néceſſaire dans le cas
d'une donation chargée de ſubſtitution comprenant des meubles
& effets mobiliers, non-ſeulement lorſque le donateur s'eſt réſervé l'uſufruit des biens donnés, mais encore lorſqu'il en aura
fait une tradition actuelle, & qu'il n'aura pas réſervé l'uſufruit,
vu que notre article ne diſtingue point & ne fait aucune exception.

Il eſt aſſez facile de comprendre pourquoi le Roi exige dans
cet article l'eſtimation ajoutée à l'état des meubles & effets mobiliers, tandis que *l'art.* 15, de l'Ordonnance de 1731, exige

bien l'état, mais non l'eſtimation ; c'eſt afin que le donataire grevé de ſubſtitution, rende, le cas écheant, le montant des effets mobiliers.

L'eſtimation ajoutée à l'état des meubles & effets mobiliers, en fait paſſer la propriété incommutable ſur la tête du donataire grevé de ſubſtitution, laquelle n'a d'effet que pour le prix, & non pour les meubles & effets mobiliers en eſpèce ; cela réſulte de l'*art.* 10 de ce titre ; voilà pourquoi l'article que nous venons de citer, n'oblige pas le donataire grevé à vendre les meubles & effets mobiliers, il l'oblige ſeulement à faire l'emploi du prix, c'eſt-à-dire, de l'eſtimation portée par l'état.

Mais à l'égard des immeubles, la ſubſtitution les affecte, & le grevé doit les rendre en propre nature ; car quoique la propriété réſide ſur ſa tête en vertu de la donation, elle n'eſt pas incommutable, mais elle eſt réſolue, lorſque la condition ou l'échéance de la ſubſtitution arrive.

ARTICLE X.

Le Donataire entre-vifs grevé de rendre, doit faire l'emploi du prix des meubles & effets mobiliers compris dans la ſubſtitution.

Le Donataire chargé de Subſtitution, SERA TENU DE FAIRE EMPLOI DU PRIX DES MEUBLES & effets qui auroient été compris dans l'état mentionné en l'article précédent, LEQUEL EMPLOI SERA FAIT, ſuivant ce qui ſera preſcrit par le titre ſecond de la préſente Ordonnance.

SERA *tenu de faire emploi du prix des meubles* : Il ne peut y avoir aucun doute que le donataire chargé d'une Subſtitution, qui comprend des meubles & des effets mobiliers, ne doive faire l'emploi du prix. La loi eſt claire & préciſe ſur ce point; mais il n'eſt pas également certain ſi le donataire grevé doit vendre les meubles & les effets mobiliers pour faire l'emploi du prix provenant de la vente, ou s'il peut garder leſdits meubles & effets mobiliers, en faiſant l'emploi du montant de l'eſtimation contenue dans l'état qui en doit être fait conformément à l'*art.* 9 de ce titre.

La difficulté vient de l'*art.* 8 *du tit.* 2, qui veut que le grevé de Subſtitution ſoit tenu de faire procéder à la vente par affiches & enchères de tous les meubles & effets compris dans la Subſtitution, à l'exception de ceux qui ſont mentionnés dans les *art.* 6 & 7 *du tit.* 1, qui doivent être conſervés en nature pour être rendus en eſpèce.

Mais il me ſemble que la diſpoſition de l'*art.* 8 *du tit.* 2, ne reçoit pas une juſte application aux meubles & effets mobiliers ſubſtitués par donation entre-vifs. Il eſt vrai que la diſpoſition de cet article eſt générale, & qu'elle n'excepte que les effets mentionnés dans les *art.* 6 & 7; mais les diſpoſitions des loix, quelque générales qu'elles ſoient, ne comprennent jamais les cas où il y a une loi ſpéciale & particulière pour les régler: ces cas particuliers ſont des exceptions de la règle générale.

Les *art.* 9 & 10 *du tit.* 1, règlent par des diſpoſitions ſpéciales les Subſtitutions faites par des donations entre-vifs. L'*art.* 9 veut qu'il ſoit fait un état contenant l'eſtimation des meubles & effets ſubſtitués. L'*art.* 10 veut bien qu'il ſoit fait emploi du prix des meubles & effets qui auront été compris dans l'état mentionné dans l'article précédent; mais il ne dit point que le donataire chargé de Subſtitution, ſera tenu de vendre les effets mobiliers ſubſtitués, d'où il ſemble qu'on puiſſe conclure qu'il n'eſt pas tenu de faire la vente.

L'eſtimation ordonnée par l'*art.* 9, qui ne peut pas être conſidérée comme ſuſpecte, à cauſe qu'elle eſt faite entre le ſubſtituant & le grevé, forme une eſpèce de vente qui transfère la propriété au grevé, & qui ne l'oblige à rendre que le prix de l'eſtimation ſuivant *les loix* 5 & 10, *cod. de jure dot.* & la loi 10, *ff. cod. tit.* Voilà pourquoi il lui ſuffit de faire l'emploi du prix porté par l'eſtimation, à quoi l'*art.* 10 l'oblige, ſans qu'il ſoit néceſſaire de faire la vente ; parceque le même *art.* ne l'y oblige pas, comme nous l'avons dit dans les notes ſur l'*art.* 9. L'emploi du prix de l'eſtimation pourvoit ſuffiſamment à la ſureté & aux intérêts du ſubſtitué, qui auroit mauvaiſe grâce de dire que l'eſtimation faite entre le ſubſtituant & le grevé n'eſt pas exacte ; car quand cela ſeroit vrai, le ſubſtituant étoit le maître de donner tel prix qu'il trouvoit à propos aux effets par lui ſubſtitués; parcequ'il étoit auſſi le maître de les donner incommutablement au donataire, & de ne pas le charger de ſubſtitution.

La même raiſon ne peut pas s'appliquer à la priſée faite après la mort du ſubſtituant ; parceque ce n'eſt pas lui qui l'a faite, & que les experts peuvent ſe tromper. Voilà pourquoi notre Ordonnance veut, que quoique les meubles & les effets mobiliers doivent être portés & eſtimés lors de l'inventaire, ils ſoient vendus par affiches & enchères, afin qu'on en retire le prix juſte & légitime, & que le ſubſtitué, à qui l'eſpérance eſt acquiſe au moment du décès du ſubſtituant, ne ſouffre point du préjudice de l'eſtimation, ſi elle n'étoit pas exacte.

Lequel emploi ſera fait) ſuivant les règles expliquées par les *art.* 10, 11, 12 *du tit.* 2 ; mais quoique, le défaut d'état & d'appréciation des meubles & effets mobiliers rende la ſubſtitution nulle & inefficace, par rapport aux meubles & effets mobiliers ſeulement, ſuivant l'*art.* 9, *ſup.* le défaut d'emploi n'eſt pas capable d'annuller, & de rendre inefficace la ſubſtitution des meubles & des effets mobiliers. Les raiſons de différence ſont, 1.º que l'*art.* 9 prononce directement la nullité de la Subſtitution des meubles & des effets mobiliers faute d'état & d'eſtimation ; au lieu que l'*art.* 10 ne parle pas de la nullité par le défaut d'emploi ; & l'*art.* 15 *du tit.* 2, ne prononce d'autre peine, ſinon que le grevé demeurera reſponſable du prix ſur tous ſes biens libres, enſemble de tous dépens, dommages & intérêts envers les ſubſtitués. 2.º Que le défaut d'état & d'eſtimation eſt un mépris de l'Ordonnance & une faute commune au ſubſtituant & au donataire ; au lieu que le défaut d'emploi eſt la faute du donataire ſeul ; qu'ainſi il ne doit pas en tirer avantage.

ARTICLE XI.

Irrévocabilité de Subſtitutions faites dans une donation entre-vifs duement acceptée par le Donataire.

Les Subſtitutions faites par un contrat de mariage, ou par une donation entre-vifs, ʙɪᴇɴ ᴇᴛ ᴅᴜᴇᴍᴇɴᴛ ᴀᴄᴄᴇᴘᴛᴇ́ᴇs, ɴᴇ ᴘᴏᴜʀʀᴏɴᴛ ᴇsᴛʀᴇ ʀᴇᴠᴏϙᴜᴇ́ᴇs, ɴɪ ʟᴇs ᴄʟᴀᴜsᴇs ᴅ'ɪᴄᴇʟʟᴇs ᴄʜᴀɴɢᴇ́ᴇs, augmentées ou diminuées par une convention ou diſpoſition poſtérieure, même du conſentement du Donataire; ᴇᴛ ᴇɴ ᴄᴀs ϙᴜ'ɪʟ ʀᴇɴᴏɴᴄᴇ ᴀ ʟᴀ ᴅᴏɴᴀᴛɪᴏɴ faite en ſa faveur, la Subſtitution ſera ouverte au profit de ceux qui y auront été appelés.

Cᴇᴛ article ne renferme aucune difficulté conſidérable: auſſi ne fait-il qu'expliquer & étendre les *art.* 10 & 11 de l'Ordonnance du mois de Février 1731, concernant les donations. Il veut que quand une ſubſtitution aura été faite en contrat de mariage, dont la faveur fait valoir les donations au profit des conjoints ou de leurs enfans, ſans que l'acceptation ſoit néceſſaire ſuivant l'*art.* 10 de l'Ordonnance de 1731, il ne ſoit plus permis de la révoquer ni d'en changer les clauſes. Il veut encore qu'il en ſoit de même, lorſque la ſubſtitution aura été faite par une donation entre-vifs, bien & duement acceptée par le donataire, vu que l'acceptation du donataire qui fait valoir la donation, laquelle eſt la diſpoſition principale, rend irrévocable la ſubſtitution qui y eſt appliquée; quoique le ſubſtitué n'ait pas accepté, qu'il ne ſoit pas du nombre des enfans ou deſcendans du donataire, & qu'il ſoit même abſolument étranger au ſubſtituant, & au donataire suivant l'*art.* 11 de l'Ordonnance de 1731 ; l'*art.* 55 *du tit.* 2 , fixe ainsi le sens de l'*art.* 11 *du tit.* 1.

Bien & duement acceptée) expreffément suivant l'*art.* 6 de l'Ordonnance de 1731, par le premier donataire, fans qu'il foit befoin que le fubftitué ait accepté lui-même ; mais la néceffité de l'acceptation du premier donataire n'a pas lieu pour les donations qui font difpenfées de la formalité de l'acceptation, telles que font les donations faites en contrat de mariage en faveur des conjoints ou de leurs enfans à naître ; car les donations de cette dernière qualité valant & étant irrévocables fans acceptation de la part des donataires, les fubftitutions qui y font appofées, valent auffi & font irrévocables, fans que le fubftitué ait accepté, quoiqu'il foit étranger.

Il en feroit autrement d'une donation faite en contrat de mariage, en faveur d'un tiers qui ne contracteroit pas le mariage, laquelle ne pourroit valoir qu'en vertu de l'accceptation du donataire, & fi le donataire n'avoit pas accepté expreffément, la donation feroit nulle , & par confequent la fubftitution qui y feroit appofée. En un mot, lorfque la donation eft irrévocable, la fubftitution qui y eft appofée eft pareillement irrévocable, quoique le fubftitué n'ait pas accepté.

Il n'en étoit pas de même, felon les règles du Droit Romain, & la décifion des auteurs, avant cette Ordonnance & celle de 1731. On peut voir la queftion 5 fur la matière des donations.

Ne pourront être révoquées) : Si ce n'eft par la furvenance d'un enfant, ainfi qu'il eft expliqué dans l'Ordonnance de 1731, ou par l'ingratitude du fubftitué, mais non par celle du premier donataire : de même l'ingratitude du donataire ni celle du premier fubftitué ne pourront pas nuire à un fecond fubftitué ; parceque, *factum cuique , non alteri nocere debet :* Voyez le *Traité des Teftamens , tom. IV , chap.* 21 *, fect.* 1, *n.* 104.

Ni les claufes d'icelles changées): Même du confentement du premier donataire , & par convention entre lui & le donateur fubftituant, à moins que le fubftitué n'y confentît auffi : mais fi le fubftitué n'y confent pas, les conventions entre le donateur & le donataire ne font pas capables de révoquer la fubftitution,

ni

ni en changer les clauſes par des augmentations des charges ou
conditions, ni par des diminutions ou retranchemens des émolumens: que s'il y a un ſecond ſubſtitué, les conventions faites
après coup entre le donateur, le donataire & le premier ſubſtitué ne pourront pas lui nuire, ni déroger en aucune façon à la
ſubſtitution qui a une fois reçu ſa perfection ſur la tête du premier donataire.

Et au cas qu'il renonce à la donation): Si le premier donataire chargé de ſubſtitution, renonce à la donation faite en ſa
faveur, la ſubſtitution y appoſée devra être ouverte au profit de
ceux qui y auront été appelés après lui, & les ſubſtitués prendront la place du donataire qui a renoncé, la renonciation du
grevé ne pouvant pas nuire à ceux qui ſont appelés après lui,
comme l'explique l'*art.* 27 de ce titre.

Les *art.* 11, 27 & 28 de ce titre ſuppoſent, que quoiqu'un
donataire ait accepté expreſſément une donation chargée de
ſubſtitution, il peut la répudier, ou y renoncer. Il en eſt de
même d'un premier ſubſtitué, qui peut également répudier ou
renoncer, ſoit qu'il ait recueilli ou accepté ou non, ſoit avant
d'avoir recueilli même avant que le droit ſoit échu: mais avec
cette différence que le premier donataire & les ſubſtitués peuvent renoncer par ſimple répudiation en la forme ordinaire,
après qu'ils auront recueilli, ou que le droit ſera échu: mais le
ſubſtitué ne peut renoncer avant que le droit lui ſoit échu, que
par un acte paſſé devant Notaire, avec celui qui ſe trouvera
chargé de la ſubſtitution, ou avec un ſecond ſubſtitué appelé
après le renonçant, duquel acte il doit reſter minute, à peine
de nullité, comme l'explique l'*art.* 28 *du tit.* 1.

C'eſt-à-dire, qu'on peut renoncer à une ſubſtitution échue
par forme de répudiation; mais on ne peut renoncer à une ſubſtitution non échue, que par forme de ceſſion ou de tranſport
du droit ou de l'eſpérance, & non par ſimple répudiation; vu
qu'on ne peut répudier que ce qui eſt acquis ou échu; *l. is
poteſt.* 18 , *ff. de acquir. hered.* on peut voir *le traité des Teſtamens*, *tom. IV, ch.* 2 , *ſect.* 2.

Mais peut-on renoncer à une ſubſtitution non échue, par un

acte fait en jugement, en faveur d'une personne qui est présente & qui accepte? L'*art.* 28 de ce titre veut qu'une telle renonciation soit faite par acte devant Notaire, & qu'il en reste minute, à peine de nullité, ce qui semble exclure l'acte fait en jugement, mais comme on peut contracter en jugement aussi efficacement que devant un Notaire, il me semble qu'une telle renonciation faite en jugement acceptée par la partie présente ou par son Procureur spécialement fondé, devroit être aussi efficace que celle qui seroit faite devant Notaire; & si l'*art.* 28 n'indique que le Notaire, c'est parceque c'est l'officier ordinaire, préposé pour recevoir les contrats, ce qui ne doit pas exclure les Juges qui ont un pouvoir égal dans les affaires qui sont pendantes, ou qui peuvent être portées devant eux. La minute du jugement qui reste devers le Greffe, remplit suffisamment les vues de l'Ordonnance, lorsqu'elle veut qu'il reste minute de la renonciation au pouvoir du Notaire qui aura reçu l'acte.

Il faut prendre garde que si une substitution étoit faite dans une donation entre mariés, *constante matrimonio*, ou par un père à ses enfans qu'il a en sa puissance, autrement que par contrat de mariage, lesquelles donations ne sont pas irrévocables, & ne valent que comme donations à cause de mort, suivant la *loi* 25, *cod. de donat. inter virum & uxor.* La substitution ne seroit pas irrévocable: ainsi il seroit libre au donateur, soit avec le consentement, ou même sans le consentement du donataire, de révoquer la substitution, d'en changer les clauses, & d'augmenter ou diminuer les conditions, les charges & les émolumens d'une telle substitution, comme il trouveroit à propos suivant l'*art.* 18 de ce titre; parceque la donation principale n'étant pas irrévocable, la substitution y apposée, ne l'est pas non plus.

Il est encore important de remarquer, qu'afin que la substitution contractuelle soit irrévocable, & que les clauses n'en puissent être changées, augmentées ou diminuées par convention, ou par la seule volonté du donateur, il faut que la donation à laquelle elle est appliquée, soit de sa nature irrévocable, ou qu'elle soit revêtue des formalités qui la rendent irrévocable; car s'il manquoit quelque chose à la donation principale qui

empéchât qu'elle ne fût irrévocable, la ſubſtitution ne feroit
pas irrévocable, ſon irrévocabilité dépendant abſolument de
celle de la donation principale, lorſque le ſubſtitué n'a pas lui-
même accepté la ſubſtitution. Que ſi le ſubſtitué avoit accepté
valablement & expreſſément, la ſubſtitution pourroit être irrévocable, indépendamment de la révocabilité ou irrévocabilité de
la donation principale, parceque l'acceptation du ſubſtitué auroit dans ce cas fixé ſon droit, au lieu que quand il n'a pas accepté lui-même, il emprunte tout ſon droit de la force de la
première donation, à laquelle la ſubſtitution eſt appoſée.

ARTICLE XII.

*Irrévocabilité des Subſtitutions, appliquées aux inſti-
tutions contractuelles.*

Lᴀ ᴅɪsᴘᴏsɪᴛɪᴏɴ ᴅᴇ ʟ'ᴀʀᴛɪᴄʟᴇ ᴘʀᴇ́ᴄᴇ́ᴅᴇɴᴛ aura lieu
pareillement par rapport aux inſtitutions contractuelles. Voulons que leſdites Inſtitutions, comme auſſi les
Subſtitutions qui y ſeront appoſées, ſoient irrévocables,
ſoit entre nobles ou roturiers, ᴅᴀɴs ᴛᴏᴜs ʟᴇs ᴘᴀʏs
ᴏᴜ ᴇʟʟᴇs sᴏɴᴛ ᴇɴ ᴜsᴀɢᴇ.

Lᴀ diſpoſition de l'article précédent): Notre article renferme
deux diſpoſitions remarquables. Par la première il étend aux inſtitutions contractuelles, & aux ſubſtitutions qui y ſont ſubordonnées, ce qui eſt dit dans l'article précédent au ſujet de l'irrévocabilité des ſubſtitutions appliquées à une donation devenue
irrévocable par l'acceptation expreſſe du premier donataire.
Ce qui confirme la réflexion que nous avons faite ſur l'*art.* 11,
que quand une première diſpoſition contenue dans un acte entre-
vifs eſt valable & irrévocable, la ſubſtitution qui y eſt appliquée

eft également irrévocable, quoique les fubftitués n'aient fait aucune acceptation, & que par-là il femble que la fubftitution n'ait pas acquis le caractère d'irrévocabilité, à caufe que la fubftitution emprunte fon irrévocabilité de la première difpofition à laquelle elle eft fubordonnée.

La deuxième, qu'on ne doit pas faire différence entre l'inftitution contractuelle & la fubftitution y appliquée, qui a été faite par une perfonne noble, & celle qui regarde des roturiers, par où la Jurifprudence du Parlement de Bordeaux, & l'avis de certains auteurs qui avoient admis cette diftinction, font abrogés, & avec raifon: car la validité & l'irrévocabilité des inftitutions contractuelles, & des fubftitutions qui y font fubordonnées, fe prend, non de la qualité des perfonnes de l'inftituant, ou de l'inftitué; mais de la faveur du contrat de mariage, & des futurs conjoints, ou de leurs defcendans au profit defquels les inftitutions contractuelles doivent être faites, quoique les fubftitutions puiffent être faites en faveur d'autres perfonnes.

Par rapport aux inftitutions contractuelles) : Nous avons expliqué dans les obfervations fur l'*art.* 13 de l'Ordonnance du mois de Février 1731, concernant les donations, les conditions requifes par l'ufage du Royaume, afin qu'une inftitution contractuelle foit valable & irrévocable. Il feroit utile de les rappeler ici.

L'inftitution contractuelle en faveur des conjoints ou de leurs defcendans, n'a pas befoin d'être acceptée pour recevoir le caractère d'irrévocabilité, à caufe de la faveur du mariage en confidération duquel elle eft faite. Il fuffit que l'inftitution foit littéralement exprimée, fans qu'il foit néceffaire que les futurs époux ni quelqu'autre pour eux, l'acceptent; & une fois que l'inftitution eft valable, la fubftitution qui y eft appofée participe à fa validité & à fon irrévocabilité.

On doit dire la même chofe de la fubftitution qui eft appofée à une donation faite en contrat de mariage en faveur des conjoints, ou de leurs defcendans, quoique non acceptée expreffément fuivant l'*art.* 10 de l'Ordonnance de 1731, à caufe que la donation principale vaut irrévocablement, nonobftant le défaut d'acceptation, & par voie de confequence, la fubftitution qui y eft appofée.

Mais il faut prendre garde qu'encore que l'inftitution contractuelle, ou la donation fans acceptation expreffe, ne puiffent valoir que quand elles feront faites en faveur des conjoints ou de l'un d'eux, ou de leurs defcendans, & non quand elles font faites, même dans un contrat de mariage, en faveur d'autres que les conjoints, & leurs defcendans, il n'en eft pas de même de la fubftitution qui eft appofée à l'inftitution ou à la donation : laquelle vaut irrévocablement en faveur de toute forte de perfonnes fans diftinction, dès que la première difpofition eft valable & irrévocable; parceque la fubftitution emprunte fon irrévocabilité de la validité de la difpofition première, à laquelle elle eft appliquée & fubordonnée; mais fi la première difpofition n'eft pas valable, ou fi elle n'eft pas irrévocable, la fubftitution qui y eft appofée ne le fera pas non plus, de quelque caufe que la nullité ou la révocabilité procèdent. La fubftitution eft l'acceffoire de la première difpofition; par confequent elle participe à toutes les qualités bonnes ou mauvaifes, à la nullité ou à la révocabilité de la première difpofition; enforte que fi la première difpofition eft irrévocable, la fubftitution y appofée le fera auffi : fi elle eft nulle, la fubftitution le fera pareillement, & fi elle eft révocable, la fubftitution pourra être révoquée.

Quoique les inftitutions contractuelles foient différentes des donations entre-vifs, & qu'elles forment une claffe à part, dans le genre des difpofitions qui ont leurs règles & leurs principes particuliers, enforte que les inftitutions contractuelles n'ont proprement rien de commun avec les donations entre-vifs, que l'irrévocabilité; toutefois dans les pays coutumiers, où certaines portions des propres font deftinées aux héritiers du fang dont il n'eft pas permis de difpofer à caufe de mort, mais feulement par donation entre-vifs, il eft permis d'en difpofer par une inftitution contractuelle, laquelle comprend par fon univerfalité, auffi bien les propres, même pour la totalité, que les acquêts; & à cet égard l'inftitution contractuelle produit le même effet que la donation entre-vifs. Il y a dans le Journal des Audiences, *tome IV*, un

Arrêt célébre du 30 Août 1710, qui l'a jugé ainſi, ſur les concluſions de M. Joly de Fleury, alors Avocat Général.

Convenances & différences entre les inſtitutions contrac- tuelles, & les donations entre- vifs.

Quelques Auteurs du Parlement de Touloſe ont confondu
les inſtitutions contractuelles ou les promeſſes d'inſtituer, qui
valent une inſtitution actuelle, avec les donations entre-vifs; ils
ont dit qu'elles étoient de vraies donations, & leur ont attribué
les mêmes effets, ſous prétexte de leur irrévocabilité; mais la
façon de penſer de ces Auteurs n'eſt pas conforme aux véritables
maximes du Droit François, auquel les inſtitutions contractuelles
& les promeſſes d'inſtituer doivent leur naiſſance, leur forme,
& leurs effets. C'eſt pourquoi j'ai cru qu'il feroit très-utile de
connoître exactement les convenances & les différences que le
Droit François a établies entre les donations entre-vifs & les inſtitutions contractuelles, ou les promeſſes d'inſtituer; ce que l'on
trouvera dans mes queſtions ſur la matière des donations.

Dans les pays où elles ſont en uſage): Les inſtitutions contractuelles ſont reçues en France par un uſage qu'on peut conſidérer comme général, qui a dérogé à cet égard au Droit Romain, lequel réprouve des diſpoſitions de cette qualité, & les
regarde même comme contraires aux bonnes mœurs, à cauſe que
inducunt votum captandæ mortis. Il en eſt de même des ſubſtitutions qui ſont reçues, & ſelon le Droit Romain & ſelon le Droit
François, même dans les pays où l'on obſerve la maxime, *inſtitution d'héritier n'a pas lieu.*

Cependant il y a en France des pays où les inſtitutions & les
ſubſtitutions contractuelles ne ſont pas reçues. Lors donc que
notre article veut que ces inſtitutions & les ſubſtitutions qui y
feront appoſées, ſoient irrévocables, ſoit entre nobles ou entre
roturiers, le Légiſlateur n'a pas entendu introduire l'uſage, &
l'irrévocabilité des inſtitutions & des ſubſtitutions contractuelles
dans les pays où elles ne ſont pas reçues, & où l'on ſe conforme
au Droit Romain, qui réprouve les inſtitutions contractuelles,
ni établir non plus l'uſage des ſubſtitutions dans les lieux où elles
ne ſont pas admiſes. Cela réſulte clairement des paroles de notre
article où il eſt dit, *dans tous les pays où elles ſont en uſage:* enſorte que la diſpoſition de cet article doit être bornée aux pays

où les inſtitutions & les ſubſtitutions contractuelles ſont en uſage, ſans que ceux qui ne les ont pas admiſes, ſoient obligés de les autoriſer.

Mais il ſuffit que l'uſage des inſtitutions contractuelles ſoit établi par rapport à certaines perſonnes, afin qu'elles ſoient autoriſées, ſans examiner ſi elles ſont faites entre des perſonnes nobles ou roturières, vu que l'uſage à l'égard des perſonnes d'une certaine qualité ſuffit pour les faire recevoir à l'égard de celles qui n'auront pas cette qualité.

ARTICLE XIII.

Défenſes de ſubſtituer après-coup aux biens donnés irrévocablement.

LES BIENS QUI AURONT E'TE' DONNE'S par un contrat de mariage, OU PAR UNE DONATION ENTRE-VIFS, ſans aucune charge de Subſtitution, NE POURRONT EN ETRE GREVE'S PAR UNE DONATION ou diſpoſition poſtérieure, encore qu'il s'agiſſe d'une donation faite par un père à ſes enfans, que la Subſtitution comprenne expreſſément les biens donnés, & qu'elle ſoit faite en faveur des enfans ou deſcendans du donateur ou donataire.

LES biens qui auront été donnés...... ne pourront être 'grevés de ſubſtitutions) : Les donations entre-vifs ſont de leur nature irrévocables, dès qu'elles ſont parfaites, & que la qualité des perſonnes ne fait point d'obſtacle à l'irrévocabilté, *l.* 1 , *ff. de donat.* Voilà pourquoi le donateur ne peut impoſer après-coup, à la donation, aucune charge, ni condition, *perfecta donatio, conditiones poſteà nòn capit, l.* 4 , *cod. de donat. quæ ſub modo.*

La qualité des perfonnes peut être un obftacle à l'irrévocabilité de la donation , comme fi elle eft faite par un mari à fa femme, *conftante matrimonio* , ou par un père à fon fils qu'il a en fa puiffance. Le lien du mariage empêche que la donation entre mariés ne foit irrévocable, & la puiffance paternelle opère le même effet; *l.* 25 , *cod. de donat. inter vir. & uxor.* Afin que les donations de cette efpèce puiffent fortir effet , il faut que le donataire furvive au donateur , & s'il prédécède, la donation devient caduque & inutile; *l.* 18, *cod. de donat. inter vir. & uxor.* Elle le devient auffi lorfque le donateur la révoque ; mais il faut une révocation fpécifique : fi bien qu'une révocation générale & vague ne fuffiroit pas ; *l. fequens queftio.* 68, *ff. de leg.* 2. Delà vient qu'encore que le donateur puiffe charger d'une fubftitution les biens ainfi donnés, une difpofition vague, quelque générale qu'elle foit, ne les comprend pas : il faut qu'elle foit appliquée *nominatim* aux biens donnés de cette façon, comme le décide la même *loi* 68, *ff. de leg.* 2.

La puiffance paternelle ne fait pas obftacle à l'irrévocabilité de la donation , lorfqu'elle eft faite par le père à fon fils, en faveur du mariage du fils, quoique non émancipé ; parceque la faveur du mariage fait confidérer le fils, comme s'il étoit père de famille par l'ufage du royaume, par rapport à toutes les difpofitions & conventions qui font inférées dans le contrat de mariage. Quoique la circonftance du mariage ne fît rien fuivant les règles du Droit Romain, & ne produifît pas l'irrévocabilité, on a attaché un tel privilège au mariage, par un ufage particulier du Royaume & avec raifon ; mais il faut que le mariage foit célébré en exécution du traité.

Lorfqu'un père donne à fon fils qu'il a en fa puiffance, & que la donation eft faite hors du contrat de mariage, elle acquiert le caractère d'irrévocabilité, fi le père émancipe poftérieurement fon fils, fans révoquer fpécialement la donation; *l.* 17, *cod. de don.*

Toutes les fois qu'une donation eft faite en contrat de mariage ou autrement, de manière qu'elle foit irrévocable, & qu'elle vaille entre-vifs, le donateur, fans diftinguer s'il eft afcendant, collatéral ou étranger, ne peut pas charger les biens d'une fubftitution;

titution, même en faveur des enfans ou deſcendans du donateur ou du donataire, comme le porte notre article, & quand même la ſubſtitution auroit été faite nommément & expreſſément aux biens donnés. Tout cela réſulte clairement & expreſſément des diſpoſitions de cet article, qui eſt conforme aux principes du Droit Romain, & qui les a rétablis dans leur pureté : mais notre Ordonnance n'empêche pas que les donations entre mariés, & celles que le père fait à ſes enfans qu'il a en ſa puiſſance, quoique qualifiées entre-vifs, ne puiſſent être chargées de ſubſtitution : pourvu qu'elle ſoit appliquée *nominatim* aux biens donnés, ainſi que nous l'avons remarqué ci-deſſus. *L'art.* 18 de ce titre, porte cette exception à la diſpoſition du préſent article.

Le Parlement de Touloufe s'étoit écarté du Droit Romain par une Juriſprudence fort ancienne, en faveur des donateurs aſcendans ; mais il s'y étoit conformé toutes les fois qu'il s'agiſſoit d'une donation entre-vifs, faite par d'autres perſonnes, que des aſcendans, auxquelles il n'a jamais permis de faire des ſubſtitutions *ex intervallo* aux biens donnés par donation entre-vifs & irrévocable : il autoriſoit ſeulement ces ſortes de ſubſtitutions, aux biens donnés irrévocablement, lorſque les donations étoient faites par les aſcendans, ſans diſtinction de ſexe, en faveur de leurs enfans ou autres deſcendans, ſous trois conditions qui devoient concourir cumulativement.

La première, que la ſubſtitution fût faite nommément aux biens donnés, *nominatim* : voilà pourquoi une ſubſtitution vague, quelque générale qu'elle fût, ne s'appliquoit pas aux biens donnés entre-vifs, s'il n'étoit exprimé qu'elle étoit faite aux biens donnés. C'eſt à quoi la Juriſprudence du Parlement de Touloufe étoit fixée, lorſque l'Ordonnance de 1747 a paru, nonobſtant quelques Arrêts échappés que l'on trouve dans les livres, qui avoient admis certains équipollens.

La deuxième, que la ſubſtitution fût faite dans les cas que le donataire mourroit ſans laiſſer des enfans, *ſi ſine liberis*, ſans diſtinguer s'ils étoient mâles ou filles : enſorte que l'exiſtance d'un ſeul enfant ſurvivant au donataire, rendoit inutile la ſubſtitution faite *ex intervallo* aux biens donnés, ſoit qu'il fût au premier, ou à tout

H

autre degré ultérieur, *l. 6, §. 2, cod. ad S. C. Trebell.* parceque le mot *liberi*, ou *enfans* est collectif de tous les degrés de génération; *l. liberorum 220, ff. de verbor. signific. liberorum appellatione nepotes, vel pronepotes, cæterique qui ex his descendunt, continentur.* Cependant les enfans illégitimes ne produisoient pas la caducité ou l'inutilité de la substitution. Delà vient que le donateur ascendant ne pouvoit pas substituer *ex intervallo*, les enfans du donataire.

La troisième, que la substitution *ex intervallo* aux biens donnés fut faite en faveur des enfans du donateur, *favore liberorum*; & comme le mot *enfans*, qui a la même étendue que le mot latin *liberi*, comprend toute la descendance, à quelque dégré que ce soit, *l. 220, ff. de verbor. signific,* la substitution aux biens donnés pouvoit être faite *ex intervallo* en faveur des enfans au second degré ou autre ultérieur, de même qu'en faveur de ceux du premier degré, frère du donataire; il étoit même permis aux donateurs ascendans, d'appeler à la substitution leurs descendans en un degré plus éloigné par préférence à ceux qui étoient à un degré plus proche, vu que cette faculté étoit attachée à la descendance & non à la proximité du degré.

Cette Jurisprudence du Parlement de Toulouse a été abrogée par notre article. Il n'est plus permis à un donateur, quel qu'il soit, ascendant, collatéral ou étranger, de charger de substitution, les biens donnés par une donation irrévocable, quand même la substitution seroit faite nommément aux biens donnés, en faveur des enfans & descendans du donateur, & que le donataire viendroit à mourir sans enfans. Par une telle explication la nouvelle loi a coupé la racine de cette Jurisprudence, & de toutes les questions qui en naissoient : ensorte que depuis la publication de cette Ordonnance, il faut regarder comme nulle, inutile & inefficace toute substitution qui sera faite *ex intervallo* aux biens qui seront donnés irrévocablement. Le Législateur est même allé plus loin; car pour obvier à toute difficulté, il a retranché toute réservation qui pourroit être faite dans la donation en faveur de mariage, ou par quelqu'autre acte irrévocable, de substituer *ex intervallo* aux biens donnés, laquelle réser-

vation est déclarée nulle & de nul effet, comme le porte l'*art.* 15
de ce titre de notre Ordonnance : ensorte que tout donateur
devra à l'avenir faire la substitution dans l'acte même qui contient la donation, faute de quoi toute substitution qu'il seroit
après coup, même en vertu d'une réservation expresse de la faculté de substituer, seroit inutile, & ne pourroit pas affecter les
biens donnés, à moins que, comme le porte l'*art.* 16, le donateur ne fît une nouvelle libéralité au donataire, soit par acte
entre-vifs ou à cause de mort, à condition que les biens précédemment donnés demeureroient chargés d'une substitution.

Par une donation entre-vifs): Soit qu'elle ait été faite à une
personne existante & acceptante, soit qu'elle ait été faite à des
enfans à naître, & non existans, pourvu qu'elle soit d'une nature à être considérée comme irrévocable. On doit dire la même
chose des biens compris dans une institution contractuelle, parceque toutes ses dispositions sont irrévocables; Ricard, *des Donations*, *tom.* I, *part.* 3, *n.* 815, & M. de Castellan, *l.* 2, *ch.* 13.
Qu'ainsi elles ne sont pas susceptibles de substitution après-coup.

Ne pourront): Ce terme indique le temps futur; ainsi la disposition de cet article, qui forme une loi nouvelle, ne doit pas
avoir un effet retroactif, *leges futuris, non præteritis formam
donant negotiis, l.* 7, *cod. de legibus.*

Mais si la donation entre-vifs & l'institution contractuelle
étoient antérieures à cette Ordonnance, & que le donateur ou
l'instituant eussent fait une substitution *ex intervallo* aux biens
donnés avant son enregistrement ou publication, sous les trois
conditions cumulatives que nous avons expliquées ci-dessus, la
substitution aux biens donnés seroit-elle bonne, si le substituant
venoit à mourir après l'enregistrement de cette Ordonnance?
Par exemple, Titius mariant son fils en 1738, lui fait donation
de ses biens, ou l'institue héritier. Ensuite il le charge d'une
substitution en 1745, sans lui faire une nouvelle libéralité, & il
meurt en 1750, ou après la publication de cette Ordonnance:
une telle substitution faite *ex intervallo* sera-t-elle bonne? Si l'on
doit se fixer par l'époque & la date de l'acte qui contient la substitution, elle sera valable, parceque le donateur en avoit alors le

pouvoir par la Jurifprudence du parlement de Touloufe. Si au contraire il faut fe régler par le temps de la mort du fubftituant elle fera inutile, parcequ'alors il n'avoit plus le pouvoir de fubfti-tuer aux biens donnés, comme lui ayant été ôté par cet article.

Cette queftion eft décidée par une diftinction que l'on trouve dans l'*art. 55 du tit. 2* de la préfente Ordonnance. Si la fubfti-tution eft faite par un acte entre-vifs antérieur à la publication de l'Ordonnance, cette fubftitution fera bonne & efficace : mais fi elle eft faite dans un teftament, ou toute autre difpofition de dernière volonté, la fubftitution fera inefficace, fi le teftateur eft décèdé après la publication de notre Ordonnance, quoi-qu'elle ait une date publique antérieure. La raifon de la diffé-rence eft, que dans tous les actes entre-vifs on a égard au temps de leur date, & non à celui de la mort : au lieu que dans les difpofitions teftamentaires, ou à caufe de mort, on ne fe fixe pas par leur date, quoiqu'elle foit publique & authentique; mais par le temps de la mort; parceque c'eft alors feulement qu'elles ont leur effet, & qu'elles acquiérent un droit, au lieu que par les actes entre-vifs le droit eft acquis au moment de l'acte : cependant afin que le droit foit acquis, & que la diftinc-tion que nous avons faite puiffe recevoir une jufte application, il faut que l'acte qui contient la fubftitution *ex intervallo* aux biens donnés, foit accepté pour le faire confidérer comme entre-vifs; faute de quoi on ne devroit le regarder que comme une difpofition à caufe de mort; par conféquent il faudroit fe régler par le temps de la mort du fubftituant.

ARTICLE XIV.

Celui qui eſt chargé de rendre à un entre pluſieurs à ſon
choix, ne peut pas impoſer une nouvelle
Subſtitution à celui qu'il élit.

Lorſque la donation ou l'inſtitution contractuelle
aura été faite, à la charge de remettre les biens donnés
à celui que le donateur ou le donataire voudra choiſir,
celui qui ſera élu ne pourra, ſous prétexte de l'élection
faite en ſa faveur, être chargé d'aucune ſubſtitution.

C<small>ET</small> article décide, que quand une ſubſtitution eſt faite dans
un acte entre-vifs, à la charge de remettre les biens donnés, à un
d'entre pluſieurs, que le donateur ou le donataire voudra choiſir,
celui qui fera le choix ne pourra pas impoſer à l'élu une nouvelle
charge de ſubſtitution, *ſous prétexte de l'élection faite en ſa*
faveur : c'eſt-à-dire, que la réſervation faite du droit d'élire,
faite par le donateur, ou qu'il aura accordée au donataire, n'autoriſe ni l'un ni l'autre à impoſer à l'élu une charge de ſubſtitution, même en faveur des autres éligibles.

L'*art.* 63 de l'Ordonnance de 1735, concernant les teſtamens,
renferme une diſpoſition ſemblable par rapport aux ſubſtitutions
teſtamentaires. Il porte que «celui qui aura été chargé d'élire
»un des enfans du teſtateur, ou autres, ne pourra grever celui
»qu'il choiſira d'aucune ſubſtitution, même en faveur d'un autre
»éligible ; ſi ce n'eſt que le teſtateur lui eût donné expreſſément
»le pouvoir par ſon teſtament».

Cet article de l'Ordonnance de 1745 me paroît devoir ſervir
à expliquer l'*art.* 14 *du tit.* 1 de celle de 1747, enſorte qu'il
faut lui donner la même étendue, & dire que celui qui eſt grevé

de substitution dans une donation entre-vifs, ou par une institution contractuelle, ne peut pas charger l'élu d'une nouvelle substitution, même en faveur d'un éligible, à moins qu'il n'en eût reçu le pouvoir par une disposition expresse de la part du donateur, ou de l'instituant dans l'acte qui contient la substitution, avec le pouvoir exprès ou tacite d'élire un d'entre plusieurs appelés à la substitution.

Il est vrai que selon l'*art.* 15 *du tit. premier de notre Ordonnance*, celui qui fait une donation entre-vifs, sans y apposer *actu* une substitution, ne peut pas se réserver la faculté de charger dans la suite de substitution les biens par lui donnés, & qu'une telle réserve doit être regardée à l'avenir comme nulle & de nul effet.

Mais il y a une grande différence entre la réservation de la faculté de substituer après-coup à des biens donnés irrévocablement sans charge de substitution, & le pouvoir de continuer le progrès de la substitution sur la tête des autres éligibles. L'*art.*63 de l'Ordonnance de 1735, qui ôte à celui qui est grevé de substitution avec pouvoir d'élire, la faculté de faire une nouvelle substitution, même en faveur des autres éligibles, approuve & autorise le pouvoir qu'un testateur donnera expressément de continuer la substitution sur la tête des autres éligibles ; parceque ce n'est pas proprement une substitution nouvelle, ce n'est qu'une conservation & une exécution plus ample & plus étendue de la première substitution, qui comprend tous ceux qui sont appelés, & qui peuvent être élus. Pourquoi n'en seroit-il pas de même dans le cas d'une pareille substitution contenue dans une donation entre-vifs, ou dans une institution contractuelle ? On ne sauroit imaginer aucune raison solide de différence d'un cas à l'autre. *Ubi eadem ratio, ibi idem jus.*

Dans le cas d'une substitution avec faculté d'élire, l'élection une fois faite selon la volonté du substituant, consume & évacue à la vérité la substitution, & en fixe tout l'effet sur la tête de l'élu ; *nam postquam paritum est voluntati, cæteri conditione deficiunt, l.* 67, §. 2, *ff. de leg.* 2. Mais ce n'est que dans le cas où le substituant n'a pas porté ses vues plus loin ; car il est indubitable

que les fidéicommis ou les substitutions fidéicommiffaires, leur
étendue & leurs progrés dépendent abfolument de la volonté du
fubftituant; *l. cum vivum* 16 , *cod. de fideicom.* Rien n'empêche
donc que le fubftituant ne puiffe donner à fon donataire, ou à
fon héritier contractuel, le pouvoir de porter la fubftitution fur
la tête de plufieurs éligibles l'un après l'autre, & qu'il ne puiffe
exercer lui-même ce pouvoir, en conféquence d'une claufe expreffe, contenue dans la donation, ou l'inftitution contractuelle,
qui renferme la convention au fujet de ce pouvoir, & c'eft moins
une fubftitution nouvelle, non comprife dans la difpofition,
qu'un renouvellement & une multiplication de l'exercice de la
faculté d'élire, ou une feconde élection fubordonnée à une première faite fous condition. Ainfi il ne me paroît pas qu'on puiffe
fuivre l'avis d'un Auteur, qui a penfé que l'*art.* 15 *du tit.* 1 de la
préfente ordonnance exclud *ce pouvoir & cette réferve* ; car cet
article exclud bien la réferve faite dans une donation par le
donateur de la faculté de charger dans la fuite les biens par lui
donnés, laquelle réferve fera regardée à l'avenir comme nulle
& de nul effet : mais il n'exclud pas la convention par laquelle
le fubftituant donne au grevé avec faculté d'élire, le pouvoir de
faire paffer la fubftitution fur la tête des autres éligibles fucceffivement fous des conditions qui auroient été prévues, & littéralement exprimées dans l'acte ; parcequ'une telle convention qui
eft autorifée par les principes du droit, auxquels le Légiflateur
s'eft fait une gloire de ne pas déroger, comme il l'a déclaré dans
fes nouvelles Ordonnances, & qui eft encore autorifée par
l'*art.* 63 de l'Ordonnance de 1735, n'a rien de commun avec
la fimple réferve de pouvoir charger après-coup, d'une fubftitution des biens irrévocablement donnés purement & fans aucune
charge de fubftitution, vu que le pouvoir donné expreffément
de continuer fur plufieurs têtes une fubftitution, à laquelle plufieurs éligibles font appelés, ne produit pas une fubftitution
nouvelle, puifqu'elle fe trouve renfermée dans la première difpofition ; fi bien qu'à défaut d'élection tous les éligibles doivent
la recueillir par égales parts, *l.* 67. §. *rogo* 7, *ff. de leg.* 2 ; & que
c'eft, comme nous l'avons obfervé, une multiplication de la

faculté d'élire qui n'a rien de contraire au droit public, ni à la lettre ou à l'esprit de la nouvelle Ordonnance.

A quoi on peut ajouter la disposition, qui réprouve la réserve de la faculté de substituer après-coup aux biens irrévocablement donnés, introduisant un droit nouveau, contraire à l'usage précédent, lequel étoit conforme aux vrais principes; puisque le même article, qui contient la proscription de la réserve, laisse dans leur entier les réserves contenues dans des actes antérieurs à la publication de la nouvelle loi : il faut réserver l'abrogation ou la proscription dans les cas précis de la réserve, sans qu'on doive l'étendre par argument, à un autre cas qui est différent.

Quelques Parlemens du Royaume, notamment celui de Toulouse, avoient introduit par une Jurisprudence assez ancienne, d'autoriser celui qui étoit grevé de rendre à un d'entre plusieurs éligibles, de charger l'élu d'une substitution en faveur des autres éligibles, quoiqu'il n'en eût pas reçu expressément le pouvoir de la part du substituant. Ils se fondoient sur l'argument tiré *à contrario sensu*, de la loi ab eo 9. *cod. de fideicomm.* qui décide que celui qui ne laisse pas une hérédité, ou un fidéicommis, ou un legs, ou quelqu'autre libéralité à titre de donation à cause de mort à quelqu'un, ne peut pas charger ce quelqu'un d'un fidéicommis: *Ab eo qui neque legatum, neque fideicommissum, neque hæreditatem, vel mortis causâ donationem accepit, nihil per fideicommissum relinqui potest.* D'où l'on a conclu que toutes les fois qu'on recevoit quelque libéralité, ou que l'on étoit gratifié, on devoit s'assujettir à la charge d'une substitution qui étoit imposée; & quoiqu'on demeurât d'accord, que le grevé en faisant l'élection ne donnoit rien du sien, il gratifioit l'élu en l'élisant & en le préférant aux autres éligibles *eligendo talem ;* mais cette raison est très-frivole, & non-seulement elle n'a aucun fondement dans le droit, mais encore elle choque les vrais principes établis par les loix: voilà pourquoi c'est à juste raison que cette Jurisprudence a été corrigée & abrogée par l'*art.* 63 de l'Ordonnance de 1735, & par l'*art.* 14 *du tit.* 1 de l'Ordonnance de 1747.

Il est vrai qu'on peut tirer de la *loi 9 , cod. de Fidéicom.* que celui qui laisse une hérédité, ou un legs, ou un fidéicommis, ou quelqu'autre libéralité à titre de donation à cause de mort, peut imposer à sa libéralité la charge d'un fidéicommis, ou d'une substitution fidéicommissaire, suivant cette règle triviale, *quem honoro gravare possum :* mais il faut que la libéralité vienne du fonds de celui qui l'a faite ; car celui qui n'est que le canal ou le ministre pour faire passer une libéralité sur la tête de quelqu'un, ne peut y apposer des charges ou des conditions, qu'autant que celui de la main duquel la libéralité part, lui en donne le pouvoir.

La loi *Unum ex familia 67, ff. de leg. 2.* décide nettement que celui auquel un fidéicommis est laissé au choix du grevé, ne tient son droit, après que le grevé a fait le choix, que de la main du substituant, en conséquence de la disposition par lui faite ; le fidéicommissaire élu est considéré comme créancier du grevé, *quasi créditori relictum.* Delà vient que le grevé ne peut faire aucun legs, ni autre disposition des biens qu'il est obligé de rendre : *Frustrà suo testamento legat, quod postea quàm electus est, ex alio testamento petere potest.* Delà vient encore, que quand il s'agit de composer le patrimoine du grevé, pour régler la falcidie sur ses biens, il faut en distraire les biens substitués, de la même manière que si le substitué les avoient recueillis immédiatement de la main du substituant, & qu'ils ne fussent pas parvenus au grevé, & ce nonobstant l'élection qu'il a faite, laquelle ne peut pas être considérée comme une libéralité de sa part, & il ne fait qu'exercer un simple ministère de nécessité : *Si de falcidia quæratur, perinde omnia servabuntur, ac si nominatim ei, qui postea electus est, primo testamento relictum fuisset ; non enim facultas necessariæ electionis, propriæ liberalitatis beneficium est: quid est enim quod de suo videatur reliquisse, qui quod relinquit, omninò reddere debuit,* comme dit la *loi 67. §. 1 ,ff. de leg. 2.* Ainsi rien n'est plus mal imaginé que la raison prise de ce que l'élu est gratifié, *in eligendo talem,* sur laquelle on avoit appuyé la Jurisprudence qui permettoit au grevé de substituer les biens en faveur des autres éligibles ; car n'éxerçant qu'un simple ministère, qui consiste au choix d'une personne entre plusieurs éligi-

I

bles, & la gratification venant immédiatement de la main du substituant, on ne peut pas la mettre au rang des libéralités qui autorisent ceux qui les font, à les charger de substitution : cependant le pouvoir de substituer prend la source dans la personne de celui d'où la libéralité vient, & il n'est pas communiqué à celui qui ne fait qu'exercer le ministère de l'élection, qui n'est considéré en aucune façon comme sa propre libéralité. *Non enim facultas necessariæ electionis, propriæ liberalitatis beneficium est*, & qui n'est qu'un simple mandat dont le grevé ne peut pas excéder les bornes, qui limitent son pouvoir à la seule élection. Eh ! comment peut-on être censé faire une libéralité, lorsqu'on ne laisse que ce qu'on est obligé de rendre, à celui à qui la chose est due en vertu d'une première disposition qui le fait considérer comme créancier : *Quid est enim quod de suo videatur reliquisse, qui quod relinquit, omni modo reddere debuit.* En un mot, il n'y a que la libéralité propre qui autorise à imposer la charge de substitution. Le simple ministère de l'élection n'est pas une libéralité propre du grevé. Le substitué prend les biens de la main du substituant ; & le mandat pour faire une chose, ne peut pas être étendu à une autre chose. Il est donc de la dernière évidence selon les loix, que l'exercice du ministère de l'élection, que la loi 67, *in princip. &* §. 1, *ff. de leg.* 2. déclare n'être point une libéralité, n'est pas un motif ni un prétexte légitime pour autoriser le grevé à charger l'élu d'une substitution, même en faveur des autres éligibles ; parceque la substitution est évacuée par le choix, *postea quàm paritum est voluntati, cæteri conditione deficiunt. l. 67,* §. 2, *ff. de leg.* 2, à moins que le grevé n'en ait reçu un pouvoir exprès de la part du substituant, ainsi que nous l'avons observé ci-dessus.

ARTICLE XV.

La réferve faite par le Donateur, de la faculté de fub-
flituer aux biens donnés, eft déclarée nulle
& de nul effet.

Lᴇ ᴄᴏɴᴛᴇɴᴜ ᴀᴜx ᴀʀᴛɪᴄʟᴇs ᴘʀᴇᴄᴇᴅᴇɴs fera obfervé,
quand même le contrat de mariage ou l'acte de donation contiendroit une réferve faite par le donateur, de
la faculté de charger dans la fuite de Subflitution les
biens par lui donnés, laquelle réferve fera regardée à
l'avenir comme nulle & de nul effet, sᴀɴs ᴘʀᴇᴊᴜᴅɪᴄᴇ
ᴅᴇ ʟ'ᴇxᴇᴄᴜᴛɪᴏɴ ᴅᴇs ʀᴇsᴇʀᴠᴇs, portées par des actes
antérieurs à la publication de la préfente Ordonnance,

Lᴇ *contenu aux deux articles précédens*): Ceci eft relatif à
l'*art.* 13, qui défend à toute forte de donateurs de fubftituer
après-coup aux biens donnés, & à l'*art.* 14, qui veut que
»lorfque la donation ou l'inftitution contractuelle aura été faite,
»à la charge de remettre les biens donnés, à celui que le dona-
»teur ou le donataire voudra choifir, celui qui fera élu ne pourra,
»fous prétexte de l'élection faite en fa faveur, être chargé d'au-
»cune fubftitution».

L'*art.* 15 veut que le contenu en ces deux articles foit exécuté, quand même le contrat de mariage, ou l'acte de donation
contiendroit une réferve faite par le donateur, de la faculté de
charger dans la fuite de fubftitution, les biens donnés par lui:
laquelle réferve fera regardée à l'avenir comme nulle & de nul
effet, fans déroger néanmoins aux réferves qui auroient été faites
dans des actes antérieurs à la publication de la préfente Ordonnance.

I 2

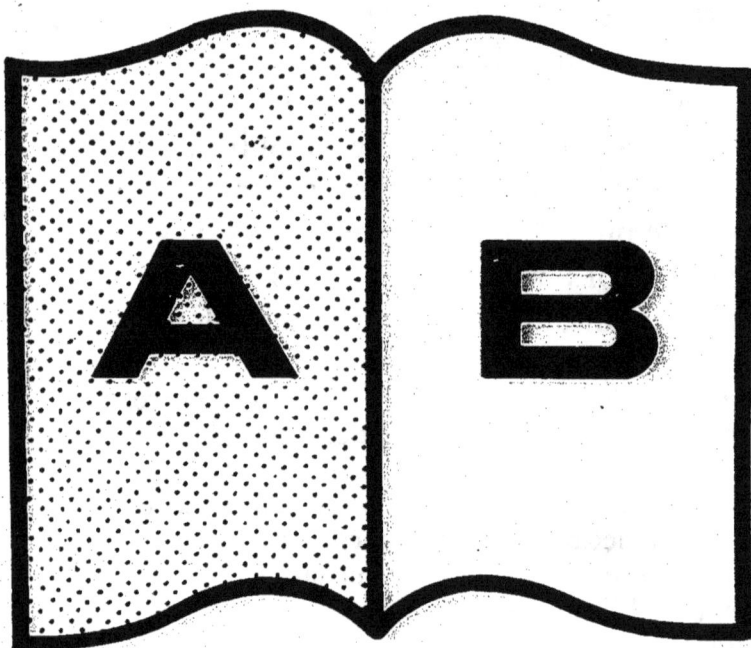

Contraste insuffisant

NF Z 43-120-14

La prémière difposition de cet *art.* 15 introduit un droit nouveau, lorfqu'elle réprouve les réferves de pouvoir fubftituer après-
coup aux biens donnés. Le Légiflateur le reconnoît lui-même,
en confervant les réferves de cette qualité qui fe trouveroient
dans des actes antérieurs à la publication de la nouvelle Ordonnance, par ces paroles, *fans préjudice de l'exécution des réferves portées par des actes antérieurs à la publication de la préfente Ordonnance.*

On doit donc conclure de la difpofition de cet article, qu'il
n'eft plus permis au donateur de fe réferver la faculté de fubftituer *ex intervallo* aux biens donnés, & que s'il veut faire une
fubftitution valable, il faut qu'il la faffe dans l'acte même qui contient la donation irrévocable, ainfi que nous l'avons remarqué
fur l'*art.* 13; une telle réfervation ne peut pas même autorifer le
donateur qui fait une fubftitution en faveur de plufieurs à fon
choix, à faire une fubftitution en faveur des autres éligibles dans
l'acte par lequel il choifit celui auquel il a deftiné la fubftitution;
la profcription de la réferve devant tomber fur l'un & l'autre
cas, fuivant la difpofition littérale de notre *art.* 15, fur quoi il ne
paroît pas qu'il puiffe y avoir le moindre doute.

Cependant il ne faut pas penfer, ainfi que nous l'avons obfervé
fur l'*art.* 14, en conformité des principes du Droit Romain, &
de l'*art.* 63 de l'Ordonnance de 1735, qu'il foit défendu à un
donateur d'appofer à la fubftitution par lui faite de rendre les
biens donnés à une d'entre plufieurs perfonnes à fon choix, la
condition de continuer la fubftitution fur la tête des autres éligibles, fous des conditions prévues & exprimées dans l'acte qui
contient la donation & la fubftitution, nous en avons expliqué
les raifons; il feroit furperflu de les rapporter ici.

L'*art.* 63, de l'Ordonnance de 1735, permet à un teftateur,
qui fait une fubftitution en faveur d'une perfonne au choix du
grevé, parmi plufieurs éligibles, de donner le pouvoir au grevé
de faire une fubftitution en faveur des autres éligibles. Il n'y a
point de raifon de différence entre une fubftitution contenue
dans un teftament, à cet égard, & celle qui eft renfermée dans
une donation entre-vifs; & fi un teftateur peut donner un tel

pouvoir à celui qu'il grève de ſubſtitution par teſtament, ne pourra-t-il pas retenir en ſa faveur le même pouvoir dans un acte de donation, qui eſt ſuſceptible de toute ſorte de clauſes, de conditions & de conventions ? *l. 25 , cod. de donat.*

Mais, dira-t-on, il y a de la différence entre une diſpoſition teſtamentaire, & une diſpoſition contenue dans une donation entre-vifs; celle-ci eſt ſujette à la règle, *donner & retenir ne vaut*, il ne doit pas être permis au donateur d'impoſer à la donation des conditions qui tendent à rendre la donation inutile, ou dont l'exécution dépende de la ſeule volonté du donateur, ſuivant l'*art.* 16 de l'Ordonnance de 1731 ; or les ſubſtitutions appoſées à une donation ſont des ſecondes donations auſſi irrévocables que celles auxquelles elles ſont ſubordonnées, comme le porte l'*art.* 11 *du tit.* 1 de l'Ordonnance de 1747 ; au lieu que les diſpoſitions teſtamentaires ſont exemptes de toutes ces règles. On ne doit donc pas conclure, qu'encore que l'*art.* 63 permette à un teſtateur, d'accorder à ſon héritier la faculté de ſubſtituer en faveur des autres éligibles, l'*art.* 15 de notre Ordonnance n'ait pas ôté au donateur la faculté de retenir même par clauſe expreſſe, le pouvoir de faire une ſubſtitution aux biens donnés, en faveur des autres éligibles, & qu'il puiſſe accorder au grevé la faculté de faire une pareille ſubſtitution, à cauſe des différences qui ſe trouvent entre les diſpoſitions teſtamentaires, & les donations entre-vifs.

Cette objection, quoique ſpécieuſe, ne paroît pas ſolide. On peut bien conjecturer que la maxime *donner & retenir ne vaut*, & la défenſe d'appoſer aux donations entre-vifs, des conditions dont l'exécution dépende de la ſeule volonté du donateur, ont été des motifs pour leſquels le Légiſlateur a défendu au donateur de pouvoir ſe réſerver la faculté de ſubſtituer *ex intervallo* aux biens irrévocablement donnés; ce qui eſt pourtant aſſez difficile à croire, vu que ſi la réſervation de la faculté de ſubſtituer aux biens donnés, étoit contraire à ces règles, la donation ſeroit nulle aux termes de l'*art.* 16 de l'Ordonnance de 1731 ; ce qui entraîneroit la nullité de toutes les autres diſpoſitions : mais cette raiſon ne peut pas autoriſer à penſer que l'*art.* 15 renferme une défenſe

faite au donateur, qui s'eft refervé le droit d'élire, & au donataire auquel le même droit d'élire a été accordé, d'étendre ou
continuer par convention, la fubftitution aux autres éligibles
dont le texte ne parle pas, & qui forme un cas différent, qui
n'a rien de commun avec celui qui eft défendu : voilà pourquoi,
ni la lettre, ni l'efprit de l'Ordonnance ne peuvent pas le renfermer. Cette défenfe a pour motif unique l'irrévocabilité de la
donation, & la maxime tirée de la *loi* 4, *cod. de donat. quæ fubmodo : perfecta donatio conditiones poftea non capit.*

La maxime, *donner & retenir ne vaut*, n'a aucun rapport avec
les fubftitutions contractuelles, que le droit & l'ufage autorifent
dans prefque tous les pays du Royaume, en conformité de la
loi 3, *cod. de donat. quæ fubmodo*, quoiqu'elles tendent dans
certains cas a dépouiller le donataire de la propriété des biens
donnés, pour la faire paffer fur d'autres têtes.

La prohibition portée par l'Ordonnance de 1731, d'appofer
aux donations, des conditions dont l'exécution dépende de la
feule volonté du donateur, n'a non plus rien de commun avec
notre cas ; parceque, comme nous l'avons obfervé fur l'*art.* 13,
il ne s'agit pas d'une fubftitution nouvelle, tous les éligibles y
font implicitement appelés ; puifqu'en défaut d'élection, ils doivent tous recueillir les biens par égales parts ; *l.* 67, §. 7, *ff. de
leg.* 2. Voilà pourquoi il n'eft queftion proprement que de conferver la fubftitution en faveur de ceux qui font difpofitivement
appelés, d'en faire durer l'effet, & d'empêcher qu'elle ne foit
évacuée par l'élection, ce qui eft auffi licite & conforme aux
principes du Droit Romain, & de la Jurifprudence Françoife,
que la fubftitution même qui eft renfermée dans la première difpofition actuelle ; & s'il eft permis de fubftituer en faveur de
l'un d'entre plufieurs éligibles, ne doit-il pas être pareillement
permis de prendre les précautions néceffaires pour faire que la
fubftitution, d'abord deftinée à tous, puiffe parvenir fucceffivement fur la tête de tous les éligibles, autant qu'une fubftitution
peut durer ?

Sans préjudice de l'exécution des réferves) : Cette exception
eft remarquable, parcequ'elle fait comprendre que la réfer-

vation contenue dans une donation entre-vifs, de la faculté de
fubftituer après-coup aux biens donnés, étoit de droit commun,
à caufe que les donations font fufceptibles de charges & de conditions; *l. 2 , cod. de donat.* Auffi le parlement de Touloufe ne
faifoit aucune difficulté de l'autorifer. Il jugeoit même que dans
le cas d'une telle réfervation, la fubftitution, quoique vague, comprenoit les biens donnés, fans qu'il fût néceffaire de parler des
biens donnés, fuivant *M. Dolive , l. 5 , ch.* 15 ; d'où l'on doit
conclure que notre article introduifant un droit nouveau & contenant une abrogation du droit antérieur, il faut refferrer l'a-
brogation dans le cas littéral & précis, dont la nouvelle loi parle,
fans l'étendre à quelqu'autre cas différent.

On peut tirer de cet article trois inductions; la 1.ʳᵉ que la
nullité de la réferve de fubftituer après-coup aux biens, quoique
déclarée nulle & de nul effet, n'influe point fur les autres difpofitions contenues dans l'acte de donation, qui feront valables &
efficaces ; la 2.ᵉ que la nullité des réferves ne doit avoir lieu que
quand elles auront été inférées dans quelque acte poftérieur à
l'Ordonnance de 1747; la 3.ᵉ que des réferves pareilles contenues dans des actes antérieurs à cette publication, doivent être
exécutées, comme elles auroient pu & dû l'être avant la publication de cette Ordonnance.

ARTICLE XVI.

La Subſtitution ex intervallo *aux biens donnés eſt valable lorſqu'elle eſt faite dans un acte qui contient
une nouvelle libéralité faite ſous la condition de la
Subſtitution aux biens donnés.*

N'entendons rien innover par les Art. XIII, XIV
& XV, en ce qui concerne les diſpoſitions, par leſquelles le Donateur feroit une nouvelle liberalité
au Donataire, ſoit entre-vifs ou à cauſe de mort, à condition que les biens qu'il lui avoit précédemment donnés, demeureroient chargés de Subſtitution ; et en cas
que le Donataire accepte la nouvelle liberalité
faite ſous ladite condition, il ne lui ſera plus permis de
diviſer les deux diſpoſitions faites à ſon profit, & de renoncer à la ſeconde pour s'en tenir à la prémière,
quand même il offriroit de rendre les biens compris
dans la ſeconde diſpoſition avec les fruits par lui perçus.

N'entendons rien innover): Cet article porte une exception remarquable à la diſpoſition des *art. 13, 14 & 15*, en ce
qu'ils veulent que le donateur ne puiſſe pas charger de ſubſtitution après-coup, les biens compris dans une donation entre-
vifs, ou dans une inſtitution contractuelle ; & ſelon le préſent
article, lorſque le donateur fait une nouvelle libéralité au donataire ſoit entre-vifs ou à cauſe de mort, à condition que les biens
qu'il lui aura précédemment donnés demeureront chargés de
ſubſtitution : que ſi le donataire accepte la nouvelle libéralité
faite ſous cette condition, il ne lui ſera plus permis de diviſer
les

les deux diſpoſitions faites à ſon profit, & de renoncer à la ſeconde pour s'en tenir à la première, quand même il offriroit de
rendre les biens compris dans la ſeconde diſpoſition, avec les
fruits par lui perçus.

La raiſon eſt, parceque le donataire, en acceptant la nouvelle
libéralité univerſelle ou particulière (car à cet égard l'article ne
diſtingue pas) s'oblige par un quaſi-contrat qui forme une obligation irrévocable à exécuter la charge : les deux libéralités ſont,
unies inſéparablement, comme le texte le porte : il faut donc
qu'il exécute la condition à laquelle il s'eſt ſoumis par ſa propre
volonté au moyen de ſon acceptation, ſans pouvoir renoncer
à la ſeconde libéralité, même en offrant de rendre la choſe avec
les fruits. Ce qui eſt fondé ſur la *loi 70, §. 1, ff. de leg. 2*, & la
*loi 92, ff. de condit. & demonſtr. non eſt audiendus legatarius
legato percepto, ſi velit computare. Non enim æquitas hoc pro-
bare patitur, ſi quod legatorum nomine perceperit, legatarius
offerat*, dit le §. 1 de la *loi 70, ff. de legat.* 2.°

Il faut faire attention que notre article ne parle que du donateur, pour lui attribuer la faculté de ſubſtituer *ex intervallo* aux
biens donnés en conſidération d'une nouvelle libéralité qu'il
fera au donataire, il ne fait pas mention du grevé avec faculté
d'élire, pour lui attribuer le pouvoir de charger l'élu d'une ſubſtitution en faveur des autres éligibles, ou de quelqu'autre perſonne. Ce cas eſt donc laiſſé à la diſpoſition du droit commun
Ce n'eſt pas que la condition impoſée à la nouvelle liberalité,
ne doive être exécutée quand elle a été une fois acceptée; mais
s'il ſe trouve dans le cas de pouvoir renoncer ou répudier, ſoit
lorſqu'il a fait inventaire, ſoit lorſque la ſeconde-libéralité a été
faite par une donation entre-vifs, que l'on a la liberté de répudier, même ſans rapporter un inventaire, ainſi que nous l'avons
obſervé dans la huitième des queſtions ſur les donations; dans ce
cas, l'élu auquel il a été fait une libéralité, devra rendre la choſe
avec les fruits, lorſqu'il répudie pour s'en tenir à la ſubſtitution.

Selon le droit commun, la ſeconde libéralité n'eſt pas indivi-
ſible de la première; & ſi c'eſt le cas de pouvoir la répudier, le
donataire devra avoir cette faculté, dès qu'il ne ſe trouve pas

K

dans le cas précis où cette faculté lui est refusée par notre article, c'est-à-dire, à l'égard du donateur seulement, & il ne faut
pas étendre la disposition du texte, hors du cas précis & littéral.

Il faut encore prendre garde que celui qui accepte une nouvelle libéralité, sous la condition que les biens donnés précé-
demement demeureront chargés d'une substitution, n'est irrévocablement lié vis-à-vis de celui qui a fait les deux libéralités, qu'autant qu'il est majeur & capable de s'obliger irrévocablement ;
car s'il étoit mineur, ou interdit par justice, ou privé du sens,
ou qu'il eût quelqu'autre incapacité, son acceptation ne le lieroit
pas, ou du moins il pourroit s'en faire relever, pour être remis
dans le même état où il étoit auparavant, & pour répudier la
nouvelle libéralité, & conserver les biens compris dans la première donation, en rendant néanmoins la chose avec les fruits.

Une nouvelle libéralité): Il est indifférent que la nouvelle
libéralité sous la condition d'une substitution des biens précédemment donnés, soit faite par acte entre-vifs, ou par disposition
à cause de mort ; le texte le porte expressément, on ne doit pas
non plus examiner si la nouvelle libéralité est universelle ou
particulière, parceque notre article ne fait pas cette distinction. Ainsi on ne doit pas l'admettre suivant cette règle triviale :
Ubi lex non distinguit, nec nos distinguere debemus; & quoique la
loi 64, §. 5, *ff. de leg.* 2, exige pour la validité de la substitution d'une chose qui étoit deja chargée d'une première substitution, que le second substituant laisse au premier l'équipollent de
la valeur de la chose, *tantumdem*, on ne doit pas non-plus s'enquérir, dans le cas de notre article, si la nouvelle libéralité est
d'une valeur égale ou inférieure, des biens donnés qui sont chargés de substitution par le donateur, parceque notre texte n'admet pas cette discussion. C'est la faute du donataire d'accepter la
nouvelle libéralité sous la condition de la substitution aux biens
donnés, & c'est le cas de dire avec la *loi* 70, 1 *ff. de leg* 2, *non
est audiendus legatarius legato percepto si velit computare.*

Et en cas que le donataire accepte la nouvelle libéralité): Afin
que l'acceptation de la nouvelle libéralité puisse lier le donataire,
& l'obliger à rendre les biens précédemment donnés, il est né-

cessaire que la charge de la substitution soit imposée nommément & expressément aux biens donnés. Cela résulte clairement de la lettre & de l'esprit du texte de cet article, ensorte qu'on ne doit admettre dans ce cas, aucun équivalent quel qu'il soit.

L'Ordonnance qui parle de l'acceptation de la nouvelle libéralité, n'en explique pas la forme : ce qui peut faire naître plusieurs difficultés, qu'il est important d'éclaircir; afin de ne pas s'équivoquer sur l'application & l'usage qu'on doit en faire.

Si la nouvelle libéralité est faite par une donation entre-vifs hors du contrat de mariage, l'acceptation doit être expresse, sans qu'on puisse admettre aucune acceptation tacite ou présumée; vu que la donation étant nulle, si elle n'est acceptée expressément aux termes de l'*art. 6 de l'Ordonnance de* 1731, une telle libéralité radicalement nulle, ne peut lier en aucune façon le donataire, ni l'assujettir à exécuter la condition de la substitution aux biens précédemment donnés, parceque *quod nullum est, nullum producit effectum*, & qu'il n'en peut résulter aucune obligation solide.

Si la nouvelle libéralité est faite par une donation dans un contrat de mariage, comme la donation n'a pas besoin d'une acceptation expresse suivant l'*art.* 10 de l'Ordonnance de 1731, & que la célébration du mariage renferme une acceptation suffisante de toutes les conventions contenues dans le contrat de mariage, il semble qu'on doive dire, que l'acceptation tacite qui résulte de la célébration du mariage, suffit pour lier le donataire, & l'assujettir à exécuter la condition de la substitution aux biens donnés.

Cependant il me paroît certain, selon les principes en matière d'obligation, qu'une telle acceptation tacite & présumée de bien loin, ne doit pas produire cet effet: mais si le donataire, après la célébration du mariage, s'étoit mis en possession des biens compris dans la nouvelle libéralité, à laquelle la substitution aux biens précédemment donnés auroit été attachée, la possession réelle devroit être considérée comme une acceptation suffisante & efficace, qui lieroit irrévocablement le donataire, & l'obligeroit à exécuter la condition de la substitution aux biens pré-

K 2

cédemment donnés; parcequ'une telle acceptation qui réfulte du fait même, eft encore plus forte & plus puiſſante que celle qui vient de la parole, à cauſe que *facta funt potentiora verbis.*

Mais fi la nouvelle libéralité eft faite par teſtament ou autre difpofition de dernière volonté, une acceptation expreſſe faite pendant la vie du teſtateur, fuffiroit-elle pour lier le donataire ? Une acceptation tacite faite après la mort du teſtateur feroit-elle fuffifante ?

Sur la première de ces deux queſtions, il faut dire, qu'aucune acceptation, quelque expreſſe & formelle qu'elle foit, fi elle eft faite pendant la vie du teſtateur, ne peut produire aucun engagement ni obligation, parceque les difpofitions à cauſe de mort font révocables de leur nature, fans que le teſtateur puiſſe s'impofer la loi de ne pouvoir pas la révoquer, fuivant la *loi Si quis in principio* 22, *ff. de leg. 3, nemo enim eam fibi poteſt legem dicere, ut à priore* (voluntate) *ei recedere non liceat.* Et comme il ne peut point y avoir d'engagement valable & efficace, à moins qu'il ne foit réciproque & obligatoire de part & d'autre, il eft impoſſible qu'un donataire puiſſe fe lier pendant la vie du teſtateur, pour s'aſſujettir irrévocablement pendant la vie du teſtateur fous prétexte d'une condition attachée à la nouvelle libéralité, à raifon de laquelle le teſtateur n'eft pas lié pendant fa vie : d'ailleurs on ne peut accepter ou répudier que ce que l'on peut acquérir *actu,* & autant que la libéralité eft échue; *l. is poteſt.* 18, *ff. de acquir. hæred.*

A l'égard de la feconde queſtion, il ne paroît pas douteux qu'une acceptation expreſſe de la nouvelle libéralité, lorſqu'elle eft échue par la mort du teſtateur, ne lie irrévocablement, & quand une telle acceptation fe rencontre, c'eft le cas d'appliquer la difpofition de cet article, & de dire que le donataire eft irrévocablement lié, fans pouvoir renoncer à la feconde libéralité, en offrant de la rendre avec les fruits.

Mais s'il n'y a point d'acceptation expreſſe, comme fi le donataire auquel la nouvelle libéralité eft faite en forme la demande en juſtice pour en obtenir la délivrance, ou s'il a obtenu la poſſeſſion réelle, il femble qu'on doit ufer de diſtinction. S'il s'eft mis en poffeffion de la nouvelle libéralité, cette poffeffion qui produit une acceptation formelle par le fait, doit le lier irrévocablement, comme nous l'avons dit par rapport à la nouvelle libéralité faite par une donation entre-vifs : mais s'il n'y a qu'une acceptation tacite, il femble que fi la nouvelle libéralité confifte en l'hérédité, toute acceptation même tacite, qui peut induire l'addition de l'hérédité, doit être confidérée comme fuffifante ; parceque l'addition étant *potiùs animi quàm facti*, il fuffit de manifefter l'intention, foit par les paroles, foit par quelque démarche non équivoque, foit par quelque fait concluant. Que s'il s'agit d'une libéralité teftamentaire à titre particulier, il faut avoir reçu le legs s'il eft en deniers, ou en avoir pris poffeffion fi elle eft meuble ou immeuble, ou que le légataire ait déclaré expreffément qu'il acceptoit la nouvelle libéralité, & qu'il ne fuffiroit pas qu'il en eût formé fimplement la demande en juftice, pour en obtenir la délivrance : en effet *la loi 70, §. 1, ff. de leg. 2.* parle de la réception du legs, *legato percepto*, la demande en délivrance fi elle n'a pas été acceptée, ou fuivie d'une offre pure & fimple peut être corrigée, & la correction qui eft un remède de droit fuivant la *loi edita 3, cod. de edendo*, efface tous les effets de la fimple demande, à moins que le donataire n'ait fait ordonner la délivrance de la nouvelle libéralité, comme le porte l'*art.* 17 de ce titre.

Mais d'un autre côté, il femble qu'il faut décider indiftinctement que l'acceptation réfultante de la demande en délivrance de la nouvelle libéralité, fuffit pour lier irrévocablement le légataire. Cela réfulte clairement de la difpofition de l'*art.* 36 *du tit.* 1 de la préfente Ordonnance, qui met la demande en délivrance, formée en juftice, dans la catégorie de l'acceptation expreffe ; & quoique le même article mette la poffeffion réelle ou l'immixtion au rang de l'acceptation tacite, il ne laiffe pas de déclarer fuffifante l'acceptation tacite refultant de ce qu'on s'eft immifcé dans la poffeffion des biens : & cela paroît d'autant plus conforme à l'efprit de cette Ordonnance, que dans notre article qui règle l'effet de l'acceptation, elle n'exige qu'une acceptation ; elle entend donc que toute acceptation expreffe ou tacite, telle que l'*art.* 36 la caractérise, doit suffire pour lier irrévocablement, afin que le donataire ne puisse pas renoncer à la nouvelle libéralité qu'il a acceptée, & pour qu'il ne puisse plus se dispenser d'exécuter la condition de rendre les biens précédemment donnés. J'examinerai plus particulièrement cette question, qui est véritablement difficile, en expliquant l'*art.* 17 de ce titre, que je tâcherai de concilier avec l'*art* 36 du même titre.

Du reste, avant que le donataire ait accepté la nouvelle libéralité à laquelle la condition de rendre les biens donnés est attachée, il a la liberté de la répudier; moyennant quoi il conserve tous les droits à lui acquis en vertu de la première donation; & il ne peut être lié par la condition, qu'autant qu'il l'accepte.

Notre article veut bien que quand le donataire entre-vifs aura accepté la seconde libéralité sous la charge de la substitution des biens précédemment donnés, il ne puisse pas diviser la première libéralité de la seconde, ensorte que tandis qu'il jouira des deux libéralités, il ne puisse pas se dispenser d'exécuter la charge de la substitution aux biens donnés: mais l'indivisibilité des deux libéralités, ne conclud rien par rapport à la faculté que tout donataire entre-vifs a de répudier la donation entre-vifs, même sans rapporter un inventaire, ainsi que nous l'avons expliqué dans la huitième des questions sur les donations. Voilà pourquoi s'il importoit au donataire de répudier la première donation entre-vifs pour se dégager des poursuites des créanciers, il pourroit la répudier avec la nouvelle libéralité; mais dans ce cas le substitué pourroit toujours prendre la première donation à titre de substitution; parcequ'il prendroit la place du grevé, par l'argument de l'*art.* 27 de ce titre, en supportant par le substitué les dettes & charges de la donation.

ARTICLE XVII.

De quel jour doit avoir son effet la substitution après-coup aux biens donnés, lorsqu'elle vaut en vertu de la nouvelle libéralité.

Dans le cas porté par l'article précédent, où le Donataire auroit accepté la nouvelle libéralité, faite sous la condition de Substitution, ᴍᴇsᴍᴇ ᴘᴏᴜʀ ʟᴇs ʙɪᴇɴs ᴘʀᴇᴄᴇᴅᴇᴍᴍᴇɴᴛ ᴅᴏɴɴᴇ's, ladite Substitution ɴ'ᴀᴜʀᴀ ᴇғғᴇᴛ ᴏ̨ᴜᴇ ᴅᴜ ᴊᴏᴜʀ ᴏ̨ᴜ'ɪʟ ʟ'ᴀᴜʀᴀ ᴀᴄᴄᴇᴘᴛᴇ'ᴇ, ᴏᴜ ᴏ̨ᴜ'ɪʟ ᴇɴ ᴀᴜʀᴀ ғᴀɪᴛ ᴏʀᴅᴏɴɴᴇʀ ʟ'ᴇxᴇᴄᴜᴛɪᴏɴ ᴀ sᴏɴ ᴘʀᴏғɪᴛ.

Lᴏʀsᴏ̨ᴜᴇ la substitution faite *ex intervallo* par le donateur, aux biens par lui donnés, vaut irrévocablement, en vertu de la condition attachée à une nouvelle libéralité faite en faveur du donataire, & de son acceptation de la nouvelle libéralité, sous la condition expresse de substitution aux biens donnés, ainsi que l'*art.* 16 l'explique, une telle substitution aux biens donnés sera bonne & valable, sans examiner la qualité de ceux qui sont appelés à la substitution des biens précédemment donnés, s'ils sont enfans, ou descendans du donateur, collatéraux ou étrangers.

La raison est parceque la substitution après-coup aux biens donnés vaut, non en vertu d'un pouvoir que la loi attribue au donateur, elle lui en interdit au contraire la faculté par l'*art.* 13, conforme en cela à la *loi* 4, *cod. de donat. quæ sub modo,* & à la règle, qui veut que les biens donnés soient rétranchés du patrimoine du donateur, *extra causam bonorum,* comme dit la loi *sequens, quæstio* 68, *ff. de leg.* 2, mais en conséquence de la propre volonté du donataire, qui, en acceptant la nouvelle libéralité faite sous la condition expresse de rendre à un tiers les biens donnés, forme un contrat, ou un quasi-contrat par lequel il se soumet à rendre à un tiers les biens donnés.

Delà vient que notre article porte que dans le cas où le donataire auroit accepté la nouvelle libéralité faite sous la condition de substitution, même pour les biens précédemment donnés, cette substitution n'aura effet que du jour qu'il l'aura acceptée, ou qu'il en aura fait ordonner l'exécution à son profit; d'où il résulte clairement que la substitution aux biens donnés, ne vaut & ne tire son effet que de la volonté du donataire, & de son acceptation de la nouvelle libéralité sous la condition d'une substitution aux biens précédemment donnés.

Même pour les biens précédemment donnés) : Ces termes font comprendre que quand le donateur fait une nouvelle libéralité au donataire, il peut la charger de substitution, non-seulement par rapport à la nouvelle libéralité, ce qui ne peut souffrir aucun doute; parceque celui qui fait une nouvelle libéralité, peut dans l'acte même qui la renferme, lui apposer toutes les charges, conditions & substitutions, qu'il trouve à propos, suivant la règle *quem honoro gravare possum*, tirée de la loi 9, *cod. de fideicom.* ou comme dit un autre texte *dum eis datur, vel dum eis non adimitur.*

Mais encore par rapport aux biens précédemment donnés ; sans examiner si la nouvelle libéralité équipolle à la valeur de la charge de la substitution aux biens donnés; parceque l'acceptation de la nouvelle libéralité oblige le donataire par sa propre volonté, à exécuter la charge ou la condition, & l'exclud de la faculté de rendre compte, *non est audiendus legatarius legato percepto, si velit computare*, *l.70*, §. 1, *ff. de leg.* 2. Voilà pourquoi on ne doit pas non plus examiner si la nouvelle libéralité doit demeurer irrévocablement au donataire, afin qu'il soit obligé d'exécuter la condition de la substitution, & de rendre les biens précédemment donnés, vu que même la nouvelle libéralité peut être chargée de substitution ; ensorte que les deux dispositions étant unies & liées par l'acceptation & par le consentement du donataire, il n'est plus possible de les désunir & séparer. Le donataire est le maître de rejetter la nouvelle libéralité

lité avant de l'accepter ; mais une fois qu'il l'a acceptée , il doit l'accomplir à la lettre, pour ce qui peut lui être préjudiciable , comme pour ce qui peut lui être avantageux. Tous les con-trats , & il en est de même des quasi-contrats, font volontaires dans leur principe, & l'on est libre de les faire ou de ne les pas faire ; mais quand ils sont faits, c'est une nécessité indispensable de les exécuter avec toutes leurs conditions, suivant la *loi* 5 , *cod. de obligat. & actionib.* Il importe donc peu que le donataire se trouve privé par événement, & de la première donation qu'il avoit le droit de conserver, comme ne pouvant être assujet-tie à aucune charge imposée après-coup, & de la nouvelle libé-ralité, lorsqu'elle est chargée d'une substitution.

Mais afin que la disposition de l'*art.* 16 ait lieu, & que le donataire soit obligé d'exécuter la condition de la substitution aux biens précédemment donnés , il n'est pas nécessaire que l'acte qui contient la nouvelle libéralité, porte en même temps une substitution des biens précédemment donnés , & de ceux qui sont renfermés dans la nouvelle libéralité tout ensemble ; mais il est libre au donateur, en faisant la nouvelle libéralité ac-ceptée par le donataire, de substituer séparément les biens pré-cédemment donnés, sans substituer ceux de la nouvelle libéra-lité, ou de charger les uns & les autres d'une substitution, en fa-veur d'une ou de plusieurs personnes, conjointement ou séparé-ment, & à cet égard il n'y a point d'indivisibilité.

N'aura effet que du jour qu'il l'aura acceptée): Ceci prouve que la substitution après-coup aux biens donnés, ne vaut qu'en vertu de l'acceptation de la nouvelle libéralité faite au donataire, & de son consentement. Delà vient qu'elle ne peut valoir que depuis l'acceptation faite par le donataire de la nouvelle libéra-lité. Delà vient aussi que quand la nouvelle libéralité , sous la condition imposée au donataire de rendre à un tiers les biens donnés, auroit une date antérieure à l'acceptation du dona-taire de la nouvelle libéralité, le substitué ne pourroit compter le droit acquis, que du jour de l'acceptation du donataire : delà vient enfin que les créanciers du donataire antérieurs à son ac-ceptation de la nouvelle libéralité, pourront exercer leurs hypo-

I.

théques, même sur les biens précédemment donnés, comme leur étant affectés dans un temps auquel il les possédoit librement & incommutablement, de la même manière que s'il les avoit aliénés par vente ou autre titre.

Ou qu'il en aura fait ordonner l'exécution à son profit): La question que nous avons agitée *in utramque partem* sur l'article précédent, & que nous avons laissée indécise, si la demande formée en justice, en délivrance de la nouvelle libéralité faite sous la condition expresse d'une substitution aux biens précédemment donnés, doit tirer sa résolution des paroles de notre texte que nous venons de transcrire, & il faut dire que la simple demande en justice ne suffit pas pour produire une acceptation qui lie irrévocablement le donataire, & qu'il faut qu'elle soit suivie d'un jugement qui ordonne la délivrance de la nouvelle libéralité, quand il n'y a point d'autre acceptation expresse.

Car lorsque notre article porte que ladite substitution n'aura effet que du jour que le donataire l'aura acceptée, ce qui peut s'entendre d'une acceptation formelle & expresse, ou qu'il en aura fait ordonner l'exécution à son profit, il donne bien clairement à entendre qu'il ne suffit pas qu'il ait formé en justice la demande en délivrance; il faut que cette demande soit suivie d'un jugement qui ordonne au profit du donataire l'exécution de la nouvelle libéralité.

Il est vrai que l'*art.* 36 *du tit.* 1 de notre Ordonnance, veut que quand le grevé de substitution faite en sa faveur, aura formé en justice la demande en ouverture à son profit, de la substitution, soit censé avoir recueilli l'effet de ladite disposition, & l'avoir expressément acceptée, pour remplir le nombre des degrés que la substitution doit parcourir, & que l'*art.* 36 est exprès à cet égard, mais c'est pour un cas différent.

Il faut donc dire, non, que l'*art.* 36 soit en contradiction avec l'*art.* 17, parceque cela n'est pas vrai, à cause de la diversité des cas; mais que ces deux articles renferment des décisions différentes, qui doivent être observées chacune dans son espèce particulière; par conséquent lorsqu'il s'agira de régler la forme de l'acceptation pour fixer le nombre de ceux qui auront recueilli la ſubſtitution, on devra mettre dans ce nombre celui qui aura ſimplement formé la demande en ouverture, quoiqu'il ne ſoit pas intervenu de jugement; parceque l'*art.* 36 le règle ainſi : mais lorſqu'il s'agira de fixer la nature de l'acceptation capable de lier le donataire, & de l'obliger à exécuter la ſubſtitution des biens précédemment donnés, la ſimple demande en juſtice ne ſuffira pas, s'il n'eſt intervenu un jugement, qui ordonne l'exécution de la nouvelle libéralité au profit du donataire; parceque l'*art.* 17 le règle ainſi : il faudra exécuter ces deux articles dans les cas particuliers qu'ils renferment, ſans vouloir les confondre, ni les regarder comme renfermant des diſpoſitions contraires.

Il y a d'ailleurs une raiſon eſſentielle de différence d'un cas à à l'autre. Lorſqu'un donataire eſt chargé d'une ſubſtitution aux biens donnés, il s'agit de lui faire perdre un droit qui lui eſt irrévocablement acquis, *certat de damno vitando:* voilà pourquoi ſon conſentement, qui attribue tout l'effet à la ſubſtitution, doit être plus précis, & il ne faut pas mettre dans ce rang une ſimple demande, qui peut être ſujette à la correction.

Au lieu que celui qui eſt appelé à une ſubſtitution, & qui forme la demande en délivrance, *certat de lucro captando*, & comme les fruits doivent lui être reſtitués depuis l'interpellation judiciaire en ouverture de la ſubſtitution, lorſqu'il aura ſatisfait aux autres formalités requiſes; il n'eſt pas ſurprenant que le ſubſtitué qui a formé une telle demande, ſoit compté dans le nombre des perſonnes qui ont véritablement poſſédé les biens ſubſtitués, puiſque les fruits qui doivent être reſtitués à lui ou à ſes héritiers, tiennent lieu d'une poſſeſſion réelle & actuelle.

ARTICLE XVIII.

Les donations entre mariés, conſtante matrimonio, *&
celles que le père fait en faveur des enfans qui ſont
ſous ſa puiſſance, ſont ſuſceptibles de Subſtitution
après-coup aux biens donnés. Il en eſt de même des
donations à cauſe de mort.*

N'entendons que la diſpoſition des Articles XIII,
XIV & XV; ne puiſſe avoir effet pour LES DONATIONS
ENTRE MARI ET FEMME, OU FAITES PAR LE PERE DE
FAMILLE AUX ENFANS, ETANT EN SA PUISSANCE, OU
AUTRE DONATION A CAUSE DE MORT, DANS LES PAYS
OU ELLES SONT EN USAGE.

La règle établie par les *art.* 13, 14 & 15 de ce titre, qu'il n'eſt
plus permis de ſubſtituer après-coup aux biens donnés, ou qui
ſont compris dans une inſtitution contractuelle, ſouffre deux exceptions. La première, lorſque le donateur fait une nouvelle
libéralité au donataire, ſous la condition expreſſe d'une ſubſtitution aux biens donnés, & que le donataire accepte cette nouvelle libéralité, ainſi qu'il eſt expliqué dans les *art.* 16 & 17.

La ſeconde, lorſqu'il s'agit d'une donation qui n'eſt pas irrévocable, comme ſi elle eſt faite à cauſe de mort, ou bien entre
mariés, *conſtante matrimonio,* ou par un père à ſon fils qu'il a en
ſa puiſſance, à cauſe que les donations faites entre de telles
perſonnes, quoique conçues entre-vifs, ne ſont pas irrévocables.
Cette exception eſt portée dans l'*art.* 18, où le Légiſlateur déclare qu'il entend que la diſpoſition des *art.* 13, 14 & 15, ne
puiſſe avoir effet pour les donations entre mari & femme, ou
qui ſont faites par le père de famille aux enfans qui ſont en ſa

puiſſance, ou autre donation à cauſe de mort, dans les pays où elles ſont en uſage : enſorte que le donateur a la liberté de ſubſtituer après-coup aux biens donnés, par des donations de cette qualité, à cauſe qu'elles ſont révocables, & que le donateur n'eſt privé de cette faculté qu'autant qu'il s'agit d'une donation ou d'une inſtitution contractuelle, qui ſont irrévocables.

Les donations entre mari & femme): C'eſt-à-dire, qui ſont faites par l'un des mariés, *conſtante matrimonio*, & hors du contrat de mariage en faveur de l'autre. On conſidère dans les pays coutumiers ces ſortes de donations ſous un point de vue différent, que dans les pays régis par le droit-écrit ; les donations entre mariés ſuivant les diſpoſitions des coutumes ſont abſolument prohibées comme des avantages indirects, & déclarées nulles & inéfficaces, enſorte qu'elles ne peuvent valoir en aucune façon, à moins qu'elles ne ſoient réciproques, ce qu'on appelle don mutuel, qui exige certaines conditions qui ſont expliquées par *Ricard, dans ſon traité du don mutuel.* On juge même au Parlement de Paris, que les mariés, réſidens dans le pays du droit-écrit ne peuvent pas ſe donner des biens ſitués dans des coutumes qui prohibent les donations entre mariés. On y juge encore, que de mariés, habitans dans les pays coutumiers, ne peuvent pas ſe donner des biens qui ſont ſitués dans les pays du droit-écrit : enſorte qu'on conſidère les coutumes prohibitives des libéralités entre mariés, comme formant des ſtatuts mixtes qui affectent les perſonnes & les biens.

Dans les pays de droit-écrit, les donations entre mariés, ne ſont pas déclarées abſolument nulles, comme elles le ſont dans les pays coutumiers. Elles peuvent ſeulement être révoquées, mais ſi elles ſont confirmées par le ſilence du donateur juſqu'à ſa mort, & ſi elles ne ſont pas révoquées, & que le donataire ſurvive au donateur, elles valent comme des diſpoſitions à cauſe de mort. La Loi Romaine n'admet pas même les dons mutuels irrévocables entre mariés.

Il eſt vrai que l'ancien Droit Romain avoit prohibé abſolument toute donation entre mariés, & qu'elle étoit déclarée radicalement nulle, *ne mutuo amore invicem ſpoliarentur, l. 1 , ff. de donat. inter vir. & uxor.* ou comme dit *la loi 3* du même titre, *ne melior in paupertatem incideret, deterior ditior fieret.*

Mais la rigueur de cet ancien droit fut tempérée par une loi de l'Empereur Antonin, fils de Sévère, rapportée dans la *loi 32*, §. 2, *ff. eod.* qui est conçue en ces termes : *Fas esse eum quidem qui donavit, pœnitere : hæredem verò eripere forsitan adversus voluntatem supremam ejus qui donaverit, durum & avarum esse.*

Mais il faut prendre garde, qu'encore que les donations entre mariés soient révocables, elles ne se révoquent pas avec la même facilité, que les legs, les fidéicommis & les autres dispositions testamentaires, ou à cause de mort, à l'égard desquelles une révocation vague, ou générale suffit pour les détruire, sans qu'il soit nécessaire d'en faire une mention expresse ; la révocation qui suffit pour détruire la disposition antérieure qui les contient, comme si un premier testament est révoqué par un postérieur parfait, suffit même pour révoquer les legs, les fidéicommis & les autres dispositions contenues dans le testament précédent qui se trouve révoqué par le postérieur de plein droit, sans qu'il renferme la clause générale de révocation des précédentes dispositions, suivant le *§. posteriore 2, aux instit. quib. mod. testam. infirm.* & la loi *sancimus 27, cod. de testam.* ainsi que nous l'avons expliqué dans le traité des testamens.

Au lieu que pour révoquer une donation entre mariés, il faut qu'il paroisse d'une volonté claire & évidente de la part du donateur au sujet de la révocation ; que si la volonté n'est pas évidente, & s'il y a quelque obscurité ou ambiguité, la donation entre mariés doit avoir son effet : *Si appareat defunctum evidenter revocasse voluntatem : quòd si in obscuro sit, proclivior esse debet judex ad comprobandam donationem.*

Delà vient que la loi *sequens quæstio 68, ff. de leg. 2*, décide bien, que quand un mari a fait une donation à sa femme *constante matrimonio*, il peut charger *ex intervallo*, une telle donation, d'une substitution ; mais il faut qu'elle soit expresse, & nommément faite aux biens donnés, autrement une substitution vague, quelque générale qu'elle soit, ne comprend, & ne s'applique pas aux bien contenus dans une donation entre mariés ;

Reſpondi , ea extra cauſam bonorum defuncti computari debere , & propterea fideicommiſſo non contineri , quia ea habitura eſſet etiam alio hærede exiſtente: planè nominatim maritus uxoris fidei committere poteſt , ut & ea reſtituat , dit ce texte.

Cependant ſi le donateur baille les biens donnés en engage-ment, & en livre la poſſeſſion au créancier, la donation ſera cenſée révoquée à l'égard des biens engagés; mais s'il ne fait que contracter des dettes poſtérieurement à la donation, quoi-que les biens donnés ſoient affectés & hypothéqués pour le paye-ment de ces dettes, ſans que le mari ſe déſaiſiſſe de la poſſeſ-ſion, ou s'il la laiſſe à la femme à titre de précaire nonobſtant l'engagement, il n'y aura point de révocation, mais la femme donataire pourra conſerver les biens donnés, nonobſtant l'en-gagement, en payant la ſomme pour laquelle l'engagement ou l'hypothèque auront été faits, ſuivant *la loi 32, §. 5, ff. de donat. inter. vir. & uxor.*

Il faut donc, ainſi que nous l'avons obſervé ſur l'*art. 13, ſup.* qu'afin que la ſubſtitution faite après-coup comprenne les biens précédemment donnés, elle parle nommément des biens don-nés pour les englober dans la ſubſtitution, & une diſpoſition vague, quelque générale qu'elle fût, n'obligeroit pas le donataire à reſtituer les biens compris dans la donation entre mariés.

Ou faite par un père de famille aux enfans étant en ſa puiſ-ſance): Comme la puiſſance paternelle fait conſidérer le père & le fils comme une ſeule perſonne, la même puiſſance empêche auſſi que la donation qui eſt faite par un père à un fils non émancipé, ne ſoit révocable. Ce qui a lieu dans les pays régis par le droit-écrit, qui établit & règle les effets de la puiſſance pater-nelle, & non dans les pays coutumiers où la puiſſance paternelle n'eſt pas établie, & l'on n'y connoît que la garde noble ou bour-geoiſe , & la qualité de tuteur ou de curateur ſelon l'âge & l'état des enfans: ainſi une donation faite par le père à ſon fils dans le pays coutumier où la puiſſance paternelle n'eſt pas en uſage, étant irrévocable , lorſqu'elle ſe trouve révêtue de toutes les formalités requiſes, ne ſeroit pas ſuſceptible d'une ſubſtitution *ex intervallo* aux biens donnés.

Auſſi notre article ne parle-t-il que des donations faites par le père à ſon fils dans les pays de droit-écrit, où la puiſſance paternelle à lieu, & où elle fait obſtacle à l'irrévocabilité de la donation ainſi faite, quoiqu'elle porte le titre de donation entre-vifs & irrévocable.

Les donations entre mariés, *conſtante matrimonio*, & celles qui ſont faites par le père à ſon fils qui eſt en ſa puiſſance, ſont miſes de niveau par notre article, en conformité de *la loi* 25, *cod. de donat. inter virum & uxor.* Voilà pourquoi ce que nous avons obſervé ci-deſſus au ſujet de la révocabilité des donations entre mariés, & de la forme en laquelle la révocation peut ou doit être faite, ou qu'elle puiſſe être chargée après-coup d'une ſubſtitution aux biens donnés, doit être appliquée aux donations faites par le père de famille aux enfans qu'il a en ſa puiſſance : ainſi, afin que la ſubſtitution faite après-coup des biens compris dans une telle donation, doive être exécutée, il eſt néceſſaire qu'elle ſoit nommément appliquée aux biens donnés ; car une diſpoſition vague & générale ne les comprendroit pas.

Nous devons obſerver ſeulement que quand le père fait une donation en faveur de ſon fils, en contemplation d'un mariage à célèbrer, la puiſſance paternelle ne feroit point d'obſtacle à l'irrévocabilité ; parceque, ſuivant l'uſage du Royaume, la faveur du mariage lorſqu'il a été célébré en exécution du traité, fait que le fils eſt conſidéré comme père de famille à l'égard de toutes les ſtipulations, conventions ou donations, qui ſont compriſes dans le contrat de mariage. Il faut encore obſerver que ſi le père, après avoir fait une donation à ſon fils hors du contrat de mariage, vient à l'émanciper, ſans révoquer la donation précédemment faite, elle deviendra irrévocable, comme le décide la *loi* 17, *cod. de donat.* & une telle donation devra être exceptée de cet *art.* 18, & demeurer dans la règle établie par l'art. 13.

Ou autre donation à cauſe de mort) : Les donations à cauſe de mort, communes & ordinaires, peuvent être chargées d'une ſubſtitution après-coup, par une diſpoſition vague & générale, ſans en faire l'application ſpéciale aux biens donnés ; quand même elles

elles feroient faites entre mariés, ou par le père en faveur des enfans qui font en fa puiſſance, lorſqu'elles font qualifiées de donations à cauſe de mort, vu que la fubſtitution ſpécialement appliquée aux biens donnés, n'eſt néceſſaire que quand il s'agit des donations, qui font qualifiées de donations entre-vifs, non quand elles font bien caractériſées de donations à cauſe de mort.

Dans les pays où elles font en uſage): Comme les donations à cauſe de mort ne font pas en uſage dans tous les pays du Royaume, qu'il y a des lieux où elles ne font pas connues, & que le Légiſlateur n'a pas voulu en étendre l'uſage dans les lieux où il n'a pas été reçu, il a pris la précaution d'expliquer par les dernières paroles de notre article que nous avons tranſcrites, que ce qu'il porte au ſujet des donations de la qualité dont il eſt parlé, ne doit avoir ſon effet que dans les lieux où, par l'uſage, ces ſortes de donations font reçues.

ARTICLE XIX.

Abrogation des Subſtitutions conjecturales, fondées ſur la condition rédoublée, ou maſculine, & autres circonſtances.

LES ENFANS QUI NE SERONT PAS APPELE'S EXPRESSEMENT à la Subſtitution, MAIS QUI SERONT SEULEMENT MIS DAS LA CONDITION SANS ESTRE CHARGE'S DE RESTITUER A D'AUTRES, ne feront en aucun cas regardés comme étant dans la diſpoſition, encore qu'ils ſoient DANS LA CONDITION EN QUALITE' DE MALES ; QUE LA CONDITION SOIT REDOUBLE'E, que les grevés ſoient obligés de porter le nom & armes de l'auteur de la Subſtitution, & qu'il y ait prohibition de faire détrac-

M

tion de la quarte Trébellianique, où qu'il fe trouve des conjectures tirées d'autres circonftances, telles que la nobleffe & la coutume de la famille ou la qualité, & la valeur des biens fubftitués ou autres préfomptions ; à toutes lefquelles nous défendons d'avoir aucun égard, à peine de nullité.

A p r é s que notre Ordonnance a réglé les perfonnes qui peuvent faire des fubftitutions fidéicommiffaires par l'*art.* 1; les biens qui peuvent y être compris par les *art.* 2, 3, 4, 5, 6 & 7; la néceffité de vendre les meubles & effets mobiliers compris dans une fubftitution, & ceux que le grevé peut fe difpenfer de vendre par les *art.* 7 & 8; les conditions requifes, afin que les meubles & effets mobiliers puiffent être compris efficacement dans une fubftitution par contrats entre-vifs, par l'*art.* 9; l'obligation du grevé de faire l'emploi du prix des meubles & effets mobiliers, par l'*art.* 10; avoir défendu la fubftitution après-coup des biens compris dans une difpofition irrévocable, & les exceptions, par les *art.* 11, 12, 13, 14, 15 & 16; la nature & l'effet de la fubftitution après-coup aux biens compris dans une difpofition irrévocable, par l'*art.* 17; & avoir excepté par l'*art.* 18 les donations entre mariés, & celles qui font faites par le père de famille aux enfans qu'il a en fa puiffance, de la règle prohibitive de faire des fubftitutions après-coup des biens donnés, elle parle dans l'*art.* 19 des perfonnes qui font cenfées comprifes dans les difpofitions contenant des fubftitutions.

Cet article veut que les enfans, qui ne feront point appelés expreffément à une fubftitution, mais qui feront feulement mis dans la condition, fans être chargés eux-mêmes de reftituer à d'autres, ne feront en aucun cas regardés comme compris dans la difpofition, quoiqu'ils foient dans la condition fous la qualification des mâles, que la condition foit redoublée, que les grevés foient obligés de porter le nom & armes de l'auteur de la fubftitution, & que toute quarte ait été prohibée.

Le même article défend aux Juges d'avoir égard, à peine de nullité de leurs jugemens, aux conjectures tirées d'autres circonſtances, telles que la nobleſſe ou la coutume de la famille, ou la qualité, & la valeur des biens ſubſtitués ou autres préſomptions.

Les diſpoſitions de cet article ſont l'ouvrage de la plus profonde ſageſſe, & dignes des plus grands éloges. Les interprètes du Droit Romain avoient introduit un grand nombre de conjectures, & admis certaines circonſtances dans leſquelles ils décidoient qu'il y avoit des ſubſtitutions qu'ils appeloient conjecturales, qu'ils établiſſoient ſur une prétendue volonté du teſtateur, & quelques Parlemens du Royaume avoient adopté un grand nombre de ces conjectures ou préſomptions tirées des circonſtances, qui n'avoient aucun fondement dans le Droit Romain, & qui étoient même contraires aux principes & aux règles de ce même droit, & à la juſteſſe du raiſonnement.

Enſorte que la matière des ſubſtitutions fidéicommiſſaires, qui étoit ſimple, aiſée & facile, en s'en tenant exactement aux principes & aux déciſions de la Loi Romaine, étoit devenue un cahos & un labyrinthe inextricable, & l'on avoit ſi fort favoriſé & étendu ces ſubſtitutions, qu'il n'y auroit preſque point de diſpoſition où l'on ne trouvât quelque ſubſtitution. Cette matière étoit une ſource inépuiſable de procès qui ruinoient les familles, ſoit par les frais immenſes auxquels ils expoſoient, ſoit en dépouillant les poſſeſſeurs des biens qui leur appartenoient légitimement; & cela ſous prétexte d'une prétendue Juriſprudence qui s'étoit introduite dans certains Tribunaux ſupérieurs du Royaume contre la droite raiſon.

Nous avons fait remarquer dans notre Traité des Teſtamens, tous ces inconvéniens, & en expliquant les vrais principes ſur cette matière, nous avions prouvé l'illuſion de toutes ces conjectures & préſomptions de volonté, que les interprètes avoient établies ſur des loix mal entendues, & encore plus mal appliquées.

Heureuſement la vérité obſcurcie & éclipſée par les viſions des interprètes, s'eſt fait jour, & a rompu les voiles ſous leſquels elle étoit cachée & qui la tenoit captive ; toutes ces conjectures ou présomptions ont été rejetées & proscrites. Il faut à présent chercher les substitutions dans la lettre de la disposition, & il n'est plus permis aux juges, à peine de nullité de leurs Jugemens & Arrêts, d'admettre ou déclarer une substitution sur le fondement des conjectures ou présomptions, dont notre texte fait le détail, & de toutes les autres qui avoient été imaginées par les interprètes, où qui avoient été adoptées par la Jurisprudence, toutes les fois qu'il s'agira d'une disposition postérieure à la publication de notre Ordonnance ; & c'est avec raison que l'on peut dire que le règne des conjectures a fini.

Mais il ne faut pas conclure de la proscription des conjectures ou présomptions, que celles qui sont fondées sur quelque loi, soient proscrites, ainsi que nous l'avons observé sur la préface de cette Ordonnance. Le Législateur a assuré dans cette préface, que son intention n'étoit pas d'abroger le Droit Romain, il proteste au contraire, qu'il n'a d'autre objet que d'en confirmer les règles pour en assurer l'exécution.

Les enfans qui ne feront pas expressément appelés) : Il résulte des paroles de notre texte, qu'afin qu'on puisse déclarer y avoir substitution, il faut que la disposition soit expresse : la lettre de la disposition doit donc régler l'étendue de la disposition, ce qui proscrit toute disposition conjecturale, comme nous l'avons dit.

Mais qui feront feulement mis dans la condition) : Ceci est fondé sur la disposition expresse du Droit Romain, qui établit pour règle dans plusieurs loix que, *conditio numquam disponit*, ainsi que nous l'avons prouvé dans le Traité des Testamens, *tom. II.*

Sans être chargés de restituer à d'autres) : Les enfans du grevé ou les autres personnes qui, sans être expressément appelées, sont néanmoins chargées de restituer à d'autres, sont censées comprises dans la disposition. Si, par exemple il est dit, j'institue Mævius, & s'il décède sans enfans, je substitue Sempronius : que si Mævius a des enfans, je les charge de rendre à Seïus ; dans ce cas, les enfans de Mævius, quoique non appelés expressément, sont néanmoins compris dans la vocation ; parceque, pour pouvoir rendre, il faut qu'ils recueillent eux-mêmes ; mais il faut qu'ils soient chargés expressément de rendre, sans quoi on ne peut pas les considérer comme dispositivement appelés. Je crois néanmoins que si après avoir été fait mention des enfans ou de quelqu'autre personne, il étoit dit : *Je leur substitue un tel*, ils seroient censés appelés par une disposition implicite : vu que ceux qui sont chargés de rendre doivent prendre, sans quoi il est impossible qu'ils rendent ; parceque, *quem non honoro gravare non possum*, *l. ab eo 9, cod. de fideicom.* Cette décision de notre texte a été prise de la *loi Titia 87, §. 2, ff. de legat 2.*

. *Dans la condition en qualité de mâles*) : Presque tous les Parlemens du Royaume jugeoient que les enfans mis dans la condition sous la qualification de mâles, étoient censés tacitement compris dans la disposition, comme s'il étoit dit : *J'institue Mævius, & s'il décède sans enfans mâles, je substitue Sempronius*, auquel cas les mâles devant exclure les filles, & les filles devant exclure le substitué, on appliquoit à ce cas la règle, *si vinco vincentem te, à fortiori vincam te :* mais cet argument étoit un sophisme, ainsi que nous l'avons prouvé dans le Traité des Testamens ; voilà pourquoi c'est avec raison que notre article a proscrit la conjecture fondée sur ce que les enfans étoient mis dans la condition sous la qualification de mâles.

Que la condition soit redoublée) : La condition est simple s'il est dit, j'institue un tel, & s'il décède sans enfans, je substitue un tel. Dans ce cas, l'existence d'un enfant que le grevé laisse à sa mort fait défaillir la substitution ; mais cet enfant n'est pas appelé.

La condition est redoublée, quand il est dit : *J'institue Mævius, & s'il décède sans enfans, & ses enfans sans enfans, je substitue Sempronius.* Dans ce cas l'existence des enfans au premier degré de Mævius ne fait pas défaillir la substitution, elle ne devient caduque, que quand les enfans du grevé laissent d'autres enfans survivans ; mais les enfans au premier degré ne sont pas compris dans la disposition, quoique la condition soit redoublée à leur égard, encore moins les enfans qui sont au second degré, & qui ne se trouvent que dans la condition simple.

Cependant, si les enfans qui sont dans la simple condition ;

ou dans la condition redoublée, étoient expreffément chargés de rendre à d'autres, ils feroient cenfés appelés par une difpofition implicite, en vertu de notre texte par ces paroles, *fans être char-gés de reftituer à d'autres.*

Il feroit inutile d'entrer dans la difcuffion des autres préfomp-tions ou conjectures tirées de ce que l'auteur de la fubftitution avoit impofé la condition de porter fon nom & fes armes, qu'il ait prohibé la détraction de la quarte Trébellianique, qu'il foit noble ou d'une famille illuftre, qu'il s'agit de terres titrées, ou de biens d'une très-grande valeur, & autres de même qualité, parcequ'elles font toutes proferites : enforte qu'elles font infuffi-fantes pour faire étendre les degrés de fubftitution au-delà de ceux qui font expreffément marqués dans la difpofition litté-rale ; quand même toutes ces différentes conjectures concour-roient dans le même cas : ce qui doit avoir lieu, foit qu'il s'a-giffe d'une difpofition teftamentaire ou contractuelle, n'y ayant à cet égard aucune différence à faire, entre les différentes efpè-ces de fubftitutions, non plus qu'entre les defcendans, collaté-raux ou étrangers, vu qu'on ne doit pas confidérer à cet égard la qualité des perfonnes : n'étant pas moins défendu d'étendre les degrés de fubftitution d'une perfonne à une autre, ou d'un cas à un autre, lorfqu'il s'agit des defcendans, que quand il eft queftion des collatéraux ou des étrangers.

Du refte, il importe d'obferver que les difpofitions de notre article ne doivent pas avoir un effet rétroactif, & ne peuvent pas être appliquées aux fubftitutions contenues dans des actes entre-vifs qui auront une date publique, antérieure à la pu-blication de la loi nouvelle, ou dans des difpofitions teftamen-taires lorfque les fubftituans feront décédés poftérieurement à l'Ordonnance, & qu'elles ne doivent avoir lieu que pour les difpofitions contenues dans des actes poftérieurs à la publication de l'Ordonnance, ou dans des teftamens, lorfque les fubftituans feront décédés après la publication de la préfente Ordonnance, fuivant l'*art.* 55 *du tit.* 2, qui le porte clairement, lorfqu'il parle de ce qui concerne la validité ou l'interprétation des actes por-tant fubftitution.

Cet article parle bien des enfans qui ne ſont pas compris dans la diſpoſition pour empêcher qu'ils ne ſoient admis ſous prétexte des conjectures ; mais il ne parle pas, non plus qu'aucun autre des articles dont la préſente Ordonnance eſt compoſée, du cas ou certaines perſonnes ſe trouvent appelées par un terme collectif, comme d'*enfans*, de *ſiens*, pour expliquer ſi *les enfans ou les ſiens* ſont appelés conjointement & par portions avec celui qui eſt appelé par ſon nom en premier rang, ou par une ſubſtitution ſimplement vulgaire, ou bien par une ſubſtitution fidéicommiſſaire ſucceſſive.

Cette queſtion, quoique facile à réſoudre, ſi l'on s'en tient aux déciſions du Droit Romain, a été fort embrouillée par des diſtinctions que les interprètes ont imaginées, leſquels en s'éloignant des règles & des principes des loix, ſe ſont attachés à des argumens éloignés ou étrangers. Ces diſtinctions & les déciſions des auteurs ſont rapportées par *Ricard, de ſubſtit. part. I, n. 527 & ſuivans* ; elles ſont encore expliquées plus au long par *Graſſius,* §. *inſtitutio, q. 20, Menoch. lib. 4, præſumpt. 70 & 71, Peregrin. de fideicom. art. 18 & Fuſar. de ſubſtitutionibus q. 479, n.° 26 & ſuivans.*

La principale de ces diſtinctions conſiſte à dire, que ſi le teſtateur eſt aſcendant, les enfans ne ſont pas appelés conjointement avec leur père ; mais il en eſt autrement s'il eſt collatéral ou étranger, ſuivant *M. le Préſident Faber, dans ſon code, lib. 6, tit. 8, defin. 7, & Julius Clarus,* §. *teſtamentum, q. 80, n.° 2 & 3.* Ce qu'ils fondent ſur ce qu'ils ſuppoſent, que quand le teſtateur eſt aſcendant, il y a un ordre de prédilection entre le fils & le petit-fils, en raiſonnant ſur le cas de la loi *Gallus 29, ff. de lib. & poſthum. hæred. inſtit.* qui n'eſt pas faite pour décider ces queſtions ; mais elle indique ſeulement une précaution inventée par le Juriſconſulte *Gallus,* pour empêcher que le teſtament du père ne devienne nul par la prétérition d'un poſthume ou d'un petit-fils, ſurvenu au fils depuis le teſtament du père, en cas que le fils du teſtateur vînt à décèder avant lui.

Les véritables règles pour décider ces queſtions ſont ; 1.° que quand une perſonne eſt appelée par ſon nom appellatif, comme

je _fubftitue Titius_, avec d'autres qui font appelés _nomine col-_
lectivo, _v._ 9, les enfans de Titius, Titius & fes enfans, s'ils font
vivans & exiftans lors de l'ouverture du fidéicommis, doivent
concourir avec leur père & prendre la moitié du fidéicommis,
& le père l'autre moitié, comme repréfentant une tête, & les
enfans l'autre tête; parceque, _conjuncti_, _unius perfonæ poteftate_
funguntur, _l._ 34, _ff. de leg._ 1, comme le remarque fort bien
Ricard, _de fubftit. part. I. n._ 533. Ce qui eft fondé fur les loix
7 & 8, _ff. de ufufruct. accrefcend._ La _loi_ 142, _ff. de verbor. fignific._
La _loi_ 15. La _loi_ 59, §. 2, _ff. de hæred. inftit._ Le §. 6 aux _inftit._
de hæred. inftituendis. La loi dernière, _cod. de impub. & aliis_
fubftit. Et la loi 4, _cod. de verbor. fignific._ Ce qui a été ainfi
jugé par un Arrêt du Parlement de Paris, du 22 Mai 1560,
rapporté _par Me Julien Peleus_, _dans fes queftions illuftres_,
queft. 50, dans le cas d'une inftitution faite par un père en faveur de fa fille & de fes enfans, fans autre addition ni expreffion.

2° Si les enfans appelés conjointement avec leur père, ne font
pas encore nés ou conçus lors de l'ouverture du fidéicommis;
comme la difpofition en faveur des enfans ne peut pas fe véri-
fier, & ne doit pas être inutile, & que s'ils n'exiftent pas lors de
l'échéance du fidéicommis, ils ne peuvent pas concourir; il
faut qu'ils foient appelés, non par la vulgaire feulement, mais
fucceffivement par la fidéicommiffaire, comme l'explique fort-
bien M. _le Préfident Faber_, _dans fon Code_, _lib._ 6, _tit._ 8,
defin. 9; parceque d'un côté la vulgaire ne peut avoir lieu, que
quand ceux qui font appelés, exiftent, _effe enim debet cui datur_,
_l._ 14, _de jur. codicill._ D'autre part, la copulative qui joint les
enfans avec leur père dans la même difpofition, n'eft pas propre
à caractérifer une fubftitution vulgaire, qui doit être conçue de
manière à faire comprendre que le premier appelé venant à
recueillir, les fubféquens doivent être exclus: ce qui ne peut
convenir en aucune façon à la conjonction, & à la copulative
qui unit, de manière que les enfans doivent concourir, s'ils font
exiftans, & capables de recueillir lors de l'échéance; que s'ils
n'exiftent pas, les paroles indiquent le trait du temps auquel ils
pourront concourir par leur exiftence: par conféquent, afin

que

que la diſpoſition qui regarde les enfans ne ſoit pas inutile, il
faut la prendre dans le ſens de la fidéicommiſſaire : à moins
qu'on ne voulût dire, comme l'a penſé *Ricard, des ſubſtit.*
part. I, n. 542, que les enfans, quoique non nés ni exiſtans,
doivent néanmoins concourir avec leurs frères lors de leur naiſſance, dès qu'il y en a qui ſont exiſtans lors de l'échéance du
fidéicommis, qui peuvent former le concours avec le père :
enforte que ceux qui viennent à naître poſtérieurement, doivent
prendre leur part ſur la moitié deſtinée aux enfans, à meſure
qu'ils naiſſent, & diminuent la portion que les enfans exiſtans
lors de l'échéance du fidéicommis, ont recueillie conjointement
avec leur père: ce que j'admettrois plus volontiers que l'idée de
la prétendue ſubſtitution vulgaire.

3.º Selon certains auteurs, entr'autres M. *Mainard, liv.* 5,
ch. 37, lorſque les enfans ſont appelés avec leur père par la diſ-
jonctive *ou, vel, ſeu,* ils ne ſont cenſés appelés que par la
vulgaire; parcequ'elle eſt propre à caractériſer la vulgaire; car
ſi le teſtateur appelle Titius ou ſes enfans, il s'exprime de manière à faire entendre qu'il ne veut appeler que Titius ou bien
ſes enfans par l'alternative, & non les uns & les autres par concours, ni par ordre ſucceſſif en vertu de la fidéicommiſſaire;
mais dès que Titius a recueilli, ſes enfans ne peuvent plus être
admis, parceque la volonté du teſtateur, qui réſulte des termes
dont il s'eſt ſervi, y réſiſte & les exclud.

Mais les auteurs qui ont raiſonné ainſi n'ont pas fait atenttion,
qu'il y a un texte précis dans le droit; ſavoir, *la loi* 4, *cod. de*
verbor. ſignificat. qui a déclaré d'une manière expreſſe & préciſe,
que quand pluſieurs perſonnes ſont compriſes dans une même
diſpoſition, par l'alternative ou la disjonctive, comme s'il eſt
dit: *Je legue à Titus ou à Mævius telle choſe. J'inſtitue Titus ou*
Mævius. Je ſubſtitue tel ou tel; c'eſt tout de même que ſi le teſtateur avoit dit: *Je legue à Titus & à Mævius. J'inſtitue Titus*
& Mævius. Je ſubſtitue tel & tel: enforte que tous ſont appelés
conjointement & par concours, tout de même que s'ils avoient
été conjoints par la copulative; pourvu néanmoins qu'ils ſoient
vivans & exiſtans lorſque la diſpoſition doit être exécutée, ainſi

N

que nous l'avons expliqué pour le cas de la vocation simultanée
par la copulative. C'est la loi qui, par sa toute-puissance, détermine le sens des paroles, comme s'il y avoit une conjonctive,
lorsque l'alternative se trouve entre plusieurs personnes : par-
conséquent les auteurs n'ont pas bien raisonné dans ce cas, lorsf-
qu'ils ont pensé sur la foi de l'effet de l'alternative, qu'elle devoit
caractériser la vulgaire; puisque la loi a réglé ce cas particulier
d'une manière différente ; & il n'y a point de doute que la loi
ne doive prévaloir sur les fausses opinions des auteurs, qui s'en
sont éloignés, pour mettre à sa place leurs imaginations, qui à
la vérité seroient bien fondées, si l'alternative étoit mise entre
deux ou plusieurs choses léguées ou laissées ; mais lorsque l'alternative se trouve entre deux ou plusieurs personnes, qui sont
appelées à la même disposition, elle opère le même effet que la
conjonctive. Cette loi est d'autant plus respectable, qu'elle a été
portée pour trancher & faire cesser les doutes qui s'étoient éle-
vés entre les anciens Jurisconsultes Romains, qui donnoient des
sens différens à la vocation par l'alternative ; & cette même loi
abroge tout ce que l'on pourroit trouver dans les écrits des anciens Jurisconsultes, qui admettoient l'opinion que la *loi* 4, *cod.
de verbor. signific.* condamne, desquels on a pris certaines
loix que l'on trouve dans le Digeste, soit pour l'ordre de l'écriture ou autrement.

Voilà pourquoi il faut appliquer au cas où deux ou plusieurs
personnes sont appelées à la même disposition par la disjonctive,
ou l'alternative, ce que nous avons dit par rapport à celles qui
sont appelées à la même disposition par la copulative.

4.° Lorsque les Docteurs & Interprètes ont raisonné sur l'ordre
de prédilection ou d'affection, pour introduire l'ordre successif
par la vulgaire, entre le père & les enfans appelés à la même
disposition par la copulative, & qu'ils se sont fondés sur la loi
Gallus 29, §. *quidam recte*, *ff. de liber. & posthum.* ils ont employé cette loi contre son véritable esprit, & en ont par conséquent fait un mauvais usage & une mauvaise application : car,
comme nous l'avons dit, cette loi ne fait qu'indiquer une précaution pour empêcher la nullité du testament par la prétérition

des petits-fils qui ſe trouveroient au premier degré, ſi leur père venoit à décéder avant le teſtateur, ſans rien décider, ni en termes exprès, ni par voie de conſéquence ſur la queſtion, ſi la vocation des petits-fils *eſt in caſum vulgarem*, ou par fidéicommis, à raiſon de l'ordre de charité, de prédilection ou d'affection, lorſque le père & les enfans ſe trouvent compris dans une même diſpoſition pour recueillir une même choſe.

Car le commencement de cette loi eſt bien, par les propres termes, dans le cas de la vulgaire ; mais cette loi ne décide abſolument rien ſur cette queſtion.

Le §. 1 de cette même loi n'eſt pas dans le cas de la vulgaire ; on y ſous-entend la condition du prédécès du fils, *ſi filius meus, vivo me, moritur*, dont le commencement de la loi fait mention : & il y eſt décidé ſeulement que, quoiqu'il ne ſoit pas parlé du cas du prédécès du fils avant le teſtateur, le teſtament ne laiſſe pas d'être bon, dès-là que les petits-fils ſe trouvent honorés du titre d'inſtitution, & il n'y eſt pas dit que les petits-fils ſoient appelés par la vulgaire, ou par la fidéicommiſſaire : & quand on pourroit en induire quelque choſe en faveur de la vulgaire, on pourroit bien dire qu'une telle inſtitution faite par précaution, par une eſpèce de néceſſité, & ſous une condition ſous-entendue, pour ſoutenir le teſtament & le garantir de la nullité, ne devroit pas être tournée en ſubſtitution fidéicommiſſaire ; mais il ne s'enſuivroit pas qu'on dût appliquer la déciſion de ce §. 1, au cas d'une ſubſtitution faite volontairement, ſans aucune apparence de néceſſité ni de condition, & par des termes qui indiquent la vocation ſimultanée, ou bien la ſubſtitution fidéicommiſſaire s'ils ſont obliques ou s'ils ne l'excluent pas quand ils ſont communs, comme ſi le teſtateur s'eſt ſervi des mots, *je le ſubſtitue*, qui ſont propres à renfermer toute ſorte de ſubſtitutions, directes & fidéicommiſſaires, ſelon la remarque de *Paul de Caſtro, ſur la loi Gallus* 29, §. *quidam, n.* 5, *ff. de liber. & poſthum. hæred. inſtit.*

5.° Ceux qui ont voulu induire cette ſubſtitution vulgaire pour exclure la vocation ſimultanée des enfans avec le père, de la *loi* 32, §. *cum ita* 6, *ff. de leg.* 2.° comme a fait *Malheacus*, *de legatis & fideicommissis, lib.* 1 *, cap.* 21 , ont encore fait un très-mauvais usage de cette loi ; car elle décide seulement, que le fidéicommis laissé à la famille n'est dû qu'à ceux qui se trouvent nommés par le testateur, s'ils sont vivans lors de son décès, ou bien aux plus proches, qui sont aussi vivans ; à moins que le testateur n'eût porté sa disposition à des degrés ultérieurs d'une manière expresse & littérale : *In fideicommisso quod familiæ relinquitur , hi ad petitionem ejus admitti possunt, qui nominati sunt: aut post omnes eos extinctos , qui ex nomine defuncti fuerint eo tempore quo testator moreretur , & qui ex his primo gradu procreati sint ; nisi specialiter defunctus ad ulteriores voluntatem suam extenderit.*

Cette loi décide donc , non, que ceux qui sont appelés *nomine collectivo* , ne viennent que par la vulgaire, mais bien par la fidéicommissaire, & par concours avec ceux du même degré, & que sous le mot *famille* , il n'y a que le premier degré qui soit compris dans la disposition , si le testateur ne l'a porté à des degrés ultérieurs ; ce qui est totalement éloigné du cas de notre question : car les mots, *& qui ex his primo gradu procreati sint* , ne sont pas ampliatifs & extensifs du nombre des degrés, ils sont explicatifs, & signifient, *c'est-à-dire , ceux qui ont été procréés au premier degré , par ceux qui se trouvent décédés lors de l'échéance du fidéicommis.*

Du reste , la vocation par le mot *siens* , doit opérer le même effet, que celle qui est faite par le mot *enfans ;* parcequ'en matière testamentaire , le mot *siens* est borné aux enfans, il a la même signification que le terme *enfans* , & ne s'étend point aux étrangers ou collatéraux. On peut voir *Philippi Resp.* 18.

ARTICLE XX.

*'Abrogation de la tranſmiſſion en matière de Subſtitu-
tion Fidéicommiſſaire.*

Ceux qui ſont appelés à une Subſtitution , & DONT
LE DROIT N'AURA PAS E'TE' OUVERT AVANT LEUR DECE'S,
NE POURRONT EN AUCUN CAS être cenſés en avoir tranſmis l'eſpérance à leurs enfans ou deſcendans, encore
que la ſubſtitution ſoit faite en ligne directe par des
aſcendans, ET QU'IL Y AIT D'AUTRES SUBSTITUE'S APPELE'S
à la même Subſtitution, après ceux qui ſeront décédés,
& leurs enfans ou deſcendans.

Cᴇᴛ article proſcrit la tranſmiſſion des fidéicommis qui ne ſont
pas échus, lors du décès de ceux qui ſont appelés: il porte que
ceux qui ſont appelés à une ſubſtitution, & qui meurent avant
ſon échéance, à cauſe que le grevé eſt en vie, ne peuvent en
aucun cas être cenſés en avoir tranſmis l'eſpérance à leurs enfans
ou deſcendans, quoique la ſubſtitution ſoit faite en ligne directe
par des aſcendans, & qu'il y ait d'autres appelés à la même ſubſtitution, après ceux qui ſeront décédés, & leurs enfans ou deſcendans.

Tout legs, & toute autre diſpoſition conditionnelle devient
caduque & inutile, ſi celui qui eſt appelé pour la recueillir décède avant l'événement de la condition: *Intercidit legatum , ſi
ea perſona deceſſerit, cui legatum eſt ſub conditione , l.* 59 *,ff.
de condit. & demonſtrat. & l. unica, §. ſin autem* 7 *, cod. de caducis
toll.* Il en eſt de même, lorſque la diſpoſition eſt faite ſous un
jour incertain ; parcequ'il opère le même effet que la condition
dies incertus conditionem in teſtamento facit, l. 75 *,ff. de condit.*

& *demonstra.* & *l. unic.* §. 7 , *cod. de caduc. Toll.* d'où il s'enfuit qu'une substitution faite sous une condition ou à un jour incertain , lequel est consideré comme une condition, c'est-à-dire, qui n'est pas échue , ou dont le droit n'est pas ouvert avant le décès de la personne qui y est appelée , devenant caduque par son décès , elle ne peut pas être transmise aux héritiers, même descendans de la personne appelée & décédée , quand même la disposition auroit été faite par un ascendant. C'est ce que notre article confirme & autorise , en abrogeant la Jurisprudence de certains Parlemens , qui avoient introduit, contre les vrais principes du Droit Romain , la transmission des fidéicommis conditionnels, en faveur des enfans de la personne appelée , lorsque la disposition avoit été faite par un ascendant ; pourvu qu'il n'y eût point d'autre personne existante , dispositivement appelée lors de l'ouverture ou de l'échéance du fidéicommis.

Dont le droit n'aura pas été ouvert): C'est-à-dire , dont le droit ne sera pas échu par l'arrivée de la condition ou du jour incertain; mais s'il étoit échu par la mort du grevé , le droit en seroit ouvert & acquis au substitué, qui le feroit passer à ses héritiers descendans ou collatéraux ou étrangers , s'il avoit survécu au grevé ou à l'événement de la condition ou du jour incertain, quand même il n'auroit pas formé l'instance en ouverture de la substitution , ni fait déclarer la substitution ouverte avant son décès ; à cause qu'il auroit été saisi du droit pendant sa vie, & que par conséquent il auroit fait partie de son hérédité : Voilà pourquoi on ne pourroit pas appliquer à ce cas la *loi* 42,, *ff. de acquir. rer. domin.* qui dit, *substitutio quæ nondùm competit, extrà bona nostra est :* & quoique le fidéicommissaire , même à titre universel, ne soit pas saisi de plein droit, pour se mettre en possession des biens substitués, avant qu'il ait été procédé à la liquidation des détractions, qui doit être faite sur la tête des héritiers du grevé , comme le porte l'*art.* 40 de ce titre , toutefois lorsqu'il se trouve en vie & capable lors de l'échéance du fidéicommis, le droit de réclamer le fidéicommis lui est acquis , & il fait partie de son hérédité , encore qu'il n'ait pas intenté pendant sa vie, l'action en ouverture & délivrance du fidéicommis : l'héritier, quel qu'il soit, a donc le droit de réclamer la substitution.

Si le fidéicommis est pur & non conditionnel, le droit en est pareillement acquis au substitué depuis la mort du substituant, quoiqu'il y ait un délai fixe & certain; parceque l'apposition du délai empêche bien l'exercice de l'action en délivrance, jusqu'à ce qu'il soit échu, mais il n'empêche pas que le droit ne soit acquis au substitué, & qu'il ne le transmette à son héritier nonobstant son décès avant l'échéance du délai, *l. 5 , cod. quando dies legati vel fideicommissi cedit ;* parceque *dies cessit , sed non venit.*

On doit dire la même chose, lorsqu'il s'agit d'une institution fiduciaire, c'est-à-dire , quand un testateur qui a des enfans pupilles ou mineurs, institue une personne connue & affidée, à la charge de rendre après un certain délai qu'il fixe à ses enfans ou à quelqu'un d'eux; dans ce cas la propriété de l'hérédité , quoique laissée à titre de fidéicommis est acquise au fidéicommissaire, au moment du décès du testateur, & il la transmet à ses héritiers, *l. Seius Saturninus* 46 *, ff. ad S. C. Trebell.* La raison est, parcequ'une telle institution n'est considérée que comme une tutelle ou une simple administration, ou un dépot confié à celui qui est nommé héritier: *Lubrico tutelæ fideicommissi remedium mater prætulerat,* comme dit la *loi* 3 *, §. cum pollidius* 3 *, ff. de usuris.* Voilà pourquoi le fils du testateur, quoiqu'il ne soit appelé que par fidéicommis subordonné à une disposition qualifiée d'institution est vrai héritier *jure directo ,* tout comme s'il avoit été institué en premier rang; parceque la loi convertit par sa puissance, l'institution en une tutelle , & le fidéicommis en une vraie institution directe: *Quoniam dies fideicommissi vivo occeano cessit : scilicet prorogando tempus solutionis, tutelam magis hæredi fiduciario permisisse quàm incertum diem fideicommissi constituisse videatur :* comme dit *la loi* 46 *, ad S. C. Trebell.* C'est l'idée que le Parlement de Toulouse a de l'institution fiduciaire, & cette idée est exacte & vraie suivant le Droit Romain , quoiqu'en ait pensé *M. Cujas* qui a cru que la première disposition est une institution véritable, & la seconde un vrai fidéicommis, sauf qu'il est pur, nonobſtant le délai appoſé à la reſtitution ; ce qui ne s'accorde pas avec la *loi* 3 , §. 3 , *ff. de uſuris :* & la *loi* 46 , *ff. ad S. C. Trebell.* qui déclare expreſſément que la première inſtitution eſt une tutèle : par conſéquent celui qui eſt nommé héritier, n'en a que le nom, & non les effets, ni les avantages qui dépendent de l'inſtitution héréditaire, comme il eſt dit dans le Journal du Palais du Parlement de Touloufe, Arrêt 108.

Les circonſtances que nous avons remarquées ſuffiſent pour caractériſer l'inſtitution fiduciaire, & il n'en faut aucune autre, quoique certains auteurs, entr'autres *M. Maynard, liv.* 5 , *ch.* 85, aient cru qu'il falloit que la quarte Trébellianique eût été prohibée, & que le fiduciaire ne pût rien retenir de l'hérédité, vu que le fiduciaire n'étant que dépoſitaire, & n'ayant que le ſimple nom d'héritier, il ne peut pas avoir la qualité qui donne le droit de retenir la quarte ; la prohibition eſt donc inutile, & rien n'empêche que le teſtateur ne puiſſe lui faire les libéralités particulières qu'il trouve à propos, ſans que la fiduce ſoit dénaturée ; & la mère tout comme le père peut faire une inſtitution fiduciaire. La loi 3 , §. 3. *ff. de uſuris* , qui eſt dans le cas d'une telle inſtitution, avoit été faite par une mère.

Avant leur décès) : Quoique ces mots déſignent & caractériſent la mort naturelle, & qu'il ne ſoit pas parlé dans cet article de la mort civile ; il ne me paroît pas douteux que la mort civile encourue par le ſubſtitué avant l'échéance ou l'ouverture de la ſubſtitution, n'en produiſe la caducité, ſans qu'il puiſſe en tranſmettre le droit, parceque la mort civile opère à cet égard le même effet que la mort naturelle, comme l'inſinue l'*art.* 23 de ce titre, & que, ſelon les principes du Droit Romain, celui qui eſt appelé pour recueillir une ſubſtitution, doit être capable, & participer aux effets civils, lors de l'échéance du fidéicommis.

Ne pourront en aucun cas) : Ces termes renferment une diſpoſition générale négative, qui exclud la tranſmiſſion dans toute ſorte de cas, & ſans aucune diſtinction ni exception ; elle exclud donc toute tranſmiſſion du fidéicommis, non échu lors de la mort du fidéicommiſſaire, ſoit que la ſubſtitution ſe trouve dans une diſpoſition à cauſe de mort & teſtamentaire , ou dans un contrat.

contrat. Par conséquent, le fidéicommis contractuel demeurera caduc, tout de même que celui qui est contenu dans un testament, lorsque le fidéicommissaire sera décédé, ou aura encouru la mort civile avant l'échéance ou l'ouverture du fidéicommis.

Il est vrai que certains auteurs, entr'autres *Fernand, de filiis natis ex matrimonio, ad morganat. contracto, part. X, n.* 9, usoient de distinction. Ils convenoient que les fidéicommis testamentaires n'étoient pas transmis aux héritiers, lorsque le substitué prédécédoit; mais ils soutenoient que le substitué transmettoit *ad quoscumque hæredes*, l'espérance du fidéicommis contractuel; ce qu'ils fondoient sur le §. 4, *aux instit. de verbor. obligat.* qui dit, *ex conditionali stipulatione spes est debitum iri eamque ipsam spem in hæredem transmitimus, si priusquàm conditio extet, mors nobis contigerit.*

Mais notre article proscrit & abroge cette distinction, en décidant expressément qu'en aucun cas la transmission d'un fidéicommis non-échu ou non-ouvert, ne peut avoir lieu même en faveur des enfans, encore que la substitution soit faite en ligne directe par des ascendans, & qu'il y ait d'autres substitués appelés à la même substitution, après ceux qui seront décédés, & leurs enfans ou descendans.

Il importe peu que le substitué ait accepté ou non la disposition qui contient la substitution, vu que notre article comprend tous les cas pour exclure la transmission. Par conséquent elle l'exclud lorsque la disposition a été acceptée par le substitué; car l'acceptation expresse du substitué, ne donne pas plus de force à la substitution qui est irrévocable par la simple acceptation du premier donataire, & celle du substitué n'ajoute rien; mais la transmission n'a rien de commun avec l'irrévocabilité : & le §. 4, *aux instit. de verb. oblig.* peut bien être appliqué aux stipulations & aux contrats à titre onéreux, ou bien aux donations entre-vifs en faveur du donataire; mais il ne peut pas être appliqué aux substitutions.

Quoi qu'il en puisse être dans la transmission selon le Droit Romain, notre article veut qu'elle n'ait lieu *en aucun cas* dans les substitutions : & quand on pourroit conclure du texte des

O

Instituts quelque chose de favorable à la transmission du fidéicommis contractuel, notre article y auroit dérogé.

Et qu'il y ait d'autres substitués appelés): L'extension que ces paroles de notre article font à l'exclusion de la transmission, quoiqu'il y ait d'autres personnes appelées à la même substitution après ceux qui seront décédés, & leurs enfans ou descendans, fait comprendre qu'il ne peut y avoir aucun doute, que toute transmission d'un fidéicommis non-ouvert, est abrogée & proscrite, sans examiner si le fidéicommis est fait dans un testament, ou dans un contrat accepté par le substitué ; auquel cas les personnes qui seront appelées après celles qui seront décédées devront recueillir la substitution à l'exclusion des enfans des premiers substitués, décédés.

Nous devons ajouter pour une parfaite intelligence de cet article, qu'il ne doit point avoir un effet retroactif, ainsi que nous l'avons observé par rapport aux dispositions contenues dans l'*art*. 19, en conformité de l'*art*. 55 *du tit*. 2 de la présente Ordonnance. Ensorte que s'il s'agit d'une disposition antérieure à la publication de la présente Ordonnance, la transmission aura lieu au Parlement de Toulouse, nonobstant la disposition de l'*art*. 20, lequel ne doit pas avoir lieu lorsqu'il s'agit d'une substitution antérieure, contenue dans le testament d'un ascendant décédé avant la publication de cette Ordonnance.

ARTICLE XXI.

Abrogation de la Juriſprudence ſur la repréſentation en matière de Fidéicommis, à moins que le Subſtituant n'ait ordonné qu'elle aura lieu, ou que la Subſtitution ſeroit réglée ſuivant l'ordre des ſucceſſions légitimes.

La repréſentation n'aura point lieu dans les Subſtitutions, SOIT EN DIRECTE OU COLLATERALE, & ſoit que ceux en faveur de qui la Subſtitution aura été faite, y AIENT ETE DESIGNES EN PARTICULIER, ET NOMMES SUIVANT L'ORDRE DE LA PARENTE qu'ils avoient avec L'AUTEUR DE LA SUBSTITUTION; le tout A MOINS QU'IL N'AIT ORDONNE PAR UNE DISPOSITION EXPRESSE, que la repréſentation y auroit lieu, ou que la Subſtitution ſeroit déférée ſuivant l'ordre des ſucceſſions légitimes.

Tout comme l'*art.* 20 abroge & proſcrit la tranſmiſſion; celui-ci proſcrit & abroge pareillement la repréſentation en matière de fidéicommis. Il veut que la repréſentation n'ait point lieu dans la ſubſtitution, ſoit en ligne directe ou collatérale, & ſoit que ceux en faveur deſquels la ſubſtitution aura été faite, y ſoient déſignés en particulier, & nommés ſuivant l'ordre de la parenté qu'ils avoient avec l'auteur de la ſubſtitution : à moins qu'il n'ait ordonné par une diſpoſition expreſſe, que la repréſentation y aura lieu, ou que la ſubſtitution ſera déférée ſuivant l'ordre des ſucceſſions légitimes.

La repréſentation eſt une fiction qui met les enfans d'une perſonne décédée à ſa place, pour recueillir les mêmes droits,

O 2

que le décédé auroit pu prétendre, s'il avoit vécu juqu'à l'é-chéance des droits. La représentation rapproche donc les repré-sentans, & les place au même degré que le représenté, non en subrogeant une personne à une autre ; mais en mettant les repré-sentans par une fiction légale au même degré où le représenté se trouvoit ; car selon la décision des meilleurs auteurs, les en-fans qui viennent par la représentation, représentent, non la personne de leurs père & mère décédés, mais le degré, & ils vien-nent *ex propriâ personâ*. Ce qui établit une différence essentielle entre la représentation & la transmission, à cause que le trans-missionnaire vient *ex alieno jure*.

Suivant l'ancien Droit Romain, la représentation n'avoit lieu en aucun cas, ni dans la succession testamentaire, ni dans la succession *ab intestat* ; mais elle a été introduite par le droit nouveau dans la succession *ab intestat* seulement par le §. 6, *aux instit. de hæred. quæ ab intestat. defer. & la novelle* 118, *ch.* 3. Ainsi n'ayant été établie que dans ce cas, elle est toujours de-meurée exclue pour la succession qui vient de la disposition de l'homme, suivant les règles du droit ancien, conformément à cette autre règle, *quod non mutatur, cur stare prohibeatur,* comme l'ont remarqué M. *Maynard, liv.* 5, *ch.* 45, & une foule d'autres auteurs, & que les corrections de l'ancien droit doivent être resserrées dans leurs cas précis, sans pouvoir être étendues ?

Cependant plusieurs auteurs, qui s'étoient mal à propos ima-ginés, que rien ne devoit être traité avec plus de faveur que les fidéicommis, & qui étoient toujours occupés à les étendre contre les principes du Droit Romain, avoient cru que la représenta-tion devoit avoir lieu dans les dispositions testamentaires conte-nant des substitutions, de même que dans la succession *ab intestat*. Mais notre article a proscrit avec raison l'opinion de ces auteurs.

Soit en directe ou collatérale) : La représentation a lieu suivant le Droit Romain, dans la succession *ab intestat,* à l'infini en ligne directe descendante ; mais en collatérale, elle n'a lieu qu'en faveur des enfans des frères qui concourent avec leur oncle frère du défunt, suivant la *novelle* 118, *cap.* 3, *& lauth.*

poſt fratres Cod. de legitimis hæredibus. En ligne directe aſcen-
dante, elle n'a lieu en aucun cas non plus, que quand il s'agit de
la ſucceſſion en degré plus éloigné que celui des enfans des
frères, à l'exception d'un ſeul cas ; c'eſt-à-dire, lorſque celui qui
eſt décédé *ab inteſtat* laiſſe un oncle & un neveu qui concourent enſemble ; car quoique l'oncle & le neveu ſe trouvent au
même degré de parenté par rapport au défunt, toutefois la
ſucceſſion eſt déférée au neveu à l'excluſion de l'oncle, ſuivant la
novelle 118, *cap.* 3. Ce qui arrive, non à cauſe que la ſucceſſion deſcend plus facilement qu'elle ne monte, comme le penſe
M. *de Cattelan*, mais à cauſe que le neveu vient par repréſentation du degré de ſon père, qui étoit frère du défunt. Cependant tout cela eſt inutile à l'égard des ſubſtitutions ; parcequ'en
thèſe, il n'y a point de repréſentation, à moins que l'auteur de
la ſubſtitution n'ordonne expreſſément ou implicitement que la
repréſentation aura lieu, ainſi que nous le dirons bientôt.

*Aient été déſignés en particulier, & nommés ſuivant l'ordre
de la parenté*) : La repréſentation ceſſe donc, ſoit que la ſubſtitution ſoit deſtinée vaguement à la famille, ou à un certain genre
de perſonnes, *nomine collectivo*, auquel cas les plus prochains
en degré doivent être admis à l'excluſion de ceux qui ſont plus
éloignés, *l. peto* 69, §. 2, *ff. de leg.* 2 ; quand même ils pouroient
être conſidérés, comme prenant le degré le plus proche, avec
le ſecours de la repréſentation ; & s'il y a pluſieurs parens au même
degré, ils devront tous recueillir par égales parts, à moins que
l'auteur de la ſubſtitution n'en ait autrement diſpoſé ; ſoit que
ceux qui ſont appelés à la ſubſtitution, y aient été déſignés en
particulier, & nommés ſuivant l'ordre de la parenté comme
notre article le porte.

L'auteur de la ſubſtitution) : Ces expreſſions ſont remarquables, parcequ'elles donnent à entendre que la repréſentation
ne doit pas avoir lieu, ſoit qu'il s'agiſſe d'une ſubſtitution teſtamentaire, ou d'une ſubſtitution contractuelle ; le légiſlateur
n'ayant pas parlé du teſtateur, mais s'étant exprimé en diſant
l'auteur de la ſubſtitution, termes qui comprennent toute perſonne, qui fait une ſubſtitution par diſpoſition teſtamentaire,

ou à cause de mort , & par contrat indiſtinctement.

A moins qu'il n'ait ordonné par une diſpoſition expreſſè): Ces dernières paroles de notre texte portent deux exceptions à la règle générale qu'il établit, que la repréſentation n'a pas lieu en matière de ſubſtitution.

La première eſt , lorſque l'auteur de la ſubſtitution teſtamentaire ou contractuelle, a ordonné que la repréſentation y auroit lieu ; mais il faut que la diſpoſition ſoit expreſſe , & des équipollens ne ſuffiroient pas pour établir la repréſentation dans une ſubſtitution.

La ſeconde eſt , lorſque la diſpoſition contenant la ſubſtitution, porte qu'elle ſera déférée ſuivant l'ordre des ſucceſſions légitimes. Dans ces deux cas, la repréſentation devra avoir lieu, & elle devra être réglée de la même manière que les loix règlent la repréſentation dans la ſucceſſion légitime ou *ab inteſtat*, ainſi que nous l'avons expliqué ci-deſſus.

Comme c'eſt par la volonté du ſubſtituant que la forme, l'étendue & la durée des ſubſtitutions fidéicommiſſaires doivent être réglées ſuivant la *loi* 16 , *Cod. de fideicom.* parceque ſa volonté eſt une loi domeſtique, qui doit être obſervée en entier, lorſqu'elle n'eſt pas contraire aux loix publiques, ſuivant cette règle que l'on trouve dans la *novelle* 22 , *cap.* 2 , *diſponat unuſquiſque ſuper ſuis ut dignum eſt , & ſit lex ejus voluntas.* Le légiſlateur a voulu laiſſer à ceux qui diſpoſent de leurs biens, la liberté de régler le progrès de la ſubſtitution, & la forme en laquelle ceux auxquels elle eſt deſtinée doivent la recueillir, & par cette raiſon, il a permis d'établir la repréſentation, pourvu que ce ſoit par diſpoſition expreſſe, ou qui comprenne la forme de la recueillir, de la même manière, que les loix défèrent les ſucceſſions légitimes ou *ab inteſtat*, de laquelle la repréſentation fait partie.

ARTICLE XXII.

En quelle forme les filles qui ſont appelées à une Subſtitution au défaut des mâles, doivent-elles la recueillir ?

Dans les Subſtitutions auxquelles les filles ſont appelées 𝙰𝚄 𝙳𝙴𝙵𝙰𝚄𝚃 𝙳𝙴 𝙼𝙰𝙻𝙴𝚂, elles recueilliront les biens ſubſtitués 𝙳𝙰𝙽𝚂 𝙻'𝙾𝚁𝙳𝚁𝙴 𝚀𝚄𝙸 𝙰𝚄𝚁𝙰 𝙴𝚃𝙴́ 𝚁𝙴𝙶𝙻𝙴́ 𝙿𝙰𝚁 𝙻'𝙰𝚄𝚃𝙴𝚄𝚁 𝙳𝙴 𝙻𝙰 𝚂𝚄𝙱𝚂𝚃𝙸𝚃𝚄𝚃𝙸𝙾𝙽 ; 𝙴𝚃 𝚂'𝙸𝙻 𝙽'𝙰 𝙿𝙰𝚂 𝙼𝙰𝚁𝚀𝚄𝙴́ 𝙴𝚇𝙿𝚁𝙴𝚂𝚂𝙴𝙼𝙴𝙽𝚃 𝙻𝙴𝙳𝙸𝚃 𝙾𝚁𝙳𝚁𝙴, 𝙲𝙴𝙻𝙻𝙴𝚂 𝚀𝚄𝙸 𝚂𝙴 𝚃𝚁𝙾𝚄𝚅𝙴𝚁𝙾𝙽𝚃 𝙻𝙴𝚂 𝙿𝙻𝚄𝚂 𝙿𝚁𝙾𝙲𝙷𝙴𝚂 du dernier poſſeſſeur deſdits biens, les recueilliront en quelque degré de parenté qu'elles ſe trouvent à l'égard de l'auteur de la Subſtitution, & 𝙴𝙽𝙲𝙾𝚁𝙴 𝚀𝚄'𝙸𝙻 𝚈 𝙴𝚄𝚃 𝙳'𝙰𝚄𝚃𝚁𝙴𝚂 𝙵𝙸𝙻𝙻𝙴𝚂 𝚀𝚄𝙸 𝙴𝙽 𝙵𝚄𝚂𝚂𝙴𝙽𝚃 𝙿𝙻𝚄𝚂 𝙿𝚁𝙾𝙲𝙷𝙴𝚂, 𝙾𝚄 𝙳'𝚄𝙽𝙴 𝙱𝚁𝙰𝙽𝙲𝙷𝙴 𝙰𝙸̂𝙽𝙴́𝙴.

S𝙴𝙻𝙾𝙽 cet article, lorſque les filles ſeront appelées à une ſubſtitution au défaut des mâles, elles doivent recueillir les biens ſubſtitués dans l'ordre qui aura été réglé par le ſubſtituant : que s'il n'a pas expreſſément réglé cet ordre, & que la ſubſtitution ſoit faite vaguement en faveur de la famille ou de la parenté, les filles appelées, qui ſe trouveront les plus proches du dernier poſſeſſeur des biens ſubſtitués, les recueilliront, en quelque degré de parenté qu'elles ſe trouvent à l'égard du ſubſtituant, & quoiqu'il y eût d'autres filles qui en fuſſent plus proches, ou d'une branche aînée : mais la diſpoſition de cet article ne doit avoir lieu que quand le teſtateur a parlé vaguement de la parenté ou de la famille ; car s'il a déſigné ſa propre parenté ou ſa famille, il n'y a plus de doute, & il faut s'en rapporter à la parenté du teſtateur comme le remarque *M. Maynard, liv.* 5, *ch.* 52.

Il en réſulte cette règle, que dans une ſubſtitution faite vaguement à la famille ou à la parenté, en faveur des filles en défaut de mâles, on doit conſidérer le degré de parenté, non eu égard à la perſonne du ſubſtituant, mais eu égard à celle du dernier poſſeſſeur des biens ſubſtitués, qui les a recueillis en vertu de l'inſtitution, ou d'une ſubſtitution : & cet article réprouve à cet égard l'avis des auteurs, & abroge la Juriſprudence des Arrêts, qui avoient décidé qu'il falloit conſidérer le degré de parenté, eu égard à la perſonne du ſubſtituant, & approuve & confirme l'avis de ceux qui penſoient, que la parenté devoit être conſidérée eu égard à la perſonne du grevé, dans un fidéicommis ſucceſſif.

Mais lorſqu'il s'agit d'une ſubſtitution à laquelle les mâles ſont appelés à l'excluſion des filles, ou par préférence, faut-il pareillement conſidérer la parenté, eu égard à la perſonne du dernier poſſeſſeur des biens ſubſtitués, & faut-il appliquer aux mâles appelés à un fidéicommis ſucceſſif, la déciſion de cet article, qui parle taxativement des filles? Cette queſtion étoit diverſement décidée par les auteurs; les uns, au nombre deſquels eſt *M. Maynard, liv.* 5, *ch.* 52, penſoient que celui qui étoit le plus proche en degré de parenté du ſubſtituant, devoit recueillir le fidéicommis, à l'excluſion des parens du dernier poſſeſſeur du fidéicommis : ce qu'ils fondoient ſur ce que *la loi Unum ex familia* 67, §. 1. *ff. de leg.* 2. veut que celui qui recueille un fidéicommis, même en vertu d'une élection faite par le dernier poſſeſſeur, ſoit cenſé le tenir immédiatement en vertu de la diſpoſition du ſubſtituant, & non de la main du poſſeſſeur qui a fait l'élection : *Perinde omnia ſervabuntur, ac ſi nominatim ei, qui poſtea electus eſt, primo teſtamento fideicommiſſum relictum fuiſſet.* Ce qui fait conſéquence pour fixer à la perſonne du ſubſtituant, le degré de parenté : vu d'ailleurs que celui qui fait une ſubſtitution, eſt cenſé avoir de la prédilection pour ſa parenté.

Au

Au contraire, *Ricard, des subflitutions, part. I, n.* 547 & *fuiv.*
& plusieurs autres étoient d'avis qu'on devoit considérer la parenté, eu égard à la personne du grevé. Notre article adopte & approuve l'avis de ces auteurs, lorsque les filles sont appelées au
défaut des mâles ; mais il ne parle pas du cas où les mâles sont
appelés.

Il semble d'abord que la règle que notre article établit par
rapport aux filles, ne peut pas être appliquée au cas où les mâles
se trouvent appelés ; parceque les loix nouvelles qui corrigent
le droit antérieur, doivent être restreintes & resserrées dans leur
cas précis, sans pouvoir être étendues à des cas différens : d'autant mieux que les filles étant la fin de la famille, & au contraire,
le nom & la famille se conservant par le moyen des mâles, la
diversité de raison peut autoriser la diversité dans la décision de
ces deux cas. Ainsi il est très-probable que notre article ne doit
pas empêcher que le Parlement de Touloufe, & les autres qui
régloient la parenté eu égard à la personne du subflituant, ne
puissent se maintenir dans leur Jurisprudence qui n'est pas abrogée dans ce cas, dont notre article ne parle pas. A plus forte
raison les Parlemens qui ont considéré la parenté eu égard à la
personne du dernier grevé, peuvent-ils se maintenir dans leur
usage, qui se trouve autorisé & appuyé par l'argument qu'on peut
tirer de cet article ; cependant j'aurois de la peine à croire que
la décision de notre article doive être bornée au seul cas des
filles appelées à défaut des mâles : il me paroît que cette loi
nouvelle a entendu faire une règle générale en donnant la préférence aux auteurs qui ont décidé qu'il falloit se régler par le
degré de parenté, eu égard à la personne du dernier possesseur,
sur ceux qui pensoient qu'il falloit considérer la parenté eu égard
à la personne du teftateur : sauf à se régler sur la parenté du teftateur, lorsqu'il ne s'agit pas d'un fidéicommis successif, qui doit
être recueilli une fois seulement, comme le remarque M.
Maynard.

Au défaut de mâles) : Les mots, *au défaut ou en défaut*, sont
susceptibles d'une double signification ; car ils peuvent convenir à une subflitution fidéicommissaire, ou à la vulgaire, felon

P.

que le fens des termes dont la difpofition eſt conçue, le comporte; car ils peuvent défigner le cas où certaines perſonnes viennent à manquer, & ont la même énergie que le mot latin *deficientibus :* ou bien ils peuvent caractériſer la ſubſtitution vulgaire en exprimant la vocation de certaines perſonnes, dans le cas que d'autres perſonnes qui ſont appelées au premier rang, n'exiſteront pas, lors de l'événement de la condition ou du jour incertain, qui fait condition. Dans le doute, les mots *en défaut*, ou *au défaut*, caractériſent une ſubſtitution vulgaire, ſuivant la déciſion des auteurs, laquelle ſubſtitution expire & devient caduque par l'exiſtence & l'acceptation des perſonnes qui ſont appelées en premier rang, *l. poſt. aditam* 5 , *cod. de impub. & aliis ſubit.*

Dans l'ordre qui aura été réglé): Nous avons remarqué ailleurs que les fidéicommis, leur étendue, & l'ordre des perſonnes qui doivent les recueillir, dépendent de la volonté du ſubſtituant, qui peut diſpoſer de ſes biens ainſi qu'il le trouve à propos; & ſa diſpofition, lorſqu'elle n'eſt pas contraire aux loix publiques, eſt une loi domeſtique qui doit être exécutée dans toute ſon étendue. Lors donc que le ſubſtituant règle par ſa diſpofition, l'ordre de la ſubſtitution, cet ordre devra être ſuivi exactement, comme le porte notre article, qui s'eſt conformé à *la loi Omnia* 32 , §. *in fideicommiſſo* 6 , *ff. de legat.* 2 , *in fideicommiſſo quod familiæ relinquitur, hi, ad petitionem ejus admitti poſſunt, qui nominati ſunt.*

Par l'auteur de la ſubſtitution): Ces termes font comprendre que la diſpofition de notre article doit avoir lieu, ſoit que la ſubſtitution ait été faite dans un teſtament ou dans un contrat entre-vifs.

Et s'il n'a pas marqué expreſſément ledit ordre): Ceci fait voir que ce qui eſt décidé par notre article, ne doit avoir lieu, que quand le ſubſtituant n'a pas marqué l'ordre & le rang des perſonnes, qui ſont expreſſément appelées pour recueillir la ſubſtitution; car ſi les perſonnes y ſont exprimées nommément, ou déſignées par des termes collectifs, il faut exécuter la ſubſtitution en la forme qu'elle eſt conçue: ce qui eſt conforme à *la loi* 32, §. 6, *ff. de leg.* 2. Mais il faut prendre garde que la vocation collective ne forme qu'un seul & unique degré de substitution, & non plusieurs, sauf que quand ceux du premier degré n'existent pas lors de l'échéance du fidéi-commis, ceux qui se trouvent alors au second degré, sont compris dans la vocation par la vulgaire. C'est dans ce sens qu'on doit entendre *la loi* 32, §. 6. *ff. de leg.*

Celles qui se trouveront les plus proches): Les fidéicommis laissés à la famille en termes collectifs, doivent être recueillis par ceux qui se trouvent les plus proches en degré de parenté lors de l'échéance, à l'exclusion de ceux qui sont dans un degré plus éloigné, suivant *la loi Peto* 69, §. *fratre* 3, *ff. de leg.* 2, *ità res temperari debet ut proximus quisque primo loco videatur invitatus*: ce qui est confirmé par notre article.

Encore qu'il y eût d'autres filles qui fussent plus proches): Lorsqu'on se trouve dans le cas où il faut se régler par la proximité du degré de parenté, eu égard à la personne du dernier possesseur du fidéicommis, comme s'il s'agit de la vocation des filles, ainsi que notre article le porte, la substitution doit être recueillie par les filles les plus proches du grevé, dernier possesseur, quoiqu'il y eût d'autres filles qui fussent plus proches parentes du substituant.

Ou d'une branche aînée): On ne trouve point dans le Droit Romain, de loi précise qui règle de quelle manière on doit fixer & régler le fidéicommis perpétuel, ou qui renferme plusieurs degrés, par ordre de primogéniture, les mâles préférés aux filles. Ce droit ne nous fournit que des principes généraux, dont la recherche & l'application ne sont pas aisées; voilà pourquoi les auteurs qui ont traité les questions qui naissent de ces cas, ne sont pas toujours d'accord, & ils n'ont pas bien éclairci cette matière; j'ai cru faire une chose utile de rédiger ici les recherches que j'ai faites avec beaucoup de peine, de soin & d'exactitude.

On doit considérer quatre choses; 1.° la ligne; 2.° le degré de parenté; 3.° le sexe; 4.° l'âge ou l'aînesse, & c'est une maxime très-vraie qu'on ne doit avoir égard à la proximité du degré, que dans la même ligne, ni à la différence du fexe, que dans le même degré, ni à l'âge ou l'aîneffe, que quand il s'agit des perfonnes d'un même fexe : *Non eft curandum de gradu nifi in linea, nec de fexu nifi in gradu, nec de ætate nifi in fexu,* comme dit *Fontanella, decif.* 34, *n.* 5. C'eft le progrès dans la vocation, par ordre de primogeniture : les mâles préférés aux filles.

On confidere la ligne pour connoître le cours & les progrès que le fidéicommis graduel doit avoir ; & une fois qu'il eft parvenu à une ligne, il ne doit pas en fortir pour paffer à une autre, à moins que la ligne dans laquelle il eft une fois entré, ne foit épuifée, & qu'il ne refte plus aucun fujet mâle ou fille capable de le recueillir, fi par exemple celui qui a recueilli l'hérédité fubftituée ne laiffe que des filles, elles empêchent les mâles d'une autre branche ou ligne, de pouvoir demander l'ouverture du fidéicommis.

On doit avoir égard au degré de proximité parmi ceux qui font de la même ligne ou branche : fi par exemple, le dernier poffeffeur du fidéicommis graduel laiffe à fa mort un fils & un petit-fils, *ex filio præmortuo,* celui qui fe trouve le plus proche en degré, doit exclure celui qui eft le plus éloigné ; & il en eft de même, s'il laiffe plufieurs parens collatéraux de différens degrés, qui defcendent de la même branche.

A l'égard du fexe, on doit auffi le confidérer entre les perfonnes qui font dans la même ligne, & dans le même degré : ceci peut s'éclaircir par un exemple. Le dernier poffeffeur d'un fidéicommis graduel, laiffe une fille au premier degré, & un petit-fils, *ex filio præmortuo ;* comme le petit-fils eft à un degré plus éloigné que la fille, il ne peut pas venir en concours avec elle ; parcequ'on n'admet pas la fiction de la repréfentation, comme nous l'avons dit ailleurs : ainfi la fille qui fe trouve au premier degré, doit exclure le petit-fils, qui eft à un degré plus éloigné, parcequ'il ne peut y avoir de concours qu'entre les perfonnes qui font dans la même ligne & dans le même degré de proximité.

On doit dire la même chofe, fi le dernier poffeffeur du fidéicommis laiffe deux collatéraux ; favoir, une fille qui foit plus proche, & un mâle à un degré plus éloigné; car dans ce cas la préférence accordée à la maſculinité ne militera pas en faveur du collatéral mâle, parceque la proximité de la fille de la même ligne empêche le concours du mâle avec la fille, & donne l'exclusion au mâle.

Pour ce qui eſt de l'âge ou de l'aîneſſe, on les conſidère ſeulement entre pluſieurs perſonnes qui ſont égales en ligne, degré & ſexe; comme ſi le dernier poſſeſſeur du fidéicommis laiſſe pluſieurs enfans mâles & pluſieurs filles, l'exiſtence des mâles donne l'exclusion aux filles, & l'aîné des mâles donne l'exclusion aux autres mâles; enſorte que celui qui ſe trouve l'aîné au temps de l'échéance du fidéicommis, doit le recueillir par préférence aux autres mâles, qui ſont de la même ligne & au même degré, & à plus forte raiſon, par préférence aux filles, quand même elles auroient l'avantage de la primogéniture ſur les mâles, à cauſe que la préférence attachée à la maſculinité, eſt une qualité prédominante dans la même ligne, & à un degré égal, & que les filles ne peuvent être admiſes qu'autant qu'il n'y a aucun mâle qui puiſſe les exclure.

En appliquant la même règle aux collatéraux qui ſont compris dans la vocation par ordre de primogéniture, les mâles préférés aux filles, il faut d'abord accorder la préférence à ceux qui viennent de la ligne aînée, parceque ceux qui y ont pris leur naiſſance, ſont cenſés être au premier degré de vocation, & plus proches que ceux qui ſont de la ligne cadette: ainſi dans la vocation par ordre de primogéniture, chaque ligne eſt conſidérée comme un degré diſtinct. La ligne aînée fait le premier degré. Celle du ſecond forme le deuxième degré, & ainſi des autres.

Lors donc que le dernier poſſeſſeur du fidéicommis décède ſans enfans, laiſſant un collatéral de la ligne aînée, & un autre de la ligne cadette, leſquels ſe trouvent au même degré de parenté, la préférence doit être accordée à celui qui vient de la ligne ou branche aînée, à l'exclusion de celui qui vient de la branche cadette, quand même par événement, il ſeroit plus âgé, parceque dans ce cas l'aîneſſe eſt conſidérée, non eu-égard à l'âge, mais eu égard à la branche.

D'autre côté, dans le cas de la préférence des mâles aux filles; les filles sont réputées au second degré de vocation, & ne doivent être admises qu'autant qu'il n'y a point de mâles dans la même ligne & dans le même degré de parenté.

Il y a une grande différence entre la vocation vague de tous les descendans par une seule disposition, en donnant néanmoins la préférence aux mâles, & la disposition par laquelle un testateur n'auroit appelé que les mâles pour recueillir son hérédité ou sa libéralité, après lesquels il auroit appelé les filles par une clause distincte. Au premier cas la disposition comprenant conjointement les mâles & les filles, avec la préférence en faveur des mâles, le testateur est censé, ainsi que le remarque *Ricard, des subst. part. I, n.* 1602, avoir fait deux ordres de vocation: par l'un il destine le premier degré de ses descendans ou de sa famille, pour remplir le premier degré du fidéicommis, & ainsi successivement, afin que les plus proches donnent l'exclusion à ceux qui sont les plus éloignés, suivant le principe renfermé dans la loi *Peto* 69, §. *fratre* 3 , *ff. de leg.* 2 , *ita res temperari debet, ut proximus quisque primo loco videatur invitatus*; & par l'autre degré de vocation, en donnant la préférence aux mâles, il n'est censé l'accorder que relativement au premier. Voilà pourquoi la préférence des mâles doit être resserrée au seul cas où les mâles & les filles se trouvent dans le même degré de proximité : ainsi cette préférence ne doit avoir lieu que quand le mâle & la fille qui concourent, se trouvent au même degré de proximité ; & si la fille est plus proche, elle doit exclure le mâle.

Au second cas, c'est-à-dire, quand les mâles & les filles sont appelées par des dispositions distinctes, & qu'il n'y a point de vocation simultanée, il ne peut pas être question d'une simple préférence, mais les filles, à quelque degré de proximité qu'elles soient, ne doivent jamais être admises tandis qu'il y a des mâles ; parcequ'elles ne sont dans la vocation que par une espèce de substitution vulgaire dont l'existence de mâles à quelque degré qu'ils soient, empêche l'effet; delà vient que les mâles, quoique plus éloignés, donnent toujours l'exclusion aux filles, nonobstant la proximité de leur degré ; & l'on doit dire la même choſe, lorſque la ſubſtitution eſt faite, pour conſerver la maiſon, & le nom du teſtateur qui l'a dit en termes exprès, ou qui l'a fait connoître par la forme de ſes diſpoſitions : auquel cas les mâles, quoique plus éloignés, & d'une branche cadette, excluront les filles plus proches, & d'une branche aînée, même dans le premier cas ci-deſſus expliqué. La raiſon eſt parceque les filles ne ſont pas propres à conſerver le nom & la maiſon, comme étant la fin de la famille, & que ce ſeroit s'éloigner des vues & de l'objet du teſtateur, que d'admettre les filles, tandis qu'il y auroit quelque mâle, à quelque degré, & de quelque ligne qu'il fût. C'eſt pour n'avoir pas fait attention à cette diſtinction, qui eſt vraie & ſolide, que certains auteurs n'ont pas bien décidé cette queſtion, & qu'ils ont cru que quand un teſtateur fait un fidéicommis graduel, ſans preſcrire l'ordre de primogéniture, néanmoins avec la préférence des mâles, ſi lors de l'ouverture, par le décès du grevé ſans enfans, il y a des mâles en quelque degré qu'ils ſoient, ils doivent être préférés aux filles, quoique plus proches : & l'avis de ces auteurs ne peut avoir lieu que quand le teſtateur a déclaré expreſſément ou fait connoître, comme nous l'avons dit, qu'il a fait le fidéicommis pour la conſervation de ſon nom, de ſa maiſon ou de ſon agnation, à cauſe qu'elle ne peut être conſervée que par les mâles : voilà pourquoi les filles plus proches ne peuvent pas être admiſes dans ce cas; parcequ'elles ne peuvent pas remplir les vues du teſtateur; mais cette circonſtance manquant, il faut s'en tenir à ce que j'ai dit dans le premier membre de ma diſtinction.

Il s'eſt préſenté une queſtion qui m'a paru très-difficile à réſoudre, à cauſe du conflit de deux qualités qui ſemblent ſe choquer, & de l'embarras où l'on ſe trouve dans le cas de la vocation par ordre de primogéniture, les mâles préférés aux filles, pour ſavoir s'il faut donner la préférence à la primogéniture, ou à la maſculinité, lorſque ces deux qualités ſe rencontrent dans deux ſujets différens.

Un teſtateur, qui a pluſieurs mâles & filles, inſtitue un de ſes enfans, & en cas qu'il meure ſans enfans, & ſes enfans ſans enfans, ſubſtitue ſes autres enfans, & les leurs par ordre de pri-

mogéniture, les mâles préférés aux filles. L'héritier décède, laiſ-
fant des enfans, leſquels meurent ſans poſtérité, à la ſurvivance
d'une fille de la fille aînée du teſtateur, & d'un enfant mâle de
la fille puînée. Lequel des deux, ou de la fille de l'aînée, ou du
fils de la puînée doit recueillir le fidéicommis? Si l'on donne la
préférence à la qualité fondée ſur la primogéniture, il faut adjuger le fidéicommis à la fille de l'aînée. Si au contraire on
donne la préférence à la maſculinité, il faut admettre le fils de
la puînée. Le concours dans la même diſpoſition de deux qualités qui ſe choquent, & qui donnent réciproquement l'excluſ-
ſion aux perſonnes qui les font valoir, rend la déciſion de ce cas
très-embarraſſante & très-difficile.

On peut dire d'un côté, qu'à la vérité la primogéniture eſt la
première qualité requiſe par le teſtateur, & celle qui règle l'ordre de ſuccéder parmi les perſonnes du même ſexe; mais la maſculinité attribuant la préférence aux mâles, dans le concours
d'un mâle & d'une fille, la primogéniture qui ſe trouve en la
perſonne d'une fille, doit céder à la maſculinité, qui eſt la qualité prédominante, prépondérante & déciſive, dès que l'égalité
de degré ſe rencontre en l'un & l'autre ſujet, & ce n'eſt que
dans la parité du ſexe, & l'égalité du degré, que la primogéniture doit l'emporter: que s'il y a diverſité de ſexe dans les ſujets,
le mâle, qui a le ſexe le plus noble, & qui eſt ſeul capable de
conſerver le nom & l'agnation, doit néceſſairement être admis
ſelon les vues & l'intention du teſtateur, qui, en mettant en concours la primogéniture avec la maſculinité pour donner la préférence aux mâles, témoigne bien clairement que la préférence
des mâles n'a été ajoutée que pour modifier l'effet de la primogéniture, & le reſſerrer au ſeul cas de la parité de ſexe, & non
dans le concours d'un mâle avec une fille, qui ſe trouvent en
pareil degré: enſorte que les filles ne doivent pas être admiſes,
tandis qu'il ſe trouve un mâle de quelque ligne que ce ſoit.

Au contraire, on peut dire que la primogéniture eſt la première forme que le teſtateur propoſe pour régler la forme en
laquelle le fidéicommis doit être déféré, qu'elle établit la première & la principale qualité, qui règle la proximité dans la vocation,

cation; car dans la diſpoſition par ordre de primogéniture, les mâles préférés aux filles, c'eſt tout de même que ſi le teſtateur avoit dit, *j'appelle l'aîné*, & ſucceſſivement toute ſa ligne, préférablement aux puînés, & à toute leur ligne, & dans cette ligne aînée, je veux que les mâles ſoient préférés aux filles. Ainſi le mâle de la fille cadette, ne peut pas concourir avec une fille de la fille aînée, & moins encore l'exclure; parceque le mâle ſe trouve dans une ligne qui eſt exclue, tandis que la branche aînée ne ſe trouve pas épuiſée, ou que du moins il ſe trouve dans un degré de vocation plus éloigné. La préférence des mâles ſur les filles, ſuppoſe néceſſairement que les uns & les autres ſoient en concours. Or le concours peut bien ſe rencontrer entre les filles & les mâles d'une même ligne, & d'un degré égal; mais non entre les filles de la branche aînée, & les mâles d'une branche cadette; parceque la vocation de la ligne aînée qui la met dans le premier degré de vocation, exclud les ſujets de la ligne cadette.

La primogéniture, & la maſculinité ſont deux qualités qui doivent opérer chacune ſon effet, ſelon les différentes vues du teſtateur; & elles doivent être priſes dans le ſens qu'elles ne renferment aucune contrariété ni correction, parcequ'il faut toujours concilier les diſpoſitions, de manière que tout ce que le teſtateur a exprimé, s'exécute en la forme qu'il a preſcrite. La primogéniture eſt la première forme que le teſtateur a donnée à ſa diſpoſition, par laquelle il règle en général l'ordre de ſuccéder dans le concours de pluſieurs ſujets, qui forment autant de lignes ou de branches, & la préférence des mâles n'eſt ajoutée que pour régler en particulier l'ordre de ſuccéder dans chacune des lignes différentes: voilà pourquoi, quand il y a des enfans de différentes lignes, le fidéicommis doit être recueilli par ceux de la ligne qui eſt appuyée de la faveur de la primogéniture, & ce n'eſt que dans le concours des mâles & des filles d'une même ligne, & d'un degré égal que la maſculinité doit l'emporter; *in paritate gradûs & lineæ*, comme diſent les auteurs; parcequ'alors tous les enfans procédans de la même ligne, & leur degré étant égal, la primogéniture doit céder à la maſculinité,

Q

à laquelle le teftateur a accordé la préférence ; mais lorfque ; outre la mafculinité, il faut encore la prérogative de la primogéniture, le mâle de la branche cadette doit céder à la fille de la branche aînée : *Quando ultrà qualitatem fexûs adeft altera qualitas, quæ defideratur, ut primogenitura ; tunc non attenditur fola agnatio, fed magis infpicitur primogenitura*, comme difent *Gafpard-Antoine Thefaurus, lib.* 2, *q.* 12, *n.º* 50, *& Fontanella, decif.* 34, *n.º* 4, 5 & 6.

Dans le cas du fidéicommis dans la forme expliquée ci-deffus, *les leurs*, c'eft-à-dire, les enfans, font appelés dans le même rang que l'auroient dû être leurs mères, fi elles avoient vécu : Si donc la fille aînée avoit vécu, elle auroit été préférée à fa fœur cadette. Par conféquent, il faut préférer la fille de l'aînée au fils de la cadette, tout de même que l'aînée auroit exclu fa fœur puînée, vu que les enfans empruntent leur droit de leurs mères, & que la préférence eft due à la fille de celle qui auroit exclu l'autre. Ce dernier avis me paroît le mieux fondé. Dans le concours de la ligne & du fexe, on doit donner la préférence à la ligne ; parce-que c'eft la primogéniture qui gouverne & règle les autres qualités, fuivant *Molina, de primogen. hifp. lib.* 3, *cap.* 4, *n.º* 13, 14. *Fontanella, decif.* 34, *n.º* 6, *& decif.* 35, *n.º* 11 ; *& Thefaurus, lib.* 2, *q.* 12, *n.º* 34, 44, 50.

Du refte, lorfque plufieurs perfonnes font appelées *nomine collectivo* par ordre de primogéniture, les mâles préférés aux filles : toutes ces perfonnes comprifes dans les termes collectifs, font appelées au fidéicommis, non par la vulgaire, mais par ordre fucceffif ; enforte qu'elles doivent toutes recueillir le fidéicommis felon le rang, & l'ordre réglé par le fubftituant ; & l'on ne peut pas appliquer à ce cas la *loi* 67, §. 2, *ff. de leg.* 2, qui dit, *nam poftquàm paritum eft voluntati, cæteri conditione deficiunt.*

ARTICLE XXIII.

Les enfans non-légitimes, & qui n'ont pas été légitimes par un mariage subféquent, ni ceux qui ont fouffert la mort civile, ne font pas défaillir la condition, fi fine liberis.

Dans les substitutions faites, sous la condition que le grevé vienne à décéder fans enfans, le cas prévu par l'Edit, fera cenfé être arrivé, lorſqu'au jour du décès du grevé, il n'y aura aucuns enfans légitimes, & capables des effets civils, fans qu'on puiffe avoir égard à l'exiftence des enfans naturels, même légitimés, autrement que par mariage fubféquent, ni pareillement à l'exiftence des enfans morts civilement, par condamnation pour crime, ou incapables des effets civils, par la profeffion folemnelle de la vie religieufe, ou pour quelqu'autre caufe que ce foit.

Cet article & le vingt-cinquième, parlent des effets que doivent produire les conditions qui font attachées aux difpofitions : favoir, le 23 de la condition de décès fans enfans ; & le 25, de la condition de fe marier ou de ne pas fe marier.

L'*art.* 23 veut que dans les fubftitutions faites fous la condition que le grevé viendra à décéder fans enfans, le cas prévu fera cenfé être arrivé, lorſqu'au jour du décès du grevé, il n'y aura point des enfans légitimes, & capables des effets civils.

Il ajoute que les enfans naturels du grevé ne peuvent pas faire défaillir la condition *fi fine liberis*, quand même ils auroient été égitimés par refcrit du Prince & autrement que par mariage fubféquent.

Q 2

Les enfans morts civilement, & qui ne font pas capables des effets civils, quoique vivans & exiftans, ne font pas non-plus défaillir la condition *si fine liberis*, foit que la mort civile procède d'une condamnation pour crime, ou qu'ils aient encouru l'incapacité par la profeffion folemnelle de la vie réligieufe, ou de quelqu'autre caufe que ce foit.

La difpofition de notre texte eft très-claire. Pour en faire une jufte application, il n'eft queftion que de favoir quels font les cas dans lefquels la mort civile & la perte des effets civils font encourues.

Dans les fubftitutions faites fous la condition): Notre Ordonnance n'explique pas, mais fuppofe les effets des conditions qui font appofées aux libéralités faites par contrat, ou à caufe de mort. Nous avons examiné cette matière avec beaucoup de foin, & dans une grande étendue, dans le traité des Teftamens, *tome II.*

Les conditions qui font appliquées, où ajoutées aux difpofitions, en font partie, & l'on n'a pas la liberté d'accepter la libéralité, fans accepter & exécuter les conditions : *Neque enim ferendus eft, is qui lucrum quidem amplectitur, onus autem ei annexum contemnit ; l. 1, §. 4, cod. de caduc. Toll.* Il faut remplir la condition pour pouvoir être reçu à demander la libéralité, & l'accepter pour le tout, ou la rejetter pour le tout.

Il y a plufieurs efpèces de conditions. Les unes font fufpenfives, & pourvu que la libéralité ait lieu, il faut que la condition qui y eft attachée foit accomplie. Quand elle eft arrivée, la difpofition eft purifiée, & elle peut être demandée de la même manière que fi la condition n'y avoit pas été appofée ; & quand la condition a manqué, la difpofition eft anéantie, tout de même que fi elle n'avoit pas été faite : la nature des conditions de cette qualité, eft de produire leur effet de plein droit, comme les rayons de la lumière, foit pour purifier, foit pour anéantir les difpofitions auxquelles elles font attachées

Il y a encore des conditions dont l'effet n'eft pas fufpenfif, mais refolutif feulement : telles font celles qui font conçues en des termes négatifs, & qui font prohibitives de quelque fait qui dépend de la volonté de celui à qui la libéralité eft faite. Cette

eſpèce de condition n'empéche pas que la libéralité ne puiſſe
étre demandée avant l'accompliſſement de la condition, ſauf à
étre reſolue dans le cas de la contravention à la condition. Je
n'entre pas dans un plus grand détail ſur la différence & la diverſité des conditions; on le trouvera dans mon traité des Teſtamens, *tome II.*

Notre article conſidére la condition du décès du grevé ſans
enfans comme ſuſpenſive, & à cet égard il s'en remet à la diſpoſition du Droit Romain. Il règle deux choſes ſeulement; la première, quels ſont les enfans qui ſont défaillir la condition, & qui
ſont capables d'empécher que la diſpoſition n'ait ſon effet.

La ſeconde, quels ſont les enfans dont l'exiſtence n'eſt pas
capable de faire défaillir la condition, & qui ſont capables d'empécher que la diſpoſition n'ait ſon effet & ſon exécution.

Les enfans qui ſont nés d'un mariage légitime, ou qui ſont
légitimés par un mariage ſubſéquent, ſont ſeuls capables de faire
défaillir la condition *ſi ſine liberis*, & d'empécher l'effet de la
diſpoſition à laquelle une telle condition eſt attachée; mais il
faut qu'ils ſoient capables des effets civils, lors du décès du grevé.

Quoique la condition de décès ſans enfans ſoit conçue au plu-
rier, l'exiſtence d'un ſeul enfant, ſoit au premier degré ou à
quelqu'autre degré ultérieur, ſuffit pour faire défaillir la condition, ſans examiner s'il eſt mâle ou fille, à moins que la condition ne ſoit conçue *in caſum ſi ſine maſculis*, auquel cas les filles
ne ſont pas défaillir la condition. On peut voir toutes ces queſtions dans mon traité des teſtamens, *tom. II. ch. 7, ſeſt. 6.* Ceci
ſuffit pour faire connoître l'eſprit de notre texte, en ce qu'il
règle la qualité des enfans qui ſont capables de faire défaillir la
condition *ſi ſine liberis*. Nous devons néanmoins obſerver,
qu'encore que par le Droit Romain dans la *loi* 1, §. 5, *ff. de con-
jung. cum emancipat. lib.* l'enfant exhérédé ſoit conſidéré comme mort, *exheredatus pro mortuo habetur:* toutefois il ne laiſſe
pas de faire défaillir la condition *ſi ſine liberis:* car il eſt bien
vrai que l'exhérédé eſt conſidéré comme mort à l'égard de la
ſucceſſion du père qui l'a exhérédé, à cauſe qu'il n'y peut prétendre aucune part; mais il n'encourt pas la mort civile & l'exhéré-

dation ne le prive pas des effets civils; ce qui suffit, afin qu'il puisse faire défaillir la condition *si sine liberis :* aussi l'*art.* 29 de ce titre, déclare-t-il l'enfant exhérédé, capable de recueillir les fidéicommis.

A l'égard de ceux dont l'existence ne fait pas défaillir la condition *si sine liberis*, notre article les explique & les fait connoître par ces mots, *sans qu'on puisse avoir égard à l'existence des enfans naturels, même légitimes, autrement que par mariage subséquent; ni pareillement à l'existence des enfans morts civilement, ou incapables des effets civils·par la profession solemnelle de la vie religieuse, ou pour quelqu'autre cause que ce soit.*

Notre article exige donc la légitimité & la capacité des effets civils conjointement. Ainsi ceux qui manquent de l'une de ces deux qualités, ne peuvent pas faire défaillir la condition *si sine liberis :* ce qui désigne 1.° les enfans naturels; 2.° ceux qui sont nés hors d'un mariage légitime, quoique légitimés par rescrit du Prince, ou par quelqu'autre espece de légitimation, qui étoit admise par le Droit Romain, différente de la légitimation par mariage subséquent; 3.° les enfans qui ont encouru la mort civile par condamnation pour crime, ou qui sont devenus incapables des effets civils par la profession solemnelle de la vie religieuse, ou autre cause; 4.° les enfans nés d'un mariage légitime quant au for intérieur, mais qui ne rend pas les enfans capables des effets civils, comme est le mariage contracté *in extremis*, entre des personnes qui avoient vécu dans un mauvais commerce; 5.° les enfans d'un père & d'une mère conjoints par un mariage légitime, mais dont l'un ou l'autre avoit souffert la mort civile par quelque condamnation; 6.° les enfans qui seroient devenus incapables des effets civils, en devenant aubains ou étrangers; c'est-à-dire, en quittant le Royaume pour fait de religion, ou pour former un établissement stable par un mariage, acquisition d'immeubles ou autrement, dans une monarchie étrangère. Car outre la légitimité que notre article exige dans la personne des enfans, pour pouvoir faire défaillir la condition *si sine liberis*, il exige encore la capacité des effets civils: enforte que tous ceux qui n'ont pas la capacité des effets civils,

font confidérés à cet égard comme s'ils n'exiſtoient pas, ou comme s'ils étoient nés d'une autre perfonne, comme dit la *loi Ex
faƈto* 17, §. 5, *ff. ad S. C. Trebell.* Tout ces cas font expliqués
en détail dans le traité des Teſtamens, *tom. II, ch.* 7, *ſeƈt. 6,
n°. 152 & ſuiv.* fauf à corriger ce que nous avons dit, que l'exiſtence des enfans, quoiqu'incapables des effets civils, faiſoit
défaillir la condition. Mais notre article n'exige pas que les enfans ſoient héritiers de leur père pour faire défaillir la condition,
il fuffit qu'ils aient la légitimité, & la capacité des effets civils,
pour pouvoir le devenir, ſuivant *la loi filius-familias* 114, §. 13,
ff. de leg. 1.° *cum erit rogatus, ſi ſine liberis deceſſerit fideicommiſſum reſtituere : conditio defeciſſe videbitur, ſi patri fupervixerint liberi : nec quæritur an hæredes extiterint.*

Les termes dont notre article eſt conçu font comprendre,
que la profeſſion folemnelle de la vie religieuſe ne doit pas être
conſidérée comme une mort civile, mais feulement comme
produiſant une incapacité quant aux effets civils, & cela eſt
très-judicieuſement diſtingué, vu que la mort civile fuppoſe
quelque événement qui donne lieu à retrancher un fujet de la
participation à la vie civile, par un fait qui bleſſe l'ordre public, ce qui ne peut pas convenir à la profeſſion religieuſe qui
eſt digne de toute louange, bien loin de troubler l'ordre public ;
& ſi elle produit l'incapacité par rapport aux effets civils, ce
n'eſt que par l'effet d'un renoncement volontaire au monde, &
à ſes biens.

La condition du décès fans enfans renferme deux faits ; le
premier eſt celui du décès du grevé ; & le fecond, la non-exiſ-
tence des enfans légitimes & capables des effets civils, lors du
décès du grevé : voilà pourquoi il ne fuffit pas que le grevé ait
eu des enfans, il faut qu'ils lui furvivent, *ſi patri fupervixerint
liberi ;* comme dit *la loi* 114, §. 13, *ff. de leg.* 1 ; mais il fuffit
que le grevé laiſſe un fils ou une fille au premier degré, ou un
petit-fils ou arrière-petit-fils, afin que la condition, *ſi ſine liberis*
manque, & que la fubſtitution foit caduque, *l. 6,* §. 2, *cod. ad
S. C. Trebell.* parceque le mot, *enfans,* dont notre article fe
fert, lequel repond au terme latin, *liberi,* renferme tous les

degrés de descendance, *liberorum appellatione nepotes , & pronepotes , cæterique qui ex his descendunt, continentur , l. 220, ff. de verbor. signific.* lorsqu'il s'agit de faire défaillir la condition *si sine liberis* , & notre article ne contient aucune disposition, ni expression, d'où l'on puisse induire, qu'il ait entendu resserrer le mot *enfans* , à ceux du premier degré, ni abroger le Droit Romain à cet égard.

Du reste, quoique cet article ne parle que de la condition du décès sans enfans, imposée par disposition expresse, tout ce qu'il dit doit être appliqué au cas où la condition *si sine liberis* , doit être sous-entendue, comme étant suppléée par la *loi Cum avus* 102 , *ff. de condit. & demonstr. & la loi Cum acutissimi* 30 , *cod. de fideicommis.* dans les dispositions faites par les ascendans en faveur de leurs descendans.

ARTICLE XXIV.

La condamnation pour crime à une peine qui emporte la mort civile , & la profession solemnelle de la vie religieuse du grevé , donnent lieu à l'ouverture du fidéicommis , tout comme la mort naturelle.

Dans tous les cas où la condamnation pour crime emporte mort civile , elle donnera lieu à l'ouverture du fidéicommis, comme la mort naturelle ; ce qui sera pareillement observé à l'égard de ceux qui auront fait profession solemnelle de la vie religieuse, ou pour quelqu'autre cause que ce soit.

Pour bien entendre cet article, il est nécessaire de savoir qu'un fidéicommis peut être laissé purement & sans condition, ou sous une condition, ou sous un jour incertain, qui fait condition; *l.* 75 , *ff. de condit. & demonstrat.* ou bien à un jour certain,

tain, qui ne forme point de condition. Dans ce dernier cas, le fidéicommis est assuré au substitué au moment du décès du testateur ; parceque *dies cessit sed non venit ;* sauf à en faire la délivrance après l'échéance du jour certain.

Lorsque le testateur y a apposé une condition suspensive ; l'ouverture du fidéicommis n'a lieu qu'après l'événement de la condition ; que s'il y a un mélange de condition, & d'un délai certain, le fidéicommis appartient au substitué depuis l'accomplissement de la condition ; & néanmoins si le délai certain n'est pas échu, la délivrance doit en être différée jusqu'à ce que l'échéance du délai soit arrivée.

Que s'il n'y a qu'un délai incertain, qui équipolle à la condition, le fidéicommis n'est ouvert qu'à l'échéance de l'événement, duquel le délai incertain dépend.

Quoiqu'il soit infaillible que le grevé doit mourir un jour, & que l'événement soit certain, néanmoins lorsque le grevé est chargé de rendre à sa mort, comme il est incertain si celui qui est appelé pour recueillir le fidéicommis, existera alors, ou s'il sera capable ; la charge de rendre au décès du grevé opère le même effet que la condition conçue en termes diserts, *l. 11, §. 6, ff. de leg. 3,* & le fidéicommis sera caduc, si le substitué meurt avant le grevé.

La charge de rendre à la mort, peut être exprimée par des termes exprès, comme s'il est dit : *J'institue un tel, & le charge de rendre à sa mort, ou à son décès, à un tel ;* ou bien tacitement, comme s'il est dit : *A la charge de rendre lorsqu'il voudra, ou qu'il le trouvera à propos ;* parceque cela a trait à la mort du grevé, *l. 11, §. 6, & l. uxorem 41, §. scævola 13, ff. de leg. 3,* & il en est de même, lorsque la charge de rendre est indéfinie, & n'a pas un terme fixe, comme s'il est dit : *J'institue un tel mon héritier, & le charge de rendre à un tel,* auquel cas la restitution est censée renvoyée à la mort du grevé, ainsi que le décide la *loi Epistolam 75, §. 1, ff. ad. S. C. Trebell.* ensorte qu'encore que dans ce dernier cas, le fidéicommis semble pur, suivant la *loi Ubi purè 19, ff. eod. & la loi 1, ff. de condit. & demonstrat.* on doit néanmoins sous-entendre la condition, ou

R

le jour incertain du décès du grevé, afin que la difpofition ne lui foit pas inutile. C'eft ainfi que le Parlement de Touloufe a entendu & expliqué la *loi* 75, §. 1, *ff. ad Senatus-confult. Trebell.*

Notre article veut donc que dans les cas que nous venons d'expliquer, le fidéicommis ne foit ouvert qu'à la mort du grevé, par un effet de la condition exprimée ou fous-entendue; toutefois dans tous les cas où la condamnation pour crime emporte mort civile, elle donne lieu à l'ouverture du fidéicommis, comme la mort naturelle: ce qui doit pareillement être obfervé à l'égard de ceux qui auront fait profeffion folemnelle de la vie religieufe, ou pour quelqu'autre caufe que ce foit, qui faffe encourir la mort civile, & qui rende incapable des effets civils; la mort civile, & la profeffion, la vie religieufe devant opérer le même effet à cet égard, que la mort civile.

On diftinguoit chez les Romains deux fortes de morts civiles; favoir, celle qui faifoit perdre en même temps le droit de cité, & la liberté. Celle-ci étoit appelée, *maxima capitis diminutio*, §. 1, *inftit. de capitis diminit.* & celle qui faifoit perdre feulement le droit de cité, non la liberté, laquelle étoit appelée, *modica capitis diminutio*, §. 2, *inftit. eod. tit.*

La première de ces deux efpèces de morts civiles étoit produite felon le Droit Romain, par la condamnation aux mines, *ad metalla*, & la feconde par la déportation. La première donnoit lieu à l'ouverture du fidéicommis, tout comme la mort naturelle; mais la feconde ne donnoit pas lieu à l'ouverture du fidéicommis. Celle-là s'évince de *la loi Intercidit* 59, §. 1 & 2, *ff. de condit. & demonftr. & de la loi*, 17, §. 6, *ff. ad S. C. Trebell.*

Comme en France on ne connoît point la condamnation *ad metalla*, ni la déportation, de la manière que les Romains la pratiquoient, on avoit comparé la condamnation aux galères perpétuelles, à la condamnation *ad metalla*, & le banniffement perpétuel hors du Royaume, à la déportation; & en raifonnant fur ces comparaifons, on jugeoit communément dans les différens tribunaux fupérieurs du Royaume, que la condamnation aux galères perpétuelles donnoit lieu à l'ouverture du fidéicom-

mis, tout comme la mort naturelle; mais on n'attribuoit pas le
même effet au bannissement perpétuel hors du Royaume. Il faut
même prendre garde que le Parlement de Toulouse n'a pas
toujours été constant dans sa Jurisprudence; car tantôt il a déclaré le fidéicommis ouvert par la condamnation aux galères
perpétuelles, tantôt non. Mais il a toujours jugé que le bannissement perpétuel hors du Royaume ne donnoit pas lieu à l'ouverture du fidéicommis.

Aujourd'hui toutes ces distinctions cessent, en vertu de la
disposition de notre article, qui veut que toute mort civile
donne lieu à l'ouverture de la substitution, de la même manière
que la mort naturelle : & comme la condamnation au bannissement perpétuel hors du Royaume, produit aussi bien la mort
civile, que la condamnation aux galères perpétuelles, aux termes
de l'art. 29, du tit. 17, *de l'Ordonnance de* 1670, il faut que
l'une & l'autre, qui produit la mort civile, donne lieu pareillement à l'ouverture du fidéicommis, quoiqu'il ne doive être rendu
qu'à la mort du grevé.

La raison est que toute mort civile, de quelque cause qu'elle
procède, est de même nature : il n'y en a pas de plusieurs espèces,
& elle est une en soi. Elle doit donc produire les mêmes effets
en France, où la servitude de la peine n'est pas en usage, à cause
que toute servitude qui affecte la personne, & qui étoit com-
parée à la mort naturelle chez les Romains, y est abrogée & in-
connue : ce qui avoit même lieu par le nouveau droit des Romains, qui avoit abrogé la servitude de la peine, ainsi qu'on le
trouve expliqué dans le *traité des Testamens :* voilà pourquoi
il n'y avoit pas lieu de distinguer la condamnation à une peine
qui faisoit perdre la liberté & le droit de cité conjointement,
de celle qui ne produisoit que la perte du droit de cité, & l'on
devoit attacher le même effet à l'une & à l'autre. Il falloit donc
juger indistinctement, ou que la mort civile produisoit l'ouverture du fidéicommis, ou non. C'est ce que notre Ordonnance a
fait, en décidant que toute mort civile donne lieu à l'ouverture
du fidéicommis, comme la mort naturelle.

Il a été nécessaire par voie de conséquence, de faire produire

le même effet à tout événement & à toute caufe qui opère l'incapacité des effets civils, comme la profeffion religieufe, la for-
tie du Royaume pour fait de religion, ou pour prendre un éta-
bliffement ftable dans une monarchie étrangere, ainfi qu'il eft
expliqué par l'Edit du mois d'Août 1669, & tous les autres cas
qui produifent la mort civile, foit à raifon d'une condamnation
pour crime, foit pour quelqu'autre événement, qui ne peut pas
être confidéré comme un crime : ce qui réfulte bien clairement
des termes de notre article, où il eft dit, *ce qui fera pareille-*
ment obfervé à l'égard de ceux qui auront fait profeffion folemn-
nelle de la vie religieufe, ou pour quelqu'autre caufe que ce foit,
qui embraffent généralement & fans exception, tous les cas &
toutes les caufes qui produifent la mort civile, ou font encourir
la perte du droit de cité, & l'incapacité des effets civils.

Du refte les mots, *profeffion folemnelle de la vie religieufe*
font comprendre d'une manière bien claire, que pour donner
lieu à l'ouverture du fidéicommis, il faut une profeffion publique
& folemnelle dans un ordre approuvé, & qu'un vœu fimple fans
profeffion folemnelle ne fuffiroit pas; quoique le grevé eût porté
l'habit religieux, & refté dans un couvent pendant plus de dix
ans; parceque notre Ordonnance n'a pas attaché cet effet à la
profeffion tacite ou préfumée : il faut que l'acte de profeffion
folemnelle foit rapporté, & l'on doit dire la même chofe de celui
qui auroit embraffé l'état d'hermite, quand même il y auroit
perfévéré pendant plus de dix ans.

Mais fi le grevé faifoit déclarer fa profeffion nulle, ou s'il fe
faifoit reftituer en entier dans le temps de droit, par voie de juftice, pour une caufe légitime qui affectât la profeffion folemn-
nelle, il devroit rentrer dans fes droits; parceque la nullité devroit faire confidérer la profeffion comme non-avenue, & que
la reftitution en entier, fondée fur une jufte caufe, rétablit les
chofes dans le premier état; il en feroit autrement, fi le grevé
obtenoit par grâce la difpenfe de fes vœux, parceque la grâce
ne doit jamais donner atteinte aux droits acquis à d'autres perfonnes.

ARTICLE XXV.

La condition de se marier est censée avoir manqué, & la condition de ne point se marier est censée accomplie par la profession religieuse.

La condition de se marier sera censée avoir manqué, & celle de ne point se marier (DANS LE CAS OU ELLE PEUT ETRE VALABLE) sera censée accomplie, lorsque la personne à qui l'une où l'autre desdites conditions avoit été imposée, aura fait profession solemnelle dans l'état religieux.

Les dispositions de cet article sont claires. Il déclare d'abord que quand la condition de se marier est imposée à celui qui est gratifié de quelque libéralité à titre d'institution, de legs, ou de fidéicommis universel ou particulier, contrevient à la condition, en faisant profession solemnelle dans l'état religieux, & la condition manquant ; parceque la profession religieuse est un obstacle & un empêchement au mariage, la libéralité faite sous la condition de se marier devient caduque & inutile, par l'effet naturel du défaut d'accomplissement de la condition, & la personne à laquelle la libéralité aura été destinée, en sera perpétuellement exclue.

Il déclare encore que la condition de ne pas se marier, imposée à une personne à laquelle une libéralité est destinée, dans le cas où une telle condition peut être valable, sera censée accomplie & la disposition purifiée, lorsque la personne à laquelle la condition aura été imposée, aura fait profession solemnelle dans l'état religieux, par conséquent la libéralité sera due, tout de même que si aucune condition n'y avoit été attachée.

Dans le cas de la condition affirmative de fe marier, elle fuf-
pend l'effet & l'exécution de la difpofition , & la perfonne appelée ne peut acquérir la propriété, ni demander la délivrance
de la libéralité , qu'après avoir accompli la condition par un
mariage réel & légitime, canoniquement célébré; *l.* 10, *ff. de
condit. & demonf. & l.* 30, *ff. quando dies leg. ced.* Ainfi l'entrée
en religion, quoiqu'on la confidérât par fiction, comme un mariage fpirituel, bien loin de purifier la condition , & de tenir la
place du mariage effectif, la fait défaillir, & détruit la difpofition. Vu que, *quod fub unâ conditione datur, fub contraria conditione cenfetur ademptum.* Par conféquent notre article abroge,
la comparaifon que l'on faifoit du mariage fpirituel avec le mariage charnel, pour faire produire à l'un & à l'autre l'accomplif-
fement de la condition de fe marier.

D'autre part, lorfque la condition négative de ne pas fe marier, eft attachée à une libéralité, & eft impofée à la perfonne
qui doit la recueillir, elle n'a pas un effet fufpenfif; la libéralité
peut être demandée fous les précautions qui font expliquées dans
la *Novelle* 22, *ch.* 44, fauf qu'en cas de contravention, lorfqu'une telle condition eft valable, la difpofition eft réfolue &
anéantie, comme fi elle n'avoit pas été faite, & ce qui fait la
matière de la libéralité, doit être rendu avec les fruits ou intérêts, fuivant le même *chap.* 44, §. 2, 4 & 6, *tanquam fi ab initio
neque datum fuiffe videretur.*

Mais elle eft cenfée remplie & accomplie par la profeffion
folemnelle dans l'état religieux , à caufe qu'il n'eft plus poffible
de contracter un mariage légitime, capable de faire défaillir la
condition; ainfi la libéralité fera irrévocablement acquife. La
Novelle 22, *ch.* 44, l'avoit ordonné de même par rapport à la
prêtrife de celui auquel la condition de ne pas fe marier, avoit
été impofée par la même raifon.

L'entrée en religion purifiant donc la condition de ne pas fe
marier, & la libéralité étant irrévocablement acquife, la perfonne qui embraffe l'état religieux, tranfmet à fes héritiers la propriété de la libéralité ainfi acquife, à caufe qu'on n'obferve point
en France, l'*Auth. ingreffi, cod. de facro-fanct. Ecclef.* qui appli-

quoit au monaftère tous les biens de celui qui y faifoit profeffion.

Dans le cas où elle peut être valable): Ces paroles de notre article font remarquables, parcequ'elles fuppofent qu'il y a quelque cas, où la condition de ne pas fe marier, peut n'être pas valable & obligatoire. Lorfqu'il s'agit de la condition affirmative de fe marier, l'ordonnance ne fait point une pareille reftriction; elle fuppofe donc que dans tous les cas, la condition eft valable, obligatoire, & ne doit pas être rejetée : c'eft ce qu'il eft néceffaire d'expliquer, pour faire une jufte application des difpofitions contenues dans cet article; ce que nous ferons en rappelant en abrégé ce que nous avons dit *dans le traité des Teftamens , tom. II , ch. 6 , fect. 2 , depuis le n.º 72, jufqu'au n.º 88.*

Rien n'eft plus utile à la fociété civile que le mariage, qui donne des fujets pour le foutien & l'appui des Etats: voilà pourquoi les conditions qui tendent, & qui invitent à prendre le parti du mariage, font dignes de toute faveur: par conféquent on ne peut pas les mettre dans la catégorie de celles qui doivent être rejetées & confidérées comme non écrites. Ainfi on doit accomplir la condition de fe marier, appofée à une inftitution, à un legs, à un fidéicommis & à toute autre libéralité.

Ce qui doit avoir lieu, non-feulement quand cette condition eft vague, indéfinie & indéterminée, comme s'il eft dit, *fi uxorem duxerit, fi nupferit, hæres efto ;* mais encore quand le teftateur à impofé la condition du mariage avec une perfonne certaine qu'il nomme ou défigne; *fi Titio nupferit, fi Mæviam uxorem ducat, l. cum ita legatum* 63 *, §. 1; l. titio centum* 71 *, §. 1; l. pater* 101 *, ff. de condit. & demonftrat. & l. 1 , cod. de inftit. & fubftit. fub condit. factis: Si Titio centum relicta funt ita ut Mæviam uxorem, quæ vidua eft ducat, conditio non remittitur, & ideò nec cautio remittenda eft,* dit la *loi* 71 *,§. 1, ff. de condit. & demonftr.* & une telle condition ne bleffe point la liberté du mariage, en ôtant le choix de l'époux ou de l'époufe: *Aliud eft enim eligendi matrimonii pœnæ metu , libertatem auferre , aliud ad matrimonium certa lege invitari ,* comme s'explique le même texte; & cela eft autorifé par les Arrêts, rapportés par *M. Louet , lettr. M. Somm.* 3 *, & par Albert,* verb. *Teftament. art.* 27.

On n'excepte de la règle qui veut qu'il foit loifible d'impofer la condition de fe marier avec une perfonne nommée & défignée, que le cas où la perfonne, qui feroit l'objet de la condition, ne feroit pas digne de celle à laquelle la condition feroit impofée, & que le mariage ne pourroit être contracté qu'avec une efpèce de honte & de deshonneur pour la perfonne à laquelle la condition auroit été impofée : auquel cas la condition devroit être rejetée, même à plus forte raifon la fimple condition *fi non nupferit, fi uxorem non duxerit*, parceque la condition de fe marier avec une perfonne indigne, qui renferme implicitement la défenfe de fe marier avec toute autre, eft plus dure que la condition qui défend abfolument tout mariage, laquelle eft rejetée comme contraire à la liberté du mariage ; c'eft ce qui eft textuellement décidé par *la loi, Cum ita legatum* 63, §. 1. *ff. de condit. & demonft.* étant beaucoup moins infupportable de vivre dans le célibat, que de s'allier avec une perfonne indigne, & qui déshonore.

C'eft une grande queftion, fi la condition de fe marier avec une parente, à un degré qui produit un empêchement dirimant, doit être exécutée ou rejetée. Comme nous avons examiné cette queftion dans le *traité des teftamens, tom. II, ch. 6, fect. 2, n.° 74, & fuiv.* & que nous l'avons décidée en prenant parti pour l'avis qui rejette la condition, comme contraire aux conftitutions canoniques, fans diftinguer fi les parties font au degré de coufins germains, ou à un degré ultérieur de parenté, il nous fuffira de renvoyer à ce que nous avons dit. Nous ajouterons feulement que l'Arrêt du Parlement de Touloufe, fur un procès évoqué du Parlement de Bordeaux, qui eft du 20 Août 1727, eft rapporté dans la nouvelle édition des Arrêts d'Augeard, *tom. II, ch.* 189 ; mais on n'en a pas bien expliqué le motif.

Il faut néanmoins prendre garde, que quand la condition affirmative de fe marier avec une certaine perfonne, a été impofée dans un teftament, s'il ne tient pas à celui qui en eft chargé qu'elle foit accomplie, foit à caufe que la perfonne défignée par le mariage le refufe, foit à caufe du décès prématuré de celui qui en eft chargé,

chargé, qui meurt dans un âge auquel il eſt incapable de le contracter, ou pour quelqu'autre cauſe arrivée ſans la faute de celui
auquel la condition eſt impoſée, & ſans qu'il ſoit dans la demeure, le défaut d'accompliſſement de la condition n'empêche pas l'effet & l'exécution de la diſpoſition qui renferme la libéralité ; nous en avons expliqué les raiſons au lieu cité du Traité
des teſtamens, *n.° 81 & 82.*

Mais ſi la condition eſt impoſée dans un contrat, la diſpoſition eſt anéantie, ſoit que la condition manque par un effet du
hazard, ou par la faute, ou ſans la faute de celui qui avoit été
chargé de la condition, comme nous l'avons prouvé au lieu cité,
n.° 83 & ſuiv.

A l'égard de la condition abſolue de ne point ſe marier, &
qui tend à interdire le mariage, elle eſt rejetée comme contraire
à l'utilité publique, & à la liberté du mariage ; elle eſt rejetée
& regardée comme non-écrite dans les diſpoſitions teſtamentaires, ou à cauſe de mort, lorſqu'elle aboutit à interdire le premier
mariage de la perſonne à laquelle elle eſt impoſée ; mais elle
doit être exécutée & accomplie, lorſque l'interdiction ne regarde
qu'un ſecond mariage de la perſonne chargée de la condition ;
que ſi elle eſt appoſée à une diſpoſition contractuelle, elle eſt
valable, & elle doit être exécutée, ſoit qu'elle ait pour objet le
premier mariage ou tout autre.

Mais s'il s'agit d'une condition de ne pas ſe marier avec une
perſonne, ou avec des perſonnes d'un certain lieu ou d'une ville,
elle doit être exécutée, ſans examiner ſi elle ſe trouve dans une
diſpoſition teſtamentaire, ou dans une diſpoſition contractuelle ;
tout ceci eſt expliqué dans le traité des Teſtamens, *tom. II*,
ch. 6, ſect. 2, n.° 53 & ſuiv. où il nous ſuffit de renvoyer.

Du reſte, lorſque la condition de ſe marier a été impoſée, on
ne doit pas conſidérer ſi le legs eſt conſidérable ou modique ;
parceque la condition n'affecte pas moins un legs modique ou
une diſpoſition peu importante à laquelle elle eſt attachée, que
celle qui eſt conſidérable : vu que le plus ou le moins ne fait pas
une différence ſpécifique, & que la condition doit être toujours
remplie, ſans conſidérer la qualité de la libéralité, & il n'eſt pas

S

poſſible d'autoriſer une telle diſtinction par l'Arrêt rapporté par *M. Larroche*, *liv. VI, tit. 61, arr. 17*, & par celui qui eſt rapporté par *Puymiſſon*, *plaid. 22*, que l'on trouve dans le recueil de *M. Maynard*, *liv IX.* Cet Arrêt a jugé une autre queſtion, ainſi que nous le remarquerons bientôt.

On ne doit pas non plus examiner depuis notre Ordonnance, ſi la condition du mariage manque par l'entrée en religion, ou autrement ; puiſque notre article déclare nettement, que la profeſſion religieuſe fait manquer la condition du mariage, lorſqu'elle eſt impoſée. Il eſt vrai que les Arrêts rapportés par *M. Larroche* & par *Puymiſſon*, ont jugé que le legs fait à une fille, payable lors de ſon mariage & non autrement, pouroit être demandé, quoique le légataire eût embraſſé l'état religieux ; mais cette déciſion fut fondée ſur ce que la *Novelle 123 de l'Empereur Juſtinien*, *ch. 37*, veut que la condition de ſe marier, ſoit cenſée accomplie par la profeſſion en religion, ce qui eſt abrogé par notre article.

ARTICLE XXVI.

La caducité de l'Inſtitution emporte la caducité de la Subſtitution fidéicommiſſaire, à moins que le Teſtament ne contienne la clauſe codicillaire.

DANS TOUT TESTAMENT, AUTRE QUE LE MILITAIRE, LA CADUCITÉ DE L'INSTITUTION EMPORTERA LA CADUCITÉ DE LA SUBSTITUTION FIDEICOMMISSAIRE, ſi ce n'eſt lorſque le Teſtament CONTIENDRA LA CLAUSE CODICILLAIRE.

QUOIQUE cet article ſoit conçu en termes très-clairs, & qu'il n'y ait aucune ambiguité, il n'eſt pas aiſé d'en connoître le fond, & d'en avoir une intelligence parfaite, ſi l'on ne connoît certains principes sur lesquels ses dispositions sont fondées, & la manière de juger de certains Parlemens, qui s'étoient éloignés de ces principes, & que cet article abroge.

Il veut que dans tout testament, autre que le militaire, la caducité de l'institution emporte & entraîne la caducité de la substitution fidéicommissaire; c'est-à-dire, que quand l'institution héréditaire se trouvera caduque par le prédécès de l'héritier, ou par son incapacité lors du décès du testateur, ou autrement, la substitution fidéicommissaire subordonnée à l'institution sera pareillement caduque, & par conséquent inutile. On peut conclure de cet article, par un argument *à fortiori*, que Sa Majesté a rétabli dans toute son étendue, la maxime du Droit Romain, dont nous parlerons bientôt, que quand l'institution est caduque, & que l'hérédité n'est pas acceptée, toutes les dispositions contenues dans le testament sont invalides, même les legs particuliers; ce qui proscrit l'avis de plusieurs auteurs François, qui avoient cru que la caducité de l'institution universelle n'empêchoit pas que les legs particuliers ne fussent valables; ce qui étoit contraire au véritable esprit du Droit Romain.

Mais si le testament contient la clause codicillaire, la caducité de l'institution n'entraîne point la caducité de la substitution fidéicommissaire, laquelle vaudra en vertu de l'effet naturel de la clause codicillaire, qui convertit le testament en codicille, & fait que les héritiers *ab intestat* sont censés grevés de rendre les biens au fidéicommissaire, & l'on doit dire la même chose des legs particuliers, desquels les successeurs *ab intestat* demeureront chargés en vertu de la clause codicillaire. Les dispositions de cet article ont été prises d'un Arrêt du Parlement de Paris, du 10 Janvier 1696, *rapporté au Journal des Audiences, tom. IV, liv. XI, ch.* 1, & du plaidoyé de *M. Daguesseau,* alors Avocat-Général, qui porta la parole lors de cet Arrêt.

Pour se mettre à portée de bien entendre cet article, il est nécessaire de savoir que, suivant le Droit Romain, les fidéicommis laissés dans un testament, n'étoient pas dus & devenoient caducs, lorsque l'hérédité n'étoit pas acceptée, ou qu'elle étoit répudiée; ce qui avoit lieu, même à l'égard des fidéicommis univerſels , §. *ſed quia* 5 , *inſtit. de fideicom. hæredit. & l. eam quàm* 14 , *cod. de fideicommiſ. ea quæ in teſtamento relinquuntur , ſi ex teſtamento non adeatur hæreditas , non valere* , dit le dernier texte cité.

Pour remédier à cet inconvenient , & faire ſubſiſter les diſpoſitions contenues dans un teſtament renfermant un fidéicommis de l'hérédité , en invitant l'héritier à accepter l'hérédité ; le Senatus-Conſulte Trebellien , qui voulut pourvoir à l'intérêt de l'héritier , ordonna que quand l'hérédité ſeroit reſtituée , les actions actives & paſſives demeureroient ſur la tête du fidéicomiſſaire , & que les créanciers ne pouroient pas agir contre l'héritier , ſauf à intenter les actions contre le fidéicommiſſaire qui prenoit la place de l'héritier , & qui devant profiter ſeul des avantages , devoit auſſi ſupporter ſeul les charges , ainſi qu'il eſt expliqué *au* §. 1 , *inſtit. de fideicom. hæred.*

La diſpoſition *du S. C. Trebellien* , pourvoyoit bien à la ſureté de l'héritier qu'il mettoit à l'abri de la pourſuite des créanciers après la reſtitution du fidéicommis ; mais comme il arrivoit ſouvent qu'une hérédité cauſoit des embaras à l'héritier , ſans lui procurer un avantage réél , la prévoyance *du S. C. Trebellien* , n'étant pas ſuffiſante pour engager l'héritier à accepter l'hérédité , & pour le détourner de la répudiation ; il fut ordonné par le *Senatus-Conſulte Pegaſien* , que l'héritier pouvoit retenir le quart des biens dépendans du fidéicommis , comme la loi Falcidie avoit permis à l'héritier de retenir le quart des biens , lorſque l'hérédité étoit épuiſée par les legs , §. 5 , *inſtit. de fideicom. hæred.*

Il fut encore ordonné par le même *Senatus-Conſulte Pegaſien* , que ſi l'héritier grevé refuſoit d'accepter l'hérédité qui lui avoit été déférée , il ſeroit loiſible au fidéicommiſſaire univerſel d'implorer l'autorité du Préteur , pour contraindre l'héritier à accepter & à rendre l'hérédité aux périls & riſques du fidéicommiſſaire ; mais comme dans le cas où l'héritier étoit forcé d'accepter & de reſtituer l'hérédité , il ne couroit aucun riſque , auſſi ne devoit-il profiter d'aucun avantage ni émolument , ainſi qu'il eſt expliqué aux §. 6 & 7 , *inſtit. de fideicom. hæred.& dans pluſieurs loix du titre du digeſte , ad S. C. Trebell. Nullo nec damno nec com-*

modo apud hæredem remanente, comme dit *le* §. 7, *aux instit.
du même titre :* cependant l'héritier ne pouvoit pas être forcé
d'accepter & de rendre, lorsqu'il s'agissoit d'un fidéicommis particulier.

Les précautions & les expédiens des *S. C. Trebellien & Pegasien* n'ayant pas suffisamment remédié aux inconvéniens, &
d'ailleurs *le S. C. Pegasien* ayant introduit certaines stipulations,
qui parurent captieuses, l'Empereur Justinien rejeta le *Senatus-
Consulte Pegasien*, il voulut que la restitution du fidéicommis
d'une hérédité fût faite en vertu du *Senatus-Consulte Trebellien*,
& que néanmoins l'héritier pût retenir la quarte, comme le
Senatus-Consulte Pegasien l'avoit permis ; que quand l'héritier
retiendroit la quarte, les actions seroient divisées entre l'héritier
& le fidéicommissaire de l'hérédité, *pro ratâ portione*, & néanmoins il permet au fidéicommissaire de contraindre l'héritier à
accepter & rendre l'hérédité, auquel cas l'héritier ne devoit souffrir aucun dommage ni retirer aucun émolument, *nullo nec
damno nec commodo apud hæredem remanente*, §. 7, *instit. de
fideicom. hæred.* C'est le dernier état de la Jurisprudence Romaine sur ce point.

Comme on observe en France la maxime, *le mort saisit le vif*,
la formalité de l'addition de l'héritier, qui étoit nécessaire chez
les Romains pour faire valoir les fidéicommis, ne l'est point en
France, & il suffit que l'héritier ait survécu au testateur, afin que
les fidéicommis soient conservés ; & si l'héritier répudie, le fidéicommis ne devient pas caduc, mais le fidéicommissaire prend
la place du grevé, sans qu'il soit nécessaire d'observer aucune
formalité, suivant l'*art.* 27 de ce titre ; ainsi on n'observe pas la
loi 13, §. 3, *ff. ad S. C. Trebell.* qui decide que quand l'héritier grevé décéde avant d'avoir accepté l'hérédité, le fidéicommis est caduc & inutile. Voilà pour ce qui concerne le défaut
d'addition, ou la répudiation faite par l'héritier grevé.

Il paroît par ce que nous venons de dire, que selon les vrais
principes du Droit Romain, la substitution simplement fidéicommissaire ne renfermoit pas la vulgaire, ni aucune autre substitution directe ; puisque le défaut d'addition ou la répudiation

rendoit caduc & inefficace le fidéicommis de l'hérédité ; & qu'encore que dans le cas de la vulgaire, ou de quelqu'autre substitution directe, le testament dût valoir *ex secundo gradu*, suivant la *loi* 43, §. 2, *ff. de vulg. & pupil. substit,* on ne devoit pas attribuer le même effet à la substitution simplement fidéicommissaire ; mais il falloit que le fidéicommissaire universel fît contraindre par le Préteur, l'héritier grevé de rendre l'hérédité, & de la restituer ; autrement le testament tomboit en caducité : & lorsqu'il s'agissoit d'un fidéicommis particulier, l'héritier ne pouvant pas être forcé d'accepter, le défaut d'addition ou la répudiation de l'hérédité rendoit nulles & inutiles par caducité, toutes les dispositions du testament : *Ea quæ in testamento relinquuntur, si ex testamento non adeatur hæreditas, non valere, l.* 14, *cod. de fideicom.*

Cependant certains auteurs avoient décidé que la substitution fidéicommissaire renfermoit la vulgaire, & que par conséquent la caducité de l'institution n'entraînoit pas la caducité du fidéicommis ; le Parlement de Toulouse avoit même rendu quelque Arrêt, en conformité de la doctrine de ces auteurs ; mais notre article, en rétablissant les principes du Droit Romain dans leur pureté, abroge & proscrit la décision de ces auteurs.

A l'égard de la caducité de l'institution, par le décès de l'héritier avant le testateur, elle est fondée non-seulement sur les principes généraux que nous avons expliqués, notamment sur la *loi* 13, §. 3, *ff. ad S. C. Trebell.* mais encore sur la *loi Tractabatur* 14, *ff. de testam. milit.* Ce texte est relatif *à la loi* 13, §. *dernier du même titre*, qui décide, que si un soldat dans son testament institue un héritier & fait une substitution directe, avec charge à l'héritier & au substitué, de rendre l'hérédité à un esclave, auquel il laisse la liberté ; quoique l'héritier & le substitué direct viennent à décéder avant d'avoir accepté l'hérédité, le fidéicommis ne sera pas caduc, mais il en devra être de même, que si la liberté & l'hérédité avoient été laissées à l'esclave par une disposition directe.

Dans *la loi* 14 du même titre du *testament militaire*, le Jurisconsulte *Marcien* demande, s'il en doit être de même, lorsqu'il s'agit d'une ſemblable diſpoſition contenue dans le teſtament de celui qui n'eſt point ſoldat, & il décide cette queſtion par cette diſtinction; ou l'héritier eſt décédé pendant la vie du teſtateur, qui a eu connoiſſance de la mort, auquel cas, il faut ſuivre la règle qui rend le fidéicommis nul & caduc par le prédécès de l'héritier, *nihil novi ſtatuendum :* que ſi le teſtateur a ignoré la mort de l'héritier, ou bien ſi l'héritier eſt mort après le teſtateur, on doit faire valoir le fidéicommis, nonobſtant la caducité de l'inſtitution par une eſpèce d'indulgence, *omnimodo ſubvenien-dum :* Cependant notre article n'adopte pas cette diſtinction; il excepte ſeulement le teſtament militaire, & le cas où la clauſe codicillaire auroit été appoſée au teſtament de celui qui ne ſe-roit pas ſoldat.

Dans tout teſtament): Ces expreſſions qui ſont générales, & qui parlent de tout teſtament, comprennent le teſtament ſolennel, le nuncupatif & l'olographe; & celui qui eſt fait *inter liberos,* de même que celui qui eſt fait en faveur des perſonnes étran-gères: enſorte que ſans diſtinction de la qualité & de la faveur des héritiers où des ſubſtitués, la caducité de l'inſtitution em-portera la caducité du fidéicommis, même univerſel, lorſqu'il s'agira de tout teſtament, autre que le militaire.

Autre que le militaire): Un ſoldat ou militaire peut teſter de deux manières, ou militairement, ou bien *jure communi.* Le teſtament du ſoldat fait *jure communi,* n'a aucun pri-vilége, & il doit être revêtu des formalités ordinaires; le teſ-tament militaire eſt diſpenſé de pluſieurs de ces formalités, mais non la perſonne du militaire quand il diſpoſe hors des lieux où il peut teſter militairement : & ce ſeroit une erreur de con-fondre ces deux choſes: les formalités qui ſont ſuffiſantes au teſ-tament militaire, ſont réglées par *l'art.* 27 & 29 *de l'Ordonnance* de 1735; *l'art.* 30 explique auſſi les qualités & conditions requi-ſes, afin qu'un teſtament ſoit conſidéré comme militaire, pour pouvoir jouir du privilége attaché à cette eſpèce de teſtament. Notre article ne parle pas de tout teſtament, fait par un ſoldat ou un militaire, il ne parle que du ſeul teſtament militaire; tous les autres faits *jure communi,* par des ſoldats, ſont compris dans la règle générale. Il n'y a donc que le seul testament militaire ; dont on puisse dire que la caducité de l'institution, ne doit pas entraîner la caducité de la substitution fidéicommissaire ; parceque l'exception confirme la règle dans tous les cas non exceptés, & que l'on ne doit pas appliquer à tout testament fait par un soldat, l'exception qui n'est faite que pour le testament militaire, c'est-à-dire, qui est fait *jure militari.*

La caducité de l'institution): L'Empereur Justinien a expliqué dans la *loi unique, cod. de caduc. toll.* tous les cas auxquels les dispositions sont caduques, ou peuvent devenir caduques. Il appelle le premier, *caducum*, & le second, *in causa caduci.* Il y en a encore un troisième qui comprend ce qui est regardé comme non-écrit, *quæ pro non scriptis habentur.*

On appelle caduc, & comme non écrit, ce qui est laissé à des personnes qui n'existent pas, & dont le testateur ignore la non-existance, *l.* 1, §. 2, *cod. de caduc. toll.* la *loi* 16, *ff. de leg.* 1, parle de ce cas de même que la *loi* 4, *ff. de his quæ pro non scriptis habentur.*

On met dans le même rang, ce qui est laissé à une personne condamnée *ad metalla*, suivant la *loi* 3, *ff. de his quæ pro non scriptis habentur.* Il en est de même de tout legs ou disposition qui est inutile dans son principe. On peut voir ce qui a été dit dans le traité des Testamens, *tom. II, ch.* 7, *sect.* 7, *n.*° 16, 17 & *suiv.*

On met dans la catégorie des dispositions qui sont *in causa caduci*, tout ce qui est laissé à des personnes existantes lors du testament ; mais qui sont décédées avant le testateur, & celles qui sont faites sous une condition qui a manqué, *l.* 1, §. 2, *cod. de caduc. toll.*

Enfin on appelloit proprement caduque toute disposition qui venoit à manquer après la mort du testateur, *l.* 1, §. 2, *cod. de caduc. toll.* mais cette espèce de caducité n'a pas lieu parmi nous, lorsqu'elle arrive par le décès de l'héritier avant l'ouverture du testament ou l'addition de l'hérédité, sans distinguer la qualité d'héritiers siens ou étrangers ; parceque, comme nous l'avons observé plus haut, il suffit que l'héritier survive au testateur, & qu'il soit capable, afin que la disposition doive

avoir

avoir fon effet en vertu de la maxime , *le mort faifit le vif.*

On peut encore mettre au rang des difpofitions caduques, celles qui font faites à des perfonnes décédées lors du teftament, ou pendant la vie ou après la mort du teftateur, *pendente conditione ,* & celles qui font faites à une perfonne dont le teftateur auroit effacé le nom de propos délibéré , fuivant la *loi Cum quidem* 12 , *ff. de his quæ ut indign. aufer.* Comme auffi celles que le Droit Romain regardoit comme non-écrites, foit par l'incapacité des perfonnes ou autrement, & encore celles qui ne peuvent pas être exécutées à caufe de la nullité de la difpofition , comme fi elles font faites en faveur d'autres que des enfans, & qu'il n'y ait pas un nombre fuffifant de témoins pour les rendre valables en faveur de perfonnes étrangères, aux termes *des articles* 5 *& 16 de l'Ordonnance de 1735.* En un mot, on doit confidérer, felon l'efprit de notre article, comme caduque , toute inftitution dont l'héritier ne peut pas profiter, excepté qu'il eût furvécu au teftateur, qu'il eût été capable, ou qu'il eût répudié ; auquel cas, il n'y auroit point de caducité, comme l'explique l'*art.* 27 de ce titre.

On ne diftingue point en France ces différentes efpèces de caducité, & l'on appelle caduc tout ce qui manque, foit pendant la vie , foit après la mort du teftateur *pendente conditione ,* & ce que l'on confidère comme non écrit, ou qui tombe en caducité, lorfque la difpofition fe trouve inutile ou nulle ; & c'eft à tout cela que la caducité s'étend : ainfi de quelque façon, du nombre de celles que nous avons expliquées, que la caducité de l'inftitution arrive, elle emporte la caducité de la fubftitution fidéicommiffaire, qui eft fubordonnée·, & l'on doit y appliquer la difpofition de cet article.

Emportera la caducité de la fubftitution fidéicommiffaire): Il faut prendre garde que notre texte ne parle que de la fubftitution fidéicommiffaire, c'eft-à-dire , de celle qui eft conçue en termes vraiment obliques & précatifs,& qui ne renferme pas quelque fubftitution directe , comme font la vulgaire, la pupillaire , ou l'exemplaire : vu que ces fubftitutions directes font une feconde inftitution ; voilà pourquoi la feconde inftitution contenue

T.

dans la vulgaire ou dans quelqu'autre fubftitution directe foutient le teftament *ex fecundo gradu* , nonobftant la caducité de la première inftitution, *l.* 43 , §. 2 , *ff. de vulgari & pupill. fubftit. & l.* 1 , §. *fin autem* 7 , *Cod. de caduc. toll.*

Il n'y a donc que la fubftitution vraiment & purement fidéicommiffaire , fans mêlange d'aucune fubftitution directe , qui devient inutile par la caducité de l'inftitution; car s'il y a un mêlange de quelque fubftitution directe,comme les auteurs le foutiennent, lorfque la fubftitution eft compendieufe, la caducité de la fubftitution ceffera.

Afin que la fubftitution puiffe renfermer la vulgaire avec la fidéicommiffaire, il faut qu'elle foit conçue de manière à comprendre les deux temps, c'eft-à-dire, celui qui précède l'addition, & celui qui la fuit , comme s'il eft dit : *En quelque temps que l'héritier décède,* ou *s'il décède fans enfans , je lui fubftitue ;* autrement le feul mot *fubftitue* , ne détermine pas de foi la compendieufe, furtout en France où l'on fe fert de cette expreffion pour faire des fidéicommis, que les Ordonnances appellent des fubftitutions fidéicommiffaires.

Mais s'il eft dit par exemple, *j'inftitue un tel , & je lui fubftitue fes enfans,* doit-on regarder la fubftitution comme compendieufe, comprenant la vulgaire & la fidéicommiffaire conjointement? Il femble d'abord qu'on doit décider pour l'affirmative ; car s'il eft dit, *je lui fubftitue les enfans,* c'eft pour mettre les enfans à la place de l'héritier, en quelque temps qu'il décéde, foit avant où après le teftateur : mais il faut décider tout le contraire, parceque les mots, *je lui fubftitue fes enfans,* forment une fubftitution que les enfans doivent prendre de la main de leur père, comme appelés après lui par un vrai fidéicommis, qui eft incapable de renfermer la vulgaire, ainfi que le Droit Romain adopté & confirmé par cet article le décide. Mais s'il étoit dit, *j'inftitue un tel, & en quelque temps qu'il décède, ou bien s'il décède fans enfans, je le charge de rendre à un tel ;* la fubftitution eft toujours fidéicommiffaire, & ne comprend ni la vulgaire, ni aucune fubftitution directe , comme le remarque fort bien *Jean Faber, fur la loi Precibus, cod. de impub. & aliis fubftit. n.* 13.

Que ſi dans le cas de la ſubſtitution pupillaire, comme par ces mots, *je lui ſubſtitue*, la vulgaire tacite y eſt compriſe, c'eſt par une diſpoſition particulière de la loi qui l'a établi expreſſément dans ce cas; mais ſa diſpoſition ne doit pas être étendue à d'autres cas où la loi n'a pas fait la même extenſion, ſurtout à la ſubſtitution fidéicommiſſaire, qui n'a point d'aptitude à renfermer implicitement la vulgaire; elle en eſt au contraire exclue par les principes des loix.

Les Auteurs ont expliqué aſſez obſcurément, & d'une manière peu exacte, ce qui eſt néceſſaire pour caractériſer la compendieuſe, lorſqu'ils ont dit que la ſubſtitution devoit comprendre pluſieurs temps, *verba habeant tractum temporis, ita ut plura tempora comprehendantur*, comme dit *Graſſus*, §. *Subſtitutio*, q. 60, n. 1. Mais il faut d'abord prendre garde, que ce qu'on appelle ſubſtitution compendieuſe, & les différens effets qu'on lui attribue, ſont de l'invention des interprètes, & n'ont aucun fondement dans le Droit Romain, ainſi que l'a fort bien remarqué *M. Cujas, ſur la loi Verbis civilibus* 7, *ff. de vulg. & pupill. ſubſtit. lib. VI, reſponſ. Papin.* Ils ont tiré cette ſubſtitution compendieuſe d'une fauſſe lecture de *la loi Precib.* 8, *cod. de impub. & aliis ſubſtit.* où l'on avoit mis le mot *compendioſa* à la place de *compendio*, que l'on doit y lire ſuivant la foi des anciens livres qui avoient été altérés, & que l'on a rétablis dans leur pureté, dans les éditions du Code, qui ont été faites avec exactitude : voilà pourquoi, ſans s'arrêter aux différentes imaginations des Auteurs, il eſt néceſſaire que la diſpoſition ſoit conçue en termes capables de renfermer les différentes eſpèces de ſubſtitutions, qu'on ſous-entend dans la compendieuſe; ou en termes exprès, ou bien *compendio orationis*, comme dit M. Cujas au lieu cité.

Il faut donc, 1.º que la ſubſtitution embraſſe le temps avant l'addition pour comprendre la vulgaire.

2.º Le temps de la pupillarité, pour renfermer la pupillaire.

3.º Le temps poſtérieur à la pupillarité, pour contenir la fidéicommiſſaire.

4.º La circonſtance de la fureur ou de l'imbécillité, afin qu'elle puiſſe être conſidérée comme exemplaire, & ainſi des autres.

Contiendra la clauſe codicillaire): La clauſe codicillaire convertit, comme nous l'avons dit, en codicille, le teſtament qui la contient, & fait valoir les diſpoſitions à titre de fidéicommis, dont les ſucceſſeurs *ab inteſtat*, ou tout autre héritier qui profite de la ſucceſſion, *penes quos quæſitæ hæreditatis emolumentum remanet*, comme dit *la loi* 4 , *ff. de leg.* 3 , ſont cenſés chargés ſuivant *la loi* 76 , *ad S. C. Trebell.* & *l'art.* 57 *de l'Ordonnance de* 1735 le ſuppoſe de même : ainſi la caducité de l'inſtitution contenue dans un teſtament, n'emporte pas la caducité de la ſubſtitution fidéicommiſſaire, à cauſe que les héritiers qui ſont ſaiſis de l'hérédité par la caducité de l'inſtitution, ſont cenſés chargés de rendre le fidéicommis contenu dans le teſtament dont l'inſtitution eſt caduque.

On doit dire la même choſe lorſque le teſtament dont l'inſtitution eſt caduque, a été confirmé par un codicille poſtérieur ; parceque la confirmation fait valoir les diſpoſitions, tout de même que ſi elles étoient contenues dans le codicille confirmatif. Suivant *la loi* 2 , §. *dernier* , *ff. de jur. codicill.* & *Henris*, *liv. V* , *q.* 22 ; mais il faut prendre garde que notre article doit être entendu & expliqué à cet égard, relativement à *l'art.* 67 *de l'Ordonnance de* 1735 , c'eſt-à-dire, que quand le ſubſtitué aura agi d'abord en vertu du teſtament, il poura enſuite ſe ſervir de la clauſe codicillaire, juſqu'à ce qu'il ſoit intervenu Arrêt définitif, ou Jugement paſſé en force de choſe jugée au ſujet du teſtament, & non après.

Notre article dit, *la caducité de l'inſtitution emportera la caducité de la ſubſtitution fidéicommiſſaire* , ſans ajouter que la caducité de la ſubſtitution doit s'appliquer, & ſe borner à celle qui eſt ſubordonnée à l'inſtitution faite en faveur de celui qui eſt inſtitué héritier univerſel ; ce qui fait naître une difficulté conſidérable, qui conſiſte à ſavoir, ſi lorſque le teſtament, outre l'inſtitution univerſelle renferme l'inſtitution *in re certâ* , en faveur d'un autre, cet inſtitué *in re certâ* , devant recueillir l'entière hérédité par droit d'accroiſſement, *poteſtate juris* , ainſi que nous l'avons expliqué dans *le traité des Teſtamens, tom. III*, *ch.* 8, *n.* 25, 26 & 27, est censé chargé de rendre le fidéicommis de l'hérédité, dont l'héritier universel étoit chargé, nonobstant la caducité de l'institution universelle.

On peut dire d'un côté, que la lettre & l'esprit de notre article, qui déclarent que la caducité de l'institution emportera la caducité de la substitution fidéicommissaire, s'appliquent naturellement à toute substitution subordonnée à l'institution universelle pour l'anéantir, de même que l'institution dont elle est une suite, quoiqu'il ne le dise pas en termes exprès, & comme elle est anéantie de plein droit par la caducité de l'institution, à laquelle elle est attachée, elle ne peut pas revivre, quoique l'hérédité parvienne à quelqu'autre personne par la disposition de la loi qui défère la succession *ab intestat*, ou en vertu d'une institution *in re certâ*; parceque l'institué *in re certâ*, profite moins de l'hérédité par la volonté du testateur, que par la disposition de la loi; voilà pourquoi, lorsque l'héritier universel, qui est chargé du fidéicommis de l'hérédité, ne peut pas la recueillir pour pouvoir la rendre, le fidéicommis devient inutile par la caducité, sans examiner si le testament est soutenu par l'institution *in re certâ*: vu que cet héritier, qui ne l'est que par accident & par la force de la loi seule, ne se trouvant pas chargé du fidéicommis, on ne doit pas lui imposer une telle charge, comme le décide *la loi Pater* 29, §. 1, *ff. de leg.* 2, *quod alicujus hæredis nominatim fidei committitur potest videri itâ demùm dari voluisse, si ille extitisset hæres*; ce qui est décidé de même par *la loi* 1, §. *illud certè* 9, *ff. de leg.* 3, par rapport au plus prochain héritier *ab intestat*, chargé de fidéicommis, lequel ne doit pas être acquitté par le successeur en second rang, lorsque celui du premier vient à répudier; ensorte qu'il suffit que l'héritier qui est nommément chargé du fidéicommis, ne soit pas héritier, afin que le fidéicommis devienne absolument caduc, sans que celui qui recueille l'hérédité en vertu de quelqu'autre droit, soit obligé de l'acquitter, à moins qu'il n'en soit chargé nommément par quelqu'autre disposition du même testament.

A la vérité, suivant la *loi Licet* 74, *ff. de leg.* 1, les legs, ou les fidéicommis, dont un héritier institué se trouve chargé, sont cenfés repétés, & doivent être acquittés par le fubftitué vulgaire, lorfqu'il prend la place de l'héritier inftituéfprédécédé : *Videri voluntate teftatoris repetita à fubftituto , quæ ab inftituto fuerant relicta :* ce qui fe trouve dans la *loi Si titio* 61 , §. 1 ,*ff. de leg.* 2.

Mais cela eft particulier par rapport au fubftitué vulgaire, qui, par la même difpofition, eft mis à la place de l'inftitué, & qui par-là eft cenfé avoir été affujetti aux mêmes charges impofées à l'inf-titué, à la place duquel la fubftitution vulgaire le met par une volonté expreffe du teftateur : il faut même prendre garde que cela n'a été ordonné que par un refcrit des Empereurs Sévère & Antonin contre les règles du droit antérieur, comme le prouve la *loi* 61 , §. 2 ,*ff. de leg.* 2, où eft rapporté l'avis du Jurifconfulte Julien , qui avoit décidé, que quand un des héritiers *ab inteftat,* avoit été nommément chargé de quelque fidéicommis, s'il ve-noit à répudier, l'autre cohéritier, qui n'avoit pas été chargé du fidéicommis, n'étoit pas obligé de l'acquitter, quoique la portion de fon héritier lui parvînt par droit d'accroiffement, à l'occafion de la répudiation.

Voilà pourquoi il faut décider que, hors du cas du fubftitué vulgaire, qui eft mis précifément à la place de l'inftitué, par une difpofition directe du teftateur, pour fubir les mêmes charges & les mêmes obligations qui avoient été impofées à l'inftitué, & qui eft le cas individuel du refcrit mentionné dans *la* 74,*ff. de leg.* 1. lorfqu'un héritier a été nommément chargé d'un fidéi-commis, fi l'hérédité ne parvient pas fur fa tête, le fidéicommis devient caduc, & celui qui profite de l'hérédité n'eft pas obligé de l'acquitter fuivant la règle établie par *la loi* 29,§. 1 ,*ff de leg.* 2, de forte que tout ce que l'on peut dire , pour ne pas fuppofer des contradictions entre les différentes loix, c'eft, que celles qui dé-cident que celui qui prend l'hérédité à la place de l'inftitué, qui ne profite pas de l'hérédité à caufe de la caducité de l'inftitution, doit acquitter le fidéicommis dont l'inftitué avoit été chargé, ne doivent s'entendre ainfi, que quand le fidéicommis a été impofé fous le nom vague d'héritier, & non lorfqu'il a été impofé à la perfonne qui a été expreffément nommée.

La raiſon de la différence doit être priſe de ce qu'au premier
cas le fidéicommis eſt attaché, non à la perſonne, mais à la qualité d'héritier, laquelle ſe vérifie ſur la tête de celui auquel l'hérédité parvient, de quelque façon que ce ſoit ; au lieu que quand
la perſonne de l'héritier, qui a été chargée de fidéicommis, a été
ſpécialement nommée, le fidéicommis eſt attaché à ſa perſonne,
& non à ſa qualité : voilà pourquoi s'il ne devient pas héritier, le
fidéicommis eſt caduc, à cauſe que la charge de rendre, bornée
à la perſonne de l'héritier nommé, ne produit d'action & d'o-
bligation que contre lui, & le fidéicommis ne doit pas être acquitté par un autre qui recueille l'hérédité ; parceque l'obligation
ne lui a pas été impoſée. Cette diſtinction eſt autoriſée d'un côté
par le mot, *nominatim*, que l'on trouve dans *la loi* 29, §. 1, *ff.*
de leg. 2, qui a été citée pour prouver, que quand la perſonne
du grevé eſt nommée, le fidéicommis eſt caduc, lorſque l'inſtitution eſt caduque ; & d'autre part, par les mots *quiſquis mihi*
hæres, hæredeſve erunt, que l'on trouve dans *la loi Lucius-*
Titius 88, §. 3, *ff. de leg.* 2, qui décide que dans ſon cas particulier le fidéicommis ne devient pas caduc par le prédécès du
cohéritier qui étoit décédé avant le teſtateur ; vu que la diſpoſition eſt dirigée à quiconque ſe trouvera héritier, ou recueillera
l'hérédité : par où l'on voit que la différence des expreſſions dont
les loix ſe ſervent, conſtitue des cas divers, qui ſont ſuſceptibles
de différentes déciſions.

Il en doit être de même, ſuivant le §. 9, *de la même loi*, lorſque
la diſpoſition eſt conçue imperſonellement, ou qu'elle eſt
dirigée à ceux qui ſont appelés au fidéicommis, comme s'il eſt
dit, *je veux que mon hérédité appartienne à un tel*, à cauſe que
dans ce cas le fidéicommis eſt réel, & affecte la choſe, & non la
perſonne du grevé ſeulement, ou que du moins la charge eſt impoſée à tout héritier qui recueillera l'hérédité. Mais il ne doit
être conſidéré que comme perſonnel, toutes les fois que le fidéicommis eſt fait de manière que l'héritier, dont la perſonne eſt
nommée, eſt chargé de faire la reſtitution ; comme s'il eſt dit,
je lui ſubſtitue, je le charge de rendre, & autres expreſſions,
qui attachent le fidéicommis à la perſonne de celui qui eſt chargé

de le rendre ; parceque, comme nous l'avons dit, l'obligation
n'est imposée qu'à l'héritier nommé, qui est chargé de rendre,
& que cette obligation ainsi limitée, ne passe contre aucune
autre personne, quoiqu'elle profite de l'hérédité. C'est ainsi
qu'il faut entendre ce que nous avons dit au *traité des testamens,
ch.* 7 *, sect.* 7 *, n.*° 7 *& suivans.*

Enfin notre article décidant sans distinction ni exception, que
la caducité de l'institution emportera la caducité de la substitution fidéicommissaire, dans tout testament, autre que le militaire,
à moins qu'il ne contienne la clause codicillaire, & qu'on ne
puisse en faire usage dans les cas exprimés dans l'*art.* 67 de
l'Ordonnance de 1735, ainsi que nous l'avons observé ci-dessus,
on ne doit plus s'enquérir, sinon, si la caducité de l'institution
universelle se verifie, afin qu'elle entraine la caducité & l'inutilité absolue de toute substitution fidéicommissaire subordonnée
à l'institution universelle ; parceque la validité, & l'efficacité de
cette substitution dépend absolument de l'efficacité de l'institution universelle de laquelle elle est une suite & un accessoire
inséparable.

Au moyen dequoi le Législateur, qui s'est aperçu de la diversité des loix sur ce point, qui ont donné lieu aux auteurs à
faire plusieurs distinctions, a pris la route la plus simple pour
faire cesser tous les doutes, & la diversité des décisions, en éta-
blissant pour principe, que la caducité de l'institution emportera
la caducité de toute substitution fidéicommissaire qui y est subordonnée, sans examiner si l'hérédité devoit être adjugée à un
institué *in re certâ*, ou au successeur *ab intestat*, suivant les
principes du droit ; vu que notre article n'a pas excepté ces cas,
quoiqu'ils ne fussent pas inconnus au Législateur. Voilà pourquoi on doit dire qu'il a abrogé toutes les distinctions que les
interprètes avoient imaginées, & toutes les loix qui pouroient
former quelque doute ou quelque obstacle à l'admission du principe simple & clair que notre article établit, & qui anéantit de
plein droit par caducité, tout fidéicommis appliqué à une institution qui se trouve caduque, quoique l'hérédité doive nécessairement passer sur la tête de quelqu'autre personne, laquelle se
trouve

trouve dégagée & libérée de la charge de fidéicommis par là caducité de l'inftitution, à laquelle le fidéicommis eft attaché & fubordonné.

Peu importe que dans le cas de l'inftitution *in re certâ*, l'inf- titué en une chofe particulière, prenne la place de l'héritier uni- verfel dont l'inftitution eft caduque, puifqu'il profite de l'héré- dité par la difpofition du teftateur : qu'ainfi il doit fubir les char- ges, tout comme le fubftitué vulgaire eft obligé d'acquiter celles qui font impofées à l'héritier dont il prend fa place, fuivant le referit énoncé dans *la loi Licet* 74, *ff. de leg.* 1, *& dans la loi* 61, §. 1, *ff. de leg.* 2 ; car on n'en peut rien conclure pour éluder l'effet du principe établi par l'*art.* 26 de notre Ordonnance, vu que d'un côté, ce n'eft que par une difpofition diftincte & fepa- rée, à laquelle le fidéicommis n'eft pas attaché ni fubordonné, & que de plus l'inftitution *in re certâ*, étant bornée & limitée à une chofe particulière, c'eft contre la volonté du teftateur, qui a borné fa difpofition à la feule chofe particulière, que l'inftitué *in re certâ*, recueille l'entière hérédité, laquelle eft déférée par la force & la puiffance de la loi qui établit pour principe, qu'un teftateur non foldat ne peut pas décéder, *partim teftatus, & partim inteftatus, l.* 7, *ff. de reg. jur. l.* 88, *ff. de hæred. inftit. &* §. 5, *inftit, eod. tit.* Lorfque l'inftitution univerfelle eft caduque, l'inftitué *in re certâ* doit profiter de l'entière hérédité par droit d'accroiffement, *poteftate juris*, même malgré lui. Ainfi il n'y a aucune parité entre l'inftitué *in re certâ*, auquel l'hérédité eft dé- férée par la loi, contre la volonté du teftateur, & le fubftitué vulgaire, qui eft mis à la place de l'héritier par la feule volonté du teftateur : par conféquent, le referit des Empereurs Sevère & Antonin ne reçoit aucune application au cas de l'inftitué *in re certâ*, à caufe de la difparité & de la diverfité des raifons.

D'autre part, on ne peut pas révoquer en doute que notre article ne décide, que la caducité de l'inftitution emporte la caducité de la fubftitution fidéicommiffaire, quoique l'hérédité doive parvenir aux fucceffeurs *ab inteftat*, qui prennent la place de l'héritier inftitué, & ils prennent cette place par une volonté du moins tacite du teftateur, à caufe qu'ils font cenfés recevoir

V

de fa main ce qu'il ne leur ôte pas, *dum eis non adimitur, l.* 1 ;
§. 6 *,ff. de leg.* 3 , ou comme dit *la loi Conficiuntur* 8 , §. 1 *,ff. de
jur. codicill. Creditur pater familias fponte fua his* , (aux fucceffeurs ab inteftat), *relinquere legitimam hæreditatem.*

Si donc notre article décide que la caducité de l'inftitution
emporte la caducité de la fubftitution fidéicommiffaire, quoique
les fuccesseurs *ab inteftat* doivent recueillir l'hérédité par la
volonté du moins tacite du teftateur, où peut être le doute qu'il
n'en doive être de même *à fortiori*, dans le cas où l'inftitué
in re certâ recueille l'entière herédité , même contre la volonté
du teftateur , qui en bornant l'inftitution à une chofe particulière , témoigne bien clairement qu'il exclud l'inftitué *in re certâ*
du furplus des biens de l'hérédité ? Par conféquent il faut dire,
fuivant notre article, que la caducité de l'inftitution emporte
la caducité de la fubftitution fidéicommiffaire , non-feulement
dans le cas que la fucceffion eft dévolue *ab inteftat* , mais encore lorfqu'elle eft dévolue en vertu de l'inftitution *in re certâ*,
à caufe que le principe décifif s'applique à l'un & l'autre cas,
que même l'application en eft plus facile , & plus naturelle dans
le cas de l'inftitution *in re certâ*.

Du refte, fi les principes que nous avons établis dans le traité
des Teftamens, femblent conduire à décider que le fidéicommis
doit être acquité par quelque héritier que ce foit, qui profite de
l'hérédité, il faut prendre garde que nous avons fait ce Traité
avant l'Ordonnance de 1747, qui a éclairci & développé la
matière des fubftitutions fidéicommiffaires , laquelle étoit auparavant, pour ainfi-dire, noyée & obfcurcie par une infinité de
loix mal entendues, & de décifions des auteurs, qui ne fervoient
qu'à éloigner & écarter de la connoiffance des vrais principes ,
& qui empêchoient d'en faire une application jufte & exacte.

D'autre côté, on peut dire que de quelque manière qu'une
fubftitution fidéicommiffaire foit conçue, elle doit affecter, non
la perfonne du grevé feulement, mais la chofe & l'hérédité qui
eft fubftituée fuivant les loix & les raifons que nous avons rapportées dans *le traité des Teftamens, tom. II , ch.* 7 *, fect.* 7 *, n.* 8
& fuiv. Voilà pourquoi il importe peu qu'une certaine perfonne

nommée ait été grevée de rendre le fidéicommis, vu que *relictum ab uno, quandoque ab alio præstatur si est successor secundùm voluntatem defuncti, l. 4, ff. de leg. 3;* ou comme dit la loi *Si servus 108, §. 14, ff. de leg. 1, non autem mirandum, si cum alius rogatus sit, alius fideicommisso obstringatur.* C'est toujours à celui auquel l'émolument de l'hérédité parvient, à en acquiter les charges, au nombre desquelles on met les legs & les fidéicommis universels ou particuliers.

Il est vrai que notre article a établi le principe que la caducité de l'institution emportera la caducité de la substitution fidéicommissaire ; mais ce principe est également établi par le Droit Romain, & il doit être entendu & expliqué relativement au même droit que le Législateur n'a pas abrogé, comme il le déclare dans la préface de notre Ordonnance : il a voulu abroger les Jurisprudences, & les décisions des auteurs, qui étoient contraires aux décisions du même droit; & si notre article a voulu que le testament fût soutenu par la clause codicillaire, nonobstant la caducité de l'institution, il a voulu à plus forte raison, qu'il fût exécuté pour toutes ses dispositions, lorsqu'il y a un héritier universel en vertu de l'institution *in re certâ*, laquelle suffit pour le faire valoir, non-seulement pour les legs, mais encore pour les fidéicommis. Cette question est actuellement pendante en jugement, l'Arrêt qui sera rendu déterminera mon avis; mais en attendant, je dirai que les raisons du premier avis, me paroissent préférables à celles du second.

Mais il faut prendre garde, que la caducité de l'institution, qui pourroit arriver par la répudiation du grevé, ne peut donner aucune atteinte au fidéicommis; mais dans le cas de la répudiation ou renonciation, le substitué doit prendre la place de celui qui étoit grevé, & qui a répudié, comme le porte l'article 27 de ce titre.

ARTICLE XXVII.

En cas de répudiation de la part du grevé, le substitué appelé après lui recueillera le fidéicommis, sans que la répudiation rende le fidéicommis caduc ; quoique la clause codicillaire ne soit pas dans le Testament.

LA RENONCIATION DE L'HERITIER INSTITUÉ, ou du légataire, ou du donataire grevé de substitution, ne poura nuire au substitué ; lequel audit cas prendra la place dudit héritier, légataire ou donataire, soit qu'il y ait une clause codicillaire dans le testament, ou qu'il n'y en ait point ; & pareillement, en cas de renonciation du substitué, celui qui sera appelé après lui, prendra sa place.

LORSQU'UN héritier grevé de rendre l'hérédité, renonce à l'hérédité ou la répudie, la répudiation ou la renonciation ne peut pas nuire au substitué, quoique appelé par une substitution fidéicommissaire ; mais il prendra la place de l'héritier. Ce qui confirme l'usage où l'on étoit en France avant cette Ordonnance, de faire valoir le fidéicommis d'une hérédité, nonobstant la répudiation de l'héritier, & abroge par conséquent la nécessité de l'addition forcée, que le Droit Romain avoit introduite, pour empêcher la caducité ou l'inutilité des fidéicommis universels, dans le cas où l'hérédité n'étoit pas acceptée, ainsi que nous l'avons expliqué sur l'article précédent.

On doit dire la même chose de la renonciation ou répudiation du légataire ou du donataire chargés de fidéicommis, desquelles le fidéicommissaire ne peut souffrir aucun préjudice, mais il prend la place du légataire ou du donataire grevé, qui

ont répudié. Il n'en étoit pas de même ſelon le Droit Romain ;
car il eſt bien vrai, que quand il s'agiſſoit du fidéicommis d'une
hérédité, le grevé pouvoit être forcé à accepter, & à rendre
le fidéicommis, ſans péril & ſans émolument ; mais s'il s'agiſſoit
d'un fidéicommis particulier, comme l'héritier ne pouvoit pas
être forcé d'accepter, lorſqu'il répudioit, le fidéicommis particulier devenoit caduc, ainſi que je l'ai remarqué ſur l'article précédent ; mais notre article veut que, ſoit qu'il s'agiſſe d'un fidéicommis univerſel, ou d'une choſe particulière, la répudiation
du grevé ne nuiſe pas au fidéicommis, mais que le ſubſtitué
prenne la place de celui qui répudie la diſpoſition chargée de
fidéicommis.

Cela doit avoir lieu, ſoit que le teſtament contienne ou non
la clauſe codicillaire.

Pareillement, dans le cas que le ſubſtitué faſſe la renonciation ;
celui qui eſt appelé après lui prendra ſa place. C'eſt tout ce que
notre article contient ; l'*art.* 28 de ce titre explique la forme en
laquelle la renonciation doit être faite par un ſubſtitué, & les
effets qu'elle peut produire.

La renonciation de l'héritier inſtitué) : La renonciation dont
notre article parle, doit s'entendre naturellement de la répudiation. Cependant il eſt néceſſaire de remarquer qu'une renonciation peut être faite de deux manières. La première par abdication, répudiation ou abandon pur & ſimple du droit, afin
que le renonçant s'exclue, ſans tranſporter ſon droit à autrui.

La ſeconde, par une renonciation en faveur de quelqu'un ;
auquel cas ce n'eſt plus une ſimple abdication de la part du renonçant ; c'eſt une ceſſion ou un tranſport de ſon droit ſur la
tête d'un tiers, avec prix ou ſans prix.

Lorſque la renonciation eſt faite par la forme d'une répudiation ou d'une abdication, le renonçant ne fait que s'exclure du
droit qui lui étoit acquis, & c'eſt dans ce cas que le fidéicommiſſaire prend la place de l'héritier, ou du premier ſubſtitué qui
renonce ou répudie.

Mais dans le cas d'une renonciation en faveur de quelqu'un
avec prix, ou ſans prix, le ſubſtitué ne prend pas la place de

l'héritier qui renonce; celui en faveur duquel la renonciation est faite, est à la place du renonçant, & doit jouir de l'hérédité, tout comme auroit pu le faire celui qui a fait la renonciation; parcequ'il entre dans tous ses droits. Il faut donc que le substitué attende que le fidéicommis soit ouvert de la même manière que si l'hérédité n'avoit pas été transportée à un autre, pour pouvoir intenter son action, & une telle renonciation ne sera pas capable de mettre le substitué à la place du renonçant.

Mais dans le cas de la renonciation pure & simple, qui a l'effet d'une répudiation ou abdication, le substitué poura-t-il se mettre en possession des biens, sans en avoir demandé la délivrance, comme étant à la place du grevé? Il semble qu'on doit décider pour l'affirmative; parceque, dès que notre article met le substitué à la place du grevé qui répudie, tout comme l'héritier auroit pu prendre la possession sans demander la délivrance, le substitué, qui dans le cas de la répudiation prend la place de l'héritier, doit avoir la même faculté.

Mais il faut décider le contraire en vertu de l'*art.* 40 de ce titre, qui porte, *que le fidéicommissaire, même à titre universel, ne sera point saisi de plein droit, encore que la substitution eût été faite en ligne directe;* mais, *il sera tenu d'obtenir la délivrance, ou la remise du fidéicommis.* La répudiation de l'héritier ne change pas la nature du droit du fidéicommissaire, qui est toujours sujet à la délivrance, elle ne fait qu'anticiper le droit du fidéicommissaire: voilà pourquoi il doit demander la délivrance de la même manière que si le fidéicommis étoit échu par la mort du grevé: & cette délivrance doit être demandée, poursuivie & obtenue vis-à-vis des héritiers *ab intestat* du substituant, tout comme il faudroit le faire dans le cas de la caducité de l'institution, si le fidéicommis étoit soutenu par la clause codicillaire; parceque la répudiation du grevé rend l'institution inutile par désertion, & saisit les successeurs du testateur, lesquels sont chargés du fidéicommis, & d'en faire la délivrance, à cause que l'hérédité leur revient par la répudiation, à la charge d'en faire la restitution & la délivrance au fidéicommissaire, dont le droit ne tombe pas en caducité par la répudiation du grevé; laquelle,

ſuivant notre article, ne peut pas nuire au fidéicommiſſaire ;
mais elle ne peut pas non plus lui profiter, par rapport à l'obligation de demander & d'obtenir la délivrance, vu que la répudiation ne peut avoir d'autre effet que de faire place au ſubſtitué ; d'anticiper la reſtitution qui ne devoit être faite qu'à la
mort du grevé, & lui donner le droit de demander la délivrance
du fidéicomnis.

Cela paroît clairement des dernières paroles de notre article ;
où il eſt dit, & *pareillement en cas de rénonciation du ſubſtitué,
celui qui ſera appelé après lui, prendra ſa place ;* car ſi le ſecond
ſubſtitué prend la place du premier, qui renonce & répudie, ce
n'eſt que pour profiter du fidéicommis, comme auroit pu le faire
le premier ſubſtitué ; mais non pour lui donner le droit de s'em-
parer de l'hérédité de ſon autorité, & pour ſe diſpenſer d'en demander la délivrance, ou d'en obtenir la remiſe.

ARTICLE XXVIII.

Le Subſtitué peut renoncer au Fidéicommis auquel il
eſt appelé, ſoit avant ou après ſon échéance. Dif-
férence de la forme de la renonciation dans ces
deux cas.

Celui qui aura été appelé à une ſubſtitution fidéicommiſſaire POURA Y RENONCER, ſoit après qu'elle
aura été OUVERTE A SON PROFIT, SOIT AVANT QUE
LE DROIT LUI EN SOIT ECHU ; mais dans ce dernier
cas, LA RENONCIATION NE SERA VALABLE, que lorſqu'elle ſera faite par un acte paſſé pardevant Notaire,
avec celui qui ſe trouvera chargé de la ſubſtitution, ou
avec le ſubſtitué qui ſera appelé après celui qui renon-
cera, duquel acte il reſtera minute, à peine de nullité.

CET article parle de la faculté de renoncer à un fidéicommis
échu ou non échu, & règle la forme de la renonciation, afin
qu'elle ſoit valable & efficace.

Il veut que celui qui aura été appelé à une ſubſtitution fidéicommiſſaire, puiſſe y renoncer, ſoit après qu'elle aura été ouverte à ſon profit, ſoit avant que le droit lui en ſoit échu.

Mais ſi la renonciation eſt faite avant que le droit en ſoit
échu, elle ne ſera valable que quand elle ſera faite par acte paſſé
pardevant Notaires, avec celui qui ſe trouvera chargé de la
ſubſtitution, ou avec le ſubſtitué qui ſera appelé après le renonçant; duquel acte il reſtera minute, à peine de nullité.

Notre article n'eſt pas tout-à-fait clair à cauſe qu'il parle
de la renonciation, ſans en fixer d'une manière univoque la
                                        ſignification

fignification, & le fens dans lequel ce terme doit être pris.

Il y a une efpèce de renonciation qui n'eft autre chofe qu'une répudiation, une abdication, & un abandon pur & fimple du droit, fans aucune intention de le tranfporter à autrui, & qui ne produit qu'une fimple exclufion du renonçant.

Il y a encore une autre efpèce de renonciation qui n'eft pas fimplement exclufive, mais qui eft en même temps tranflative du droit du renonçant en faveur d'une certaine perfonne qui traite avec lui, foit avec prix, ou fans prix; la forme & les effets de ces deux efpèces de renonciations, peuvent être différens.

Il peut y avoir une renonciation totale au fidéicommis, ou une renonciation partielle par rapport à certains biens dépendans du fidéicommis.

Enfin il peut y avoir une renonciation expreffe, & une renonciation tacite. Tout cela mérite d'être éclairci avec exactitude pour ne pas s'équivoquer dans l'application des difpofitions de cet article.

Lorfqu'il dit, que celui qui fera appelé à une fubftitution fidéicommiffaire poura y renoncer, après qu'elle aura été ouverte à fon profit, il fuppofe bien clairement que la renonciation dans ce cas n'a befoin d'aucune formalité particulière : qu'ainfi elle peut être faite par tout acte public ou privé, & en faveur de telle perfonne que le fubftitué trouvera à propos, même autre que l'héritier grevé, ou celui qui eft appelé au fidéicommis après le renonçant : lorfque le fidéicommis eft ouvert ou échu, le fubftitué eft faifi du droit & de la propriété, & il la tranfmet à fes héritiers quoiqu'il décède avant d'avoir intenté l'action en délivrance ou remife. Il peut donc transférer fon droit à toutes fortes de perfonnes & par toutes fortes d'actes capables de transférer le droit, & la propriété qui lui font acquifes. Il ne faut pas pour cela que le tranfport foit fait par quelque acte qui exige quelque formalité particulière; il fuffit d'y employer celles que les loix ou les ordonnances exigent pour la validité des traités que l'on fait & que l'on choifit pour faire paffer le droit du fubftitué fur la tête d'une autre perfonne.

A l'égard de la renonciation à un fidéicommis qui n'eft pas

X

encore échu, notre article fait comprendre qu'il ne parle que
de la renonciation faite en faveur de l'héritier grevé, ou d'un
second substitué appelé après le renonçant, puisqu'il veut que
l'acte soit passé avec le grevé, ou avec le second substitué. A cet
égard la renonciation ne peut être valablement faite qu'en ob-
fervant les formalités & les conditions requises par notre article.
C'est-à-dire, 1.° que l'acte soit passé pardevant des Notaires, ou
un Notaire avec deux témoins, suivant l'usage des lieux : 2.° qu'il
soit stipulé par le grevé, ou par le second substitué : 3.° qu'il en
reste minute à peine de nullité.

Mais notre article déclare-t-il qu'un substitué n'a pas la liberté
de céder à un tiers l'espérance du fidéicommis, & une renonciation *in favorem*, ou une cession avec prix ou sans prix seroit-elle
nulle en vertu de l'Ordonnance ? Supposé que l'Ordonnance ne
décide pas cette question, peut-on dire que suivant le Droit
Romain une telle renonciation ou cession seroit nulle ? Il faut
examiner ces deux questions.

On peut dire d'un côté sur la première question , que l'Ordonnance exigeant, à peine de nullité, que la renonciation au
fidéicommis, qui est encore sur la tête de l'héritier vivant soit
passée avec l'héritier qui en est grevé, on ne peut pas céder
l'espérance du fidéicommis à une tierce personne, parceque
l'Ordonnance suppose ou donne à entendre qu'un substitué ne
peut renoncer au droit auquel il est appelé, qu'en faveur du grevé,
ou en faveur d'un second substitué s'il y en a : que s'il n'y en a pas,
la renonciation ne poura être valablement faite qu'en faveur du
grevé & non d'une tierce personne ; d'autant mieux qu'il s'agit
d'un traité sur l'hérédité d'une personne vivante, qui est réprouvé
comme contraire aux bonnes mœurs, à moins que la personne
n'y consente , suivant *la loi dernière , Cod. de pactis.*

D'un autre côté , on peut dire que l'Ordonnance n'a décidé ni
entendu décider, qu'il ne fût pas loisible à un substitué de céder
à une personne étrangère, l'espérance d'un fidéicommis non-
échu, elle n'en parle point : elle ne fait que régler la forme de
la renonciation, qui peut être faite en faveur du grevé, ou d'un
second substitué. Elle laisse donc aux termes du Droit Romain

la queſtion de la validité de la ceſſion faite en faveur d'une perſonne étrangère, pour jouir du fidéicommis le cas échéant, de
la même manière que le cédant en auroit pu jouir; cet avis me
paroît le plus vraiſemblable.

Du reſte, ce ſeroit donner dans l'illuſion & s'équivoquer étran-
gement, que d'appliquer au cas du fidéicommis de l'hérédité
d'un homme mort depuis long-temps, & qui ſeroit ſur la tête
d'un héritier grevé, la déciſion de *la loi 30, Cod. de paɛlis,* vu
que le fidéicommis n'eſt ni ne peut être l'hérédité du grevé qui
poſſède les biens, à cauſe qu'on doit y ſuccéder en vertu du
teſtament du ſubſtituant, ainſi que le prouve fort bien *M. Maynard, liv. 2, ch. 69, n. 9, de l'édition nouvelle.*

A l'égard de la ſeconde queſtion, elle eſt diverſement décidée par les auteurs. *M. Larroche, verb.* ſubſtitution, *art.* 12;
& *M. Expilli, dans ſes Arrêts, ch.* 13, ſoutiennent qu'un fidéicommis, non-échu, ne peut être cédé qu'au grevé; au contraire,
Dumoulin, dans ſon Conſeil 1, *n.* 5, 6 & 12, eſt d'avis que l'eſpérance d'un fidéicommis non-échu peut être cédée à toute
ſorte de perſonnes, & ſon opinion eſt établie par *la loi* 8, §. 1,
ff. de contrah. empt. & ſur *la loi Spem* 3, *Cod. de donat.* qui diſent
que l'eſpérance qu'on a d'avoir une choſe peut être vendue ou
donnée, *ſpei emptio eſt: ſpem futuræ actionis...... poſſè tranſ-
ferri non immeritò placuit.* La déciſion de cet auteur me paroît
inconteſtablement bien fondée : ceux qui ont penſé le contraire,
n'ont fondé leur opinion que ſur des loix mal entendues & mal
appliquées, & ſur des raiſons frivoles, ainſi que cet auteur profond & judicieux le prouve fort bien; mais dans le cas de la ceſſion faite en faveur d'un étranger, le ceſſionnaire ne peut en retirer l'effet, qu'autant que le cédant l'auroit fait lui-même, &
ſous les mêmes conditions, parceque le ceſſionnaire ne peut exercer que les droits de ſon cédant, & non au delà.

La renonciation à un fidéicommis non-échu eſt approuvée
par *les loix* 1 & 16, *cod. de paɛlis,* & par *la loi de fideicommiſſo*
11, *cod. de tranſact.* Mais ces loix n'expliquent pas la forme en
laquelle elle doit être faite pour être valable, & pour s'étendre

X 2

au fidéicommis ; cependant les auteurs l'expliquent d'une manière suffisante.

1.º Il faut qu'elle soit faite avec connoissance de cause, c'est-à-dire, que celui qui renonce connoisse la disposition qui établit son droit, *inspectis cognitisque verbis testamenti*, *l. 6, ff. de transact.* Mais suffit-il qu'il paroisse que le renonçant ait connu les dispositions du testament, ou faut-il que l'acte de renonciation porte expressément que le testament a été connu & lu ? Quoique *Ranchin, sur la question* 2 3 2, *de Gui-Pape*, pense qu'il faut exprimer dans l'acte de renonciation, que le testament a été lu par le renonçant, cela n'est pourtant pas nécessaire ; mais il suffit qu'il soit justifié que le renonçant a eu connoissance du fidéicommis auquel il renonce. La loi exige bien qu'on connoisse les testamens, afin de pouvoir traiter valablement sur les dispositions qu'ils renferment : elles n'exigent pas néanmoins que l'acte qui contient le traité, fasse mention expresse de la lecture & de la connoissance du testament. Il ne faut donc pas exiger cette formalité, comme étant superflue, ainsi que le décide fort bien *Despesses*, après plusieurs auteurs qu'il cite.

2.º Quoiqu'on dise communément que la renonciation doit être expresse, & qu'une renonciation générale à tous droits ne peut pas s'étendre à un fidéicommis non-échu ; ce qui est vrai : néanmoins il n'est pas nécessaire que l'acte de renonciation exprime en quoi consiste le fidéicommis, ni la teneur du testament qui le contient, il suffit que la renonciation porte sur le fidéicommis par des expressions générales, comme s'il étoit dit que la renonciation étoit faite aux substitutions contenues dans les testamens du père ou de la mère, de l'aïeul ou de l'aïeule; ou de toute autre personne, suivant *Gui-Pape, q.* 2 3 2, qui rapporte un Arrêt qui l'a ainsi jugé, & avec raison, quoiqu'il dise qu'il ne fût pas de l'avis de l'Arrêt.

3.º Une renonciation générale contenue dans un acte de partage entre frères, qui sont appelés à un fidéicommis non-échu, ne doit pas être appliquée au fidéicommis, quoique l'acte de partage rapporte dans le narré la teneur du testament; mais il

faut que la renonciation au fidéicommis fe trouve dans le difpo-
fitif de l'acte, fuivant *M. Maynard, liv, 5 , ch. 96* , & l'Arrêt
qu'il rapporte. On peut voir *Jacques de Ferrière , fur la queft.*
232. de Gui-Pape.

Nous avons dit qu'il y a une renonciation totale au fidéicommis, & une renonciation partielle , par rapport à certains biens
dépendans du fidéicommis. Les paroles dont notre article eft
conçu font comprendre qu'il ne parle que de la renonciation
totale , & non de la renonciation partielle qu'il laifle en la difpofition du droit commun.

Il y a plufieurs cas où cette renonciation partielle peut avoir
lieu ; & premièrement lorfque le fidéicommiflaire a aliéné lui-
même partie des biens dépendans du fidéicommis non échu, il
ne peut pas révoquer l'aliénation après que la reftitution du
fidéicommis lui a été faite, *l. Filiam 56 , ff. ad S. C. Trebell.*

En fecond lieu, lorfque le fidéicommiflaire confent expreffément à l'aliénation des biens dépendans d'un fidéicommis non
échu, qui eft faite par l'héritier grevé, l'aliénation devient irrévocable vis-à-vis du fubftitué qui a confenti, *l. Nihil proponi 120,*
§. 1 *, ff. de leg. 1 , & l. 11 , cod. de fideicom.* & le fubftitué eft
exclu, à la vérité, du droit de demander la révocation de l'a-
liénation, mais il n'eft pas exclu de pouvoir demander au grevé
la reftitution du prix, lorfque le fidéicommis fera échu, *l. Si*
fundum 92 , ff. de leg. 1 , & M. d'Olive , l. 5 , ch. 28 , quand
même il n'auroit pas réfervé expreflément la reftitution du prix:
vu que dans le doute il faudroit toujours reftreindre le confentement donné par le fidéicommiflaire, au feul effet de donner
une pleine & entière fureté à l'acquéreur, fans pouvoir l'étendre à l'exclufion de la reftitution du prix reçu par le grevé. Que
fi le fidéicommiflaire confent à l'aliénation, fans préjudice de fon
droit, le cas échéant, une telle réfervation lui conferve le droit
de révoquer l'aliénation, tout comme s'il n'y avoit pas confenti,
Peregrin. de fideicomm. art. 40 , n. 70 ; que fi le fidéicommiffaire ne fait que ratifier l'aliénation déja faite par l'héritier grevé,
la ratification doit bien exclure le fidéicommiflaire du droit de
pouvoir demander la révocation de l'aliénation, mais non de

pouvoir demander la reftitution du prix; parceque la ratification faite après l'aliénation, ne doit pas produire un effet plus étendu, que le confentement donné lors de la vente. Mais fi le fubftitué confentoit que fon frère héritier grevé, fît une conftitution de dot à fa fille en la mariant, de partie des biens fubftitués, avec promeffe de ne pas y contrevenir, il feroit cenfé avoir renoncé au fidéicommis à cet égard, & exclu de toute action, comme il a été jugé par l'Arrêt rapporté par *M. de Cambolas, liv.* 1, *chap.* 25.

Afin que le confentement à l'aliénation, donné par le fidéicommiffaire, puiffe l'exclure du droit de demander la révocation de l'aliénation, le cas échéant, il faut qu'il foit exprès : enforte que la préfence, & l'exiftance du fidéicommiffaire à l'aliénation faite par le grevé, foit comme témoin ou autrement; ni la reception du prix faite par le fidéicommiffaire, comme Procureur fondé du grevé, ne doit pas l'exclure de la demande en révocation de l'aliénation, comme l'explique *M. Dolive, liv.* 5, *ch.* 28.

En quatrième lieu quoique le fidéicommiffaire achète partie des biens dépendans du fidéicommis non-échu, auquel il eft appelé, il n'eft pas exclu, le cas du fidéicommis arrivant de pouvoir demander la reftitution du prix qu'il a payé, *l.* 29, *ff. de act. empt.*

Enfin nous avons dit ci-deffus, qu'il pouvoit y avoir une renonciation expreffe, & une renonciation tacite; & à cet égard il faut diftinguer, lorfqu'il s'agit d'un fidéicommis non échu, la renonciation doit être expreffe, & porter nommément fur le fidéicommis, faute de quoi, il n'eft pas cenfé compris dans la renonciation, ainfi que nous l'avons expliqué.

Mais s'il s'agit d'un fidéicommis échu, la renonciation tacite peut s'y appliquer, fi l'on fe trouve dans les circonftances marquées dans *la loi Procula* 26, *ff. de probat.* c'eft-à-dire, comme l'explique *M. Cujas,* fur cette loi, *lib.* 20, *queft. Papiniani,* lorfque 1.° il y a parenté entre le grevé & le fidéicommiffaire : 2.° que le fidéicommis eft confidérable, *& magnæ quantitatis* : 3.° qu'il y a plufieurs arrêtés de compte fur diverfes affaires entre le grevé & le fidéicommiffaire : 4.° que le fidéicommiffaire ne puiffe pas prouver que fon intention n'a pas été de renoncer au fidéicommis : mais fi le fidéicommis n'étoit pas échu on ne pouroit pas induire une renonciation tacite, même dans le concours de toutes ces circonftances.

Poura y renoncer) : Mais ce fera toujours fans préjudice du droit des fubftitués ultérieurs, comme l'explique l'*art.* 27 de ce titre. La raifon eft, parceque la renonciation ou la répudiation ne peut nuire qu'à celui qui la fait, & ne peut porter aucun préjudice à ceux qui font appelés après le renonçant, *l.* 26, *cod. de fideicom.* Au contraire, la répudiation ou renonciation du premier fubftitué, donne le droit au fecond de réclamer le fidéicommis, tout de même que fi celui qui a répudié n'avoit pas été appelé, fans préjudice néanmoins du droit des créanciers du premier fubftitué, ainfi qu'il fera expliqué en fon lieu.

Poura y renoncer) : Soit par voie de répudiation ou de fimple abdication, foit par voie de tranfport ainfi que nous l'avons expliqué.

Ouverte à fon profit) : Ces termes ne doivent pas s'entendre de manière que la fubftitution ait été, déclarée ouverte par jugement ; car cela n'eft pas néceffaire, mais dans le cas que le fidéicommis fera échu, par la mort du grevé ou par l'événement de la condition, qui en fufpendoit l'effet ; ce qui paroît clairement des paroles de notre article, *avant que le droit lui en foit échu*, qui expliquent le mot *ouverte* employé plus haut.

Soit avant que le droit lui en foit échu) : Il y a une grande différence entre un fidéicommis échu, & celui qui n'eft pas encore échu ; au premier cas le droit eft acquis au fidéicommiffaire, & il ne lui refte qu'à en demander la délivrance. A l'égard du fidéicommis non-échu, le fidéicommiffaire n'y a qu'une fimple efpérance, & non un droit acquis : *Subftitutio quæ nondùm competit extra bona noftra eft ; l.* 42, *ff. de acquir. rerum dominio.*

La renonciation ne fera valable) : Il faut remarquer ici les trois conditions qui font requifes pour la validité d'une renonciation faite par un fubftitué, en faveur du grevé ou d'un autre fubftitué ultérieur. Si ces conditions ne font pas obfervées cumulativement, & si l'on en omet quelqu'une, la renonciation sera nulle parceque notre article la déclare telle, par les mots *à peine de nullité*, qui se rapportent aux trois conditions expliquées dans le même article.

Mais si la renonciation étoit faite en jugement en préfence du grevé ou d'un fecond fidéicommissaire, seroit-elle valable ? Il semble qu'oui, à caufe que l'on peut contracter ou quafi-contracter en jugement, *in judicio quafi-contrahitur*, qu'ainfi la préfence du Juge devroit l'autorifer, de même que celle des Notaires.

Cependant il faut décider qu'elle feroit nulle, parceque l'Ordonnance qui eft conçue en termes négatifs, lefquels par leur nature ne font fufceptibles d'aucune diftinction ni d'exception, ne fait valoir une renonciation de cette qualité, qu'autant qu'elle fera faite par devant des Notaires ; ce qui exclud bien clairement toute autre perfonne.

La renonciation dans ce cas, devant être faite avec le grevé ; ou avec un fecond fubftitué, il n'eft pas néceffaire que l'un & l'autre interviennent ; mais fi la renonciation doit tourner à l'utilité du grevé, il fuffira qu'il intervienne pour l'accepter, fans que l'intervention du fecond fubftitué foit néceffaire : que fi elle doit tourner au profit du fecond fidéicommissaire, fon intervention feule fuffira, fans que celle du grevé foit néceffaire. Mais il s'enfuit delà, que la renonciation que le premier fubftitué feroit en jugement, ou devant Notaires, fans l'intervention du grevé ou du fecond fubftitué, feroit inutile, & ne feroit pas capable d'exclure le renonçant de fon droit.

ARTICLE

ARTICLE XXIX.

L'exhérédation des enfans ne les prive pas des Subſti-
tutions qui leur ſont deſtinées par les diſpoſitions des
aſcendans ou des collatéraux , ou des étrangers.
Exceptions.

L'exhérédation prononcée par les pères ou mères ;
ne poura priver les enfans deshérités des biens qu'ils
doivent recueillir en vertu de ſubſtitutions faites par
leurs aſcendans ou autres, SI CE N'EST QUE L'AUTEUR
DE LA SUBSTITUTION EUT ORDONNE' EXPRESSEMENT ,
que les enfans qui auroient encouru l'exhérédation ,
ſeroient privés des biens par lui ſubſtitués, OU QU'ILS
NE SOIENT DANS UN DES CAS OÙ , par la diſpoſition des
Ordonnances , ils ſont déclarés déchus & incapables
de toutes ſucceſſions,

L'INTELLIGENCE de cet article eſt aiſée, & n'exige pas une
longue difcuſſion pour en pénétrer l'eſprit.

Il veut que les enfans qui auront été juſtement exhérédés par
leur père ou leur mère , ne puiſſent pas être privés des biens
qu'ils doivent recueillir en vertu de ſubſtitutions faites en leur
faveur, par leurs aſcendans ou autres.

Le même article porte deux exceptions à cette règle. La
première, lorſque l'auteur de la ſubſtitution a ordonné expreſſément, que les enfans, qui auroient encouru l'exhérédation, ſeroient privés des biens par lui ſubſtitués.

La ſeconde, lorſque les enfans ſe trouvent dans quelqu'un des
cas, où par la diſpoſition des Ordonnances, ils ſont déclarés
déchus, & incapables de toutes ſucceſſions.

Y

Il tranche donc une difficulté à laquelle les différentes façons de penser des auteurs avoient donné lieu ; car les uns décidoient que les enfans exhérédés par leur père ou mère, devoient être déchus & indignes des substitutions faites par les ascendans du côté de celui qui avoit fait l'exhérédation ; & les autres le contraire ; le Législateur a adopté & confirmé l'avis de ceux qui pensoient que l'exhérédation ne produisoit aucune cause d'exclusion, d'indignité, ou d'incapacité à l'égard des fidéicommis faits par les ascendans de l'exhérédé, ou par quelqu'autre personne que ce fût : Ce qui est très-juste & fondé sur les principes du Droit Romain, qui décide dans *la loi Unum ex familia* 67, *in princip. & §. 1, ff. de leg.* 2 ; que le substitué succéde au substituant, & reçoit les biens de sa main, & non de celle du grevé, quand même il auroit fait une élection. Cependant l'exhérédation ne peut avoir d'autre effet, que de priver l'exhérédé des biens de l'exhérédant : l'exhérédé ne doit donc pas être privé des biens qui lui sont destinés en vertu d'une substitution, & qu'il doit avoir, *etiam alio herede existente*, comme dit *la loi* 68, *ff. de leg.* 2 : d'ailleurs, *la loi Filius-familias* 1.14, *§. 15 & 16, ff. de leg.* 1, décide textuellement que les enfans, quoiqu'exhérédés, ont droit de prendre part aux fidéicommis auxquels ils sont appelés, *posse exheredatos fideicommissum petere*.

Notre article n'explique pas quelles sont les personnes capables ou incapables de recueillir les fidéicommis, il s'en remet à cet égard au droit commun. On peut dire en général, que toute personne, que la loi ne déclare pas indigne, ou incapable, & qui n'a pas encouru la mort civile par quelqu'un des moyens qui font perdre la capacité des effets civils tels que nous avons expliqués sur l'*art.* 23 de ce titre, & qui sont détaillés avec plus d'étendue dans *le traité de la mort civile de M. François Richer*, *donné au public en* 1755, *part.* 2, *liv.* 3, *art.* 1, *ch.* 2, est capable de recueillir les fidéicommis, même les enfans justement exhérédés.

Les causes pour lesquelles les enfans peuvent être justement exhérédés, sont rapportées & détaillées dans *le traité des Testamens, tom. III, ch.* 8, *sect.* 2, *depuis le n.* 41 *jusqu'au n.* 76.

Si ce n'eft que l'auteur de la fubftitution eût ordonné expref-
fément) : Il dépend de celui qui fait une fubftitution, d'y appeler
les perfonnes qu'il juge à propos, fa volonté eft la première règle,
difponat teftator, & erit lex voluntas ejus. Il eft donc libre à tout
fubftituant d'exclure de la fubftitution par lui faite, les enfans qui
auront encouru l'exhérédation ; mais il faut que le fubftituant
l'ait dit expreffément ; finon une difpofition tacite ou préfumée,
& qui ne feroit pas littérale, ne fuffiroit pas pour exclure les enfans exhérédés, des fubftitutions faites par les afcendans, & toutes autres perfonnnes collatérales ou étrangères.

Ou qu'ils ne feroient dans un des cas) : Voici une feconde
exception à la règle établie par notre article, que les enfans
exhérédés ne puiffent pas être privés des fubftitutions ; favoir,
lorfqu'ils font dans un des cas où, par la difpofition des Ordonnances ils font déclarés déchus, & incapables de toutes
fucceffions. Ces Ordonnances font celles du 26 Novembre 1639,
art. 2, & l'Edit du mois de Mars 1697. Nous en avons rapporté
les difpofitions dans le traité des Teftamens, *tom. III*, *chap.* 8,
fect. 2, *n.* 61 & *fuiv.* où il fuffit de renvoyer.

ARTICLE XXX.

Toutes Subſtitutions ſont bornées à deux degrés de ſubſtitués, ſans compter la première diſpoſition, ſans préjudice des Subſtitutions antérieures à l'Ordonnance de Moulins.

L'article 59 de l'Ordonnance d'Orléans ſera exé-́cuté, & en conſéquence TOUTES LES SUBSTITUTIONS faites, ſoit PAR CONTRAT de mariage ou autre acte entre-vifs, ſoit PAR DISPOSITION A CAUSE DE MORT, EN QUELQUES TERMES QU'ELLES SOIENT CONÇUES, ne pouront s'étendre au-delà de deux degrés de ſubſti-tués, OUTRE LE DONATAIRE, l'héritier inſtitué ou léga-́taire, OU AUTRE, qui aura recueilli le premier les biens du donateur ou teſtateur. N'entendons déroger par la préſente diſpoſition à l'article 57 de l'Ordon-nance de Moulins, PAR RAPPORT AUX SUBSTITUTIONS QUI SEROIENT ANTÉRIEURES A LADITE ORDONNANCE.

Depuis l'*art.* 30, juſques & inclus l'*art.* 39, l'Ordonnance règle, 1.° le nombre des degrés qu'une ſubſtitution peut par-courir; 2.° la manière de compter ces degrés; 3.° les perſonnes qui doivent entrer dans le compte pour faire nombre & remplir les degrés; 4.° les droits des créanciers de ceux qui ſont appelés pour recueillir une ſubſtitution fidéicommiſſaire, & les queſtions qui dépendent de ces quatre points.

L'*art.* 30 veut que toutes les ſubſtitutions, ſoit qu'elles ſe trouvent renfermées dans un contrat de mariage, ou tout autre contrat entre-vifs, ou dans quelque diſpoſition à cauſe de mort, ſoient reduites à deux degrés de ſubſtitués outre le donataire, le légataire ou l'héritier, ou autre qui aura recueilli le premier les biens du donateur ou teſtateur; ſans déroger néanmoins à l'*art.* 57 de l'Ordonnance de Moulins par rapport aux ſubſtitutions antérieures à cette Ordonnance, laquelle étendoit les ſubſtitutions juſqu'à quatre degrés de ſubſtitués, ſans y comprendre la première diſpoſition, lorſqu'elles étoient antérieures à l'Ordonnance d'Orléans de 1560.

Par l'ancien Droit Romain, les ſubſtitutions qui étoient bien caractériſées comme perpétuelles, n'étoient pas bornées à un certain nombre de degrés, mais elles étoient vraiment perpétuelles; elles n'étoient pas bornées à un certain nombre de degrés, mais elles duroient autant qu'il ſe trouvoit de ſujets appelés pour les recueillir.

L'Empereur Juſtinien, dans ſa Novelle 159, décidant des queſtions qui s'étoient élevées au ſujet de la diſpoſition d'un homme qui avoit prohibé l'aliénation de cinq différens immeubles, dont la perpétuité n'étoit pas bien clairement marquée, jugea que dans cette eſpèce la prohibition d'aliéner ne produiſoit un fidéicommis que pour quatre générations.

De ce texte, quoiqu'il paroiſſe évidemment qu'il ne décide qu'un cas particulier, pluſieurs auteurs avoient induit que les fidéicommis, autrefois perpétuels, devoient être bornés à quatre générations; ce que la Novelle de Juſtinien ne dit pas.

Selon toutes les apparences, c'eſt à l'imitation de la Novelle de l'Empereur Juſtinien que l'on a limité la durée des ſubſtitutions par l'*art.* 59 de l'Ordonnance d'Orléans, de l'année 1560, & par l'*art.* 57 de celle de Moulins, de l'année 1566.

L'*art.* 59 de l'Ordonnance d'Orléans porte: « Et pour couper » la racine à pluſieurs procès qui ſe meuvent en matière de ſubſ- » titutions, défendons à tous Juges d'avoir aucun égard aux » ſubſtitutions qui ſe feront à l'avenir par teſtament & ordon- » nance de dernière volonté, ou entre-vifs, & par contrats de » mariage, ou autres quelconques, outre & plus avant deux

»degrés de subftitutions, outre l'inftitution & première difpofi-
»tion, icelle non comprife».

Comme cette Ordonnance n'avoit pas parlé nommément des
fubftitutions antérieurement faites, pour les excepter de la limitation à deux degrés feulement, on remédia à cet inconvénient
par l'*art.* 57 de l'Ordonnance de Moulins, où il eft dit: «Et am-
»plifiant l'article de nos Ordonnances faites à Orléans pour le
»fait des fubftitutions, voulant ôter plufieurs difficultés mues
»fur lefdites fubftitutions auparavant faites, defquelles toute-
»fois le droit n'eft encore échu ni acquis à aucune perfonne
»vivante, avons dit, déclaré & ordonné, que toutes fubftitu-
»tions faites auparavant notre Ordonnance d'Orléans, en quel-
»que difpofition que ce foit, par contrat entre-vifs, ou de der-
»nière volonté ; & fous quelques paroles qu'elles foient conçues,
»feront reftreintes au quatrième degré, outre l'inftitution (ex-
»cepté toutefois les fubftitutions defquelles le droit eft échu,
»& déja acquis aux perfonnes vivantes, auxquelles n'entendons
»préjudicier) ».

Comme les Ordonnances tranfcrites ci-deffus, n'avoient pas
expliqué en quelle forme on devoit compter les degrés de fubftitutions, & que certains Parlemens les comptoient par têtes, les
autres par fouches ou générations, l'*art.* 124 de l'Ordonnance
de 1629, refolut cette difficulté en ces termes: «Voulons que
»dorénavant les degrés de fubftitutions & fidéicommis par
»tout notre Royaume foient comptés par têtes & non par fou-
»ches & générations : c'eft-à-dire, chacun de ceux qui auront
»appréhendé & recueilli ledit fidéicommis, faffe un degré,
»finon que plufieurs d'eux euffent fuccédé en concurrence
»comme une feule tête, auquel cas ne feront comptés que pour
»un feul degré. Déclarons nuls tous les Arrêts qui feront ci-après
»rendus au contraire de ces préfentes, nonobftant tout ufage,
»ancien ou autrement, & fans préjudice des Arrêts ci-devant
»intervenus».

Quoique l'Ordonnance de Moulins n'ait pas touché ni dérogé à celle d'Orléans qui avoit réduit à deux degrés feule-

ment, les ſubſtitutions qui ſeroient faites depuis l'Ordonnance d'Orléans, mais demeuraſſent fixées & bornées à deux degrés: vu que l'Ordonnance de Moulins n'avoit parlé que des ſubſtitutions antérieures à l'Ordonnance d'Orléans pour les réduire à 4 degrés, toutefois le Parlement de Touloufe, qui avoit penſé que le luſtre & l'éclat des maiſons ne pouvoit être ſoutenu & conſervé que par l'étendue & par la durée des ſubſtitutions, avoit cru par une fauſſe interprétation de l'Ordonnance de Moulins, que cette Ordonnance, en dérogeant à celle d'Orléans, avoit prorogé juſqu'à quatre degrés, les ſubſtitutions, ſoit qu'elles fuſſent antérieures ou poſtérieures à l'Ordonnance d'Orléans.

Le même Parlement voulant dans le même objet faire durer les ſubſtitutions autant qu'il ſeroit poſſible, interpréta les degrés par ſouches ou générations, conformément à la Novelle 159 de l'Empereur Juſtinien, non par têtes, comme l'expliquoient les autres Parlemens: & il ſe maintint dans cette Juriſprudence ſur ces deux points, nonobſtant l'Ordonnance de 1629, qui fut modifiée à cet égard, comme nous l'apprennent l'Arrêt de regiſtre de cette Ordonnance, & les Arreſtographes de ce Parlement, notamment de *M. Dolive , liv .5 , ch.* 10.

Mais comme cette Juriſprudence du Parlement de Touloufe étoit une contravention aux Ordonnances d'Orléans, de Moulins, & de 1629, la nouvelle Ordonnance de 1747 y a dérogé, en ordonnant d'un côté par *l'art.* 30, qu'en conformité de l'Ordonnance d'Orléans, toutes ſubſtitutions, ſoit par contrat de mariage ou autre acte entre-vifs, ſoit par diſpoſition à cauſe de mort, en quelques termes qu'elles ſoient conçues, ne pouront s'étendre au-delà de deux degrés de ſubſtitués , outre le donataire, l'héritier inſtitué ou légataire, ou autre qui aura recueilli le premier les biens du donateur ou teſtateur : & d'autre part, en ordonnant par *l'art.* 33 , « que les degrés de ſubſtitu- »tions ſeront comptés par têtes, & non par ſouches ou généra- »tions; de telle manière que chaque perſonne ſoit comptée »pour un degré, par où on s'eſt conformé à *l'art.* 124 de l'Or- »donnance de 1629».

Notre Ordonnance excepte de la règle qui reduit les ſubſtitués à deux degrés; 1.° les substitutions antérieures à l'Ordonnance de Moulins, qui, comme on l'a dit, est de l'année 1566, par l'*art.* 30.

2.° Les substitutions faites avant l'Ordonnance de 1747, dans les provinces où elles avoient été étendues par l'usage jusqu'à quatre degrés, dans lesquels pays la restriction à deux degrés n'aura lieu, que pour les substitutions postérieures à ladite Ordonnance de 1747, par l'*art.* 31.

3.° Les substitutions deja faites, & celles qui seront faites à l'avenir, dans les pays où elles n'ont pas été encore restreintes à un certain nombre de degrés, Sa Majesté se reservant d'y pourvoir quand elle le jugera à propos, par l'*art.* 32.

Toutes les substitutions): Quoique ces termes soient universels & semblent comprendre indistinctement les substitutions directes comme les fidéicommissaires, il paroît néanmoins indubitable que les substitutions directes ne sont pas comprises dans la restriction à deux degrés de substitués: vu que notre Ordonnance ne règle que les substitutions fidéicommissaires & non les directes.

Par contrat...... ou disposition à cause de mort): Dans quelque espèce d'acte, de disposition ou de convention que la substitution fidéicommissaire se trouve, elle doit être réduite à deux degrés de substitués, sans y comprendre la première disposition, laquelle ne doit pas être comptée.

En quelques termes qu'elles soient conçues): C'est-à-dire, soit que la substitution soit conçue par des termes qui caractérisent le fidéicommis, soit qu'elle résulte de la prohibition d'aliéner ou de quelqu'autre expression de laquelle le fidéicommis doit résulter.

Outre le donataire...... ou autre): La première disposition n'entre point dans le compte des degrés qui servent à remplir & à évacuer une substitution graduelle & successive, & les deux degrés doivent être remplis par des substitués, qui recueilleront en second ou en troisième rang. De-là vient, que si la première disposition devient caduque, & qu'elle ne soit pas recueillie par celui qui est appelé en premier rang; celui auquel elle parviendra,

dra , quoiqu'il ne ſoit appelé qu'a titre de ſubſtitution ne devra pas être compté, vu que la diſpoſition doit être occupée par trois perſonnes ſucceſſivement ; ce qui réſulte clairement des paroles de notre texte où il eſt dit : *Outre le donataire, l'héritier inſtitué, légataire ou autre , qui aura recueilli le premier, les biens du donateur ou teſtateur.*

Par rapport aux ſubſtitutions qui ſeroient antérieures à ladite Ordonnance) : Les ſubſtitutions qui ſont antérieures à l'Ordonnance de Moulins, ne ſont pas aſſujetties à la reſtriction à deux degrés de ſubſtitués. L'Ordonnance de Moulins, en expliquant celle d'Orléans, avoit excepté de la réduction à deux degrés, les ſubſtitutions antérieures à l'Ordonnance d'Orléans ; elle les avoit néanmoins réduites à quatre degrés, quoiqu'avant l'Ordonnance d'Orléans les véritables ſubſtitutions fidéicommiſſaires duſſent être exécutées ſelon leur étendue, & à perpétuité, tandis qu'il y auroit des ſujets capables de les recueillir, vu que la Novelle 159 de l'Empereur Juſtinien, n'avoit pas établi comme une règle générale la réduction des fidéicommis à quatre degrés, n'ayant décidé qu'une hypothèſe particulière ſur une prohibition d'aliéner.

Notre article déclare n'entendre déroger à *l'art.* 57 de l'Ordonnance de Moulins, par rapport aux ſubſtitutions antérieures, leſquelles demeureront ſeulement réduites à quatre degrés. Ainſi toutes les diſpoſitions de l'Ordonnance de Moulins ſont conſervées, & exceptées de la reſtriction à deux degrés, par rapport aux ſubſtitutions antérieures, leſquelles ſeront régies par l'Ordonnance de Moulins, nonobſtant la diſpoſition de *l'art.* 39 de celle de 1747.

ARTICLE XXXI.

Explication , & modification de l'article précédent , par rapport aux Provinces où les Subſtitutions avoient été étendues par l'uſage juſqu'à quatre degrés.

DANS LES PROVINCES OU LES SUBSTITUTIONS AVOIENT E'TE' E'TENDUES PAR L'USAGE , juſqu'à quatre degrés outre l'inſtitution , la reſtriction à deux degrés portée par l'article précédent, n'aura lieu que pour les Subſtitutions qui y feront faites à l'avenir, SANS QU'ELLE PUISSE AVOIR EFFET à l'égard des Subſtitutions faites dans leſdites Provinces par des actes entre–vifs antérieurs à la publication des préſentes , OU PAR DES DISPOSITIONS A CAUSE DE MORT , lorſque celui qui aura fait leſdites diſpoſitions ſera décédé avant ladite publication.

L'OBJET de cet article eſt de déclarer que la diſpoſition de l'article précédent, qui réduit les ſubſtitutions à deux degrés, ne doit pas avoir un effet rétroactif dans les pays où l'uſage avoit établi que les ſubſtitutions fidéicommiſſaires auroient lieu pour quatre degrés.

Il porte que dans les Provinces où les ſubſtitutions avoient été étendues par l'uſage , juſqu'à quatre degrés , la reſtriction à deux degrés, portée par l'article précédent, n'aura lieu que pour les ſubſtitutions qui y feront faites à l'avenir, ſans qu'elle puiſſe avoir effet à l'égard des ſubſtitutions antérieures.

Et à cet égard , il uſe de diſtinction : ſi la ſubſtitution eſt dans un acte entre-vifs , on devra conſidérer la date de l'acte qui la contient, comme devant être publique, ſuivant l'*art.* 1 de l'Ordonnace de 1731.

Que ſi elle eſt contenue dans un teſtament, ou autre diſpoſition à cauſe de mort, elle ſera cenſée antérieure à l'Ordonnance, lorſque l'auteur de la ſubſtitution ſera décédé auparavant; mais ſi le teſtateur ou donateur à cauſe de mort, décède après, la ſubſtitution ſera cenſée poſtérieure, quoiqu'elle ſe trouve dans un acte qui ait une date authentique antérieure, parceque dans les diſpoſitions à cauſe de mort, on ne conſidère que le temps de la mort du diſpoſant, vu que ces diſpoſitions n'ont leur effet qu'à la mort, *ut teſtamentum valeat, intercedat mors teſtatoris neceſſe eſt.* Voilà pourquoi on ne doit pas avoir égard à la date du teſtament, mais ſeulement au décès du teſtateur.

Dans les Provinces où les ſubſtitutions avoient été étendues): Le reſſort du Parlement de Toulouſe étoit au nombre de ces Provinces: il avoit étendu à quatre degrés la durée des ſubſtitutions graduelles & perpétuelles; mais non au-délà, comme nous l'avons obſervé ſur l'*art.* 30: ainſi les ſubſtitutions antérieures à la publication de la préſente Ordonnance, faites dans le reſſort de ce Parlement, doivent durer pendant quatre degrés, ſuppoſé que la diſpoſition les comprenne; & la reſtriction à deux degrés, portée par l'article précédent, ne peut pas s'y appliquer.

Par l'uſage): Ces mots font comprendre que la Juriſprudence des Parlemens qui avoient étendu les ſubſtitutions à quatre degrés, n'avoit d'autre fondement que l'uſage, & qu'on ne pouvoit pas l'appuyer ſur les diſpoſitions de l'*art.* 57 de l'Ordonnance de Moulins, ainſi que nous l'avons obſervé ſur l'*art.* 30.

Sans qu'elle puiſſe avoir effet): Ces termes prouvent que la nouvelle Ordonnance, touchant la reſtriction des ſubſtitutions à deux degrés, ne peut pas avoir un effet retroactif. On trouve une diſpoſition pareille dans l'*art.* 55, *du tit.* 2 de notre Ordonnance.

Ou par des diſpoſitions à cauſe de mort): Il faut prendre garde à la diſtinction que notre article fait entre les diſpoſitions entre-vifs, & celles qui font contenues dans les teſtamens. L'antériorité des premières doit être réglée par la date de l'acte qui

Z 2

contient les substitutions, à cause que l'acte doit être public; mais à l'égard des autres, on considère, non la date, quand même elle seroit publique; mais seulement le décès du substituant, comme nous l'avons observé ci-dessus.

Il faut néanmoins excepter les substitutions contenues dans une donation conçue entre-vifs, & qui seroit faite entre mariés, *constante matrimonio*, ou par un père en faveur de ses enfans qu'il a en sa puissance, à l'égard desquelles on doit considérer la date de l'acte, quoique ces donations ne valent que comme des dispositions à cause de mort, comme je le dirai sur l'*art.* 35 de ce titre, & sur l'*art.* 55 *du tit.* 2.

ARTICLE XXXII.

La disposition de la présente Ordonnance ne doit pas avoir lieu dans les Provinces où les Substitutions n'ont pas encore été restreintes à un certain nombre de degrés.

N'entendons rien innover quant à présent, à l'égard des Provinces où les Substitutions n'ont pas encore été restreintes à un certain nombre de degrés, nous reservant d'y pourvoir dans la suite sur le compte qui nous en sera rendu, ainsi que nous le jugerons convenable pour le bien & avantage de nos Sujets desdites Provinces.

Il y a dans le Royaume des pays où les substitutions fidéicommissaires ont été restreintes à un certain nombre de degrés, & d'autres où les degrés de substitutions sont illimités, & qui n'ont admis aucune restriction. Nous avons expliqué sur les *art.* 30 & 31, quels sont les pays où la restriction a été reçue. Notre article parle des pays où une pareille restriction n'a pas été admife. Sa Majesté déclare qu'Elle n'entend rien innover, quant à présent, à l'égard des provinces où les substitutions n'ont pas encore été restreintes à un certain nombre de degrés; mais Elle se réserve d'y pourvoir dans la suite sur le compte qui lui en sera rendu, ainsi qu'Elle le jugera convenable pour le bien & l'avantage de ses sujets dans ces provinces. Ces pays dont notre article parle, sont sans doute ceux qui ont été réunis à la couronne depuis les Ordonnances d'Orléans & de Moulins, comme sont, l'Alsace, la Flandre Françoise, le Roussillon, la Franche-Comté, & autre s'il y en a.

ARTICLE XXXIII.

Les degrés de Substitutions doivent être comptés par têtes, & non par souches, & chaque personne est comptée pour un degré.

Les degrés de Substitutions feront comptés par têtes, & non par souches ou générations, de telle manière que chaque personne soit comptée pour un degré.

N<small>OUS</small> avons rapporté sur l'*art.* 30, l'histoire de la restriction des substitutions perpétuelles à un certain nombre de degrés. Les Ordonnances d'Orléans & de Moulins, qui avoient réglé cette restriction par rapport aux substitutions antérieures ou postérieures, n'avoient pas expliqué dans quel sens il falloit prendre la signification du mot *degré*, & s'il falloit la compter par souches ou générations, ou bien par têtes. Presque tous les Parlemens du Royaume avoient jugé que les degrés devoient être comptés par têtes & non par souches ou générations; mais le Parlement de Toulouse avoit jugé qu'ils devoient être comptés par souches ou générations, par les raisons qui font expliquées par *M. Dolive, liv.* 5, *ch.* 10. L'*art.* 124, de l'Ordonnance de 1624, decide cette difficulté contre la manière de juger du Parlement de Touloufe, comme nous l'avons dit fur l'*art.* 30.

Malgré cette Ordonnance, le parlement de Touloufe s'étoit toujous maintenu dans fa façon de juger. Mais enfin l'*article* 33 *de notre Ordonnance*, a abrogé la Jurifprudence de ce Parlement, en décidant, que les degrés de fubftitutions doivent être comptés par têtes, & non par fouches ou générations, de telle manière que chaque perfonne foit comptée pour un degré.

Auparavant, felon la Jurifprudence du Parlement de Touloufe, quoique le fidéicommis paffât fur la tête de plufieurs frères fucceffivement, & fans interruption de degré, toutes les perfonnes de ces frères, en quelque nombre qu'ils fuffent, ne formoient qu'un feul degré, comme ne compofant qu'une feule génération: mais s'il y avoit interruption de degré *per medios nepotes*, comme fi, après un des frères, le fils du frère avoit recueilli le fidéicommis après fon père, & qu'enfuite il parvînt aux oncles du dernier poffeffeur, la perfonne du neveu étoit comptée de manière qu'on devoit compter le premier des frères qui avoit recueilli, enfuite le fils de ce frère pour un autre degré; & fi après la mort du fils le fidéicommis remontoit à fes oncles, ils formoient un troifième degré. Ainfi toutes les perfonnes des frères formoient un degré, & celle du fils du frère en compofoit un autre, ainfi que l'expliquent M. *Dolive*, *liv.* 5, *ch.* 10, & M. *de Cattelan*, *liv.* 2, *ch.* 74.

ARTICLE XXXIV.

Forme de compter les degrés à l'égard de pluſieurs frères, ou autres appelés conjointement, dont les ſurvivans recueillent les portions de leurs cohéritiers, ou coportionnaires.

En cas que la Subſtitution ait été faite au profit de pluſieurs frères, ou autres appelés conjointement, ils feront cenſés avoir rempli un degré, chacun pour la part & portion qu'il aura recueillie dans leſdits biens; enſorte que ſi ladite part paſſe enſuite à un autre ſubſtitué, même à un de ceux qui avoient été appelés conjointement, il ſoit regardé comme remplissant à cet égard un ſecond degré.

Lᴀʀᴛɪᴄʟᴇ précédent veut que chaque perſonne qui recueillera le fidéicommis, ſoit comptée pour un degré; mais cela n'a pas lieu indiſtinctement & dans tous les cas. Si, par exemple, un teſtateur appelle pluſieurs perſonnes conjointement pour recueillir un même fidéicommis, enſorte que chacun y prenne ſa part, toutes ces perſonnes ne feront comptées que pour un degré par rapport à la totalité du fidéicommis; mais chacun de ceux qui recueilleront conjointement, & par concours, formera un degré par rapport à la portion qu'il aura recueillie dans les biens du fidéicommis total; enſorte que ſi la même portion paſſe enſuite à un autre ſubſtitué, même à un de ceux qui avoient été appelés conjointement, & qui avoient partagé le fidéicommis, il doit être regardé comme remplissant à cet égard un ſecond degré. C'eſt ce qui eſt ordonné par l'*art.* 34.

Il faut donc diftinguer : ou le fidéicommis eft recueilli en entier par une feule perfonne ; & dans ce cas, la perfonne qui recueille le tout, forme un degré pour le tout, fuivant l'*art.* 33 ; ou bien il eft recueilli conjointement par plufieurs fubftitués qui partagent le fidéicommis, & dans ce cas, les fubftitués qui recueillent par portions, ne font comptés pour former un degré, que pour la portion d'un chacun feulement, fuivant l'*art.* 34.

On doit dire la même chofe lorfqu'il s'agit d'une inftitution ou première difpofition, lorfque plufieurs perfonnes y font appelées conjointement. Car fi elles font fubftituées réciproquement, l'inftitution eft remplie par la portion que chacun recueillera ; & fi la portion de quelqu'autre lui parvient par fubftitution, le cohéritier qui recueillera la portion de fon cohéritier, formera un premier degré de fubftitution à cet égard : mais fi un des cohéritiers recueilloit les portions des cohéritiers, non à titre de fubftitution, mais par droit d'accroiffement, à caufe que les portions fe trouveroient vacantes par caducité, répudiation ou autrement, le cohéritier qui recueilleroit les portions vacantes, ne formeroit pas un premier degré de fidéicommis ; parcequ'il les auroit recueillies *alio titulo*, & qu'il devroit être confidéré tout de même que s'il avoit été inftitué feul héritier, vu que les autres cohéritiers, qui n'avoient pas recueilli en effet, ne pouroient pas remplir l'inftitution pour les portions qui leur avoient été deftinées dont ils n'avoient pas profité.

Depuis la nouvelle Ordonnance il ne peut plus y avoir des fubftitutions qui puiffent s'étendre au-delà de deux perfonnes qui recueillent la totalité du fidéicommis, outre la première difpofition. Si bien que fi un teftateur a, par exemple, quatre enfans, & qu'il inftitue le premier avec fubftitution en faveur du fecond, du fecond au troifième, & du troifième au quatrième, dès que le premier inftitué héritier aura recueilli la première difpofition, & que le fidéicommis fera parvenu au fecond, & enfuite au troifième, il fera épuifé & évacué, de manière que le quatrième, quoique appelé expreffément ne poura pas le réclamer.

Que fi l'inftitution a été faite en faveur de plufieurs conjointement, & que chacun ait recueilli fa portion, fi la portion
héréditaire

héréditaire d'un chacun paſſe ſucceſſivement à titre de fidéicommis ſur deux ſubſtitués l'un après l'autre, la ſubſtitution ſera
épuiſée & évacuée à cet égard : enſorte qu'il pourra arriver que
le fidéicommis ſera caduc pour certaines portions qui auront
paſſé ſur trois têtes, y compris la première diſpoſition, & qu'il
ſubſiſtera à l'égard de certaines portions, qui n'auront été recueillies que par l'inſtitué & par un premier ſubſtitué.

ARTICLE XXXV.

*Modification des deux articles précédens pour les pays
où, ſelon l'uſage, les degrés étoient comptés par
ſouches, par rapport aux Subſtitutions antérieures à
l'Ordonnance de 1747.*

La diſpoſition des deux articles précédens, n'aura
effet que pour les Subſtitutions ǫᴜɪ sᴇʀᴏɴᴛ ꜰᴀɪᴛᴇs
ᴀ ʟ'ᴀᴠᴇɴɪʀ ᴅᴀɴs ʟᴇs ᴘᴀʏs ᴏᴜ ʟ'ᴜsᴀɢᴇ ᴇᴛᴏɪᴛ ᴅᴇ
ᴄᴏᴍᴘᴛᴇʀ ʟᴇs ᴅᴇɢʀᴇ́s ᴘᴀʀ sᴏᴜᴄʜᴇs; n'entendant rien
innover en ce qui concerne ʟᴇs ᴅᴇɢʀᴇ́s ǫᴜɪ ʀᴇsᴛᴇɴᴛ
ᴀ ʀᴇᴍᴘʟɪʀ des Subſtitutions faites dans leſdits pays,
ᴘᴀʀ ᴅᴇs ᴀᴄᴛᴇs ᴇɴᴛʀᴇ-ᴠɪꜰs, antérieurs à la publication des préſentes, ᴏᴜ ᴘᴀʀ ᴅᴇs ᴅɪsᴘᴏsɪᴛɪᴏɴs ᴀ ᴄᴀᴜsᴇ
ᴅᴇ ᴍᴏʀᴛ, lorſque celui qui aura fait leſdites diſpoſitions ſera décédé avant ladite publication.

Lᴇ préſent article porte une modification des deux précédens. Il veut que la diſpoſition des *art.* 33 & 34, dont l'un
ordonne que les degrés de ſubſtitution ſeront comptés par têtes,
& l'autre, qu'en cas que la ſubſtitution ait été faite au profit de

A a

plufieurs frères ou autres appelés conjointement, ils feront cenfés avoir rempli un degré chacun pour la part & portion qu'il
aura recueillie dans les biens du fidéicommis, n'aura effet que
pour les fubftitutions qui feront faites à l'avenir dans les pays
où l'ufage étoit de compter les degrés par fouches.

Sa Majefté déclare de plus dans l'*art.* 35, qu'Elle n'entend
rien innover en ce qui concerne les degrés qui reftent à remplir
des fubftitutions faites dans lefdits pays par des actes entre-vifs,
antérieurs à la publication de la préfente Ordonnance, ou par
des difpofitions à caufe de mort, lorfque celui qui aura fait lefdites
difpofitions fera décédé avant ladite publication.

Qui feront faites à l'avenir): Ces paroles donnent à entendre que la nouvelle Ordonnance ne doit pas avoir un effet retroactif, par rapport à la manière de compter les degrés par
fouches, dans les pays où l'ufage étoit de compter les degrés
de cette façon : enforte que pour les fubftitutions antérieures, les
degrés feront comptés par fouches, pour les degrés qui reftent à
remplir : ceci eft confirmé par l'*art.* 55 *du tit.* 2.

*Dans les pays où l'ufage étoit de compter les degrés par
fouches*): Comme dans le reffort du Parlement de Touloufe où
cet ufage étoit établi, nonobftant l'*art.* 124 de l'Ordonnance
de 1629, où non-feulement on étendoit les fubftitutions jufqu'à
quatre degrés inclufivement, mais encore on comptoit les degrés
par fouches ou générations.

Les degrés qui reftent à remplir): C'eft-à-dire, que fi une difpofition faite dans le reffort du Parlement de Touloufe, avant
la publication de la préfente Ordonnance, s'étend à quatre degrés, ces degrés doivent être remplis, & il faut les compter par
fouches, tout comme fi la préfente Ordonnance n'avoit pas été
faite : de manière néanmoins, que fi quelqu'un des degrés avoit
été rempli avant cette Ordonnance, le degré, ou les degrés qui
auront été remplis entreront dans le compte; & il faudra que la
fubftitution parcoure les degrés qui reftent, en les comptant par
fouches, vu que le préfent article n'innove rien à cet égard, &
que la reftriction a deux degrés, & la manière de les compter par têtes ne doit avoir lieu que pour les fubftitutions

faites depuis la publication de la préſente Ordonnance.

Par des actes entre-vifs) : Les ſubſtitutions faites par des actes entre-vifs antérieurs en date à la publication de la préſente Ordonnance, ſont compris dans l'exception portée par le préſent article ; c'eſt-à-dire, qu'il faudra en compter les degrés par ſouches, quand même l'auteur de la ſubſtitution ſeroit décédé après la publication de l'Ordonnance, parceque dans les actes entre-vifs , reçus par Notaires, on conſidère leur date, & non le temps du décès du ſubſtituant.

Par des diſpoſitions à cauſe de mort) : Il n'en eſt pas de même des ſubſtitutions contenues dans des teſtamens ou autres diſpoſitions à cauſe de mort, à l'égard deſquelles on juge de l'antériorité ou poſtériorité , non eu égard à la date de la diſpoſition, quoiqu'elle ait une date publique & authentique, mais par le décès du ſubſtituant : enſorte que ſi le teſtateur eſt décédé après la publication de la nouvelle Ordonnance , la ſubſtitution ſera cenſée poſtérieure, quoique la date fût antérieure ; & il faudra par conſéquent ſe régler par la préſente Ordonnance ; mais ſi le teſtateur eſt décédé auparavant, la ſubſtitution ſera antérieure , & il faudra ſe régler par l'uſage antérieur à l'Ordonnance.

Outre les diſpoſitions entre-vifs, & celles qui ſont faites par teſtament, codicille & donation à cauſe de mort dont l'Ordonnance parle , & que l'on connoît dans l'uſage, il y a une troiſième eſpèce de diſpoſitions, qui tient de la nature de la donation entre-vifs , & celle qui eſt qualifiée proprement à cauſe de mort, c'eſt la donation qui eſt faite entre mariés *conſtante matrimonio* , & celle qui eſt faite par le père en faveur des enfans qui ſont en ſa puiſſance. Cette eſpèce de donations tiennent de la nature des diſpoſitions entre-vifs , à cauſe que quand elles ſont confirmées par le ſilence du donateur, elles ont un effet rétroactif au jour de leur date, ſuivant *la loi* 25 , *cod. de donat. inter vir. & uxor.* ſans examiner ſi elles ont été inſinuées ou non ; parcequ'en France les donations de cette qualité n'ont jamais eu beſoin de la formalité de l'inſinuation pour être valables ; & en ce qu'elles ont beſoin d'une révocation ſpéciale pour empêcher qu'elles n'aient leur effet ; vu qu'une révocation vague &

générale n'empêche pas qu'elles ne doivent être exécutées; *l. sequens questio* 68, *ff. de leg.* 2..

On peut donc demander si une substitution contenue dans une donation entre mariés, ou du père à son fils qu'il a en sa puissance, devroit être considérée comme antérieure à l'Ordonnance par la date de la donation, quoique le donateur fût décédé après la publication de la présente Ordonnance. Je pense que la question doit être décidée pour l'affirmative, par la raison que cette espèce de donation ayant un effet rétroactif au jour de sa date, dès qu'elle n'a pas été spécialement révoquée par le donateur durant sa vie, il faut nécessairement considérer sa date, & non le décès du donateur pour régler l'antériorité ou la postériorité.

Si notre article décide que les dispositions à cause de mort ne peuvent avoir d'autre date que celle du décès du testateur, ou du donateur à cause de mort, c'est parcequ'elles prennent leur force du décès; que c'est alors seulement qu'elles peuvent être considérées comme des dispositions, vu qu'auparavant elles ne sont que de simples destinations, & qu'elles ne doivent pas avoir un effet rétroactif au jour de leur date, quoique publique & authentique : raisons qui ne peuvent pas s'appliquer aux donations entre mariés, ni à celles qui sont faites par le père à ses enfans qu'il a en sa puissance ; parcequ'encore qu'elles soient confirmées par la mort des donateurs, elles doivent valoir néanmoins du jour de leur date : mais il faut pour cela qu'elles soient conçues entre-vifs, & qu'il n'y ait d'autre obstacle que la qualité des personnes qui empêche qu'elles ne valent comme dispositions entre-vifs ; car si elles étoient conçues en la forme des donations à cause de mort, alors elles ne pourroient pas avoir plus d'effet que les donations conçues à cause de mort entre d'autres personnes. On peut voir l'*art.* 18 de ce titre, & ce que nous avons dit sur cet article, & sur l'*art.* 55 du *tit.* 2.

ARTICLE XXXVI.

Règles pour connoître ceux qui doivent être comptés pour remplir les degrés de ſubſtitution.

LORSQUE LE GREVÉ DE SUBSTITUTION AURA AC-CEPTÉ la diſpoſition faite en ſa faveur, ſoit EXPRES-SEMENT PAR DES ACTES OU PAR DES DEMANDES FORMÉES EN JUSTICE, SOIT TACITEMENT, EN S'IMMISÇANT DANS LA POSSESSION DES BIENS SUBSTITUÉS, IL SERA CENSÉ AVOIR RECUEILLI l'effet de ladite diſpoſition ; enſorte que le premier degré de Subſtitution ſoit compté après lui ; ce qui aura lieu ENCORE QU'IL EUT REVOQUÉ LESDITS ACTES, ou qu'il ſe fût déſiſté deſdites deman-des, ou les eût laiſſé périr ou preſcrire, ou qu'il of-frît de rendre les biens dont il ſe ſeroit mis en poſ-ſeſſion avec les fruits par lui perçus. Voulons que le contenu au préſent article SOIT PAREILLEMENT OBSERVÉ DANS CHAQUE DEGRÉ DE SUBSTITUTION, lequel ſera cenſé rempli dans les mêmes cas par chaque ſubſtitué.

CET article explique quelles ſont les perſonnes qui doivent être comptées pour remplir la première diſpoſition & les de-grés de ſubſtitution fixés à deux, outre l'inſtitution ou la pre-mière diſpoſition, par l'*art.* 30 de ce titre.

L'*art.* 36 établit une règle affirmative que l'héritier grevé ou le ſubſtitué, qui auront accepté expreſſément ou tacitement la première diſpoſition ou la ſubſtitution, doivent être comptés pour faire nombre, ſoit pour remplir la première diſpoſition ou la ſubſtitution.

L'*art.* 37 établit une règle négative, que le grevé qui aura renoncé à la première difposition, ou le fubftitué qui aura renoncé à la fubftitution, ne devront pas être comptés pour remplir la première difposition ou la fubftitution.

L'*art.* 38 donne aux créanciers du grevé ou du fubftitué, qui auront renoncé, la faculté d'accepter la première difposition ou la fubftitution, à la place du renonçant, & s'ils ont été admis à faire l'acceptation, ce degré fera cenfé rempli, tout de même que fi l'héritier grevé ou le fubftitué avoient accepté ou recueilli.

Et l'*art.* 39 veut que les héritiers, ou ayant caufe, ou créanciers du grevé ou du fubftitué, qui auront renoncé, ou qui feront morts fans avoir accepté expreffément ou tacitement, ne puiffent après la mort du grevé & du fubftitué, exercer aucun droit fur les biens fubftitués, au préjudice de ceux qui font appelés après eux. Il eft néceffaire de combiner tous ces articles & de les avoir devant les yeux pour bien entendre les difpositions contenues dans chacun en particulier.

Revenons à l'*art.* 36; il porte: quand le grevé de fubftitution aura accepté expreffément ou tacitement la difposition faite en fa faveur, il fera cenfé avoir recueilli l'effet de ladite difposition, de manière que le premier degré de fubftitution fera compté après lui en la perfonne de celui qui le recueillera.

Enfuite l'article explique comment fe fait l'acceptation expreffe, & la tacite. L'acceptation expreffe fe fait par des actes d'héritier, ou par des demandes formées en juftice, & la tacite fe fait en s'immifçant dans la poffeffion des biens fubftitués.

Quand le grevé aura accepté la première difposition de l'une de ces deux manières, elle fera cenfée remplie, quand même il auroit révoqué poftérieurement les actes d'acceptation, ou qu'il fe feroit défifté des demandes par lui formées en juftice, ou les eût laiffé périr ou prefcrire, ou qu'il offriroit de rendre les biens dont il fe feroit mis en poffeffion, avec les fruits par lui perçus; ce que je crois devoir être entendu quand même il n'auroit pas été fatisfait aux formalités prefcrites par les *art.* 35, 36 & 37 *du tit.* 2 de la préfente Ordonnance, vu que ces formalités ne font requifes que pour gagner les fruits,

Ce qui vient d'être dit par rapport au grevé, doit avoir lieu & être obſervé dans chaque degré de ſubſtitution, lequel ſera cenſé rempli dans les mêmes cas par chaque ſubſtitué qui aura accepté expreſſément ou tacitement, encore qu'il eût révoqué les actes d'acceptation, où qu'il ſe fût déſiſté des demandes par lui formées, ou les eût laiſſé périr ou preſcrire, ou qu'il offrît de rendre les fruits des biens ſubſtitués dont il ſe ſeroit mis en poſſeſſion avec les fruits par lui perçus ; vu que tout ce que notre article dit du grevé, doit être appliqué aux ſubſtitués, quand il s'agit de ſavoir ſi les degrés de la ſubſtitution ſont remplis.

Les diſpoſitions de cet article tranchent pluſieurs difficultés ſur leſquelles les Auteurs étoient partagés, comme le rapporte *Ricard, des ſubſtitutions, part. I, ch. 9, ſect. 6, n. 768 & ſuivans.* Les uns penſoient que tous ceux qui étoient appelés pour recueillir un fidéicommis, devoient être comptés & faire nombre pour remplir les degrés, ſoit qu'ils euſſent recueilli ou non, quand même ils auroient renoncé. Les autres étoient d'avis qu'à la vérité, ceux qui avoient renoncé ne devoient pas être comptés & faire nombre ; mais que ceux qui n'avoient pas renoncé, & qui étoient morts ſans avoir accepté, ni déclaré leur volonté, devoient être comptés. D'autres enfin ſoutenoient qu'on ne devoit compter que ceux qui avoient recueilli en effet ; c'eſt-à-dire, comme s'explique l'*art.* 124 de l'Ordonnance de 1629, *que chacun de ceux qui auront appréhendé & recueilli le fidéicommis, faſſent un degré.*

Notre article reſout tous ces doutes, en adoptant ce dernier avis, avec néanmoins cette modification, qu'il n'eſt pas néceſſaire que le ſubſtitué ait appréhendé & recueilli en effet, pour faire nombre & pour être compté ; il ſuffit qu'il ait accepté expreſſément ou tacitement la ſubſtitution, quoiqu'il n'ait pas joui, & que quand une fois il y aura une acceptation expreſſe ou tacite en la forme que l'article explique, aucune démarche de la part du ſubſtitué ne peut empêcher l'effet de l'acceptation.

Lorſque le grevé de ſubſtitution aura accepté . . . . . . expreſſément . . . . . . ou tacitement) : Nous avons expliqué dans le *traité des Teſtamens*, Tom. *III*, ch. 10, ſect. 1, de quelle manière une hérédité ou une diſpoſition peut être acceptée, & quels ſont les actes, deſquels une acceptation expreſſe ou tacite peut reſulter. Il ſuffit d'y renvoyer.

Par des actes ou par des demandes formées en Juſtice): Tout ceci eſt mis au rang d'une acceptation expreſſe. L'acceptation d'une diſpoſition dépend de la nue volonté, & cette volonté peut être manifeſtée *vel re vel verbo*, comme dit le §. 6, *aux inſtit. de h.æred. qualit. & differ. & quoque modo voluntatem ſuam declaret vel re vel verbo, de adeunda h.æreditate.* Pourvu que celui qui accepte connoiſſe que la libéralité eſt échue par la mort de celui qui l'a faite, & qu'elle eſt en ſa faveur, *dummodò ſciat eum in cujus bonis pro h.ærede gerit, teſtatum inteſtatumve obiiſſe & ſe ei h.æredem eſſe, d. §. 6.* Mais une ſimple réſervation de la faculté d'accepter, ne peut pas être conſidérée comme une acceptation; *hic enim non petit ſed petere vult, l. XV, ff. ratam rem haberi.* Lors donc qu'un héritier en prend la qualité, ou qu'il agit en cette qualité, il devient héritier par une acceptation expreſſe.

En s'immiſçant dans la poſſeſſion des biens ſubſtitués): C'eſt une acceptation que notre article appelle tacite, reſultant des faits, & le Droit Romain la déſignoit par les mots *pro h.ærede gerendo*, dans le §. 6, *inſtit. de h.æred. qualit. & differ. ſi rebus h.æreditariis tanquàm h.æres utatur, vel vendendo res h.æreditarias, vel prædia colendo, locandove*: mais afin qu'il puiſſe réſulter une acceptation de quelqu'un de ces faits, il faut que l'héritier n'ait aucun autre droit, ni qualité, ni titre, & qu'il ait fait quelque choſe qu'il ne pouvoit pas faire, *citrà jus & nomen h.æredis*, ainſi que nous l'avons expliqué plus amplement dans le Traité des Teſtamens: cependant une ſimple immixtion de fait ſuffiroit; quoiqu'on n'eût pas obſervé les formalités preſcrites par les *art.* 35, 36 & 37 *du tit.* 2 de cette Ordonnance, comme nous l'avons remarqué ci-deſſus.

Il ſera cenſé avoir recueilli): Ce n'eſt pas qu'il ait recueilli en effet par une ſimple acceptation réſultante des ſeules paroles, ſans la poſſeſſion réelle; mais il eſt cenſé avoir recueilli, parcequ'il eſt revêtu de l'hérédité, & qu'il eſt aſſujetti aux charges héréditaires: voilà pourquoi il remplit la première diſpoſition: de manière

que

que le premier degré de ſubſtitution ſera compté après lui.

Encore qu'il eût révoqué leſdits actes): La révocation que le grevé pourroit faire des actes deſquels l'acceptation réſulte, n'empêcheroit pas que la première diſpoſition ne fût remplie, quand même il renonceroit à l'hérédité, ou la répudieroit, comme l'inſinue l'*art.* 37, en vertu d'un inventaire qui lui donneroit la faculté de répudier; vu que cela ne ſeroit pas capable d'effacer l'effet de l'acceptation expreſſe ou tacite: mais ſi l'héritier mineur qui avoit accepté expreſſément ou tacitement, ſe faiſoit reſtituer en entier, il ne rempliroit pas la première diſpoſition, à cauſe que la reſtitution en entier, qui s'accorde par voie de juſtice, & avec connoiſſance de cauſe, détruiroit l'acceptation avec tous ſes effets, & remettroit les Parties au même état où elles étoient avant l'acceptation.

Les effets de l'acceptation doivent ſubſiſter, encore que le grevé ſe déſiſte des demandes par lui faites en juſtice, ou qu'il les laiſſe périr, ou qu'il offre de rendre les biens ſubſtitués avec les fruits par lui perçus; parceque tout cela ſeroit volontaire de la part du grevé, & par conſéquent incapable d'effacer les effets de l'acceptation.

Soit pareillement obſervé dans chaque degré de ſubſtitutions): Ce qui eſt preſcrit par l'*art.* 36 à l'égard du grevé, afin que la première diſpoſition ſoit cenſée remplie avec les explications, doit être obſervé & appliqué à chaque degré de ſubſtitutions, lequel ſera cenſé rempli dans les mêmes cas, & ſous les mêmes conditions & qualifications, par chaque ſubſtitué, ainſi que nous l'avons obſervé ci-deſſus.

ARTICLE XXXVII.

Ceux qui ont répudié , ou font morts avant d'avoir accepté expreffément ou tacitement , ne font pas comptés pour remplir la première difpofition , ou les degrés de la Subftitution.

Lorfque le grevé de Subftitution aura renoncé à la difpofition faite en fa faveur, SANS S'ETRE IMMISCE' dans les biens fubftitués, OU QU'IL SERA MORT SANS L'AVOIR ACCEPTE'E, ni expreffément , ni tacitement , fuivant ce qui eft porté par l'article précédent, LE SUBSTITUE' DU PREMIER DEGRE' EN PRENDRA LA PLACE, enforte que les degrés de Subftitutions ne feront comptés qu'après lui, & dans les mêmes cas de renonciation , ou d'abftention d'un des fubftitués ; il ne fera point cenfé avoir rempli un degré , & celui qui fera appelé après lui prendra fa place, le tout, ENCORE QUE LA RENON-CIATION ou l'abftention dudit grevé ou dudit fubfti-tué , N'EUT PAS E'TE' GRATUITE.

L A difpofition de cet article porte en fubftance, que quand le premier grevé renonce, ou meurt avant que d'avoir accepté expreffément ou tacitement, il ne fera pas nombre, le pre-mier fubftitué prendra fa place, & les degrés de fubftitutions ne feront comptés qu'après lui, c'eft-à-dire, après le premier fubf-titué qui prendra la place de celui qui fera appelé pour recueil-lir la première difpofition.

Et dans le même cas de renonciation ou d'abftention d'un

des fubftitués, il ne fera point cenfé avoir rempli un degré ;
mais celui qui fera appelé après lui, prendra fa place : le tout
encore que la renonciation ou l'abftention du grevé, ou d'un
fubftitué ne foit pas gratuite.

Enforte que dans le cas où la répudiation de celui qui eft
appelé pour recueillir la première difpofition, rend la difpofition
caduque, le renonçant n'eft pas compté pour faire nombre,
& la première difpofition n'eft remplie, que par le premier fubftitué, qui recueille ou qui accepte expreflément ou tacitement,
comme le porte l'*art.* 36 ; voilà pourquoi la fubftitution doit
parvenir fur la tête de deux autres perfonnes fucceflivement ;
parceque dans ce cas le premier fubftitué prend la place de
celui qui eft appelé à la première difpofition, qui a renoncé.

De même, lorfque la renonciation ou la répudiation eft faite
par un des fubftitués, après que la première difpofition a été acceptée, le fubftitué fubféquent prend fa place ; celui qui renonce ne fait pas nombre, & la fubftitution doit parcourir fucceflivement deux têtes, & ne devient caduque que quand la
difpofition a été recueillie par un premier appelé, & par deux
fubftitués : enforte qu'il faut néceflairement trois perfonnes qui
aient recueilli fucceflivement, pour évacuer la difpofition principale, & les deux degrés de fubftitutions.

Il réfulte aflez clairement de la difpofition de cet article,
qu'afin qu'un fubftitué vulgaire foit exclu, il faut que l'héritier
qui a furvécu au teftateur, ait déclaré fa volonté pendant fa
vie, & qu'il ait accepté expreflément ou tacitement ; & s'il décède fans avoir fait quelque acte d'héritier exprès ou tacite ; ainfi
qu'il eft expliqué dans l'*art.* 36 de ce titre, la fubftitution vulgaire ne fera pas éteinte, & le fubftitué fera admis nonobftant
la maxime *le mort faifit le vif*, *fuivant Papon dans fes Notaires*,
tom. I, p. 557 *& fuiv.* & fans examiner fi le premier appelé eft
héritier *fien* ou étranger.

Lorfque le grevé de fubftitution aura renoncé) : C'eft-à-dire,
aura répudié la difpofition faite en fa faveur, auquel cas fa perfonne fera retranchée de la difpofition, & elle fera regardée
comme non-écrite ; parceque la répudiation a un effet retroactif

B b 2

au jour de la mort du teftateur, vu que *quod repudiatur retrò noftrum non fuiffe intelligitur* , *l.* 34 , *ff. ad leg. aquil.*

Sans s'être immifcé): Ces paroles font très-remarquables. Elles donnent à entendre que la renonciation ou répudiation ne retranche le renonçant & n'empêche de faire nombre, que quand il n'a pas accepté expreffément ou tacitement, ainfi qu'il eft expliqué par l'*art.* 36. Voilà pourquoi s'il a accepté, la renonciation ou répudiation qui eft faite, n'empêche pas que la perfonne qui répudie après-coup , même avec inventaire , ne doive faire nombre pour remplir la première difpofition, ou la fubftitution, fuivant la *loi* 4 , *cod. de repudianda hæreditate* , qui décide que quand un majeur a accepté, il n'eft plus recevable à répudier.

Le fubftitué du premier degré en prendra la place): C'eft-à-dire , que le cas de la répudiation de l'héritier ou de celui qui eft appelé pour recueillir la difpofition en premier rang, n'entre point en compte ; mais la première difpofition paffe fur la tête du premier fubftitué qui prend fa place ; pourvu qu'il accepte expreffément ou tacitement, & la première difpofition n'eft remplie que par le fubftitué qui accepte le premier , felon le rang de fa vocation : Voilà pourquoi les degrés de fubftitution ne feront comptés qu'après lui, de la même manière que s'il avoit été appelé en premier rang ; parceque la répudiation ou renonciation retranche le renonçant de la difpofition.

Mais fi les créanciers du grevé ou du préfubftitué qui auroient renoncé, demandoient d'être reçus à accepter la première difpofition ou la fubftitution, à la place du débiteur pendant fa vie, ils y feroient reçus, & ce nonobftant la renonciation, le renonçant devroit faire nombre, à caufe que les créanciers prennent fa place, & rempliffent fon degré, fuivant l'*art.* 38 de ce titre.

Ou qu'il fera mort fans l'avoir acceptée): Comme le droit du grevé, & celui d'un des fubftitués, fe réduit à un fimple ufufruit, lorfque le grevé ou quelqu'un des fubftitués décèdent fans avoir accepté expreffément ou tacitement la première difpofition ou la fubftitution, leur droit eft éteint, & celui qui eft

appelé après le renonçant prend ſa place, & les degrés de ſubſtitutions ne ſeront comptés qu'après le renonçant, qui eſt retranché de la diſpoſition; comme auſſi les créanciers de celui qui eſt
mort ſans avoir accepté expreſſément ou tacitement, ne peuvent pas exercer leurs créances ſur les biens ſubſtitués, quand
même la ſubſtitution ne ſeroit pas inſinuée, comme je l'ai dit
ſur l'*art.* 32 *du tit.* 2 de cette Ordonnance; parceque les créances établies ſur le grevé ou ſur le premier ſubſtitué ne peuvent
faire impreſſion ſur les biens ſubſtitués, qu'autant qu'ils auront
accepté expreſſément ou tacitement pendant leur vie, autrement
ils doivent être conſidérés comme s'ils n'avoient pas été appelés.

Encore que la renonciation ...... *n'eût pas été gratuite*): Ceci
eſt fondé ſur la loi *Fuit quæſtionis* 24, *ff. de acquir. vel. omitt.
hæred.* qui décide que celui qui répudie moyennant un certain
prix, ne laiſſe pas de faire place à celui qui vient après. Il en
ſeroit autrement s'il s'agiſſoit d'une renonciation *in favorem*, &
d'un tranſport du droit en faveur d'un tiers, auquel cas le renonçant devroit être compté; parcequ'une renonciation de
cette qualité renferme une acceptation.

ARTICLE XXXVIII.

Les créanciers du grevé ou des substitués, ont le droit d'accepter à leur place, auquel cas ceux dont les créanciers ont été admis à faire valoir leurs droits, sont comptés.

N'ENTENDONS NÉANMOINS QUE LA DISPOSITION DE L'ARTICLE PRÉCÉDENT, puisse avoir lieu dans le cas où les créanciers du grevé ou du substitué, AUROIENT ÉTÉ ADMIS A ACCEPTER la disposition faite à son profit, ou à demander l'ouverture de la Substitution au lieu de leurs débiteurs, POUR JOUIR PENDANT SA VIE DES BIENS SUBSTITUÉS, auquel cas les degrés de Substitution seront comptés, comme s'il avoit recueilli lui-même lesdits biens.

SUIVANT le Droit Romain, les créanciers ne pouvoient se plaindre des actes faits par leur débiteur, que quand il aliénoit en fraude ce qui lui apartenoit, & non lorsqu'il négligeoit d'acquérir ; parceque, comme dit *la loi 6, ff. quæ in fraudem creditor.* l'Edit qui pourvoit aux fraudes pratiquées par les débiteurs envers leurs créanciers, ne regarde pas ceux qui négligent ou refusent d'acquérir, mais seulement ceux qui diminuent leur patrimoine : *Pertinet Edictum ad diminuentes patrimonium suum, non ad eos qui id agunt ne locupletentur.* Mais par le Droit François, les créanciers peuvent se plaindre des actes à eux préjudiciables, dans l'un & l'autre cas, suivant *MM. Louet & Brodeau, lettre R, somm.* 19, 20 & 21 ; *Bacquet, des Droits de Justice, ch.* 21, *n.* 357 *& suivans ;* Charondas, *liv. X, rep.* 51 & 78 ; *M. de*

Catellan, liv. II, ch. 69, & les autres Auteurs. Notre article
ſuppoſe cet uſage, & que les créanciers peuvent demander d'être
reçus à accepter un droit négligé ou répudié par leur débiteur,
lorſque la négligence ou la renonciation leur eſt préjudiciable.

C'eſt en conſéquence de cet uſage que Sa Majeſté déclare, dans
cet article, n'entendre que la diſpoſition de l'article précédent
puiſſe avoir lieu dans le cas où les créanciers du grevé ou du
ſubſtitué auroient été admis à accepter la diſpoſition faite à ſon
profit, ou à demander l'ouverture de la ſubſtitution à la place
de leurs débiteurs, pour jouir pendant ſa vie des biens ſubſtitués; auquel cas les degrés de ſubſtitutions ſeront comptés, comme s'il avoit recueilli lui-même leſdits biens.

Voilà pourquoi, ſoit que le grevé ou un ſubſtitué ait renoncé,
ſoit qu'il néglige ou diffère d'accepter la première diſpoſition,
ou de demander l'ouverture de la ſubſtitution, les créanciers du
grevé ſont fondés à demander d'être reçus à accepter à leurs
riſques la première diſpoſition, ou à demander l'ouverture de la
ſubſtitution, en exerçant les droits de leurs débiteurs, pour
jouir des biens de la même manière que leurs débiteurs auroient
pu le faire, s'ils avoient accepté, ou demandé à leur profit
l'ouverture de la ſubſtitution; auquel cas l'action & les diligences des créanciers du chef de leur débiteur, doivent produire
le même effet, que ſi elles euſſent été faites par le débiteur lui-
même: enſorte que l'acceptation ou la demande en ouverture
de la ſubſtitution de la part des créanciers, devra ſervir à remplir la première diſpoſition ou le degré de ſubſtitution, tout
comme s'il avoit recueilli lui-même.

La raiſon eſt, parceque les diligences faites par les créanciers
du chef, & en exerçant les actions de leur débiteur, doivent
être conſidérées de la même manière que ſi le grevé ou le ſubſtitué les avoit faites.

*N'entendons néanmoins que les diſpoſitions de l'article pré-
cédent*): Qui veut que quand le grevé de ſubſtitution aura renoncé, ou qu'il ſera mort ſans avoir accepté, le ſubſtitué du
premier degré prendra ſa place: mais lorſque les créanciers ſe
font admettre à accepter la diſpoſition faite en faveur de leur

débiteur, ils doivent jouir pendant la vie du débiteur; celui qui est appelé après lui n'en prend pas la place, & il ne peut profiter de la précédente disposition, qu'après que le droit des créanciers aura pris fin par la mort de leur débiteur : Mais afin que les créanciers puissent exercer les droits de leurs débiteurs à cet égard, il faut qu'ils agissent tandis que le débiteur est en vie, & que son droit subsiste ; car après sa mort les créanciers n'ont aucun droit à exercer du chef de leur débiteur, comme se trouvant éteint, & ne pouvant être considéré que comme un usufruit: ce qui résulte clairement de l'*art.* 39 de ce titre. Ce qui doit avoir lieu non-seulement pour l'avenir, mais encore pour le passé ; vû que dans ce cas le droit du débiteur ne peut être utilement exercé que durant sa vie.

Auroient été admis à accepter): Ceci suppose, comme nous l'avons dit, l'usage du Royaume, qui abroge à cet égard le Droit Romain, lequel usage admet les créanciers à exercer les droits de leur débiteur, & qui empêche toute renonciation ou répudiation, non-seulement lorsque ce qui est fait par le débiteur, tend à diminuer son patrimoine ; mais encore lorsqu'il refuse ou néglige de demander la libéralité faite en sa faveur.

Pour jouir pendant sa vie des biens substitués): Quoique la propriété des biens substitués réside sur la tête du possesseur, qui en jouit, soit comme héritier ou comme premier substitué, toutefois la jouissance du grevé n'est considérée que comme un usufruit, lorsque par événement la condition attachée à la restitution du fidéicommis arrive ; parceque l'événement de la condition résoud le droit du grevé, suivant la *loi dernière*, §. 3, *comm. de legatis*, & le fait considérer comme un simple usufruit.

'ARTICLE

ARTICLE XXXIX.

Les héritiers, créanciers, ou ayant cauſe de celui qui aura renoncé, ou qui ſera mort ſans avoir accepté expreſſément ou tacitement, ne peuvent exercer aucun droit ſur les biens ſubſtitués, au préjudice de ceux qui ſeront appelés après eux.

Voulons au ſurplus, que LES HERITIERS, AYANT CAUSE, OU CREANCIERS de celui qui aura renoncé à la diſpoſition ou à la ſubſtitution faite en ſa faveur, ou qui ſera mort ſans l'avoir acceptée expreſſément ou tacitement, & ſans que les créanciers aient été admis à l'acceptation pour lui, NE PUISSENT EXERCER AUCUNS DROITS SUR LES BIENS SUBSTITUE'S AU PREJUDICE DE CEUX QUI SERONT APPELE'S APRE'S LUI A LA SUBSTITUTION.

Lorsque le grevé, ou un ſubſtitué, renonce ou répudie, ou bien s'il vient à décéder avant d'avoir accepté ou reconnu expreſſément le droit à lui déféré, il fait place au ſubſtitué qui vient immédiatement après, lorſque les créanciers n'ont pas été admis à l'acceptation, par le renonçant pendant ſa vie, ainſi qu'il eſt porté par les articles précédens.

Mais dans le cas de la renonciation, ou de la mort du grevé ou d'un ſubſtitué ſans avoir accepté, ſes héritiers, ayant cauſe, ou créanciers, auront-ils quelque droit à exercer ſur les biens ſubſtitués, au préjudice de ceux qui ſeront appelés en ſous-ordre à la ſubſtitution ? Cet article décide cette difficulté pour la négative, lorſqu'il dit que les héritiers, ayant cauſe, ou créanciers de celui qui aura renoncé à la diſpoſition, ou à la ſubſtitution, ou

C c

qui fera mort, fans l'avoir acceptée expreſſément ou tacitement, & fans que les créanciers aient été admis à l'acceptation pour lui, ne pouront exercer aucuns droits fur les biens fubſtitués, au préjudice de ceux qui feront appelés après lui à la fubſtitution.

Les héritiers ayant cauſe) : Les héritiers de celui qui a renoncé, ou qui eſt mort fans avoir accepté, n'ont aucun droit à exercer, non-feulement quant à la propriété, parcequ'elle eſt réſolue par la renonciation, ou par la mort ; mais encore pour les fruits pour le paſſé & pour l'avenir, parceque d'un côté fa renonciation le rend étranger à la diſpoſition, qui eſt cenſée ne lui avoir jamais été déférée, à cauſe de l'effet rétroactif de la renonciation : & d'autre part la mort du grevé, fans avoir accepté, refoud entiérement fes droits pour l'avenir ; & comme le fubſtitué ne peut prétendre les fruits, que depuis que la remiſe lui aura été faite volontairement du fidéicommis, finon depuis la demande judiciaire en ouverture, & en délivrance du fidéicommis, fuivant l'*art.* 40 de ce titre, lorfque le fubſtitué meurt fans avoir accepté, il n'a aucuns fruits à demander pour le paſſé ; par conféquent, fes héritiers n'ont aucune action à exercer pour les fruits échus, ni pour les fruits à venir, à cauſe que la mort refoud tout le droit du fubſtitué, lefquels fruits devront appartenir aux héritiers du grevé, lorfqu'il aura fatisfait à ce qui eſt porté par les *art.* 35, 36 & 37 *du tit.* 2 de la préſente Ordonnance, finon ces fruits appartiendront au fubſtitué qui recueillera le premier le fidéicommis en conformité de l'*art.* 41 du même *tit.* 2.

Ou créanciers): Ce que nous venons de dire par rapport aux héritiers, doit être appliqué aux créanciers du grevé ou du fubſtitué qui a renoncé, ou qui eſt mort fans avoir accepté expreſſément ou tacitement, lorfque les créanciers ne fe font pas fait admettre à l'acceptation pendant la vie du grevé ou du fubſtitué. Les créanciers dans ce cas n'ont aucune action à exercer après la mort du grevé ou du fubſtitué ; parcequ'ils ne peuvent exercer que les droits de leur débiteur ; & s'il n'en a acquis aucun pendant fa vie, fes créanciers n'ont rien à prétendre après fa mort fur les biens fubſtitués, non-feulement quant à la propriété qui fe trouve réſolue, mais encore quant aux fruits qui n'ont pu appartenir au débiteur, qu'autant que la remiſe du fidéicommis lui auroit été faite volontairement, ou qu'il auroit formé en juſtice la demande en ouverture, & en remiſe du fidéicommis après ſon échéance.

Ne puiſſent exercer aucuns droits ſur les biens ſubſtitués): Soit pour la propriété, ſoit pour les fruits depuis l'échéance du fidéicommis, avant ou après la mort du grevé, ou du ſubſtitué par les raiſons expliquées ci-deſſus.

Au préjudice de ceux qui ſeront appelés après lui à la ſubſtitution): Lorſque la ſubſtitution aura paſſé ſur la tête de ceux qui ſont appelés après le grevé, ou le ſubſtitué qui aura renoncé, ou qui ſera mort ſans avoir accepté expreſſément ou tacitement, ils ne pourront être troublés en aucune façon par les héritiers ou par les créanciers de celui qui étoit appelé à la première diſpo-ſition, ou à la ſubſtitution avant ceux qui ont recueilli en rang ſubordonné, & les héritiers ou créanciers du premier appelé n'auront aucune action à exercer ſur les biens dépendans du fi-déicommis.

Après la mort tout eſt conſommé, & le droit eſt acquis au ſubſtitué appelé ſubordonnément, & les créanciers ou ayant cauſe ne peuvent exercer les droits de leur débiteur que pendant ſa vie, non après ſa mort.

Notre article renferme une diſpoſition nouvelle, qui déroge à la juriſprudence antérieure. On jugeoit qu'au moment de l'é-chéance de la ſubſtitution, le ſubſtitué étoit ſaiſi de droit, & que ſes créanciers pouvoient faire valoir leurs créances ſur les biens ſubſtitués, quand la ſubſtitution n'étoit pas inſinuée, quoique le ſubſtitué n'eût pas accepté expreſſément ou tacitement la ſubſti-tution. Aujourd'hui cela n'eſt plus permis, & les créanciers, non plus que les héritiers du ſubſtitué, ne peuvent exercer au-cun droit ſur les biens ſubſtitués, *au préjudice de ceux qui ſont appelés après lui à la ſubſtitution ;* comme le porte notre article.

ARTICLE XL.

Le fidéicommiſſaire n'eſt point ſaiſi de droit : il doit demander & obtenir la délivrance, autrement il ne peut intenter aucune action contre les tiers poſſeſſeurs, & les fruits ne lui ſeront dus que du jour de la remiſe volontaire, ou de la délivrance.

.Le fidéicommiſſaire, même à titre univerſel, NE SERA POINT SAISI DE PLEIN DROIT, encore que la ſubſtitution eût été faite EN LIGNE DIRECTE, mais il ſera tenu d'OBTENIR LA DELIVRANCE OU LA REMISE du fidéicommis, ET LES FRUITS NE LUI SERONT DUS en conſequence dudit fidéicommis que du jour de l'acte par lequel l'exécution de la ſubſtitution aura été conſentie, ou de la demande qu'il aura formée à cet effet, SANS QU'IL PUISSE EVINCER LES TIERS POSSESSEURS des biens compris dans la ſubſtitution, qu'après avoir obtenu ladite délivrance ou remiſe, & avoir ſatisfait à ce qui ſera preſcrit par les articles 35, 36 & 37 du titre ſecond de la préſente Ordonnance.

LES diſpoſitions de cet article ſont très-importantes, parcequ'elles font ceſſer pluſieurs queſtions diverſement jugées dans les différens tribunaux ſupérieurs du Royaume.

La première, ſi le fidéicommiſſaire deſcendant ou étranger, eſt ſaiſi de plein droit en vertu de la maxime *le mort ſaiſit le vif,* ou s'il doit demander la délivrance, ſoit qu'il s'agiſſe d'un fidéicommis univerſel de l'hérédité, ou particulier.

La ſeconde, ſi le fidéicommiſſaire peut demander les fruits depuis le décès du teſtateur, ou depuis l'inſtance en ouverture du fidéicommis ſeulement.

La troiſième, ſi le fidéicommiſſaire peut intenter l'action réelle contre les tiers poſſeſſeurs, avant d'avoir obtenu la délivrance avec les héritiers du grevé, ou la remiſe volontaire du fidéicommis.

Cet article veut, 1.ᵉ que le fidéicommiſſaire, même à titre univerſel, ne ſoit point ſaiſi de plein droit, encore que la ſubſtitution ſoit faite en ligne directe, mais qu'il ſoit tenu de demander la délivrance ou la remiſe du fidéicommis.

2.º Que les fruits ne ſoient dus au fidéicommiſſaire en conſéquence du fidéicommis, quoique échu, que du jour que la remiſe en aura été faite volontairement, ou de la demande qu'il aura formée en juſtice à cet effet : c'eſt-à-dire, depuis l'interpellation judiciaire en ouverture ou délivrance du fidéicommis.

3.º Qu'avant d'avoir obtenu la délivrance ou la remiſe, le fidéicommiſſaire ne puiſſe intenter aucune action pour évincer les tiers poſſeſſeurs des biens compris dans les ſubſtitutions, & avoir ſatisfait à ce qui eſt preſcrit par les *art.* 35, 36 & 37 *du tit.* 2 de la préſente Ordonnance.

Ne ſera point ſaiſi de plein droit) : C'étoit une grande queſtion diverſement décidée par les Auteurs, & jugée par les Arrêts, ſi le fidéicommiſſaire univerſel étoit ſaiſi de plein droit, des actions dépendantes du fidéicommis, & s'il pouvoit les exercer avant d'avoir obtenu la remiſe du fidéicommis, ou la délivrance ; ſur quoi on peut voir *M. Maynard, liv. VIII, ch.* 88 ; *M. Corras, in Centur, cap.* 90 ; *Ferrières, ſur la queſt.* 496, *de G. P. Chopin, ſur la Cout. de Paris, lib.* 3, *tit.* 1, *n.* 10 ; *Papon, dans ſon premier not. p.* 601 ; *Boer. déciſ.* 156 ; *& Mornac, ſur la loi miles* 30, *ff. in quib. cauſ. major. in integr. reſtit.* Mais ce doute ceſſe aujourd'hui, vu qu'il eſt nettement réſolu par cet article ; mais quoique le fidéicommiſſaire ne ſoit pas par ſaiſi de plein droit à l'effet de pouvoir intenter les actions héréditaires, comme notre article le décide, il ne laiſſe pas d'être ſaiſi de la propriété des biens, du ſoit d'accepter le fidéicommis échu, & de tranfmettre ce droit à fes héririers, lorfqu'après avoir furvécu au grevé, il décède fans avoir formé la demande en ouverture & délivrance du fidéicommis ; parcequ'il faut diftinguer l'exercice des actions, & la poffeffion réelle qui dépendent de la remife volontaire, ou de la déclaration du juge fur l'ouverture & délivrance du fidéicommis, d'avec la faculté de tranfmettre le droit de demander le fidéicommis échu & acqui, lorfque le fidéicommiffaire qui n'a point de fubftitué fubordonné, & qui a furvécu au grevé, décède avant d'avoir intenté en juftice l'action en ouverture & délivrance du fidéicomms, ou que ce droit paffe à fes héritiers en vertu de la maxime *le mort faifit le vif.*

En ligne directe): Le fidéicommiffaire n'eft point faifi de plein droit, foit qu'il s'agiffe de la difpofition d'un collatéral ou étranger, ou d'un afcendant, fans diftinguer s'il eft univerfel ou particulier : fauf néanmoins le droit de tranfmiffion, ainfi que nous venons de l'expliquer, lorfque le fidéicommiffaire qui n'eft pas obligé de rendre à un autre, furvit au grevé, ou à l'échéance du fidéicommis.

Obtenir la délivrance ou la remife): Ces deux termes fignifient deux chofes différentes. La remife indique la reftitution du fidéicommis qui eft faite volontairement par le grevé ou fes héritiers, & la délivrance indique la Sentence du Juge qui déclare le fidéicommis ouvert, & qui maintient le fidéicommiffaire aux biens & droits dépendans du fidéicommis. Par l'ancien droit Romain la formalité de la remife ou reftitution du fidéicommis étoit néceffaire, afin que le fidéicommiffaire d'une hérédité fût faifi de la propriété ; mais après la remife ou reftitution, le fidéicommiffaire devenoit propriétaire de tous les biens & droits, même avant d'avoir pris la poffeffion, *l.* 63, *ff. ad S. C. Trebell.* Mais, felon les loix poftérieures de l'Empereur Juftinien, la propriété des legs paffoit *recta via,* fur la tête des légataires, au moment de leur échéance, *l.* 80, *ff. de leg.* 2, & *l.* 64, *ff. de furtis,* & l'Empereur Juftinien ayant égalé les fidéicommis aux legs & *vice versâ,* *l.* 1. *ff. de leg.* 1, & ayant d'ailleurs attaché aux uns & aux autres l'action *rei vindicationis,* qui fuppofe la

propriété, *l. 1, comm. de leg.* il eſt clair que la propriété des fidéicommis même univerſels, étoit acquiſe au fidéicommiſſaire avant
la remiſe; mais notre article a rétabli la diſpoſition du Droit
Romain ancien, & lui a donné la préférence ſur le nouveau.

Et les fruits ne lui ſeront dus): Il y avoit diverſité de Juriſprudence ſur la queſtion de ſavoir de quel jour les fruits devoient
être adjugés au fidéicommiſſaire, ou du jour de l'échéance du
fidéicommis par la mort du grevé, ou par l'arrivée de la condition, ou bien depuis l'inſtance en ouverture ou délivrance du
fidéicommis.

Le Parlement de Touloule jugeoit en conformité de la loi
In fideicommiſſariâ 18, *ff. ad S. C. Trebell.* que le fidéicommiſſaire ne pouvoit prétendre les fruits que depuis l'inſtance en
ouverture de la ſubſtitution. Au contraire, le Parlement de Paris
avoit rendu des Arrêts qui les adjugeoit depuis l'échéance du
fidéicommis. Notre article adopte à cet égard, & confirme la
Juriſprudence du Parlement de Toulouſe. Il ajoute que les fruits
ſont dus au fidéicommiſſaire, du jour de l'acte, par lequel l'exécution de la ſubſtitution aura été conſentie, c'eſt-à-dire, du jour
auquel le grevé ou ſes héritiers auront fait volontairement la
remiſe ou la reſtitution du fidéicommis : ce qui eſt conforme à
l'eſprit du Droit Romain. Mais il faut prendre garde que la reſtitution ou la remiſe du fidéicommis pouvoit être faite, ſoit par
les paroles contenues dans un acte, ſoit par le fait, ce qui arrivoit lorſque le grevé ou ſes héritiers avoient permis au fidéicommiſſaire de ſe metre en poſſeſſion des biens du fidéicommis
en tout ou en partie, dans la vue de reſtituer le fidéicommis :
*Reſtituta hæreditas videtur, aut re ipſâ, ſi fortè paſſus eſt hæres
poſſideri res hæreditarias, vel totas, vel aliquas earum, hac
mente ut vellet reſtituere, & ille ſuſcipere : non ſi ex alia cauſâ
putavit ſe poſſidere...... ſed & ſi verbo dixit ſe reſtituere, vel
per epiſtolam, vel per nuncium reſtituet, audietur; l. reſtituta* 37,
ff. ad S. C. Trebell.

Il eſt remarquable que les actes de remiſe ou de reſtitution
volontaire du fidéicommis, ne ſont pas du nombre de ceux dont

l'*art.* 53 *du tit.* 2, exige l'homologation au Parlement, afin qu'ils puissent être exécutés.

Sans qu'il puisse évincer les tiers possesseurs): Avant cette Ordonnance, on accumuloit par la Jurisprudence du Parlement de Touloufe, la demande en ouverture d'une subftitution, avec celle qui tendoit à évincer les tiers possesseurs, & il n'étoit pas nécessaire d'avoir obtenu la remise ou la délivrance : on avoit la liberté d'intenter les actions contre les tiers possesseurs, sans avoir besoin d'appeler les héritiers du grevé pour faire ordonner la délivrance ; mais sur la simple demande formée par un subftitué contre des tiers possesseurs. Le Parlement de Touloufe & les autres Juges de son reffort prononçoient sur l'ouverture de la subftitution, & sur le défiftat des biens dépendans du fidéicommis, qui se trouvoient au pouvoir des tiers acquéreurs ; ce qui étoit une suite de l'action *rei vindicationis*, que l'Empereur Juftinien avoit attachée à tout fidéicommis par *la loi* 1 ,*cod. comm. de leg. & fideicomm.* & cette pratique étoit conforme au droit nouveau.

Aujourd'hui on ne peut pas procéder de même ; mais lorfque le subftitué n'a pas obtenu la remise volontaire, ou la reftitution du fidéicommis de la part du grevé, ou de ses héritiers, il faut qu'il y ait un jugement qui ordonne la délivrance, afin que le subftitué puisse intenter l'action tendante à évincer les tiers possesseurs ; parceque ce n'eft que par la délivrance faite volontairement, ou ordonnée par juftice, que l'action contre les tiers acquéreurs peut être intentée par le subftitué, & non plus tôt, suivant le Droit Romain, qui exigeoit la remise pour transférer les actions au subftitué. On ne peut donc pas aujourd'hui mêler les tiers possesseurs dans l'inftance en ouverture de la subftitution, laquelle doit être traitée & jugée entre le demandeur en ouverture, & les héritiers du grevé, avant que le subftitué puisse exercer utilement ses actions contre les tiers acquéreurs, ou possesseurs des biens dépendans du fidéicommis ; il faut encore que le subftitué ait fatisfait à ce qui eft prefcrit par les *art.* 35, 36 & 37 *du tit.* 2 de la préfente Ordonnance ; sans quoi toute action doit être

être déniée au ſubſtitué contre les tiers poſſeſſeurs. Mais après le Jugement qui ordonne l'ouverture, le ſubſtitué poura intenter ſon action contre les tiers acquéreurs, même avant que les détractions n'aient été liquidées, ſauf néanmoins que les tiers acquéreurs doivent demeurer en poſſeſſion, en attendant que la liquidation des détractions ſoit faite, ſuivant *M. Maynard, liv. V, ch. 54; & M. Dolive, liv. V, ch. 23, aux addit.* & comme les aliénations doivent tenir à concurrence du montant des détractions que le grevé a droit de faire en propriété, elles demeureront irrévocables autant qu'elles ſeront dans les bornes des détractions, & le fidéicommiſſaire ne poura les révoquer qu'à concurrence de l'excédent.

Il faut encore prendre garde qu'avant la remiſe volontaire, ou le jugement qui ouvre le fidéicommis, le ſubſtitué ne peut intenter aucune action contre les débiteurs héréditaires, ces actions demeurant ſur la tête du grevé, *l. 4, cod. ut in poſſeſ. leg. Buſſet, tom I, liv. V, tit. 9, ch. 8.*

Du reſte, nous examinerons ſur l'*art. 47 du tit. 2,* devant quel Juge la demande en ouverture & en délivrance du fidéicommis, doit être intentée, ſelon les différentes circonſtances.

D d

ARTICLE XLI.

La Liquidation des détractions, ou la distinction des biens libres avec les subflitués, doit être faite sur la tête des héritiers du grevé.

LORSQU'IL ECHERRA DE PROCEDER A LA DISTINCTION DES BIENS LIBRES, ET DES BIENS SUBSTITUÉS, ET A LA LIQUIDATION DES DETRACTIONS, LES HERITIERS REPRÉSENTANS, OU AYANT CAUSE DE L'AUTEUR DE LA SUBSTITUTION, OU DE CELUI QUI EN ETOIT chargé, auront la jouiffance provifoire DES BIENS FAISANT PARTIE DE LA SUCCESSION, jufqu'à ce que lefdites diftinctions & liquidations aient été faites. A L'EFFET DEQUOI LES JUGES REGLERONT LE DELAI DANS LEQUEL IL SERA PROCEDÉ ET APRÈS L'EXPIRATION DUDIT DELAI, ILS POURONT ORDONNER QUE CELUI QUI AURA DROIT AUX BIENS SUBSTITUÉS, fera MIS EN POSSESSION DE TOUT OU PARTIE defdits biens, OU Y POURVOIR AUTREMENT, AINSI QU'IL APPARTIENDRA, SUIVANT L'EXIGENCE DES CAS.

DE tous les articles dont l'Ordonnance de 1747 eft compofée, il n'y en a aucun qui ait autant de profondeur que celui-ci; aufli n'eft-il pas facile de pénétrer l'efprit de toutes les difpofitions qu'il renferme, parcequ'il fuppofe des connoiffances que l'on n'a pas communément, & qu'il diftingue des chofes vraiment différentes, & dont la diftinction n'étoit pas aperçue.

Quand il s'agit de prononcer l'ouverture d'une fubftitution échue, les tribunaux devant lefquels la conteftation eft portée,

déclarent la ſubſtitution ouverte, ſauf les détractions, & impu-
tations telles que de droit. C'étoit l'ancienne forme de prononcer du Parlement de Touloufe, & des Juges de ſon reſſort : ſi bien que quand la réſervation des détractions ne ſe trouveroit pas dans le Jugement ou Arrêt, elle devroit être ſous-entendue, comme le remarque fort bien *M. Dolive, liv. v, ch. 7, aux addit. in fine,* parceque le ſubſtitué eſt toujours maintenu à la charge des détractions.

Cet article reſoud toutes les difficultés qui étoient agitées, & diverſement jugées auparavant ſur cette matière. Il veut que lorſqu'il écherra de procéder à la diſtinction des biens libres, & des biens ſubſtitués, les héritiers repréſentans, ou ayant cauſe de l'auteur de la ſubſtitution, ou de celui qui en étoit chargé, doivent avoir, par proviſion, la jouiſſance des biens ſubſtitués, faiſant partie de la ſucceſſion, juſqu'à ce que les diſtinctions & liquidations aient été faites.

Et pour cet effet les Juges doivent régler le délai dans lequel il y ſera procédé : & après l'expiration de ce délai, ils pourront ordonner que celui qui aura droit aux biens ſubſtitués, ſera mis en poſſeſſion de tout ou de partie des biens ſubſtitués; ou y pourvoir autrement, ainſi qu'il appartiendra, ſuivant l'exigence des cas.

Pour bien entendre cet article, il eſt néceſſaire de connoître ce qui ſe jugeoit, ou qui étoit en controverſe auparavant. On ne connoiſſoit point au Parlement de Touloufe la diſtinction que notre article marque bien préciſément, entre la liquidation des détractions, & la ſéparation ou diſtinction des biens libres d'avec les ſubſtitués ; on comprenoit tout cela ſous la déſignation des détractions : mais notre article entre dans une préciſion bien plus exacte, en faiſant deux claſſes différentes de la diſtinction des biens libres d'avec les ſubſtitués, & de la liquidation des détractions: par où il donne à entendre que la diſtinction ou ſéparation des biens doit ſignifier quelque choſe de différent de la liquidation des détractions; ce qui donne un grand jour à cette matière, & rémédie à divers inconvéniens qui réſultoient de la confuſion où l'on tomboit en comprenant toutes les opérations qu'il y auroit à faire sous la désignation de la liquidation des détractions.

Par l'ancienne jurisprudence du Parlement de Toulouse, lorsque le grevé étoit descendant du testateur, & le substitué collatéral ou étranger, quand la substitution étoit échue, les héritiers du grevé étoient saisis du droit qui avoit appartenu à leur auteur, à prendre en espèce ou corps héréditaire, comme la légitime du grevé, & la quarte Trébellianique, quand elle n'avoit pas été prohibée ; pareillement le substitué étoit saisi & maintenu au surplus des biens dépendans de la substitution, & dont le substituant avoit pu disposer : ensorte que les héritiers du grevé, & le substitué devoient jouir par provision, en attendant que la liquidation des détractions fût faite, chacun de la quotité qui devoit leur revenir en corps héréditaire, & pour cet effet les biens devoient être baillés à ferme, afin que chacun des intéressés perçût sa portion contingente des revenus, comme le remarque *Ferrières, sur la quest.* 496, *de Gui-Pape.*

Mais lorsque le substitué étoit descendant, il étoit saisi de l'entière hérédité substituée, & mis en possession en vertu du jugement qui prononçoit l'ouverture, sans laisser aux héritiers du grevé la possession des portions qu'il avoit à déduire, provenant de la légitime du grevé & de la quarte Trébellianique : par où ils étoient dépouillés par provision de la jouissance d'un bien dont la propriété leur appartenoit. *Ferrières, au lieu cité.*

M. *Maynard, liv. V, ch.* 54, s'éleva avec beaucoup de force contre une telle Jurisprudence, comme pleine d'injustice. Les raisons expliquées par cet Auteur furent goutées, & l'on jugea dans la suite, que même dans le cas d'un substitué descendant du testateur, le Jugement ou Arrêt portant l'ouverture de la substitution, ne donnoit pas au substitué le droit de se mettre en possession des biens substitués, & les héritiers du grevé saisis de l'hérédité de leur auteur, étoient conservés dans la possession de l'hérédité substituée, jusqu'à ce que la séparation des biens libres, & de ceux qui étoient compris dans la substitution, & la liquidation des détractions fussent faites : c'est ainsi qu'on le jugeoit conſtamment au Parlement de Touloufe, fuivant *M. de Cattelan , liv. II , ch.* 63 ; delà vient qu'on dit communément que la liquidation des détractions doit être faite indiſtinctement, & fans examiner la qualité du ſubſtitué, fur la tête des héritiers de l'héritier grevé. Et cette dernière Juriſprudence eſt autoriſée & confirmée par notre article qui la rend commune à tout le Royaume,& fait ceſſer par-là toute variété & diverſité d'opinions, & de manière de juger.

Lorſqu'il écherra de procéder à la diſtinction des biens libres & des biens ſubſtitués , & à la liquidation des détractions): Toutes les fois qu'il s'agit de la ſubſtitution d'une hérédité , ou de l'univerſalité des biens , il échoit , lorſque la ſubſtitution eſt déclarée ouverte, de faire la feparation & la diſtinction des biens qui doivent demeurer comme libres au grevé ou à ſes héritiers, & la liquidation des détractions, pour laiſſer aux héritiers du grevé les biens qui doivent leur revenir en corps héréditaire, & laiſſer pareillement au ſubſtitué les biens compris dans la ſubſtitution, à la charge par lui de rembourſer préalablement le montant des détractions en deniers, à raiſon deſquelles les héritiers du grevé, qui ſont en poſſeſſion de tout , ont le droit de retenir les biens qui ſe trouvent compris dans la ſubſtitution, comme étant affectés pour le montant des détractions.

Il eſt eſſentiel de remarquer deux choſes que notre article ne confond pas, quoique la plupart des Auteurs les euſſent con-fondues mal à propos: la première eſt la diſtinction ou la ſépara-tion des biens libres d'avec les ſubſtitués , & la ſeconde eſt la li-quidation des détractions.

La diſtinction des biens libres d'avec les ſubſtitués , regarde les biens en eſpèce, qui ne font pas compris efficacement dans la ſubſtitution, comme font les biens dont le teſtateur n'a pas diſpoſé en effet en faveur du ſubſtitué, & ceux dont il n'a pas pu diſpoſer. On doit mettre dans la première de ces deux claſſes; 1.º les biens que le ſubſtituant a laiſſés à fon héritier fans le charger de les rendre ; 2.º la trébellianique que la loi retran-che pour l'accorder à l'héritier grevé, lorſqu'elle n'a pas été prohibée expreſſément; car , ſuivant l'*art.* 60 de l'Ordonnance de 1735, il eſt défendu d'avoir égard à une prohibition tacite; 3.º les légitimes des enfans, à cauſe que la loi les retranche pareillement, & qu'elle ne permet pas au teſtateur d'en diſpoſer, les déclarant au contraire exemptes de toute charge, condition ou délai; *l. Omnimodo* 30, *l. quoniam in prioribus* 32, & *l. ſcimus* 36, §. 1, *cod. de inoffic. teſtam.* tant en propriété qu'en uſufruit, *ſuivant la Novelle* 18, *de l'Empereur Juſtinien, ch.* 3; 4.º la dot que la fille grevée de rendre, a le droit de ſe conſtituer en ſe mariant, & de prendre ſur les biens ſubſtitués; parceque tout cela eſt exclus ou retranché, ou non compris dans le fidéicommis, de la même manière que ſi l'héritier, ou l'héritière grevés avoient été chargés nommément & expreſſément de rendre ſeulement ce qui reſteroit dans l'hérédité, *ac ſi quod ſuperfuiſſet rogata eſſet reſtituere,* comme dit *la loi Mulier* 22, §. *cum proponeretur* 4, *ff. ad S. C. Trebell.* En un mot, il faut mettre dans cette claſſe tous les biens dont le teſtateur n'a pas la liberté de diſpoſer, ou dont il a diſpoſé ſpécialement en faveur de quelqu'autre, comme n'étant pas compris dans le fidéicommis, quelque univerſel qu'il puiſſe être par les paroles dont il eſt conçu : voilà pourquoi le fidéicommiſſaire n'a ni ne peut avoir aucune action *ex fideicommiſſo,* pour réclamer après l'ouverture, les biens de cette qualité, comme devant être mis dans la catégorie des biens libres dont le grevé peut diſpoſer à ſa volonté; car le fidéicommiſſaire n'a d'action que pour demander ce qui eſt réellement & efficacement compris dans le fidéicommis, non ce qui en eſt retranché, ou par la diſpoſition du teſtateur, ou par la force de la loi. Ce principe, qui eſt très-vrai, ſert à décider pluſieurs queſtions qui ſont controverſées & diverſement décidées par les Auteurs.

La liquidation des détractions dont notre article parle comme devant renfermer une opération diſtincte & ſeparée, de la diſtinction des biens libres d'avec les ſubſtitués, ne doit comprendre aucuns des biens dont je viens de faire l'énumération; parcequ'ils ſont l'objet d'une opération différente, bien diſtinguée & diverſifiée par l'Ordonnance : mais la liquidation des détractions ne peut pas avoir pour objet autre choſe, que ce qui eſt d'une nature & d'une qualité différente des biens qui doivent demeurer au grevé, auquel la propriété en appartient, comme ſont les frais funéraires du teſtateur, les dettes paſſives payées en argent, les legs payés auſſi en argent, les améliorations & autres de ſemblable qualité, qui doivent être pris ou répétés ſur les biens compris au fidéicommis, & dont la propriété eſt adjugée au fidéicommiſſaire en vertu du fidéicommis, à raiſon de quoi les héritiers du grevé ont le droit d'uſer de retention des biens ſubſtitués, juſqu'à ce qu'ils en ſoient payés & rembourſés, ſuivant les loix & l'*art. 9 du tit.* 27 de l'Ordonnance de 1667.

Quoique notre article ne parle pas des imputations à faire ſur les détractions que les héritiers du grevé peuvent prétendre, toutefois il n'y a point de doute qu'on ne doive faire les imputations pour diminuer à concurrence, le montant des détractions, parceque c'eſt l'effet naturel de l'imputation ou de la compenſation : ſi, par exemple, le grevé a levé des capitaux héréditaires ; s'il s'eſt ſervi des deniers qu'il a trouvés dans l'hérédité ſubſtituée ; s'il a commis des détériorations ; s'il a laiſſé dépérir les effets compris dans la ſubſtitution, ou s'il a fait des aliénations qui prennent ſur les biens ſubſtitués, il doit en donner compte, ſuivant la loi *Si heres* 70, §. 1, *ff. ad S. C. Trebell.* & le montant de tout cela doit être imputé ſur les détractions, & diminué par la compenſation qui ſe fait de plein droit, du moment que les ſommes ſe rencontrent, comme le décident pluſieurs loix, & le §. 30, *inſtit. de actionib.*

Mais il faut prendre garde, que quand le grevé a certaines portions en propriété ſur l'hérédité ſubſtituée, comme ſi la ſubſtitution n'eſt pas de la totalité, ou pour la quarte trébellianique, ou pour la légitime du grevé, ou pour les autres légitimes à prendre en eſpèce, lorſque le grevé a été ſubrogé aux droits des légitimaires, s'il aliène certains effets dépendans de l'hérédité ſubſtituée, ces aliénations ne ſont pas cenſées faites des biens ſubſtitués, ſi elles n'excèdent pas les portions qui doivent revenir au grevé, & être miſes au rang de ſes biens libres ; mais dans la diſtinction qui doit être faite des biens libres d'avec les ſubſtitués, elles doivent être miſes dans le lot ou partage du grevé, qui ſera cenfé n'avoir aliéné que ce dont il avoit la propriété, & à raifon dequoi le fubftitué n'a aucun droit ni action, comme n'étant pas compris dans la fubftitution : car quoique les portions qui apartiennent au grevé, & celles qui doivent parvenir au fidéicommiffaire en vertu de la fubftitution, ne foient pas diftinguées, & qu'elles foient confondues dans une feule & même maffe, rien n'empêche que le grevé ne puiffe aliéner valablement à concurrence de fes portions, fuivant *la loi Falfo 3, cod. de commun. ver. alienat.* enforte que le grevé poura bien diminuer les portions qui lui appartiennent en propriété, ou les évacuer par de telles aliénations; mais le prix des biens ne doit pas être imputé fur les détractions diftinguées des biens dont le grevé eft portionaire, & le fubftitué ne poura exercer aucune action contre les tiers acquéreurs, foit à caufe qu'il n'y a rien à voir, foit parceque le grevé n'aura aliéné que ce dont il étoit propriétaire.

Le fubftitué n'aura donc d'action pour attaquer les tiers acquéreurs, ou pour demander l'imputation, qu'autant que les aliénations faites par le grevé, excéderont les portions qui doivent lui revenir par la diftinction des biens libres d'avec les fubftitués, & par la même raifon, il ne poura demander l'imputation du prix des aliénations, qu'autant qu'elles excéderont les portions qui doivent revenir en propriété au grevé. Toutes ces chofes font des conféquences qui réfultent des difpofitions de notre article, qui diftingue fort judicieufement, conformément aux principes du Droit Romain, ce qui doit revenir en propriété au grevé & au fubftitué, d'avec les détractions qui font d'une autre nature : diftinction, qui, n'ayant pas été aperçue par les interprètes du Droit Romain, doit faire décider un grand nombre de queftions tout autrement qu'ils ne les ont décidées.

Du refte, pour favoir fur quel pied les aliénations qui excèdent les portions en propriété, qui doivent être adjugées au grevé, doivent être imputées fur les détractions à faire en deniers, conformément à la diftinction expliquée ci-deffus, fi c'eft fur le prix de l'aliénation feulement, ou fur la valeur actuelle des biens aliénés au temps de la reftitution du fidéicommis, les Auteurs ont ufé d'une diftinction qui me paroît jufte & judicieufe.

Si

Si les aliénations ont été faites pour acquitter les dettes ou charges héréditaires, & que le prix ait été employé en tout, ou du
moins pour la plus grande partie, à cet objet, le grevé ne devra
rendre compte des aliénations par lui faites, que sur le pied du
prix qu'il en a touché, à moins qu'il ne parût clairement par les
circonstances, que les aliénations avoient été faites en fraude,
in everfionem fideicommiffi, ou collufoirement; vu que quand le
grevé aliène pour acquitter les dettes & charges, il est nécessité,
& il ne fait que ce qu'un prudent père de famille feroit en pareil
cas, au fujet des biens dont il est propriétaire incommutable.

Que fi les aliénations font faites fans caufe, & fi leur prix n'a
pas été employé, du moins pour la plus grande partie, à l'acquit
des dettes ou charges de l'hérédité fubftituée, elles font purement volontaires; on peut même les confidérer comme des diffipations, fuivant *la loi* 70, §. 1, *ff. ad S. C. Trebell.* c'est par
l'effet d'une mauvaife adminiftration, & contre le devoir d'un
héritier grevé, à la prudence duquel les biens fubftitués font
confiés pour les conferver avec foin au fubftitué: voilà pourquoi
le fubftitué fe trouvant privé des biens ainfi aliénés, par le fait
& par la faute du grevé, celui-ci en doit rendre compte fur le
pied de la légitime valeur des biens aliénés, eu égard au temps
de la reftitution du fidéicommis. Ce que nous croyons devoir être
obfervé, foit que la fubftitution ait été infinuée ou non, & foit
que le fubftitué ait une action pour faire révoquer les aliénations
ou non; vu que dans le cas où il est permis au fubftitué de révoquer les aliénations mal faites, & de vendiquer les biens qui
font au pouvoir des tiers acquéreurs, il a toujours le choix de
laiffer à l'écart les tiers acquéreurs, & de diriger fon action contre
le grevé qui a aliéné, ou contre fes héritiers.

Nous n'entrerons pas dans le détail des détractions à faire fur
une fubftitution après qu'elle est ouverte, parceque cette matière
renferme un grand nombre de queftions traitées & décidées par
les Auteurs, dont la difcuffion excéderoit les bornes des notes
que nous nous fommes propofé de faire pour l'intelligence du
texte de notre Ordonnance. Il nous fuffira d'avoir montré &
développé le principe fondamental qui doit fervir à la décifion

de la plupart de ces queſtions, & d'indiquer le traité *de imputa-tionibus & detractionibus , de Jean Antoine Mangilius , imprimé à Genève en* 1669; nous en parlerons néanmoins ſur l'*art.* 9 *du tit.* 2, de même que des imputations.

Les héritiers repréſentans , ou ayans cauſe de l'auteur de la ſubſtitution): Il ne faut pas confondre les héritiers repréſentans, ou ayant cauſe de l'auteur de la ſubſtitution, c'eſt-à-dire, du ſubſtituant, avec les paroles qui ſuivent & qui parlent des héri-tiers, repréſentans, ou ayans cauſe de celui qui eſt chargé d'une ſubſtitution, lequel a joui des biens ſubſtitués, ou comme héri-tier, ou premier appelé, ou comme premier ſubſtitué ; vu que dans ces deux cas il y a une diſtinction réelle des perſonnes qui ſont repréſentées, ſavoir, dans les paroles que nous avons tranſ-crites, il eſt parlé des héritiers du ſubſtituant ; & dans celles qui ſuivent, les héritiers ou repréſentans, ou ayans cauſe du grevé, ſont déſignés pour les maintenir par proviſion en la poſſeſſion des biens ſubſtitués, en attendant que la diſtinction des biens libres & des biens ſubſtitués, & la liquidation des détractions ſoient faites.

Il y a un cas auquel les héritiers, ou ayans cauſe du ſubſtituant doivent être mis en poſſeſſion des biens ſubſtitués en attendant la diſtinction des biens, & la liquidation des détractions; ſavoir, lorſque l'inſtitution univerſelle eſt nulle ou caduque, & que le teſtament ne vaut qu'en vertu de la clauſe codicillaire, ou d'une confirmation contenue dans un codicille poſtérieur : auquel cas les ſucceſſeurs *ab inteſtat* , étant ſaiſis de l'hérédité , ſont cenſés grevés de rendre les biens ſubſtitués, à ceux qui y ſont appelés; & il en eſt de même lorſque le fidéicommis eſt contenu dans un codicille *ab inteſtat* , parceque c'eſt aux héritiers *ab inteſtat* , que la délivrance du fidéicommis univerſel ou particulier doit être demandée. Il faut donc qu'ils jouiſſent par proviſion de l'héré-dité, ou des biens particuliers compris dans la ſubſtitution, & qu'il ſoit procédé ſur leur tête, à la diſtinction des biens libres, ou ſubſtitués, & à la liquidation des détractions.

Ou de celui qui en étoit chargé): Ces termes indiquent les perſonnes des héritiers ou ayans cauſe, de celui qui eſt grevé d'une substitution dans laquelle il est nécessaire de distinguer les biens libres, d'avec ceux qui sont compris dans une substitution, pour faire sur leur tête ces opérations, & les maintenir en la jouissance provisoire, jusqu'à ce que les distinctions & liquidations soient faites.

Des biens faisant partie de la succession): C'est-à-dire, du substituant ou du grevé, selon les cas différens qui peuvent se présenter, lorsque les biens substitués font partie de la succession de l'un ou de l'autre : ensorte que les héritiers ou ayans cause du substituant ou du grevé, doivent jouir provisoirement de l'entière succession, y compris même ceux qui font substitués, jusqu'à ce que lesdites distinctions & liquidations aient été faites, comme l'Ordonnance le porte. Cette jouissance doit même durer, quoique l'Ordonnance ne l'exprime pas, jusqu'à ce que le substitué aura payé ou remboursé le montant des détériorations liquidées en faveur de ceux qui doivent rendre les biens ; à cause qu'ils peuvent user du droit de retention, ainsi que nous l'avons dit ci-dessus ; à moins qu'il ne tînt qu'à lui de recevoir son remboursement, ou qu'il eût négligé de faire faire la liquidation dans le délai qui lui auroit été prescrit, auquel cas les Juges pourront ordonner que le substitué sera mis en possession des biens, ou de partie.

Mais la jouissance provisoire en laquelle les héritiers du substituant, ou ceux du grevé de rendre les biens substitués doivent demeurer, n'est pas un titre qui puisse les autoriser à gagner les fruits. Ils sont obligés d'en rendre compte depuis l'interpellation judiciaire, & la demande en ouverture & délivrance du fidéicommis, non par état seulement, mais suivant l'estimation d'Experts, à cause qu'après la demande en Justice, le possesseur qui est interpellé, cesse d'être dans la bonne foi, & devient comptable des fruits par Experts, nonobstant la jouissance provisoire qui ne peut lui donner d'autre avantage que celui de retenir les biens substitués, jusqu'à la liquidation & au remboursement des détractions qui se trouvent dues à ceux qui doivent restituer les biens substitués.

A l'effet de quoi les Juges régleront le délai dans lequel il y sera procédé): Suivant la lettre & l'esprit de cet article, les Juges doivent régler le délai dans lequel la diftinction des biens, & la liquidation des détractions doivent être faites : le mot, *régleront*, eft impératif, & n'eft pas de fimple faculté.

Mais ce délai doit-il être réglé dans le Jugement ou Arrêt qui prononce l'ouverture de la fubftitution ? ou faut-il en faire rendre un autre, qui fixe précifément le délai ? Les paroles dont l'article eft conçu, induifent à penfer que la fixation du délai doit être faite dans le Jugement qui ouvre la fubftitution, & qui ordonne la délivrance, & pour cela les Juges doivent examiner, felon l'importance de l'affaire, quel délai fera néceffaire pour faire les opérations convenables. Il ne faut point d'ailleurs multiplier les Jugemens qui font toujours difpendieux.

Et après l'expiration du délai ils pouront ordonner): Le mot *pouront* n'eft pas un terme impératif, il indique un fimple pouvoir, ou une faculté que les Juges peuvent mettre en œuvre felon l'exigence des cas, ou s'en difpenfer. Il n'en eft pas de même dans le cas de l'*art.* 9 *du tit.* 27 *de l'Ordonnance de* 1667, qui porte, *finon l'autre partie fera mife en poffeffion* ; vu que le mot *fera* eft un terme impératif, d'obligation & de néceffité.

Que celui qui aura droit aux bien fubftitués, fera mis en poffeffion de tout ou partie defdits biens): Cette difpofition n'étant pas impérative à caufe du mot *pouront*, elle n'aftreint pas précifément à ordonner, que le fubftitué fera mis en poffeffion des biens fubftitués en tout ou en partie ; cela doit dépendre de la prudence des Juges, & des circonftances qui font connoître fi celui qui aura été chargé de faire les opérations dans un délai fixé, a fait ce qui dépendoit de lui, ou s'il a négligé ou chicané ; auquel cas il eft jufte que le fubftitué foit mis en poffeffion des biens fubftitués, ou du moins d'une partie, comme le remarque M. *de Cattelan, liv.* 2, *ch.* 63.

Ou y pourvoir autrement felon l'exigence des cas): En accordant, par exemple, au fubftitué une provifion à prendre fur les fruits des biens fubftitués, laquelle dépend de l'arbitrage des Juges, & de l'importance des biens fubftitués, ainfi que je l'ai vu pratiquer, notamment par la troifième Chambre des Enquêtes

du Parlement de Touloufe, qui rendit un Arrêt d'audience en
1736, entre *M. de Lacroix de Chevrières*, *Préſident au Par-*
lement de Grenoble, & le ſieur *Marquis de Gouvernet ;* par
lequel Arrêt on adjuge à *M. de Lacroix de Chevrières* une
proviſion de dix mille livres pendant le procès, à prendre ſur
les fruits des biens ſubſtitués.

ARTICLE XLII.

La reſtitution anticipée du fidéicommis ne peut être faite
au préjudice des créanciers, même chirographaires.

Lᴀ ʀᴇꜱᴛɪᴛᴜᴛɪᴏɴ ᴅᴜ ꜰɪᴅᴇɪᴄᴏᴍᴍɪꜱ , ꜰᴀɪᴛᴇ ᴀᴠᴀɴᴛ ʟᴇ
ᴛᴇᴍᴘꜱ ᴅᴇ ꜱᴏɴ ᴇᴄʜᴇᴀɴᴄᴇ ᴘᴀʀ ǫᴜᴇʟǫᴜᴇ ᴀᴄᴛᴇ ǫᴜᴇ ᴄᴇ ꜱᴏɪᴛ,
ɴᴇ ᴘᴏᴜʀᴀ ᴇᴍᴘᴇᴄʜᴇʀ ǫᴜᴇ ʟᴇꜱ ᴄʀᴇᴀɴᴄɪᴇʀꜱ ᴅᴜ ɢʀᴇᴠᴇ́
de Subſtitution , qui ſeront antérieurs à ladite remiſe ,
ne puiſſent exercer ſur les biens ſubſtitués les mêmes
droits & actions , que s'il n'y avoit point eu de reſtitution anticipée ; ᴇᴛ ᴄᴇ, ᴊᴜꜱǫᴜ'ᴀᴜ ᴛᴇᴍᴘꜱ ᴏᴜ ʟᴇ ꜰɪᴅᴇɪᴄᴏᴍᴍɪꜱ ᴅᴇᴠᴏɪᴛ ᴇᴛʀᴇ ʀᴇꜱᴛɪᴛᴜᴇ́, ᴄᴇ ǫᴜɪ ᴀᴜʀᴀ ʟɪᴇᴜ ,
ᴍᴇꜱᴍᴇ ᴀ ʟ'ᴇɢᴀʀᴅ ᴅᴇꜱ ᴄʀᴇᴀɴᴄɪᴇʀꜱ ᴄʜɪʀᴏɢʀᴀᴘʜᴀɪʀᴇꜱ ,
ᴘᴏᴜʀᴠᴜ ǫᴜᴇ ʟᴇᴜʀꜱ ᴄʀᴇᴀɴᴄᴇꜱ ᴀɪᴇɴᴛ ᴜɴᴇ ᴅᴀᴛᴇ ᴄᴇʀ-
ᴛᴀɪɴᴇ ᴀᴠᴀɴᴛ ʟᴀᴅɪᴛᴇ ʀᴇᴍɪꜱᴇ.

Nᴏᴜs avons remarqué ſur l'*art.* 38 de ce titre, la différence
qu'il y a entre le Droit Romain & le Droit François, au ſujet
de ce qu'un débiteur pouvoit ou ne pouvoit pas faire au préjudice de ſes créanciers, & que, ſelon le Droit Romain, un débiteur avoit la liberté de faire tout ce qui ne tendoit pas à diminuer ſon patrimoine, ſoit qu'il négligeât d'acquérir ou d'accepter

un droit qui lui étoit dévolu, soit qu'il y renonçât expressément, sans que les créanciers pussent s'en plaindre; au lieu qu'il en étoit autrement par le Droit François qui déclare frauduleux, non-seulement ce qu'un débiteur fait pour diminuer son patrimoine; mais encore, lorsqu'il renonce à un droit dévolu, ou qu'il néglige les démarches nécessaires pour l'acquérir irrévocablement; en sorte que les créanciers peuvent faire révoquer tout ce que leur débiteur fait à leur préjudice, en renonçant à un droit dévolu, & exercer les droits appartenans au débiteur qui néglige ou diffère de l'acquérir.

L'*art.* 42 applique cette règle de la Jurisprudence Françoise à la restitution anticipée du fidéicommis. Suivant le Droit Romain, dans la loi *Post mortem* 22, *cod. de fideicomm.* un héritier, quoique chargé de rendre le fidéicommis après sa mort, avoit la liberté d'anticiper la restitution du fidéicommis, & de le rendre pendant sa vie, même sans retenir la quarte trébellianique, & les créanciers de l'héritier ne pouvoient pas se plaindre d'une telle restitution, sous prétexte qu'elle étoit faite en fraude de leurs droits, suivant la loi *Patrem* 19, *ff. quæ in fraud. creditor. Patrem,* dit ce texte, *qui non expectatâ morte sua fideicommissum hæreditatis maternæ filio soluto potestate restituit, omissâ ratione falcidiæ, plenam fidem ac debitam pietatem secutus exhibitionis, respondi non creditores fraudasse.* Sur le fondement de ces loix, le Parlement de Toulouse jugeoit que les créanciers du grevé ne pouvoient pas attaquer comme frauduleuse, la restitution anticipée du fidéicommis, qu'un père faisoit à son fils qui y étoit appelé; mais le même Parlement n'accordoit pas au fidéicommissaire le droit d'attaquer les tiers acquéreurs en vertu d'une telle restitution anticipée, & il jugeoit qu'il devoit attendre la mort du grevé pour pouvoir les déposséder, comme l'observe *M. d'Olive, liv. V, ch.* 29.

Notre article qui a adopté & autorisé la maxime de la Jurisprudence Françoise, a corrigé & abrogé le Droit Romain, & la manière de juger qui y étoit conforme. Il veut que la restitution du fidéicommis avant le temps de son échéance, par quelque acte que ce soit, ne poura empêcher que les créanciers de celui qui eſt grevé d'une ſubſtitution, qui feront antérieurs à la remiſe anticipée, ne puiſſent exercer ſur les biens ſubſtitués les mêmes droits & actions que s'il n'y avoit point eu de reſtitution anticipée, juſqu'au temps où le fidéicommis devoit être reſtitué, & cela doit avoir lieu, même à l'égard des créanciers chirographaires, pourvu que leurs créances aient une date certaine avant la remiſe du fidéicommis.

La reſtitution du fidéicommis faite avant le temps de ſon échéance): Un fidéicommis peut être fait ou purement, ou à jour certain, ou à jour incertain, ou ſous une condition ſuſpenſive de ſon effet. Notre article ne regarde pas le fidéicommis pur & ſans terme ni délai. La reſtitution doit en être faite ſans différer; parceque rien ne peut la ſuſpendre ni l'arrêter.

Mais lorſqu'il y a un terme fixe, ou un jour incertain qui équipole à la condition, ſuivant *la loi* 75, *ff. de condit. & demonſtrat.* ou une condition ſuſpenſive, le fidéicommis ne peut pas être reſtitué par anticipation, & avant ſon échéance, au préjudice des créanciers du grevé.

Quand il y a un terme fixe auquel la reſtitution doit être faite *judicio defuncti*, il faut attendre l'échéance du terme; & il en eſt de même, quand il y a une condition : auquel cas il faut attendre que la condition ſoit arrivée. Que ſi le ſubſtituant a fait le fidéicommis pour être rendu dans le cas que le grevé décède ſans enfans, l'échéance dépend du décès ſans enfans du grevé; parceque ſa mort fait l'échéance du fidéicommis.

Mais ſi le fidéicommis eſt fait pour être rendu lorſque le grevé voudra, ou qu'il le trouvera à propos, rien n'empêche que le grevé ne puiſſe en faire la reſtitution quand il voudra, parceque ſa volonté eſt le terme de l'échéance : voilà pourquoi dans un fidéicommis de cette eſpèce, les créanciers du grevé ne peuvent jamais ſe plaindre de la reſtitution, à cauſe qu'elle eſt toujours faite *ſecundùm judicium defuncti*.

Par quelque acte que ce ſoit): C'eſt-à-dire, par acte entrevifs, ou de dernière volonté; car de quelque façon que la reſtitution anticipée du fidéicommis ſoit faite, ſoit par acte entrevifs, ſoit par diſpoſition de dernière volonté, elle ne poura pas nuire aux créanciers du grevé, lesquels pouront exercer les mêmes droits & les mêmes actions sur les biens substitués, soit pour la propriété, si le substitué prédécède, soit pour les fruits, comme nous l'expliquerons sur l'*art.* 43, que si la restitution anticipée n'avoit pas été faite; sans distinguer si cette restitution à été faite en faveur d'un enfant du grevé ou d'un collatéral, ou bien d'un étranger; vu que notre article ne distingue point & n'a aucun égard à la qualité ni à la faveur des personnes. On doit donc rejetter cette distinction, tout comme celle qui pouroit être prise de la nature de l'acte, quand même la restitution anticipée seroit faite dans un contrat de mariage à célébrer.

Ne poura empêcher les créanciers du grevé): Notre article pourvoit à l'intérêt des créanciers bien plus amplement que ne faisoit le Droit Romain. Lorsqu'un débiteur faisoit quelque chose au préjudice des créanciers, le Droit Romain, dans le titre *quæ in fraudem creditorum*, donnoit aux créanciers le droit de se plaindre, & de demander la révocation de ce qui avoit été fait à leur préjudice; mais notre article va plus loin, il veut que même sans attaquer la restitution anticipée, qui doit être considérée comme non-avenue, les créanciers du grevé puissent exercer les mêmes droits & actions, que s'il n'y avoit point eu de restriction anticipée.

Et ce jusqu'au temps où le fidéicommis doit être restitué): Les créanciers du grevé entrent donc dans tous ses droits; la restitution anticipée ne peut leur nuire en aucune façon, de même que si elle n'avoit pas été faite, & ils peuvent exercer leurs actions sur les biens substitués pendant tout le temps que le grevé avoit le droit de les posséder, sans examiner si la substitution est insinuée ou non, parcequ'il ne s'agit que des droits du grevé, qui sont indépendans de l'insinuation; ce qui a lieu pour la perception des fruits jusqu'à l'échéance de la substitution; en quoi consiste le droit du grevé, quand la substitution est insinuée.

Ce qui aura lieu même à l'égard des créanciers chirographaires): Par le Droit Romain, dans le titre *quæ in fraudem creditorum*, l'action révocatoire étoit accordée aux créanciers qui
n'avoient

n'avoient point d'hipothèque, plutôt qu'à ceux qui avoient une hipothèque; vu que les créanciers hipothécaires n'en avoient pas beſoin, à cauſe qu'ils pouvoient agir hipothécairement ſur les biens aliénés en fraude; c'eſt la raiſon pourquoi notre article veut que la reſtitution anticipée ne puiſſe pas nuire, même aux créanciers chirographaires antérieurs à la reſtitution.

Pourvu que leurs créances aient une date certaine avant ladite remiſe) : Notre article exige une condition, afin que la reſtitution anticipée du fidéicommis ne puiſſe pas nuire aux créanciers chirographaires, c'eſt que leurs créances aient une date certaine avant la remiſe du fidéicommis. L'article n'exige pas que le titre des créances ait une date authentique, mais ſeulement une date certaine: ainſi la date peut être certaine, quoique le titre de la créance ne ſoit pas un acte public & authentique. Cette date peut être rendue certaine, toutes les fois qu'il y a quelque cir-conſtance qui excluð toute préſomption d'antidate, comme ſi l'écrit privé a été contrôlé, auquel cas ſon exiſtance eſt établie par la date du contrôle; ſi la remiſe en a été faite dans un dépôt public, & que cette remiſe ſoit conſtatée, ou ſi l'écrit a été ſigné par deux ou pluſieurs parties, dont quelqu'une ſoit décédée. L'aveu ou la reconnoiſſance par Experts peut bien être un moyen pour rendre certaine la date de l'écrit privé; mais ce n'eſt pas le ſeul moyen par lequel on puiſſe aſſurer la certitude de la date de l'Ecrit qui établit la créance chirographaire, afin de pouvoir faire une juſte application de cet article.

Quoique notre article ne parle que de la reſtitution anticipée du fidéicommis, ſans ajouter ſi le grevé peut ou ne peut pas faire cette reſtitution, ſans retenir la quarte trébellianique, ſa legiti-me, & les détractions qu'il a'à faire ſur la ſubſtitution, toute-fois il n'y a pas lieu de douter que le Droit Romain, qui permet-toit au grevé de faire la reſtitution anticipée du fidéicommis, ſans retenir la quarte, ſuivant *la loi* 12, *cod. de fideicom. & la loi* 19, *ff. quæ in fraud. creditor.* ne ſoit abrogé à cet égard par cet ar-ticle. Cela paroît clairement par la diſpoſition qui porte: *Ne puiſ-ſent exercer ſur les biens ſubſtitués, les mêmes droits & actions que s'il n'y avoit point de reſtitution anticipée:* car dès que la

F f

reftitution anticipée ne peut nuire en aucune façon aux créanciers du grevé, & que l'Ordonnance leur permet d'exercer fur les biens fubftitués, les mêmes actions, fans avoir égard à la reftitution anticipée, il eft clair qu'elle ne peut nuire pour rien, & que, tout comme les créanciers peuvent être reçus à jouir des biens fubftitués jufqu'au temps auquel le fidéicommis devoit écheoir, ils peuvent également, en exerçant les actions de leur débiteur, réclamer tout ce qui doit appartenir au grevé, foit en propriété, comme les légitimes & la quarte, foit à titre de détraction, ainfi que nous l'avons expliqué fur l'*art.* 40 de ce titre.

ARTICLE XLIII.

La reftitution anticipée du fidéicommis, ne peut pas nuire non plus aux tiers acquéreurs des biens fubftitués.

NE POURA PAREILLEMENT LADITE RESTITUTION ANTI-CIPÉE NUIRE A CEUX QUI AURONT ACQUIS DES BIENS SUBSTITUÉS de celui qui aura fait ladite reftitution, & ils ne pouront être évincés par celui à qui elle aura été faite, qu'après le temps où le fidéicommis auroit dû lui être reftitué.

L'ARTICLE précédent pourvoit à l'intérêt des créanciers du grevé de fidéicommis, afin que la reftitution anticipée ne puiffe leur nuire : celui-ci pourvoit à l'intérêt des tiers acquéreurs auxquels le grevé aura vendu ou aliéné pendant fa jouiffance, des biens dépendans du fidéicommis.

Il ordonne que la reftitution anticipée du fidéicommis ne puiffe nuire à ceux qui auront acquis des biens fubftitués de celui qui aura fait la reftitution anticipée, & qu'ils ne puiffent être évincés par celui à qui elle aura été faite, qu'après le temps où le fidéicommis auroit dû lui être reſtitué.

Le parlement de Toulouſe diſtingue, ainſi que nous l'avons remarqué ſur l'article précédent, après *M. Dolive, liv. V, ch. 29,* les créanciers d'avec les acquéreurs du grevé. Il jugeoit que les créanciers ne pouvoient pas révoquer comme frauduleuſe, la reſtitution anticipée du fidéicommis; mais il jugeoit auſſi que les aliénations faites par le grevé, des biens ſubſtitués, ne pouvoient être révoquées en vertu de la reſtitution anticipée ; qu'après le temps auquel la reſtitution auroit pu être faite, *ſecundùm judicium defuncti.*

L'art. précédent abroge la Juriſprudence du Parlement de Toulouſe, pour ce qui concerne les créanciers du grevé, & l'a adoptée, pour ce qui regarde les tiers acquéreurs, ſuivant *la loi dernière §. 2 & 3, cod. comm. de leg.* Les biens ſubſtitués ſont inaliénables : ſi bien que quand la condition ou tout autre inconvénient qui donne lieu à l'ouverture ou à l'échéance du fidéicommis, arrivent, les aliénations peuvent être révoquées & annullées : cependant elles doivent ſubſiſter, tandis que le droit du grevé ſubſiſtoit; vu que l'eſpérance du droit du ſubſtitué pouvant s'évanouir, il étoit juſte de maintenir les tiers acquéreurs juſqu'à ce que le droit du ſubſtitué fût ouvert, & qu'il pût exercer ſes actions.

La Juriſprudence Françoiſe ayant établi pour maxime, ainſi que nous l'avons expliqué ſur l'article précédent, que le débiteur ne pouvoit rien faire au préjudice ni en fraude de ſes créanciers, ſoit qu'il fût queſtion de diminuer ſon patrimoine, ſoit qu'il s'agît de la négligence ou du refus d'acquérir un droit dévolu, il falloit, en admettant cette maxime, déclarer par voie de conſéquence, que la reſtitution anticipée du fidéicommis ne pouvoit nuire en aucune façon, à ceux qui auroient acquis du grevé, des biens ſubſtitués. C'eſt ce qui a été fort ſagement ordonné par notre article.

En ſorte que les tiers acquéreurs doivent demeurer en poſſeſſion des biens par eux acquis, de celui qui aura fait la reſtitution anticipée, & ils ne peuvent en être évincés par le ſubſtitué,

auquel la remife anticipée aura été faite, jufqu'au temps auquel
le fidéicommis fera échu, felon que le fubftituant l'aura réglé par
fa difpofition.

On doit appliquer à cet article, pour le bien entendre, ce
que nous avons dit fur le précédent, autant que cela poura
convenir à l'intérêt des tiers acquéreurs, & qu'il leur fera commun
avec les créanciers, notamment ce que nous avons obfervé fur la
qualité du titre: voilà pourquoi, fi les acquifitions font faites par
acte privé qui ait une date certaine avant la reftitution anticipée en la forme que nous l'avons expliquée fur l'article précédent,
elle ne poura pas nuire aux tiers acquéreurs, quoique leur titre
ne foit que d'écriture privée; fauf, que l'on doit ajouter que la
poffeffion du tiers acquéreur, qui fera antérieure ou la reftitution anticipée, poura fervir à fixer la date de l'acquifition.

*Ne poura pareillement ladite reftitution anticipée, nuire à
ceux qui auront acquis des biens fubftitués*): Le mot *pareillement* fait comprendre que cet article eft relatif au précédent:
en forte que, comme la reftitution anticipée ne peut nuire en
aucune façon aux créanciers, ainfi que l'*art.* 42 le porte, & ne
les empêche pas d'exercer leurs actions fur les biens fubftitués,
tout comme fi la reftitution anticipée n'avoit pas été faite, on
doit dire la même chofe par rapport aux tiers acquéreurs auxquels la reftitution anticipée ne peut nuire en aucune façon,
& elle doit être confidérée à leur égard, comme fi elle n'avoit
pas été faite, & n'eft par conféquent capable de leur ôter aucune des exceptions qu'ils auroient pu oppofer, fi le grevé n'a-
voit point fait de reftitution anticipée.

Delà vient que, fi après la reftitution anticipée le fidéicommiffaire venoit à décéder avant le grevé, & que le fidéicommis
tombât en caducité, la reftitution anticipée ne pouroit pas autorifer les héritiers du fubftitué à prétendre que le fidéicommis
leur avoit été tranfmis, pour être reçus à évincer les tiers acquéreurs; vu qu'ils ne peuvent l'être qu'autant que le fubftitué
aura recueilli *judicio defuncti*, le fidéicommis, & qu'il fe trouvera exiftant & capable, lorfque le fidéicommis auroit dû lui
être reftitué; car c'eft alors feulement qu'il peut acquérir un

droit capable d'être oppoſé aux créanciers, & aux tiers acquéreurs du grevé.

Ce ſeroit trop reſſerrer les diſpoſitions des *art.* 42 *&* 43 de
notre Ordonnance, contre la lettre & l'eſprit des textes, que de
les borner aux ſeuls fruits que le grevé auroit pu percevoir, s'il
n'avoit pas fait la reſtitution anticipée. Car il paroît clairement par
les termes dans leſquels ces articles ſont conçus, que la reſtitution
anticipée ne peut produire aucun effet contre les créanciers, & les
tiers acquéreurs, ſoit qu'il s'agiſſe des fruits ou de la propriété;
du reſte, on ne peut pas oppoſer à notre reflexion les *art.* 64 *&* 65
de l'Ordonnance de 1735, qui déclarent irrévocable l'élection
faite même par anticipation par l'héritier grevé, lorſqu'elle eſt
faite par acte entre-vifs; vu que ces articles n'ont été faits que
pour ſupprimer la faculté de varier, & ne touchent point aux
droits ni aux intérêts des créanciers & des tiers acquéreurs qui
ont des titres antérieurs à la reſtitution anticipée, laquelle n'étant
pas faite *judicio defuncti*, ne peut transférer au ſubſtitué aucun
droit en vertu du fidéicommis: enſorte que le ſubſtitué n'a dans
ce cas, que celui que le grevé lui tranſfère de ſon chef, comme
le décide *la loi* 10, *ff. ad S. C. Trebell.* qui dit en propres termes: *Sed ſi ante diem, vel ante conditionem reſtituta ſit hæreditas,*
non transferuntur actiones : quia non ita reſtituitur hæreditas ut
teſtator rogavit. Voilà pourquoi le ſubſtitué ne fait que prendre
la place du grevé, & exercer ſon droit en vertu d'un pacte ou
d'une convention particulière faite entre le grevé & le ſubſtitué,
comme le remarque fort bien *Ricard, des ſubſtitutions, part. II,*
n. 35. lequel droit ne peut paſſer ſur la tête du ſubſtitué, que ſous
les mêmes charges auxquelles il auroit été ſoumis, ſi la reſtitution
anticipée n'avoit pas été faite : par conſéquent les tiers acquéreurs peuvent oppoſer aux héritiers du ſubſtitué prédécédé, les
mêmes exceptions qu'ils auroient pu faire valoir contre le grevé,
qui ſeroit demeuré propriétaire incommutable des biens ſubſtitués par le prédécès du ſubſtitué: il faut donc qu'ils ne puiſſent
pas être évincés dans ce cas, parceque leur condition ne peut
pas devenir détérieure par le fait du grevé qui a fait les aliénations; & l'on doit dire la même choſe par rapport aux créanciers

dans le même cas; parceque leur droit est égal & fondé sur les mêmes règles.

L'*art.* 42 & celui-ci, ne parlent que de la restitution anticipée du fidéicommis, faite volontairement par le grevé, pour conserver aux créanciers & aux tiers acquéreurs tous leurs droits; mais faudra-t-il appliquer leur disposition, lorsque la restitution anticipée est faite forcément dans le cas de *la loi* 50, *ff. ad S. C. Trebell.* quand le grevé dissipe les biens du fidéicommis? Il ne me paroît pas douteux qu'une telle restitution forcée doit laisser dans leur entier tous les droits des créanciers & des tiers acquéreurs, parceque leur condition ne doit pas devenir pire par le fait du grevé; & quoique la restitution anticipée soit forcée, elle est occasionée néanmoins par des faits qui sont volontaires dans leur principe. Ainsi il faut appliquer à ce cas, tout ce que nous avons dit au sujet de la restitution anticipée, faite volontairement par le grevé.

ARTICLE XLIV.

De l'hypothèque subsidiaire des femmes du grevé, sur les biens substitués.

L'HYPOTHEQUE OU LE RECOURS SUBSIDIAIRE, ACCORDÉ AUX FEMMES sur les biens substitués, en cas d'insuffisance des biens libres, AURA LIEU, TANT POUR LE FONDS OU CAPITAL DE LA DOT, QUE POUR LES FRUITS OU INTERESTS QUI EN SERONT DUS.

CET article & les suivans, jusqu'au cinquanté-cinquième exclusivement, règlent toutes les difficultés concernant l'hypothèque ou le recours subsidiaire que les femmes ont le droit d'exercer sur les biens substitués pour la conservation ou la répétition de leur dot, de leur augment, ou de leur douaire ſur les biens ſubſtitués.

Pour entendre cette matière, il eſt néceſſaire de ſavoir que; quoique les biens ſubſtitués ne puiſſent point être aliénés ni hypothéqués, comme le décide *la loi* 3, *cod. communia de legatis & fideicom.* l'aliénation ou l'hypothèque en ſont permiſes; 1.° pour conſtituer une dot à la fille héritière, inſtituée par ſon père à la charge d'un fidéicommis, ſuivant *la loi* 22, §. 4, *ff. ad S. C. Trebell.* Il eſt vrai que ce texte limite cette faculté au cas où elle n'aura pas perçu ſur l'hérédité une quantité de fruits ſuffiſante pour acquiter la dot par elle conſtituée lors de ſon mariage: mais cette limitation eſt corrigée par *la loi Jubemus* 6, *cod. ad S. C. Trebell.* qui exempte les enſans de toute imputation des fruits; 2.° pour conſtituer des dots aux filles du grevé; 3.° pour la répétition de la dot de la femme du grevé, & de la donation *propter nuptias vel ante nuptias,* en cas d'inſuffiſance des droits legitimaires, *novell.* 39, *cap.* 2, *& authent. res quæ cod. commun. de leg.*

Cette matière a été fort embrouillée & obſcurcie par les différentes queſtions agitées & diverſement décidées par les Auteurs. C'eſt pour l'éclaircir & faire ceſſer tous les doutes que les onze articles que l'on trouve dans la préſente Ordonnance, ont été compoſés & publiés.

L'*art.* 44 veut que l'hypothèque ou le recours ſubſidiaire accordé aux femmes ſur les biens ſubſtitués en cas d'inſuffiſance des biens libres ait lieu, tant pour le fonds ou capital de la dot, que pour les fruits ou intérêts qui en ſeront dus.

Notre article ſuppoſe ce qui a été ordonné par le Droit Romain au ſujet des conſtitutions ou répétitions des dots des filles ou femmes des grevés, à prendre ſur les biens ſubſtitués, & il décide que l'hypothèque ou le recours ſubſidiaire aura lieu, nonſeulement pour le fonds ou capital de la dot, mais encore pour les fruits ou intérêts qui en ſeront dus. C'eſt même la ſeule queſtion qu'il décide, en ſuppoſant tout le reſte qui dérive de la diſpoſition du Droit Romain.

L'hypothèque): Ce mot ſuppoſe que la conſtitution de dot à prendre fur les biens fubftitués, eft faite en deniers, foit par le grevé à fes filles, foit aux femmes des héritiers grevés.

Ou le recours fubfidiaire): Ces paroles peuvent comprendre les dots conftituées en fonds dépendans de la fubftitution, foit par la fille grevée de rendre, foit par le grevé qui conftitue à fes filles des fonds fubftitués: car le recours fubfidiaire ne peut pas avoir lieu pour une dot conftituée en fonds à la femme du grevé, lorfque le mari en a fait l'aliénation avec ou fans le confentement de la femme: auquel cas la femme ne peut avoir aucun recours fur les biens fubftitués pour fon indemnité, fauf à elle d'agir contre les acquéreurs des fonds dotaux, pour faire déclarer nulles les aliénations, comme porte l'*art.* 49 de ce titre.

Mais ce recours fur les biens fubftitués eft toujours fubfidiaire, & en cas d'infuffifance des biens libres du conftituant, foit qu'il s'agiffe d'un fonds conftitué en corps, ou d'une dot conftituée en argent: en forte que s'il s'agit d'une dot en deniers, l'hypothèque ne poura être exercée *primitùs*, que fur les biens libres du conftituant, ou de celui qui devra en faire la reftitution, & après en avoir fait la difcuffion. Ainfi la dot conftituée, ou à répéter, ne poura être prife fur les biens fubftitués, qu'après avoir difcuté & épuifé les biens libres. Il en doit être de même, lorfqu'une dot aura été conftituée en fonds dépendans d'une fubftitution: auquel cas la conftitution ne poura avoir d'effet fur les biens fubftitués, qu'à raifon de ce qui manquera aux biens libres, & après les avoir difcutés & épuifés. On devra donc retrancher de la conftitution de la dot faite en fonds dépendans de la fubftitution, tout ce qui poura être pris fur les biens libres: cela réfulte clairement du fens des paroles, & de l'efprit de notre article.

Accordé aux femmes): Ces termes font indéfinis, & comprennent non-feulement les femmes des héritiers grevés, pour leur accorder le recours fubfidiaire en repétition des dots qu'elles auront conftituées en deniers à leurs maris grevés de fubftitution; mais encore les femmes héritières grevées, qui en fe mariant auront conftitué des dots en deniers ou en fonds à leurs maris, comme dans le cas de *la loi* 22, §. 4, *ff. ad S. C. Trebell.* Et les femmes auxquelles leurs pères, héritiers grevés, auront fait des

conftitutions

conſtitutions en deniers, ou en fonds dépendans d'une ſubſtitution : car l'article ne limite pas ſa diſpoſition aux femmes des héritiers grevés, il parle en général des femmes, ſans aucune limitation ni reſtriction. Il comprend donc, comme nous l'avons dit, toutes les femmes, ſoit qu'elles aient à répéter leurs dots ſur les biens ſubſtitués, ſoit qu'elles aient à prendre leurs dots ſur les mêmes biens ſubſtitués, ſuivant *M. Dolive, liv.* 3 *, ch.* 36.

Aura lieu, tant pour le fonds ou capital de la dot) : Les mots *fonds ou capital de la dot,* de même que ceux qui ſuivent *pour les fruits ou intérêts,* indiquent que la dot peut conſiſter en un fonds dépendant des biens ſubſtitués ou en un capital en deniers, & cela autoriſe les réflexions que nous avons faites ci-deſſus ; mais il ne faut pas penſer qu'il s'agiſſe d'une dot en fonds conſtituée par la femme du grevé ; *l'art.* 49 de ce titre a pourvu à ce cas particulier : notre article ſuppoſe qu'il a été conſtitué une dot en fonds ſubſtitués, en faveur des filles du grevé ; car s'il s'agiſſoit d'une dot en fonds, conſtitué à l'épouſe du grevé, cette femme n'auroit à répéter que le fonds, ſuppoſé qu'il n'ait pas été aliéné ; car s'il a été aliéné, même de ſon conſentement, elle n'a rien à reprendre ſur les biens ſubſtitués, ſauf à elle à agir contre l'acquéreur du fonds dotal, comme l'explique *l'art.* 49 de ce titre.

Mais quand il s'agit d'une dot conſtituée en argent, qui forme un capital, ou en fonds eſtimés de façon que l'eſtimation puiſſe être conſidérée comme une vente, & un tranſport de propriété ſur la tête du mari, ne s'agiſſant que de la répétition du capital, ce capital peut être demandé ſubſidiairement par voie de recours ſur les biens ſubſtitués, ſoit que la conſtitution ait été faite par le grevé de ſubſtitution en faveur de ſes filles, ſoit qu'il s'agiſſe d'une dot conſtituée en deniers aux épouſes des héritiers grevés, ſelon les différens cas expliqués ci-deſſus. Il faut encore prendre garde que l'hypothèque ſubſidiaire doit avoir lieu, non-ſeulement pour la dot conſtituée à la femme du grevé lors de ſon contrat de mariage, mais encore pour la dot & l'augment, comme le remarque *M. Maynard, liv.* 3 *, ch.* 20.

Que pour les fruits ou intérêts qui en ſeront dus) : Ces termes ſuppoſent pareillement que la dot à prendre ſur les biens ſubſti-

G g

tués, peut être en fonds ou en argent, & que les fonds conftitués
font partie de la fubftitution, & dans ce cas les fruits à prendre
fur les biens fubftitués ne feront dus que fur ce qui reftera des
biens conftitués, dépendans du fidéicommis, déduction faite de
ce qui devra être pris fur les biens libres, après que la difcuffion
aura été faite. Si, par exemple, un père grevé de fubftitution a
conftitué à fa fille en la mariant, un fonds fubftitué, de valeur
de 10000 liv & que l'on puiffe reprendre fur les biens libres du
conftituant une fomme de 5000 liv. les fruits à reprendre fur les
biens fubftitués, ne confifteront qu'en la moitié, & ainfi des autres cas, proportion gardée, & les fruits du furplus pouront être
pris fur les biens libres de l'héritier grevé, qui a fait la conftitution en fonds dépendans de la fubftitution.

Que s'il s'agit d'une conftitution faite en argent par le grevé
à fes filles, ou de la répétition de la dot conftituée en argent à
la femme du grevé, il faudra prendre les intérêts des fommes
conftituées, d'abord fur le patrimoine libre du grevé, & fubfidiairement fur les biens fubftitués ; parceque le recours fur les
biens fubftitués ne peut être exercé par les femmes, que fubfidiairement, & après avoir difcuté les biens libres à concurrence de
ce, à raifon de quoi ils fe trouveront infuffifans, & non au-delà :
c'eft ce que fignifient les mots de notre article, *en cas d'infuffifance des biens libres.*

Mais la femme du grevé peut-elle exercer fon recours fubfidiaire fur les biens d'une fubftitution échue à fon mari depuis
leur contrat de mariage ? Cette queftion a été jugée pour la négative par deux Arrêts du Parlement de Paris, l'un du 5 Février
1658, rapporté *par Sœfve, Centur.* 1, *ch.* 88, l'autre du 20 Avril
1617, rapporté *au Journal des Audiences, tom. VI, part. II,
liv. VII, ch.* 36 ; & l'on n'adjugea à la veuve du grevé l'hypothèque ou le recours que fur les biens libres du mari, y compris fa
légitime, & non fur les biens fubftitués, dont la fubftitution
n'étoit échue qu'après le mariage.

Lorfque la fubftitution n'eft pas infinuée, il n'eft pas queftion
d'accorder à la femme du grevé une fimple hypothèque, & un
recours fubfidiaire fur les biens fubftitués ; mais l'hypothèque

peut être exercée par la femme sans discussion des biens libres à
raison de sa dot, parcequ'elle est vraiment créancière, & qu'une
substitution non insinuée est nulle & de nul effet à l'égard des
créanciers, suivant l'Ordonnance de Moulins, la Déclaration
du 18 Janvier 1712, & la présente Ordonnance ; mais il faut
qu'il s'agisse d'une dot réelle, & véritablement comptée au mari,
héritier grevé ; car s'il n'y en avoit qu'une simple confession de
la part du mari, la femme ne pourroit pas exercer une action
principale ni recursoire, dans le cas que la substitution ne seroit
pas insinuée ; parceque la reconnoissance qui ne seroit fondée
que sur la simple confession du mari, ne seroit pas capable de
constater une créance à titre onéreux, & ne pourroit être considérée que comme une libéralité, qui ne vaudroit que *in vim
relicti*, dans les pays où il est permis aux mariés de s'avantager,
lorsque la constitution a été faite par la femme même.

ARTICLE XLV.

*De l'hypothèque de la femme pour le fonds ou arré-
rages du douaire, sur les biens substitués.*

LADITE HYPOTHEQUE AURA LIEU PAREILLEMENT en
faveur de la femme & de ses enfans, TANT POUR LE
FONDS QUE POUR LES ARRERAGES DU DOUAIRE, soit cou-
tumier ou préfix, A LA CHARGE NEANMOINS QUE SI LE
DOUAIRE PREFIX excédoit le douaire coutumier, il sera
réduit sur le pied dudit douaire coutumier, EU EGARD A
LA QUANTITÉ DES BIENS DU MARI, TANT LIBRES QUE
SUBSTITUÉS, SUR LESQUELS LE DOUAIRE DOIT AVOIR
LIEU, SUIVANT LA DISPOSITION DES COUTUMES.

APRÈS que l'*art.* 44 a parlé de l'hypothèque ou du recours
subsidiaire accordé aux femmes pour le fonds ou capital de leur

dot fur les biens fubftitués; l'*art.* 55 parle de la même hypothèque pour le fonds & intérêts du douaire, & l'*art.* 46 règle
l'hypothèque ou le recours fubfidiaire pour l'augment, l'agencement, le gain de furvie, & les autres conventions matrimoniales qui tiennent lieu d'augment dans les pays où elles font en
ufage.

Notre article n'a rien d'obfcur ni d'ambigu, il ne renferme
même aucune difpofition qui fuppofe ou fous-entende des
connoiffances tirées du Droit-Romain, ou des coutumes qu'il
foit néceffaire d'avoir acquifes pour en bien connoître l'efprit,
comme nous avons remarqué que quelques autres articles que
nous avons expliqués, les fuppofent. Ainfi notre article eft très-
fimple & dégagé de tout embaras.

Il ordonne que l'hypothèque dont l'article précédent parle,
ait lieu pareillement en faveur de la femme du grevé & de fes
enfans, tant pour le fonds que pour les arrérages du douaire
foit coutumier ou préfix; à condition néanmoins que fi le douaire
préfix excédoit le douaire coutumier, il foit réduit fur le pied
du douaire coutumier, eu égard à la quantité des biens du mari,
tant libres que fubftitués, fur lefquels le douaire doit avoir lieu,
fuivant la difpofition des coutumes.

Le douaire coutumier eft réglé pour les coutumes locales auxquelles il faut fe conformer; il y en a même certaines qui parlent
du douaire préfix & l'autorifent.

Le douaire coutumier eft celui qui a fon fondement dans la
coutume, & il eft cenfé ftipulé parmi des perfonnes reftantes
dans le diftrict de la coutume, quoiqu'il n'en foit point parlé dans
le contrat de mariage, ou que même il n'y ait aucun écrit pour
régler les conventions matrimoniales; parceque, comme le remarque Me *Charles Dumoulin*, tout ce qui eft réglé par une
coutume, eft cenfé adopté par les perfonnes qui contractent,
& ont leur domicile dans le diftrict de cette coutume, laquelle eft
confidérée comme une convention publique dès que les parties
n'y dérogent pas, en ufant de la liberté qu'ils ont d'y déroger
par claufe expreffe de leur contrat de mariage fait avant les
époufailles.

Le douaire préfix ou conventionnel, eſt celui qui eſt fixé arbitrairement par la convention des parties dans leur contrat de mariage, ſoit d'écriture publique ou privée ; car étant une vraie convention matrimoniale, & ne pouvant pas être conſidéré comme une donation, on n'a pas beſoin d'y obſerver les formalités preſcrites par l'Ordonnance de 1731, concernant les donations entre-vifs.

La matière du douaire a été traitée avec beaucoup d'étendue *par M. Philippe de Renuſſon,* dans le traité exprès qu'il en a fait ; par M. *Claude-Joſeph de Ferrière,* ſur la coutume de Paris, *titre du douaire* ; & par les autres auteurs coutumiers auxquels on poura avoir recours pour l'éclairciſſement des queſtions qui en naiſſent. Il ſuffira de nous attacher aux paroles de notre texte pour en faire connoître le véritable ſens.

Ladite hypothèque aura lieu pareillement) : C'eſt-à-dire, l'hypothèque accordée aux femmes ſur les biens ſubſtitués à raiſon de leur douaire. Notre article accorde cette hypothèque aux enfans de la douairière, parceque le douaire eſt propre aux enfans, & on le conſidère même comme un propre paternel, quand il conſiſte en immeubles qui ſont ſuſceptibles de la nature & qualité des propres : enſorte que s'il conſiſte en un immeuble qui étoit propre même naiſſant ſur la tête du père, il ſera un propre ancien ſur la tête des enfans.

Il n'eſt point parlé dans cet article du recours ſubſidiaire ſur les biens ſubſtitués, en cas d'inſuffiſance des biens libres, quoique l'article précédent en faſſe mention expreſſe : de plus, notre article en réduiſant le douaire préfix ſur le pied du douaire coutumier, veut qu'on ait égard à la quantité des biens du mari, tant libres que ſubſtitués, ſur leſquels le douaire doit avoir lieu, ſuivant la diſpoſition des coutumes : d'où il ſemble qu'on doive conclure, que la femme & les enfans pour leur douaire ne doivent pas être reduits à une ſimple hypothèque ſubſidiaire, & qu'ils doivent prendre leur douaire par une action principale ſur tous les biens tant ſubſtitués que libres, puiſque les uns & les autres doivent entrer dans la conſiſtance, ou compoſition du douaire coutumier, & qu'il doit être pris sur les uns & sur les autres.

Mais il faut décider au contraire, que la femme & ses enfans ne doivent avoir qu'une hypothèque subsidiaire sur les biens substitués, en cas d'insuffisance des biens libres, comme le décident l'*art.* 44, pour la dot qui est plus favorable que le douaire, & l'*art.* 46, par rapport à l'augment; vu que, suivant la remarque de M.ᶜ *Charles Dumoulin*, *sur le Chap.* 4, *extr. de donat. inter vir. & uxor.* le douaire, en pays coutumier, est ce qu'on appelle augment en pays de droit écrit; vu que, suivant *Renusson*, *traité du douaire*, *ch.* 3; & M. *Louet*, *lettre* D. *somm.* 21, on a jugé que le douaire pouvoit être pris sur les biens substitués, à l'exemple de la donation *propter nuptias*, en conformité du Droit Romain, c'est-à-dire, par une action subsidiaire & recursoire seulement, en cas d'insuffisance de la légitime & des biens libres du grevé. Que si notre article veut que dans la fixation du douaire coutumier pour réduire le douaire préfix, on ait égard à la quantité des biens du mari, tant libres que substitués, on ne fait entrer les biens substitués dans la masse, que pour servir à fixer la mesure du douaire, & non pour les assujettir à une action directe principale : qu'enfin les mots, *ladite hypothèque*, & *pareillement* qui se trouvent au commencement de notre article, indiquent que l'hypothèque qu'il accorde à la femme & à ses enfans pour le douaire sur les biens substitués, est de même nature & qualité que celle que l'article précédent accorde pour la dot, c'est-à-dire, subsidiaire & recursoire, à cause que notre article se réfère au précédent : par conséquent c'est par la nature & par la qualité de l'action accordée à la femme pour sa dot sur les biens substitués, que celle du douaire doit être réglée.

Tant pour le fonds que pour les arrérages du douaire): Soit qu'il s'agisse d'un douaire coutumier, ou d'un douaire préfix ou conventionnel, & qu'il consiste en fonds, ou en une certaine somme. Quand le douaire consiste en fonds, les fruits pourront être pris sur les biens substitués, déduction faite de ce qui poura être pris sur les biens libres; & s'il est en argent, les intérêts devront pareillement être pris sur les biens libres, & subsidiairement sur les biens substitués, comme nous l'avons expliqué sur l'article précédent, par rapport à la dot ; vu que le mot *arrérages*, dont notre article se sert, comprend les fruits & les intérêts selon la nature du douaire.

A la charge néanmoins que si le douaire préfix) : Par cette disposition notre article veut que si le douaire préfix ou conventionnel excède la mesure du douaire coutumier, il soit réduit sur le pied du douaire coutumier : en sorte que le montant du douaire préfix ne puisse être répété subsidiairement sur les biens substitués, qu'à concurrence du montant ou de la valeur du douaire coutumier, & le surplus doit être rejetté, & ne peut pas être pris sur les biens substitués. Du reste, notre article ne dit pas que le douaire préfix doive être converti en douaire coutumier, de manière que la femme & ses enfans ne puissent prendre sur les biens substitués que le douaire, tel que la coutume en fixe la nature & la forme de le prendre ; il veut seulement que l'excédent qui se trouve dans le douaire préfix, au-delà de la valeur du coutumier, soit retranché sans toucher à la forme du payement, ou de l'exaction, lorsque le douaire est réglé à une certaine somme en deniers.

Eu égard à la qualité des biens du mari tant libres que substitués) : Lorsqu'il s'agit de régler la mesure ou le montant du douaire de la femme & des enfans, il faut comprendre dans la masse tous les biens que le mari possède lors de son mariage, sans examiner s'ils sont libres ou substitués, & sur cette totalité il faut fixer la portion qui doit être assignée pour le douaire ; mais lorsqu'il s'agit d'en faire l'adjudication à la veuve ou aux enfans, on doit prendre sur les biens libres tout ce qui s'y trouvera, & ne toucher aux biens substitués qu'à concurrence de ce qui manquera aux biens libres, pour remplir le montant du douaire une fois fixé sur la totalité des biens du mari, tant libres que substitués. Il y a donc de la différence entre la manière de fixer le montant du douaire, & la forme de le payer. Au premier cas, on doit compter les biens libres, & les biens substitués possédés par le mari ; mais au second, on ne peut prendre le douaire fur les biens fubftitués, qu'après avoir difcuté & épuifé les biens libres; en forte qu'on ne peut toucher aux biens fubftitués, qu'à concurrence de ce qui manquera aux bien libres.

Sur lefquels le douaire doit avoir lieu fuivant la difpofition des coutumes): Ces paroles indiquent qu'il faut fe régler par la difpofition de chaque coutume où les biens font fitués pour connoître la nature & la qualité des biens fur lefquels le douaire doit avoir lieu; parceque cela forme un ftatut réel, & que les biens immeubles doivent être régis par la coutume dans le territoire de laquelle ils font fitués, & non par celle du domicile des poffeffeurs; ceci réfulte clairement de la difpofition de l'*art.* 47 de ce titre.

ARTICLE XLVI.

De l'hypothèque fubfidiaire de l'augment, agencement, gain de furvie, ou donation à caufe des noces.

DANS LES PAYS OU LA STIPULATION DE L'AUGMENT DE DOT EST USITÉE, foit fous ce nom ou fous celui d'agencement, de gain de furvie, ou de donation à caufe de noces, LADITE HYPOTHEQUE SUBSIDIAIRE AURA LIEU, TANT POUR LE PRINCIPAL QUE POUR LES INTERESTS DUDIT AUGMENT, ET CE, JUSQU'A CONCURENCE DE LA QUOTITÉ QUI EST REGLÉE PAR LES STATUTS, COUTUMES ET USAGES DESDITS PAYS, SANS NEANMOINS QU'EN AUCUN CAS la femme puiffe exercer ladite hypothèque, pour une plus grande quotité que le tiers de la dot, encore que l'augment fût plus confidérable.

CET article règle l'hypothèque fubfidiaire que la femme du grevé a le droit d'exercer fur les biens fubftitués, tant pour le
                                                        principal

principal de l'augment, que pour les intérêts dans les cas où ils sont dus.

Il veut que l'hypothèque subfidiaire dont il est parlé dans les *art.* 44 & 45 ait lieu pour le principal & les intérêts de la convention matrimoniale stipulée en faveur de la femme du grevé, en considération de la dot, sous la qualification d'augment, d'agencement, de gain de survie ou de donation à cause de noces, dans les pays où la stipulation en est usitée ; sans néanmoins que la femme du grevé puisse exercer l'hypothèque subfidiaire sur les biens substitués, que jusqu'à la concurrence de la quotité réglée par les statuts, coutumes, & usages des lieux ; pourvu que les coutumes & usages des lieux ne fixent pas l'augment au-delà du tiers de la dot constituée : enforte que la femme ne poura exercer aucune action sur les biens substitués, à raison de ce qui excédera le tiers de sa dot.

Nous n'entrerons pas dans l'examen des questions qui regardent l'augment, & les autres conventions matrimoniales qui font de même nature, quoique sous des noms différens. Cette matière a été traitée fort au long & dans un grand détail, dans *le traité des gains nuptiaux de M. Boucher d'Argis ;* nous en avons aussi parlé *sur l'article* 21 *de l'Ordonnance de* 1731.

Dans les pays où la stipulation d'augment de dot est usitée) : Ces paroles font comprendre que l'hypothèque subfidiaire pour l'augment, ou la convention matrimoniale qui est de même qualité, quoique sous des noms différens, ne doit avoir lieu en faveur de la femme du grevé, que dans les pays où cette espèce de convention est usitée : elles n'établissent donc pas une loi générale dans tous les pays de droit écrit, mais elles sont relatives aux usages des lieux où cette convention est pratiquée.

L'hypothèque subfidiaire sur les biens substitués n'est pas accordée pour toute sorte de conventions matrimoniales, mais seulement pour l'augment, & toute autre convention qui est de même nature, & qui en tient la place ; car s'il y a une première convention à titre d'augment, d'agencement, de gain de survie, ou de donation à cause de noces, les autres conventions stipulées dans le même contrat de mariage ne peuvent être prises

H h

que fur les biens libres du grevé, & non fur les biens fubſtitués, même en cas d'infuffifance des biens libres, ainſi que le porte l'*art.* 48 *de ce titre.* Il faut donc, afin que l'hypothèque fubſidiaire puiſſe être exercée fur les biens fubſtitués, que deux circonſtances concourent; la, première qu'il s'agiſſe d'un augment, ou de quelqu'autre convention qui foit à la place de l'augment & de même nature; la feconde, que la ſtipulation d'une telle convention matrimoniale foit uſitée dans les lieux où elle eſt ſtipulée en faveur de la femme du grevé.

Ladite hypothèque ſubſidiaire aura lieu): Ces paroles n'expliquent pas en faveur de qui l'hypothèque fubſidiaire doit avoir lieu; mais le rapport que cet article a avec les deux précédens, fait comprendre que cette hypothèque appartient à la femme du grevé, laquelle peut l'exercer; il en eſt de même de ſes enfans auxquels l'augment doit revenir: ce qui eſt ſi vrai que l'*art.* 54 *de ce titre* veut que les héritiers, fucceſſeurs, ou ayans cauſe, & pareillement les créanciers de la femme puiſſent exercer à fa place, l'hypothèque fubſidiaire fur les biens fubſtitués, encore qu'elle ne l'eût pas exercée elle-même. .

Tant pour le principal que pour les intérêts dudit augment): Mais afin que l'hypothèque fubſidiaire puiſſe être exercée par la femme pour le capital de l'augment, il faut que l'augment ait été ſtipulé en propriété; car ſi la coutume le fixoit à une ſimple jouiſſance, comme il arrive dans pluſieurs endroits du reſſort du Parlement de Touloufe, la femme ne pourroit pas exercer fon hypothèque fur les biens fubſtitués pour le capital de l'augment; attendu qu'il ne pourroit pas être valablement ſtipulé en propriété; mais s'il avoit été ſtipulé en ſimple jouiſſance, conformément à la coutume du lieu, la femme pourroit prendre cette jouiſſance, par action fubſidiaire fur les biens fubſtitués pendant fa vie; & comme la jouiſſance à titre d'augment, doit prendre fin à la mort de la femme, dès qu'elle fe trouveroit décédée, & que la jouiſſance auroit pris fin, ſes enfans, héritiers, ayans cauſe, ou créanciers, n'auroient aucune action à exercer fur les biens fubſtitués à raiſon de l'augment, fixé en jouiſſance par la coutume: voilà pourquoi, quand dans une telle coutume il auroit été

ſtipulé un augment en propriété ; une telle ſtipulation ne pouroit
pas valoir, ni autoriſer la femme à demander l'augment, même
par action ſubſidiaire ſur les biens ſubſtitués ; parceque notre
article ne permet la ſtipulation de l'augment en propriété, qu'autant qu'elle eſt autoriſée par la coutume : ainſi dans les pays où
l'augment eſt réglé en jouiſſance par la coutume, il n'eſt pas permis de le ſtipuler en propriété pour pouvoir être pris ſur les biens
ſubſtitués : cependant la ſtipulation ſeroit bonne, ſi l'augment
en propriété devoit être pris ſur les biens libres du grevé ; mais
non s'il étoit queſtion de le prendre ſur les biens ſubſtitués, même
par action ſubſidiaire.

Et ce juſqu'à concurrence de la quotité qui eſt réglée par les ſta-
tuts, coutumes, & uſages deſdits pays) : Il réſulte de ces paroles, qu'il n'eſt pas permis de ſtipuler un augment pour être pris
ſur les biens ſubſtitués, dès que la ſtipulation n'eſt pas conforme
aux ſtatuts, coutumes & uſages des lieux ou des pays : par conſéquent tout augment qui ſera ſtipulé contre, ou outre la coutume des pays, ne peut être pris en aucune façon ſur les biens
ſubſtitués.

Sans néanmoins qu'en aucun cas) : Afin qu'un augment puiſſe
être pris ſur les biens ſubſtitués, il ne ſuffit pas qu'il ait été ſtipulé conformément à la coutume locale ; mais ſi elle le fixe au-
delà du tiers de la dot conſtituée, la meſure de l'augment doit
être réduite au tiers de la dot, & ce qui excéde ne doit pas être
pris ſur les biens ſubſtitués. Ce n'eſt pas que la ſtipulation ne ſoit
bonne, vu qu'un contrat de mariage eſt ſuſceptible de toute
ſorte de clauſes & de conventions ; mais l'augment, en ce qu'il
excédera le tiers de la dot, ne poura pas être pris ſur les biens
ſubſtitués, ſauf à le prendre ſur les biens libres du grevé ; parceque notre Ordonnance ne prohibe pas la ſtipulation de l'augment, quoiqu'il excéde le coutumier. Elle a pour ſeul & unique objet d'empêcher, pour la conſervation des biens ſubſtitués, que l'augment ne ſoit pas pris ſur les biens ſubſtitués, en
ce qu'il excède le tiers de la dot.

Enſorte que quand l'augment eſt plus conſidérable que le
tiers de la dot, la ſtipulation ne laiſſe pas d'être bonne & vala-

ble vis-à-vis du mari & de ses héritiers, lorsqu'il y a des biens libres sur lesquels il peut être pris sans toucher aux biens substitués : mais si les biens libres ne suffisent pas pour y prendre l'augment stipulé, l'action subsidiaire de la femme ne peut pas être exercée sur les biens substitués, pour ce qui excède le tiers du montant de la dot, & cet excédent doit être considéré comme non-stipulé, pour ce qui concerne l'intérêt des substitués ; mais non pour ce qui concerne l'intérêt des héritiers du mari, & de ceux de la femme.

Notre article n'exige pas qu'il y ait une stipulation réciproque d'un augment en faveur de la femme, & d'un contre-augment en faveur du mari, afin que la femme du grevé puisse avoir une action subsidiaire pour son augment sur les biens substitués. Ainsi on ne doit pas exiger cette condition que la loi nouvelle n'impose pas ; parceque *ubi lex non distinguit, nec nos distinguere debemus,* nonobstant ce que dit *M. Dolive, liv. III, ch. 36.*

ARTICLE XLVII.

L'hypothèque subsidiaire sur les biens substitués doit.
être exercée selon les loix ou les coutumes
où les biens substitués sont situés.

En cas que les biens substitués soient situés dans des pays régis par des loix différentes, la femme du grevé de substitution exercera ses droits A L'EGARD DES BIENS SITUÉS DANS LES PAYS OU L'ON OBSERVE LE DROIT COUTUMIER, Ainsi qu'il est réglé par l'Article XLV, & à l'égard des biens situés dans les lieux où l'on suit le Droit Ecrit, suivant ce qui est porté par l'article précédent.

L'OBJET de cet article est de prévenir & de résoudre une difficulté qui pouvoit naître sur la forme de l'exercice de l'hypothèque ou du recours subsidiaire accordé à la femme du grevé sur les biens substitués, pour sa dot, son douaire, & son augment, dans le cas qu'il y ait des biens substitués dans les pays coutumiers, où le douaire a lieu, & dans des pays du droit écrit, où l'augment est usité : Et comme les biens doivent être régis par les coutumes ou les usages du pays où ils sont situés, il veut que quand les biens substitués sont situés dans des pays régis par des loix différentes, la femme du grevé de substitution exerce ses droits à l'égard des biens situés dans les pays où l'on observe le droit coutumier, ainsi qu'il est réglé par l'*art.* 45 de ce titre.

Et à l'égard des biens situés dans les lieux où l'on suit le droit écrit, on doit se régler par ce qui est porté par l'*art.* 46.

Ces deux articles, conviennent en ce qu'il est ordonné que

la femme du grevé a le droit d'exercer son hypothèque sub-sidiaire pour le fonds ou principal, & pour les arrérages des fruits ou intérêts du douaire, ou de l'augment, sur les biens substitués. Mais ils ne conviennent pas sur la règle qui doit fixer le montant du douaire ou de l'augment.

L'*art.* 45 ordonne quelle douaire préfix, ou conventionnel, ne poura point excéder la mesure du douaire coutumier, mais il ne fait aucune reduction ni fixation particulière du douaire pour l'exercice de l'action subsidiaire accordée à la femme du grevé au sujet du recours qu'elle peut exercer sur les biens substitués; enforte que la fixation du douaire préfix doit être réglée par la mesure du douaire coutumier, fixé par les coutumes des lieux.

Au lieu qu'à l'égard de l'augment, l'*art.* 46 veut bien que l'augment conventionnel ne puisse pas excéder la mesure de l'augment conventionnel : mais il ordonne de plus, que quand l'augment coutumier, ou qui est autorisé par l'usage, excède le tiers de la dot, l'excédent ne puisse pas être pris sur les biens substitués, même par action subsidiaire : enforte que cette action subsidiaire sur les biens substitués, ne peut être exercée que jusqu'à concurrence de ce qui ne peut pas être pris sur les biens libres, à cause de leur insuffisance, en réduisant néanmoins l'augment au tiers de la dot.

Ces différences peuvent causer de la diversité dans l'exercice de l'action subsidiaire, & notre article a voulu prévenir les difficultés qui pouvoient en résulter.

A l'égard des biens situés dans les pays où l'on observe le droit coutumier) : Lors donc qu'il y aura des biens substitués, qui seront situés dans les pays coutumiers, la femme du grevé poura se régler par la disposition de l'*art.* 45, sur la forme d'exercer son action subsidiaire sur les biens substitués, c'est-à-dire, sans examiner si le douaire ou l'augment que la femme du grevé aura à reprendre sur les biens substitués, excède ou n'excède pas le tiers de la dot, conformément à l'*art.* 45.

Mais s'il s'agit de la reprise à faire sur les biens substitués, qui seront situés dans les pays du droit écrit, elle ne poura exercer son action en reprise, que pour l'augment ou le douaire, à concurrence de ce qui n'excédera pas le tiers de ſa dot, ſuivant l'*art.* 46; enſorte que cela eſt réciproque, & doit être réglé par la ſituation des biens, en quelque pays que la veuve puiſſe avoir ſon domicile.

ARTICLE XLVIII.

La femme du grevé n'a aucun recours ſur les biens ſubſ-
titués pour le préciput , la donation des bagues &
joyaux, & pour les autres libéralités & ſtipulations ,
& pour le deuil.

La femme du grevé de ſubſtitution n'aura aucun recours ſur les biens ſubſtitués, <small>POUR LE PRECIPUT, LA DONATION DES BAGUES ET JOYAUX, ET GENERALEMENT POUR TOUTES LES AUTRES LIBERALITÉS ET STIPULATIONS</small> non compriſes aux articles précédens, <small>NI PAREILLEMENT SUR SON DEUIL.</small>

L<small>ES</small> *art.* 44, 45 & 46, règlent les repriſes des femmes ſur les biens chargés de ſubſtitution, & les réduiſent 1.º à la dot en fonds ou capital, fruits ou intérêts; 2.º au douaire, ou à l'augment auſſi en fonds, capital, fruits ou intérêts. Ce ſont là les ſeules repriſes à faire ſur les biens ſubſtitués, de la part de la veuve du grevé.

L'*art.* 48 explique quelques cas, où il y avoit du doute, ſi la repriſe pouvoit être faite ſur les biens ſubſtitués. Il ordonne que la femme du grevé de ſubſtitution, ne poura avoir aucun recours ſur les biens ſubſtitués; 1.º pour le préciput ſtipulé en ſa faveur dans ſon contrat de mariage; 2.º pour la donation des bagues & joyaux; 3.º & généralement pour toutes les autres libéralités ou ſtipulations non compriſes dans les articles précédens;

4.º pour son deuil : ensorte que la femme du grevé ne peut exercer aucune action même subsidiaire, sur les biens substitués, à raison de ce qui n'est pas dot, douaire ou augment, elle n'a d'action à exercer pour le surplus que sur les biens libres de son mari, & les biens substitués en sont déclarés exempts par cet article.

Pour le préciput) : Le préciput dont notre article parle, ne dérive point de la coutume, il vient de la convention des parties, & il n'y en a point, s'il n'a été stipulé par clause expresse dans le contrat du futur mariage. Voilà pourquoi il n'est pas mis au rang des reprises que la femme peut faire sur les biens substitués, dont le mari est possesseur lors de son mariage.

Le préciput dans les contrats de mariage qui sont faits en pays coutumier, est l'avantage qui est accordé en vertu d'une clause expresse au survivant des conjoints, de prendre sur les biens meubles de la communauté, jusqu'à une certaine somme hors part, c'est-à-dire, sans confusion de sa part, en la communauté conjugale.

Cet avantage, quoique stipulé, n'a lieu que quand la communauté est acceptée. Ainsi, lorsque la femme renonce à la Communauté, elle n'a pas le droit de demander le préciput, à moins que le contrat de mariage ne porte expressément qu'elle poura le prendre, quoiqu'elle renonce à la communauté ; & comme c'est un avantage réciproque, le mari qui survit à sa femme ne peut pas le prétendre, lorsque les héritiers de la femme renoncent à la communauté. On peut voir dans *Ferrière, sur l'article 229 de la coutume de Paris*, §. 2, les questions qui regardent le préciput.

La donation des bagues & joyaux) : Il ne faut pas confondre ce que notre article dit des bagues & joyaux, provenans d'une donation faite par le mari en faveur de sa future épouse, avec la constitution des bagues & joyaux qui sont donnés en dot par la future épouse à son futur conjoint. La donation des bagues & joyaux faite par le mari, est une libéralité ; par conséquent elle ne peut pas être prise sur les biens substitués ; mais il en seroit autrement de la constitution faite par la femme de ses bagues & joyaux ; auquel cas la reprise pouroit être faite sur les biens

substitués,

ſubſtitués, en la même forme que la dot, ſuivant l'*art.* 44 de ce titre, parceque les bagues & joyaux faiſoient partie de la dot ; ce qui néanmoins doit être entendu, lorſque les bagues & joyaux conſtitués en dot, ſont eſtimés, de manière que la femme n'ait a répéter qu'une certaine ſomme ; & s'ils n'ont pas été eſti-més, leur légitime valeur poura être repétée par la femme, quand ils n'exiſtent plus lors de la diſſolution du mariage, pourvu qu'il ne ſoit pas juſtifié, que la femme en a fait l'aliénation pendant le mariage.

Et généralement pour toutes les autres libéralités & ſtipula-tions) : Ceci comprend toutes les libéralités & ſtipulations faites entre conjoints dans leur contrat de mariage, autres que la dot, le douaire ou l'augment, dont il eſt parlé dans les articles précé-dens, pour les exclure de la répétition ſur les biens ſubſtitués, par action, même ſubſidiaire.

Ni pareillement pour ſon deuil) : Les mots indéfinis, *pour ſon deuil*, font comprendre que la veuve du grevé ne peut point répéter ſur les biens ſubſtitués, la penſion viduelle, non-plus que les habits de deuil, ſoit qu'ils aient été fixés ou non dans le contrat de mariage ; ce qui corrige la diſtinction *de M. Dolive*, *liv. III, ch.* 34.

Mais la veuve du grevé poura-t-elle répéter par action ſubſi-diaire ſur les biens ſubſtitués, les paraphernaux que ſon mari aura aliénés ou diſſipés durant le mariage ? Non ; à moins que la ſubſtitution ne fût pas inſinuée, auquel cas la femme étant véritablement créancière à titre onéreux, une ſubſtitution non inſinuée ne pouroit pas lui être oppoſée, comme nulle & de nul effet à l'égard des créanciers. Notre article bornant l'hypo-thèque ſubſidiaire à la dot, au douaire & à l'augment, il exclud bien clairement les paraphernaux de l'hypothèque ſubſidiaire ſur les biens ſubſtitués, lorſque la ſubſtitution eſt inſinuée ; cela ſemble même décidé par l'*art.* 49 de ce titre.

Notre Ordonnance ne parle pas du cas où la femme, qui étant chargée de ſubſtitution, conſtitue à ſon mari une dot con-venable ſelon ſa qualité & ſa fortune en fonds dépendans de la ſubſtitution, avec ſtipulation du gain de la dot, ou d'une jouiſfance pendant la vie du mari, en conformité des coutumes des lieux. Le mari poura-t-il retenir, après la mort de fa femme décédée fans enfans, la propriété ou la jouiffance des fonds conftitués ? Ce cas eft décidé pour l'affirmative, *par la loi* 22, §. 4, *ff. ad S. C. Trebell.* fans que notre Ordonnance y ait dérogé expreffément, ou par voie de conféquence : il ne me paroît donc pas douteux que la décifion de cette loi ne doive avoir lieu, fuivant cette règle, *quod non mutatur, cur ftare prohibeatur ? Claude de Ferrière, fur la Novelle* 39, *ch.* 1, *n.* 12; foutient même que la fille qui a été mariée fans dot, ou avec une dot modique, peut fe conftituer *ex poft facto,* une dot convenable, ou le fupplément d'une dot fuffifante, à prendre fur les biens qu'elle eft chargée de rendre, lorfque fa légitime & la quarte ne fuffifent pas: *Voyez M. Dolive, liv. III, ch.* 36.

ARTICLE XLIX.

La femme du grevé n'a point d'hypothèque ni de recours fubfidiaire fur les biens fubftitués, à raifon du prix de fes biens fonds aliénés par le mari, fauf à elle d'agir fur les fonds aliénés, s'il y a lieu.

Lorsque les biens qui sont propres a la femme en pays coutumier, ou ses biens dotaux en pays de droit ecrit, auront ete aliene's de son consentement pendant le mariage, elle n'aura aucun recours pour raifon de ce, fur les biens fubftitués ; ce qui sera observe' mesme dans les pays ou l'alienation desdits biens est regarde'e comme nulle & de nul effet, sauf a elle de se pourvoir contre les detenteurs desdits biens, suivant les dispositions des loix, coutumes ou statuts qui y seront observe's.

Cet article porte une limitation ou une reftriction, ou une explication de l'*art.* 44 de ce titre, qui accorde indéfiniment aux femmes un recours fubfidiaire fur les biens fubftitués, à raifon du fonds de leur dot ; car l'*art.* 49 refufe tout recours fubfidiaire à la femme du grevé, à laquelle il a été conftitué une dot en fonds, quoique le mari l'aliène pendant le mariage.

Cet article embraffe tous les cas qui peuvent arriver, foit dans les pays du droit écrit, ou dans les pays coutumiers, toutes les fois que le mari aliène pendant le mariage, les propres de fa femme, ou les biens par elle conftitués en fonds non eftimés dont la propriété n'eft pas transférée au mari, pour l'exclure de tout recours fubfidiaire fur les biens fubftitués, au fujet de l'indemnité que la femme peut prétendre à raifon des aliénations faites par le mari des propres ou des biens dotaux de la femme dont elle a confervé la propriété.

L'*art.* 49 veut que quand les biens qui font propres à la femme du grevé de fubftitution dans les pays coutumiers, ou fes biens dotaux en pays de droit écrit, auront été aliénés par le mari, du confentement de la femme pendant le mariage, elle ne puiffe avoir aucun recours fur les biens fubftitués, à raifon de l'indemnité qu'elle peut prétendre, à caufe des aliénations.

L'article ajoute que cela fera obfervé, même dans les pays où l'aliénation des biens de la femme eft regardée comme nulle & de nul effet; fauf à elle à fe pourvoir contre les détenteurs des biens aliénés, fuivant les difpofitions des loix, coutumes ou ftatuts, qui y feront obfervés. Mais tout ceci doit s'entendre, pourvu que la fubftitution foit infinuée.

Lorfque les biens qui font propres à la femme en pays coutumier....... auront été aliénés): La femme dont les propres ont été aliénés durant le mariage, a une action en remploi, qui eft réglée fuivant les coutumes. On peut voir l'*art.* 232 *de la coutume de Paris*, qui parle de ce remploi; & *Ferrières*, & *les autres Commentateurs de cette coutume*, qui expliquent les cas où le remploi a lieu ou non; mais l'action à raifon de ce remploi, ne peut jamais être exercée, même fubfidiairement, fur les biens fubftitués poffédés par le mari qui a fait l'aliénation; ce qui doit avoir lieu quand même le remploi auroit été ftipulé dans le contrat de mariage.

Ou les biens dotaux en pays de droit écrit): Lorfque le mari aliène les fonds que fa femme lui a conftitués en dot, la femme peut agir contre le mari qui a fait les aliénations pour fon indemnité; & quoiqu'elle ait une hypothèque pour demander le remplacement, elle ne peut l'exercer que fur les biens libres de fon mari, & non fur les biens fubftitués dont le mari eft poffeffeur lors du contrat de mariage, portant la conftitution à titre de dot, des immeubles; ou lorfque les aliénations du fonds dotal ſont faites, même en cas d'inſuffiſance des biens libres. Il s'agit à à la vérité d'une dot, mais l'hypothèque ou le recours ſubſidiaire que l'*art.* 44 accorde, n'a lieu que pour la dot conſtituée en deniers à la femme du grevé, & non pour remplacer la dot conſtituée en fonds, lorſque le mari les aliène, ſauf à la femme à ſe pourvoir contre les détenteurs ou acquéreurs, comme notre article le porte.

De ſon conſentement pendant le mariage): Lorſque la femme conſent à l'aliénation de ſes propres, qui eſt faite par ſon mari, l'aliénation eſt irrévocable dans les pays coutumiers; quoique le prix ſoit employé au payement des dettes du mari, & que par conſéquent la femme dût être relevée par le bénéfice du *Velléien*, à cauſe qu'il eſt abrogé dans les pays coutumiers par *un Edit du Roi Henri IV*, le 4 du mois d'*Août* 1606.

Cet Edit n'eſt point obſervé dans les reſſorts des Parlemens de Touloufe, de Grenoble, de Bordeaux, & d'Aix-en-Provence; voilà pourquoi la femme qui conſent à l'aliénation de ſes biens dotaux ou paraphernaux, faite par ſon mari, ſi elle eſt faite pour les affaires du mari, la femme peut faire déclarer l'aliénation nulle par le bénéfice du *Velléien*, & quoiqu'elle ait la liberté de ne pas recourir ſur les acquéreurs, pour faire révoquer les aliénations, & qu'elle puiſſe agir contre ſon mari pour lui demander une indemnité, ou un remplacement, elle ne poura néanmoins exercer aucune action, ni recours même ſubſidiaire ſur les biens ſubſtitués, parceque notre article l'en exclud.

Ce qui ſera obſervé dans les pays où l'aliénation deſdits biens eſt regardée comme nulle): Les mots, *deſdits biens*, s'entendent des propres de la femme dans le pays coutumier, & des biens dotaux dans le pays du droit écrit; enſorte que ſans examiner ſi les femmes dont les propres, ou les biens dotaux auront été aliénés, peuvent ou ne peuvent pas recourir ſur les acquéreurs de leurs biens aliénés, & ſi les aliénations ſont valables, ou nulles, elles ne peuvent exercer aucun recours ſur les biens ſubſtitués, quand même les maris qui auroient fait les aliénations ſeroient inſolvables.

Sauf à elle à ſe pourvoir contre les détenteurs deſdits biens):

C'est la seule ressource qui reste à la femme du grevé, dont le mari
a aliéné les propres dans le pays coutumier, ou les biens dotaux
dans le pays du droit écrit, quoique, comme nous l'avons dit,
le mari soit insolvable, & qu'elle ne puisse pas retirer la valeur
des biens aliénés sur les biens libres du mari en tout ou en partie.

*Suivant la disposition des loix, coutumes ou statuts, qui y
feront observés*): Quand la femme, dont les biens auront été
aliénés par son mari, se pourvoira contre les détenteurs ou acquéreurs, sur le fondement de l'invalidité de leurs titres, il faudra
juger les contestations conformément aux loix, coutumes ou
statuts, qui feront observés sur les lieux où les biens aliénés seront
situés; si, par exemple, le propre de la femme dans le pays coutumier, a été aliéné sans son consentement, l'aliénation sera nulle
par défaut de pouvoir de la part de l'aliénant: que si la femme
y a consenti, l'aliénation sera irrévocable, à moins qu'il ne se
rencontre quelque moyen de rescision ou de restitution en entier, autre que la puissance maritale qui a lieu dans le pays coutumier: mais si le fond dotal est aliéné par le mari dans un pays
de droit écrit, soit avec le consentement, ou sans le consentement de la femme, elle pourra, le cas de la restitution de la dot
arrivant, faire déclarer nulles les aliénations, & vendiquer les
biens aliénés, suivant la *loi* 30, *cod. de jure dot.* à cause que les
aliénations feront nulles & de nul effet; parceque l'aliénation du
fonds dotal est invalable, soit qu'elle ait été faite par le mari seul,
ou par la femme seule, ou de leur consentement; soit qu'elle
ait été faite conjointement par le mari & la femme suivant *la
loi Unique*, §. *& cum lex julia* 15, *cod. de rei uxor. act.* Cependant dans aucun cas la femme ne peut exercer, comme nous
l'avons dit, aucune action principale ni subsidiaire sur les biens
substitués.

ARTICLE L.

La femme du grevé n'a aucun recours sur les biens subf-
titués , à raison de l'indemnité qu'elle peut prétendre
pour s'être obligée conjointement avec son mari ou
pour lui.

Il n'y aura pareillement aucun recours sur les biens
substitués pour l'indemnité de la femme QUI SE SERA
OBLIGÉE VOLONTAIREMENT POUR SON MARI pendant
le mariage , QUAND MESME ELLE AUROIT ACQUITTÉ EN
TOUT OU EN PARTIE, les dettes auxquelles elle seroit
obligée, & ce , SANS DISTINCTION ENTRE LES PAYS
où les obligations des femmes pour leurs maris sont
réputées nulles, & ceux où elles sont regardées comme
valables.

CET article est une ampliation, ou une extension du précé-
cédent, qui refuse à la femme du grevé tout recours même
subsidiaire sur les biens substitués, à raison de la reprise du remploi, & de l'indemnité de la femme du grevé pour les aliénations faites par le mari, des biens de sa femme.

Celui-ci parle des obligations que la femme contracte pour
son mari, pour l'exclure pareillement de tout recours subsidiaire
sur les biens substitués, à raison de l'indemnité que la femme
peut prétendre contre son mari. Il déclare qu'il n'y aura pareillement aucun recours sur les biens substitués, pour l'indemnité de la femme qui se sera obligée volontairement pour son
mari pendant le mariage, quand même elle auroit acquitté en
tout ou en partie, les dettes auxquelles elle s'étoit obligée : sans

qu'on puisse diftinguer les pays où les obligations contractées par les femmes pour leurs maris, font réputées nullés, & ceux où elles font regardées comme valables.

C'est-à-dire, que par cet article, tout comme par le précédent, la femme eft exclue de tout recours fubfidiaire fur les biens fubftitués, foit qu'elle puiffe, ou ne puiffe pas reprendre fon indemnité fur les biens libres de fon mari, à caufe de fon infolvabilité, foit que les obligations contractées ou acquittées par la femme, foient valables ou nulles.

Qui fe fera obligée volontairement pour fon mari): La femme qui s'oblige volontairement pour fon mari, a contre lui une action pour l'obliger à acquiter l'obligation, & à rendre taifant le créancier vis-à-vis de la femme : c'eft ce que l'Ordonnance appelle indemnité, & qui eft proprement une action en garantie avant que la femme ait aquitté l'obligation.

Mais après qu'elle l'a acquitée en tout ou en partie, le mari eft obligé de rembourfer à fa femme ce qu'elle aura payé, & ce par une action que le Droit Romain appelle *mandati*, lorfque le mari intervient dans l'acte d'obligation : que fi la femme prend fur elle une obligation qui regarde le mari, fans qu'il y foit intervenu, elle peut demander fon indemnité au mari par une action *negotiorum geftorum*, à caufe qu'elle aura fait utilement les affaires du mari : cependant de quelque action que l'indemnité dérive, la femme n'aura aucun recours fur les biens fubftitués, elle poura fe venger feulement fur les biens libres du mari, pourvu néanmoins que la fubftitution foit infinuée ; car fi elle ne l'étoit pas, lorfque l'obligation eft contractée, la fubftitution ne pouroit pas lui être oppofée, ainfi que nous l'avons dit plufieurs fois.

Quand même elle auroit acquitté en tout ou en partie): De fes propres, ou du prix de la vente de fes biens, ou autrement.

Sans diftinction entre les pays) : Les obligations que la femme contracte pour fon mari, ou pour toute autre perfonne, ne font pas valables & efficaces dans les pays du droit écrit, parce qu'elles font des interceffions que le Droit Romain prohibe par les loix des titres du digefte & du code, *ad S. C. Velleian.* & dont elle peut fe faire relever, & le Droit Romain eft obfervé

à cet égard dans les reſſorts des Parlemens de Touloufe, Grenoble , Bordeaux & Aix en Provence , nonobſtant l'Edit
de Henri IV, du mois d'Août 1606, comme nous l'avons obſervé
fur l'article précédent.

Mais dans le reſte du Royaume, où le bénéfice du *Senatus-
Conſulte Velléien* eſt abrogé par l'Edit de 1606, elles font valables & efficaces, s'il n'y a point d'autre moyen que le *Velléien*
qui puiſſe les faire déclarer nulles. Quoique la ville de Lyon,
le Lyonnois, le Maconnois, le Forez, & le Beaujolois ſoient dés
pays régis par le Droit-Ecrit, toutefois les femmes de ces pays
peuvent valablement s'obliger même pour autrui , & leurs obligations font valables à l'égard de tous leurs biens dotaux & paraphernaux, mobiliers & immobiliers, ſans avoir égard à la loi
Julia , qui eſt abrogée expreſſément à cet égard, comme le
porte l'*Édit du mois d'Avril* 1664.

La femme qui s'oblige pour ſon mari dans les pays du droit
écrit , n'a aucune indemnité à prétendre lorſqu'elle ſe fait relever de l'obligation, parcequ'elle n'en ſouffre aucun préjudice,
ſi elle fait déclarer l'obligation nulle.

Mais ſi elle ratifie l'obligation après la mort de ſon mari, ou
bien ſi elle laiſſoit paſſer le temps preſcrit par les Ordonnances,
pour exercer les actions reſcindentes, & que par-là l'obligation
devînt efficace, de manière qu'elle fût obligée à payer; elle
pourroit demander ſon indemnité aux héritiers de ſon mari,
ſans néanmoins qu'elle pût exercer aucune action ni recours
ſubſidiaire ſur les biens ſubſtitués, ainſi que notre article le porte.

ARTICLE LI.

En cas de contestation sur la suffisance des biens libres pour les reprises de la femme, les Juges peuvent ordonner par provision, que la femme sera payée des intérêts de la dot & de l'augment, & des arrérages du douaire.

En cas de contestation sur la suffisance des biens libres, les Juges pouront ordonner que par provision la femme sera payée des interests de la dot, & des arrérages du douaire, ou intérêts de l'augment, agencement, gain de survie, ou donation à cause de noces, ou y pourvoir autrement, suivant l'exigence des cas.

Il n'y a rien de plus simple ni de plus clair que la disposition de cet article. Lorsqu'une femme se marie avec un homme qui possède des biens chargés d'une substitution, & que le mari prédécède, cette femme doit répéter sa dot, son augment, ou son douaire. Comme la distinction des biens libres d'avec les substitués doit être faite sur la tête des héritiers du grevé ; que d'ailleurs la femme ne peut répéter sa dot, & prendre son douaire ou son augment sur les biens substitués, que par un recours subsidiaire en cas d'insuffisance des biens libres ; que les opérations qui doivent être faites sont d'une discussion embarassante, & toujours de longue durée ; & que néanmoins il faut que la veuve du grevé, qui souvent n'a d'autre ressource que sa dot & son augment, vive en attendant que la distinction des biens, & la liquidation des distractions soient faites ; il étoit de la prudence du légiſlateur de pourvoir aux alimens de la veuve. C'eſt ce qu'il a fait par cet article, en déclarant qu'en cas de conteſtation ſur la ſuffiſance des biens libres, les Jugés pourront ordonner que par proviſion la femme ſera payée des intérêts de ſa dot, & des arrérages du douaire ou des intérêts de l'augment, agencement, gain de ſurvie, ou donation à cauſe de noces ; ou y pourvoir autrement, ſuivant l'exigence des cas.

En cas de conteſtation ſur la ſuffiſance des biens libres) : On ne peut connoître la ſuffiſance ou inſuffiſance des biens libres, qu'après en avoir fait la diſtinction d'avec les biens ſubſtitués, & avoir procédé à la liquidation des détractions à faire au profit du grevé. C'eſt alors ſeulement que la veuve peut exercer ſes actions diſtinctement ſur les biens libres; & l'on ne peut connoître la ſuffiſance des biens libres, qu'après en avoir connu la valeur par une diſcuſſion exacte.

Mais on demande, comment cette diſcuſſion devra-t-elle être faite, lorſque le grevé aura des créanciers perſonnels outre ſa femme, & lorſque la veuve aura des créances ſur les biens de ſon mari, outre la dot, l'augment & le douaire, & les intérêts ou arrérages des uns & des autres? Faudra-t-il faire l'arrangement de toutes ces créances différentes ſelon l'ordre, le temps & le privilége de ces créances ſur les biens libres, comme on a accoutumé de le pratiquer dans les ſaiſies générales, & dans la diſtribution des biens? Il ne me paroît pas douteux que cela ne doive être pratiqué ainſi, parce qu'encore qu'il n'y ait point de ſaiſie réelle générale, on doit obſerver dans la diſcuſſion des biens libres, le même ordre dans l'arrangement des créanciers, que dans la diſtribution des biens d'un débiteur, lorſqu'ils ſont généralement ſaiſis.

Ainſi dans le reſſort du Parlement de Touloufe, où l'on obſerve la loi *Aſſiduis, cod. qui pot. in pig. hab.* la femme devra être colloquée pour ſa dot & pour les intérêts, par privilége à tous créanciers non privilégiés du mari, quoiqu'antérieurs en hypo-thèque. Elle devra auſſi être colloquée pour ſon augment, du jour de ſon contrat de mariage; & à l'égard des intérêts de l'augment en propriété, elle ne devra être colloquée qu'en dernier rang, & par concours avec les intérêts des autres créanciers non privilégiés, suivant la Jurisprudence de ce Parlement qui n'alloue point les intérêts des créances non privilégiées au même rang que le capital. *Graverol, sur M. Larroche, verb. dot, liv. 11, tit 6, arr. 14,* atteste cet usage par rapport aux intérêts de l'augment.

Pour ce qui est des autres créanciers du mari, ils doivent être alloués chacun selon son rang & l'ordre de leurs créances, y compris même les créances de la femme, autres que celles qui dérivent de sa dot ou de son augment, comme sont celles du remplacement des biens paraphernaux, & autres de quelque espèce que ce soit: sauf néanmoins que la femme devroit être allouée sur les biens libres de son mari, par privilége pour le remplacement des fonds dotaux aliénés, lorsqu'elle ne pouroit pas vendiquer les biens dotaux aliénés par le mari, parceque l'action dérive de la dot, & par conséquent elle doit jouir de son privilége sur les biens libres du mari quoiqu'elle n'ait pas une action recursoire sur les biens substitués, comme le porte l'*art.* 49 de ce titre.

Dans les autres Parlemens où l'on n'observe point la loi *Assiduis,* & où l'on alloue les intérêts en même rang que le capital, suivant *la loi Lucius* 18, *ff. qui portior. in pignor. hab.* La femme doit être colloquée sur les biens libres de son mari, du jour de son contrat de mariage pour sa dot & son augment, & pour les intérêts de l'un & de l'autre : elle doit aussi être colloquée pour ses autres reprises des jour & date de leur hypothèque, de même que tous les autres créanciers, dont l'ordre doit être réglé par le rang & ordre de leurs hypothèques, ainsi qu'on le pratique dans les distributions ordinaires ; & après ces arrangemens, si, à cause du concours des créanciers, il reste dû quelque chose à la femme à raison de sa dot & des intérêts de son douaire, & des arrérages, & de son augment avec les intérêts, elle devra prendre le résidu sur les biens substitués. Mais il faut prendre garde que quand, outre la dot ou l'augment, la femme a d'autres créances sur les biens de son mari, il faut toujours suivre les rang & ordre de la collocation de la dot, du

douaire & de l'augment, avec les intérêts, & prendre tout cela
fur les biens libres, avant les autres créances, foit de la femme
ou des autres créanciers qui font colloqués poftérieurement à
la dot, au douaire, à l'augment & arrérages ou intérêts, fans
qu'elle puiſſe exercer aucun recours fubſidiaire fur les biens fubſtitués à raifon de ce qu'elle pourra perdre de fes créances, autres que la dot, l'augment, le douaire & leurs acceſſoires.

Les Juges pouront ordonner): Le mot *pouront*, n'eſt pas impératif, ni d'une néceſſité précife, il eſt de pure faculté, comme
le remarque M.ᶜ *Charles Dumoulin*, *fur la coutume de Paris*,
§. 1, *gloſſ.* 3 ꝓ *n.* 2. Ainfi les Juges ne font pas aſtreints précifément à ordonner que la veuve fera payée par provifion, des
intérêts de fa dot, de fon augment ou de fon douaire. Ils pouront donc s'en difpenfer dans certains cas, où ils feront induits par
de bonnes raifons fondées fur des circonſtances, & fur la juſtice,
ou l'équité; ce qui eſt laiſſé à leur jugement & à leur prudence.
Ils doivent cependant faire attention qu'il faut qu'une femme
vive, en attendant qu'elle puiſſe retirer fes reprifes.

Que par provifion la femme fera payée des intérêts): Non-
feulement fur les fruits des biens libres de fon mari, ce qui ne
peut fouffrir aucun doute, à caufe que les biens libres font affectés & hypothéqués *primitùs*, pour les reprifes de la femme;
mais encore fur les fruits des biens fubſtitués, lorfqu'ils ne font
pas diſtingués des biens libres, la confufion devant autorifer la
femme à demander le payement provifionnel des intérêts de fes
reprifes indiſtinctement fur tous les biens dont fon mari étoit
faifi à fa mort.

Mais fi par événement la femme a été payée par provifion
des intérêts ou arrérages de fa dot, de fon augment, ou de fon
douaire fur les fruits des biens fubſtitués au-delà de ce qu'elle
devra reprendre fur les mêmes biens fubſtitués en vertu de l'hypothèque fubſidiaire que la loi lui accorde, elle devra rendre au
fubſtitué, l'excédent avec les intérêts, depuis ce payement forcé,
comme le remarque *Duperier, tom. II, p.* 446.

Ou y pourvoir autrement): Comme en accordant à la veuve
une certaine fomme fixe a titre de provifion, à prendre fur tous

les biens délaissés par son mari, libres, ou substitués, sauf à répéter en tout, ou en partie, le cas échéant, jusqu'à ce que la distinction des biens & la discussion aient été faites.

ARTICLE LII.

L'hypothèque ou le recours subsidiaire a lieu en faveur de toutes les femmes que ceux qui sont grevés de substitution auront épousées, & dans tous les degrés. Exception.

TOUTES LES DISPOSITIONS DES ARTICLES PRECEDENS sur l'hypothèque subsidiaire des femmes, auront lieu également dans tous les degrés de substitution & EN FAVEUR DE CHACUNE DES FEMMES que ceux qui sont grevés de substitution se trouveront avoir épousées successivement; SANS NEANMOINS QU'AUCUNE DESDITES FEMMES puisse exercer ladite hypothèque contre les enfans ou descendans d'un mariage antérieur au sien, lorsque ce seront eux qui recueilleront l'effet de la Substitution.

CET article décide une question diversement jugée dans les tribunaux du Royaume; elle consiste à savoir si la reprise subsidiaire, accordée à la femme du grevé, de sa dot, & de son augment sur les biens substitués, devoit avoir lieu en faveur de toutes les femmes du grevé, lorsqu'il en avoit épousé plusieurs successivement, & en faveur des femmes des substitués, grevés eux-mêmes de substitution, dans tous les degrés que la substitution devoit parcourir.

Parmi les Auteurs & les Arrêts qui avoient décidé cette question, les uns tenoient que l'action ſubſidiaire ne devoit être accordée qu'une fois, c'eſt à-dire, à la première femme de l'héritier grevé, & non aux autres, ni aux femmes des ſubſtitués.

Les autres accordoient l'action ſubſidiaire, non-ſeulement à toutes les femmes de l'héritier grevé, mais encore à toutes les femmes des ſubſtitués, dans chaque degré de ſubſtitution.

Enfin les autres diſtinguoient, ou du moins bornoient l'hypothèque ſubſidiaire des femmes, au tiers du montant du fidéicommis, de manière qu'il reſtât aux ſubſtitués les deux tiers, & après que le tiers étoit épuiſé, tout recours ſubſidiaire ſur les biens ſubſtitués étoit refuſé aux femmes du grevé & des ſubſtitués.

Notre article fait ceſſer tous ces doutes, en ordonnant que le recours ſubſidiaire accordé aux femmes par les articles précédens pour leur dot, augment, ou douaire, & pour les acceſſoires, doit avoir lieu dans tous les degrés de ſubſtitution, & en faveur de chacune des femmes que ceux qui ſont grevés de ſubſtitution ont épouſées ſucceſſivement.

Notre article excepte de cette règle les ſecondes femmes ſoit de l'héritier grevé, ou des ſubſtitués, lorſqu'elles voudront exercer l'action ſubſidiaire contre les enfans ou deſcendans du mariage antérieur, qui recueilleront la ſubſtitution.

Toutes les diſpoſitions des articles précédens): C'eſt-à-dire, des *art.* 44, 45, 46 & 47, qui règlent le recours ſubſidiaire de la femme du grevé ſur les biens ſubſtitués pour la dot, l'augment, ou le douaire & pour leurs acceſſoires.

En faveur de chacune des femmes): C'eſt-à-dire, que ce recours ſubſidiaire eſt accordé par cet article à la première, ſeconde, troiſième, & autres femmes que l'héritier grevé ou les ſubſtitués auront épouſées ſucceſſivement; ſans examiner ſi les biens du fidéicommis ſont évacués, & épuiſés ou non; vu que notre article ne fait aucune diſtinction, pas même quand le recours ſubſidiaire excéderoit le tiers du montant des biens ſubſtitués.

Sans néanmoins qu'aucune deſdites femmes): Ces paroles & celles qui ſuivent font une exception à la règle générale établie par les paroles de notre article qui précédent, c'eſt-à-dire, que les secondes femmes de l'héritier grevé, & du premier substitué, ne pourront pas exercer l'hypothèque subsidiaire sur les biens substitués, lorsque les enfans ou descendans d'un mariage antérieur, soit du grevé ou du substitué, recueilleront l'effet de la substitution.

Si, par exemple, celui qui est substitué avec charge de substitution, se marie, & a des enfans, ou autres descendans de ce mariage, qui sont appelés à la substitution & la recueillent, si le grevé se remarie, sa seconde femme ne poura pas exercer l'action subsidiaire sur les biens substitués qui auront été recueillis par les enfans ou descendans du précédent mariage de l'héritier grevé; ce qui est fondé sur la faveur des enfans & descendans d'un premier mariage, & sur ce que la seconde femme a dû prévoir le cas, & veiller à la sureté de sa dot, de son augment, & de son douaire.

De même, si un premier substitué qui recueille les biens après l'héritier grevé, se marie & a des enfans ou descendans du premier mariage, qui recueillent la substitution, la seconde ou troisième épouse de ce substitué ne pourront pas exercer l'action subsidiaire sur les biens substitués, recueillis par les enfans ou descendans d'un précédent mariage.

Mais si les enfans du premier & du second lit de l'héritier grevé, ou du premier substitué, recueillent conjointement la substitution, une troisième femme qui se sera mariée avec le grevé ou le premier substitué, ne poura pas exercer le recours subsidiaire sur les biens substitués, possédés par des enfans du premier & du second lit, à cause de leur faveur, sur laquelle l'exception portée par notre article est fondée. Cependant les enfans de la seconde femme pourront exercer l'action subsidiaire sur les biens substitués, même sur la portion des enfans du premier mariage, à cause que le motif de l'exception cesse au profit des enfans d'un second lit, qui ont recueilli la substitution, vu qu'ils sont dans un même degré de faveur, comme étant appelés & ayant recueilli la substitution; ce qui résulte des termes de notre article où il est parlé des enfans ou descendans d'un mariage antérieur au sien, lorsque ce seront les enfans d'un mariage antérieur à

celui

celui de la femme qui voudra exercer l'action ſubſidiaire, qui auront recueilli la ſubſtitution; ce qui prouve que l'excluſion de la femme eſt fondée ſur ce qu'elle n'eſt pas mère des enfans qui ont recueilli, & que la faveur des enfans eſt fondée ſur ce qu'ils ont recueilli le fidéicommis, ſur les biens duquel l'action ſubſidiaire doit être exercée. Par conſéquent lorſque les enfans d'un ſecond mariage concourent pour recueillir le fidéicommis avec ceux d'un premier mariage, l'action ſubſidiaire peut être exercée au nom de la ſeconde femme par ſes héritiers.

Si l'on ne ſe trouve pas dans le cas précis du fidéicommis recueilli par des enfans ou deſcendans d'un mariage antérieur, & que ce ſoit un collatéral qui le recueille, toutes les femmes, tant du grevé que du ſubſtitué pourront exercer l'action ſubſidiaire ſur les biens du fidéicommis, comme le porte la première diſpoſition de notre article.

ARTICLE LIII.

L'hypothèque ou le recours ſubſidiaire ſur les biens ſubſtitués, doit avoir lieu, quoique la ſubſtitution ſoit faite par un collatéral, ou un étranger; ſi la ſubſtitution eſt faite en faveur du grevé, ou dans le cas qu'il décéde ſans enfans.

LESDITES DISPOSITIONS SERONT PAREILLEMENT OBSERVE'ES, ENCORE QUE L'AUTEUR DE LA SUBSTITUTION SOIT UN PARENT COLLATERAL, OU UN E'TRANGER, POURVU NEANMOINS QU'ELLE SOIT FAITE EN FAVEUR DES ENFANS DU GREVE', ou en faveur d'un autre, au cas que le grevé vienne à décéder ſans enfans.

On jugeoit au Parlement de Toulouſe, & dans quelques autres Parlemens, que l'action ſubſidiaire ſur les biens ſubſtitués, ne devoit être accordée aux femmes des héritiers grevés, ou des subftitués, que quand la fubftitution étoit faite par un afcendant; non quand elle étoit faite par un collatéral, ou par un étranger, parcequ'on fuppofoit que la Novelle 108 étoit dans le cas de la fubftitution faite par un afcendant, & que quand elle fe trouvoit dans le teftament d'un collatéral ou d'un étranger, il n'y avoit point de motif qui dût faire accorder la même action fubfidiaire.

On n'avoit lu fans doute que le corps de la Novelle 108, où l'on ne trouve que des raifons vagues, & l'on avoit laiflé à l'écart l'épilogue de cette même Novelle, où l'on trouve une difpofition littérale, qui étend aux fubftitutions faites par des collatéraux ou des étrangers, ce que le corps de la Novelle avoit ordonné par rapport aux fubftitutions faites par des afcendans, *& hæc dicimus non in filiis folùm ; fed etiam in aliis cognatis, & extraneis agere, in quibus omninò tale fideicommiffum relinqui contigerit.*

D'autres Parlemens jugeoient indiftinctement, que l'action fubfidiaire devoit être accordée aux femmes du grevé ou des fubftitués, foit que le fidéicommis eût été fait par un afcendant ou par un collatéral, ou un étranger; en quoi ils fe conformoient *à la Novelle* 108, *in epilogo*, dont nous avons tranfcrit ci-deflus les paroles.

Notre article vuide cette difficulté felon l'avis de ceux qui s'étoient conformés à la Novelle 108, *in epilogo*, en ordonnant que les difpofitions des articles précédens concernant l'hypothèque fubfidiaire accordée aux femmes du grevé, ou des fubftitués, feront pareillement obfervées, encore que l'auteur de la fubftitution foit un parent collatéral, ou un étranger : pourvu néanmoins qu'elle foit faite en faveur des enfans du grevé, ou en faveur d'un autre, au cas que le grevé vienne à décéder fans enfans.

Les difpofitions feront pareillement obfervées) : C'eft-à-dire, les difpofitions des *art.* 44, 45, 46 & 47 de ce titre, qui règlent le recours fubfidiaire accordé aux femmes du grevé ou des fubftitués fur les biens fujets à un fidéicommis, pour leur dot, leur augment ou leur douaire.

Encore que l'auteur de la ſubſtitution): Ces termes qui ſont indéfinis, & qui déſignent l'auteur de toute ſubſtitution, donnent à entendre, que le recours ſubſidiaire accordé aux femmes, doit avoir lieu ſuivant cette Ordonnance, ſoit qu'il s'agiſſe d'une ſubſtitution contenue dans un teſtament, ou toute autre diſpoſition à cauſe de mort, ſoit que la ſubſtitution ait été faite par un acte entre-vifs, en faveur de mariage, ou dans tout autre contrat irrévocable: la raiſon eſt, parceque parmi nous les ſubſtitutions contractuelles ne ſont pas moins favorables, que celles qui ont été faites par teſtament, ou autres diſpoſitions de dernière volonté. Il n'eſt plus queſtion aujourd'hui d'admettre des ſubſtitutions conjecturales; on ne doit avoir égard qu'à celles qui ſont exprimées littéralement, ou qui réſultent néceſſairement des paroles dont les diſpoſitions ſont conçues. Mais une fois que la ſubſtitution réſulte de la lettre de la diſpoſition, on ne doit faire aucune différence entre celle qui eſt faite par contrat entre-vifs, & celle qui eſt contenue dans une diſpoſition teſtamentaire, ou à cauſe de mort.

Soit un parent, collatéral, ou un étranger): Ceci abroge la Juriſprudence du Parlement de Touloufe, & des autres Parlemens, qui jugeoient que l'action ſubſidiaire ne devoit être accordée aux femmes pour leurs repriſes ſur les biens ſubſtitués, que quand il s'agiſſoit d'une ſubſtitution faite par un aſcendant. C'eſt avec raiſon qu'une telle Juriſprudence a été abrogée, parce qu'elle n'étoit fondée que ſur une inadvertance, & notre article abroge pareillement la diſtinction que l'on faiſoit entre les ſubſtitutions faites par diſpoſition de dernière volonté, & celles qui étoient faites par contrat entre-vifs.

Pourvu néanmoins qu'elle ſoit faite en faveur des enfans du grevé): C'eſt une modification ou une condition qu'on ne trouve pas dans *la Novelle* 108, *in epilogo*; elle ne regarde pas les ſubſtitutions faites par un aſcendant; elle ne doit être appliquée qu'à la ſubſtitution faite par un collatéral, ou par un étranger, dont notre article parle expreſſément, ayant laiſſé les ſubſtitutions faites par un aſcendant ſous la diſpoſition de *la Novelle* 108, & de la Juriſprudence.

Il faut donc, afin que l'action subsidiaire des femmes sur les biens substitués ait lieu, que l'une des deux conditions marquées dans la dernière disposition de cet article se rencontre, c'est-à-dire, que la substitution d'un collatéral, ou d'un étranger, soit faite en faveur des enfans du grevé, ou en faveur d'un autre, au cas que le grevé vienne à décéder sans enfans; la substitution sera faite en faveur des enfans du grevé, supposé que le grevé se marie pour avoir des sujets capables de recueillir la substitution, ou pour faire défaillir la condition. Par conséquent, suivant la volonté du substituant, qui invite son héritier au mariage, il faut que l'héritier puisse assurer la dot de sa femme, & un augment suivant l'usage des lieux, & la répétition de l'un & de l'autre sur les biens substitués, du moins par action subsidiaire, & en cas d'insuffisance des biens libres.

ARTICLE LIV.

L'action résultante du recours subsidiaire sur les biens substitués, peut être exercée par les héritiers, successeurs, ayans cause, ou créanciers des femmes, quand même elles n'auroient pas préparé l'action.

LES HERITIERS, SUCCESSEURS, OU AYANS CAUSE, ET PAREILLEMENT LES CREANCIERS DE LA FEMME, pouront exercer AU LIEU D'ELLE, L'HYPOTHEQUE SUBSIDIAIRE SUR LES BIENS SUBSTITUÉS, ENCORE QU'ELLE NE L'EUST PAS EXERCÉE ELLE-MESME.

IL ne faut pas confondre le privilége, que la loi *Assiduis, cod. qui potior. in pignor. hab.* accorde à la femme sur les biens de son mari, pour la répétition de sa dot, avec la faculté accordée à la veuve d'un héritier grevé ou d'un substitué, chargé lui-même d'une fubftitution ultérieure, de reprendre fa dot & fon augment fur les biens fubftitués. Ce qu'on appelle privilège de la dot, qui confifte en la préférence à tous les créanciers anté-rieurs du mari, eft un vrai privilège perfonnel, contraire au droit commun, qui n'eft communiqué qu'aux enfans, fuivant la loi *Affiduis*, & la loi *Unique, cod. de privil. dotis*, & non aux étrangers, même aux créanciers, à moins que la femme n'eût préparé l'action pendant fa vie: au lieu que la faculté accordée à la femme de répéter par une action fubfidiaire, fa dot & fon augment fur les biens fubftitués, eft un droit réel attaché à la dot même & à l'augment qui n'a aucun privilège.

On n'a pas toujours été conftant au Parlement de Touloufe dans la façon de confidérer l'action de la femme en répétition de fa dot fur les biens fubftitués. On trouve dans *M. Larroche, Verbo*, dot, *arr.* 2. un Arrêt du mois de Mars 1610, rendu, toutes les Chambres affemblées, par lequel cette action fut re-gardée comme un privilège perfonnel, non tranfmiffible aux héritiers de la femme.

Mais le même Parlement s'étant formé une idée plus jufte de cette action, jugea dans la fuite, qu'elle n'étoit pas un privilège perfonnel, & qu'elle pouvoit être exercée par les héritiers de la femme, quoiqu'elle n'eût pas préparé l'action en formant du-rant fa vie, la demande en juftice, comme le remarquent *Gra-verol, fur M. Larroche,* au lieu cité; & *M. de Cattelan, liv. IV, ch.* 44.

C'eft fur cette dernière Jurifprudence que notre article a été moulé; il veut que les héritiers, fucceffeurs, ou ayans caufe, & pareillement les créanciers de la femme puiffent exercer à fa place l'hypothèque fubfidiaire fur les biens fubftitués, encore qu'elle ne l'eût pas exercée elle-même.

Les héritiers fucceffeurs ou ayans caufe . . . . de la femme): Sans diftinguer s'ils font defcendans, collatéraux ou étrangers, peuvent exercer, en fon lieu & place, l'hypothèque fubfidiaire, fur les biens fubftitués. Cela réfulte clairement des paroles de notre article, qui accordent à toute forte d'héritiers, fucceffeurs, ou ayans caufe, même aux créanciers de la femme, quoique décédée fans avoir préparé ou exercé l'action, le droit d'exercer l'hypothèque fubfidiaire fur les biens fubftitués.

On ne doit pas non plus examiner fi les fucceffeurs ou ayans caufe de la femme, le font à titre univerfel ou particulier, par donation, ou tranfport, à titre gratuit ou onéreux, même par le retour que la dot peut faire aux conftituans, iorfque la femme eft décédée fans enfans, fuivant l'ufage du Parlement de Touloufe; il fuffit qu'il foit juftifié que les fucceffeurs de la femme ont le droit qui lui appartenoit pour la répétition de fa dot ou de fon augment.

Et pareillement les créanciers): Suivant l'ufage du Royaume les créanciers peuvent exercer les droits, les actions, & les hypothèques de leurs débiteurs, même malgré eux, & nonobftant leur négligence ou leur renonciation, lorfqu'elle fe trouve préjudiciable aux créanciers; comme nous l'avons remarqué fur l'*art.* 38, & autres de ce titre : & cet ufage eft expreffément reconnu & confirmé par notre article.

Au lieu d'elle): C'eft-à-dire, que les héritiers, fucceffeurs ou ayans caufe, même les créanciers de la femme pourront exercer fes actions, comme elle auroit pu le faire pendant fa vie.

Encore qu'elle ne l'eût pas exercée elle-même): Ces paroles caractérifent la réalité de l'action fubfidiaire de la femme fur les biens fubftitués, & qu'elle ne confifte pas en un privilége perfonnel qui ait befoin d'être préparé par la femme pendant fa vie, en l'intentant en jugement; puifque, felon les dernières paroles de notre article, les fucceffeurs, ayans caufe, ou créanciers de la femme peuvent exercer fon action fubfidiaire fur les biens fubftitués, quoiqu'elle foit décédée fans l'avoir exercée elle-même.

L'hypothèque fubfidiaire fur les biens fubftitués): Cet article, de même que les précédens, notamment les *art.* 44, 45, 46 & 52, parlent toujours de l'hypothèque fubfidiaire; ce qui donne lieu de douter fi la femme du grevé qui n'aura paffé que des articles de mariage, d'écriture privée, où la dot aura été conftituée, & l'augment ftipulé, fans qu'il y ait de quittance de la dot par acte public, poura exercer l'action fubfidiaire. C'eft-à-dire, l'exercice de l'action de la femme dépend-il de l'hypothèque ? La loi *Unique* , §. 1 , *cod. de rei uxor. act.* attache une hypothèque tacite & légale à la conſtitution de la dot, ſoit en faveur du mari pour en retirer le payement ſur les biens du conſtituant, ſoit en faveur de la femme , pour la répéter ſur les biens du mari; à l'exemple de l'hypothèque tacite, que les loix accordent aux pupilles ſur les biens de leurs tuteurs,qui ont adminiſtré leurs biens.

L'*art.* 130 de l'Ordonnance de 1629, porte : *Toute quitance de dot ſera paſſée devant Notaires, à peine de nullité pour le regard des créanciers ;* mais on ſait que les diſpoſitions de cette Ordonnance ne ſont pas obſervées, à moins qu'elles ne ſoient fondées ſur quelqu'autre Ordonnance.

Selon *M. de Cattelan , liv. VI, chap.* 3, les écritures privées ne portent hypothèque que du jour de l'aveu : toutefois ſi dans un contrat de mariage, la future épouſe ſe conſtitue certaines ſommes que le futur époux promet de reconnoître lorſ- qu'il les recevra; les billets & reçus de ces ſommes, faits par le mari de main privée , produiſent en faveur de cette femme , une hypothèque privilégiée & non ſimplement du jour de l'aveu; à cauſe que ces ſommes ſont dotales, & qu'il ſuffit à la femme de montrer qu'elles ont été reçues.

Dans les pays où le douaire eſt établi & réglé par la coutume locale, il eſt dû à la femme par la force de la coutume, ſoit qu'il y ait contrat de mariage ou non , & la femme a une hypo- thèque du jour des épouſailles. On doit dire la même choſe par rapport à l'augment, dans les pays où il eſt établi & réglé par la coutume, comme dans la ville de Touloufe, ſauf qu'il eſt nécef- ſaire qu'il y ait une conſtitution de dot pour en régler la meſure ; mais il ſuffit que cette conſtitution de dot ſoit prouvée par un acte public , ou par un écrit privé; pourvu qu'il ſoit capable de faire preuve, au moyen de l'aveu ou de la reconnoiſſance, & qu'il n'y ait point de preuves ou de préſomptions ſuffiſantes de fraude & d'antidate.

Ces éclairciſſemens rendront aiſée la déciſion de la queſtion que nous avons propoſée : 1.° Dans les pays du Droit écrit, où la loi accorde une hypothèque tacite à la dot, il eſt indifférent que la dot foit ftipulée dans un contrat public ou dans un acte privé ; il fuffit qu'il foit juftifié que la dot a été payée au mari ; parceque l'hypothèque y eft attachée par le miniftère de la loi, ainfi la difficulté tombe.

2.° A l'égard de l'augment dans les pays du Droit écrit, où il eft fixé par la coutume à une quotité de la dot, il fuffit que la conftitution de la dot foit fuffifamment prouvée, afin que l'augment ftipulé relativement à la coutume, même par un écrit privé, foit dû, & que la femme ait une hypothèque du jour des époufailles, tout comme on l'accorde pour le douaire dans le pays coutumier.

3.° Dans les pays coutumiers où le douaire eft réglé par la coutume, & où l'on accorde une hypothèque à la femme du jour des époufailles, la difficulté s'évanouit, à caufe de l'hypothèque attachée au douaire.

4.° Dans les pays du Droit écrit, où l'on n'obfervoit pas la loi *Un.* §. 1, *cod. de rei uxor. action.* qui attribue à la dot une hypothèque tacite, il faudroit toujours décider que la femme doit avoir le recours fubfidiaire fur les biens fubftitués pour fa dot & fon augment, pourvu que la conftitution & le payement foient fuffifamment conftatés, & qu'il n'y ait point de preuve de la fraude ; car quoique notre article & le précédent parlent de l'hypothèque fubfidiaire, & de l'augment, ce n'eft pas tant pour exiger précifément qu'il y ait des actes publics capables d'établir l'hypothèque, qu'à caufe que le plus communément la dot & l'augment font conftitués ou ftipulés dans des actes qui produifent hypothèque, & non pour faire dépendre de l'hypothèque l'exercice de l'action fubfidiaire de la femme. Cela nous paroît d'autant moins fufceptible de doute, que l'*art.* 44, (auquel tous les autres qui fuivent & qui parlent de l'hypothèque fubfidiaire de la femme font relatifs, parle de l'hypothèque ou du *recours fubfidiaire* ; ce qui doit induire à croire que l'action fubfidiaire de la femme pour fa dot & fon augment fur les biens fubftitués, doit avoir lieu, foit que la dot & l'augment aient une hypothèque ou non, & que dans l'un & l'autre cas le recours fubfidiaire doit avoir lieu.

ARTICLE

ARTICLE LV.

Les décrets des biens substitués, quand la Substitution est insinuée, ne nuisent point aux Substitués, à moins qu'ils ne fussent obtenus pour les dettes & charges des biens substitués.

Lᴇs ᴀᴅᴊᴜᴅɪᴄᴀᴛɪᴏɴs ᴘᴀʀ ᴅᴇᴄʀᴇᴛ ᴅᴇs ʙɪᴇɴs sᴜʙsᴛɪ‐ ᴛᴜᴇ́s , ɴᴇ ᴘᴏᴜʀᴏɴᴛ ᴀᴠᴏɪʀ ᴀᴜᴄᴜɴ ᴇꜰꜰᴇᴛ ᴄᴏɴᴛʀᴇ ʟᴇs ʙɪᴇɴs sᴜʙsᴛɪᴛᴜᴇ́s, ʟᴏʀsQᴜᴇ ʟᴇs sᴜʙsᴛɪᴛᴜᴛɪᴏɴs ᴀᴜʀᴏɴᴛ ᴇ́ᴛᴇ́ ᴘᴜʙʟɪᴇ́ᴇs , ᴇᴛ ᴇɴʀᴇɢɪsᴛʀᴇ́ᴇs sᴜɪᴠᴀɴᴛ ʟᴇs ʀᴇɢʟᴇs Qᴜɪ sᴏɴᴛ ᴘʀᴇsᴄʀɪᴛᴇs ᴘᴀʀ ʟᴇ ᴛɪᴛʀᴇ sᴜɪᴠᴀɴᴛ ; ce qui fera obfervé, ᴇɴᴄᴏʀᴇ Qᴜᴇ ʟᴇ sᴜʙsᴛɪᴛᴜᴇ́ ᴇᴜsᴛ ᴜɴ ᴅʀᴏɪᴛ ᴏᴜᴠᴇʀᴛ à ladite fubſtitution avant le décret, & même avant la faifie réelle, & qu'il n'eût point formé d'op‐ poſition audit décret, le tout, sɪ ᴄᴇ ɴ'ᴇsᴛ Qᴜᴇ ʟᴇs ʙɪᴇɴs ᴇᴜssᴇɴᴛ ᴇ́ᴛᴇ́ ᴠᴇɴᴅᴜs ᴘᴏᴜʀ ʟᴇs ᴅᴇᴛᴛᴇs ᴅᴇ ʟ'ᴀᴜᴛᴇᴜʀ ᴅᴇ ʟᴀ sᴜʙsᴛɪᴛᴜᴛɪᴏɴ , ᴏᴜ ᴘᴏᴜʀ ᴅ'ᴀᴜᴛʀᴇs ᴅᴇᴛᴛᴇs ᴏᴜ ᴄʜᴀʀɢᴇs ᴀɴᴛᴇʀɪᴇᴜʀᴇs ᴀ ʟᴀᴅɪᴛᴇ Sᴜʙsᴛɪᴛᴜᴛɪᴏɴ.

Lᴇs biens qui font chargés d'une fubſtitution fidéicommif‐ faire, ne peuvent pas être aliénés ni obligés par le fait de celui qui eſt grevé de la fubſtitution, fuivant *la loi 3 , §. 2 & 3 ; & l'auth. res quæ cod. commun. de leg. res quæ fubjacent reſtitutioni, prohi‐ bentur alienari quidem vel obligari* , comme dit, *l'authent. res quæ* , priſe *de la Novell. 39 , ch. 1.*

Mais pour faire une juſte application de ces textes & de l'art. 31 *du tit.* 2 de la préſente Ordonnance , il ne faut pas penſer, que quoiqu'une hérédité ait été fubſtituée, le fidéicommis

M m

comprenne tous les biens que le teſtateur poſſédoit lors de ſon décès : il ne peut avoir d'effet, que pour ce dont le teſtateur pouvoit librement diſpoſer, & dont il a diſpoſé en effet en faveur du ſubſtitué. Voilà pourquoi tout ce dont le ſubſtituant ne pouvoit pas diſpoſer, comme ſont les légitimes des enfans, la quarte trébellianique, qui doit être détruite, lorſqu'elle n'a pas été expreſſément prohibée, & les legs des fonds & effets héréditaires ne peuvent pas faire partie du fidéicommis ; parceque tout cela en eſt retranché, ſoit par le bénéfice de la loi, ſoit par la diſpoſition du teſtateur : car quoique la ſubſtitution ſoit de l'hérédité, elle ne comprend pas les legs ni les fidéicommis particuliers; *quia hæreditatis appellatione, neque legata, neque fideicommiſſa continentur, l. 96, ff. de leg. 3.* Ainſi le droit & l'action du ſubſtitué doivent être bornés à ce qui demeure après avoir déduit les légitimes des enfans, la quarte trébellianique & les legs des fonds & effets héréditaires, à cauſe que toutes ces choſes ſont retranchées du fidéicommis, ou n'y ſont pas compriſes.

Il faut donc diſtinguer avec ſoin, ainſi que nous l'avons obſervé ſur l'*art.* 41 de ce titre, ce qui doit appartenir au fidéicommiſſaire en vertu de l'action réſultante du fidéicommis, & ce qui doit demeurer à l'héritier grevé, comme n'étant pas compris dans le fidéicommis, ou comme en étant retranché, ſoit par la loi, ſoit par la diſpoſition de l'homme ; car le fidéicommiſſaire peut bien révoquer les aliénations des biens compris dans le fidéicommis & qui doivent lui revenir, mais il ne peut pas révoquer les aliénations faites par le grevé des biens ou des portions qui doivent lui revenir en propriété par la diſtinction qui doit être faite des biens libres d'avec les ſubſtitués, parceque le fidéicommiſſaire n'a aucun droit ni action *ex fideicommiſſo* ſur les biens de cette qualité, & que cette action doit être bornée aux biens qui ſont réellement & efficacement compris dans le fidéicommis.

Cette obſervation eſt très-utile pour pouvoir faire une juſte applicati n de l'*art.* 55 *de ce titre*, & *de l'art.* 31 *du tit.* 2 *de la préſente Ordonnance*, & pour connoître quels ſont les biens dont le ſubſtitué peut révoquer les aliénations faites par contrat ou par décret, en conformité des deux articles que nous venons d'indiquer, leſquels doivent être combinés, à cauſe qu'ils parlent des aliénations qui ſont faites par le grevé, ſoit volontairement, de quoi l'*art.* 31 *du tit.* 2 parle, ſoit par décret forcé ſur la tête du grevé, dont l'*art.* 55 de ce titre fait mention.

L'*art.* 55 que nous expliquons, renferme deux règles différentes: la première, que les adjudications par décret des biens dépendans d'une ſubſtitution faite pour les dettes de l'héritier grevé, ne pouront pas nuire au ſubſtitué, lorſque la ſubſtitution aura été inſinuée, publiée & enregiſtrée.

La ſeconde, que les adjudications par décret, faites pour les dettes de l'auteur de la ſubſtitution, ou pour d'autres dettes ou charges antérieures à la ſubſtitution, quoiqu'inſinuée, doivent nuire au ſubſtitué.

Il porte que les adjudications par décret des biens ſubſtitués, ne pouront avoir aucun effet contre les ſubſtitués, lorſque les ſubſtitutions auront été publiées & enregiſtrées ſuivant les règles preſcrites dans le *titre* 2 de la préſente Ordonnance.

Et cela doit être obſervé, encore que le ſubſtitué eût un droit ouvert à la ſubſtitution avant le décret, & même avant la ſaiſie réelle, & qu'il n'eût pas formé d'oppoſition au décret.

Mais quoique la ſubſtitution ſoit publiée & enregiſtrée avant l'adjudication par décret, ſi elle eſt faite pour les dettes de l'auteur de la ſubſtitution, ou pour des dettes ou charges antérieures à ladite ſubſtitution, elle ſera valable & irrévocable, & le ſubſtitué ne ſera pas reçu à demander la caſſation d'une telle adjudication; ſauf à venir par la voie du rabattement, dans le temps, & en la forme portée par la Déclaration du Roi du 16 Janvier 1736, dans les pays où le rabattement eſt reçu.

Les adjudications par décret des biens ſubſtitués) : Quoique l'adjudication ſoit précédée d'une ſaiſie réelle ſuivie de toutes les formalités néceſſaires, elle ne poura pas nuire aux ſubſtitués, lorſque la ſaiſie réelle aura été faite pour des dettes qui ne procédent pas du chef du ſubſtituant; parceque le grevé ne peut ni

aliéner, ni obliger par fon fait les biens fubftitués, ainfi que nous
l'avons dit ci deffus.

Ne pouront avoir aucun effet contre les fubftitués): L'art. 31
du tit. 2 de la préfente Ordonnance dit la même chofe, par rapport aux aliénations volontaires faites par le grevé. Les aliénations forcées par faifie & adjudication par décret, ne font donc
pas plus efficaces que celles qui font faites fans autorité de juftice
& fans formalité.

Lorfque les fubftitutions auront été publiées): Car fi elles ne
l'avoient'pas été, les adjudicataires par décret, ne pouroient pas
être dépofledés fous prétexte de la nullité de l'aliénation, à caufe
qu'une fubftitution non infinuée, publiée, ni enregiftrée, eft
nulle, & de nul effet vis-à-vis des créanciers & des tiers acquéreurs
à titre onereux, à moins qu'il n'y eût quelque nullité de forme.

Suivant les règles qui feront prefcrites dans le titre fuivant):
Ces règles font marquées dans *les art.* 18, 19, 20 *& fuivans, du
tit.* 2 *de notre Ordonnance.*

Encore que le fubftitué eût un droit ouvert): Quoique l'adjudication par décret, purge les hypothèques des créanciers du
difcuté, elle ne purge pas le droit des fubftitués, non-feulement
lorfqu'il n'eft pas ouvert lors de la faifie, & tandis que la condition eft en fufpens; mais encore après l'échéance du fidéicommis, quoique le fidéicommiffaire ne forme point d'oppofition à
la faifie, à l'effet de conferver fon droit. Voila pourquoi le droit
du fubftitué, échu ou non échu, avant la faifie réelle, eft toujours confervé, nonobftant la faifie des biens fubftitués, & l'adjudication par décret.

*Si ce n'eft que les biens euffent été vendus pour les dettes de
l'auteur de la fubftitution*): Il refulte de ceci, que quand les
biens fubftitués ont été décretés & vendus pour les dettes du
fubftituant, l'aliénation eft bonne & valable, parceque le fubftituant, en faifant une fubftitution, ne peut pas nuire au droit de
fes créanciers, ni empêcher qu'ils ne puiffent faifir & faire vendre
les biens de leur débiteur, quoiqu'ils foient parvenus à un héritier grevé de fubftitution.

Notre article parle indéfiniment des dettes du fubſtituant; ce qui comprend, non-ſeulement les dettes portant hypothèque, mais encore celles qui ne ſont que chirographaires & ſans hypothèque. Mais ſi après la ſaiſie réelle, les créanciers de l'héritier grevé forment oppoſition à la ſaiſie, & ſe font allouer pour leurs créances, venant du chef du grevé, l'adjudication par décret n'en ſera pas moins valable; ſauf au fubſtitué d'agir pour ſes dommages & intérêts ſur les biens du grevé, & de pouvoir agir encore hypothécairement ſur les biens décretés, pour repéter les ſommes qui auront ſervi au payement des créanciers perſonnels du grevé, lorſque la ſubſtitution aura été inſinuée & publiée; ſauf à lui rembourſer les ſommes dues du chef du fubſtituant, comme devant être préférées à ce que le fubſtitué pouroit demander à raiſon de ſes dommages & intérêts.

Je penſe même que ſi le grevé laiſſoit décréter les biens ſubſtitués, faute de payer les dettes & charges venant du chef du fubſtituant, pouvant le faire avec les effets héréditaires; il ſeroit tenu des dommages & intérêts envers le fubſtitué, leſquels dommages & intérêts devroient être fixés même en la plus value des biens vendus par décret: *l. Lucius* 78, §. 6, *ff. ad S. C. Trebell.*

Ou pour d'autres dettes & charges antérieures à ladite ſubſtitution): Quand même elles ne procédéroient pas du chef du fubſtituant, pourvu que les biens ſubſtitués y fuſſent aſſujettis, ou affectés aux dettes ou charges antérieures à la fubſtitution.

Pour connoître ſi les dettes ou charges ſont antérieures à la fubſtitution, il faut diſtinguer celle qui eſt faite par contrat entre-vifs, d'avec celle qui eſt contenue dans un teſtament, ou autre diſpoſition à cauſe de mort. La fubſtitution qui eſt contenue dans un contrat entre-vifs, a ſa date ou la priorité, du jour de l'acte, ſans attendre la mort du fubſtituant; mais celle qui eſt faite par teſtament ou autre diſpoſition de dernière volonté, ne doit prendre ſa date que du jour de la mort du fubſtituant; quoique le teſtament ou autre diſpoſition à cauſe de mort, euſſent été reçus par une perſonne publique, & euſſent une date publique & authentique; parceque, comme nous l'avons dit ailleurs, les diſpoſitions teſtamentaires ne prennent leur force que du jour de la mort du testateur: *ut testamentum valeat , intercedat mors testatoris necesse est.* Cette distinction se trouve disertement dans l'art. 55 *du tit.* 2 *de la présente Ordonnance.*

Ce n'est pas ici le lieu d'examiner si le grevé peut valablement aliéner les biens substitués pour les dettes & charges du substituant, si les aliénations peuvent être faites sans formalité, & si elles sont irrévocables. Tout cela sera expliqué plus à propos sur l'art. 31 *du tit.* 2 *de cette Ordonnance.*

ARTICLE LVI.

Si les droits Seigneuriaux sont dus à raison des mutations de main qui arrivent par Substitution, & en quels cas.

LORSQU'IL Y AURA DES BIENS FEODAUX, OU CENSUELS COMPRIS DANS UNE SUBSTITUTION, elle ne poura nuire ni préjudicier aux Seigneurs dont les biens sont mouvans ; & en conséquence il en sera usé à l'égard de chaque nouveau possesseur des biens substitués, ainsi que s'il avoit pris la place du dernier possesseur desdits biens, par la voie de la succession ordinaire ou par une donation ; ensorte que dans tous les pays & dans tous les cas, où les héritiers naturels & légitimes, ou les donataires sont sujets dans les mutations, AU PAYEMENT DU DROIT DE RELIEF OU AUTRE DROIT SEIGNEURIAL , chaque substitué soit pareillement obligé d'acquiter les mêmes droits : ET RECIPROQUEMENT lorsque les héritiers naturels & légitimes, ou les donataires n'en sont pas tenus, les substitués en seront pareillement exempts.

L'ARTICLE précédent donne pour règle, qu'une substitution ne peut pas nuire ni préjudicier au droit des créanciers du ſubſtituant, & celui-ci décide ſur le même principe, qu'une ſubſtitution ne peut pas nuire non plus aux droits des ſeigneurs féodaux ou cenſuels, dans les lieux où leurs titres, ou bien les coutumes les autoriſent à exiger des droits ſeigneuriaux à raiſon des mutations de main, qui arrivent par ſucceſſion ordinaire, ou par donation. Ils pourront donc percevoir leurs droits à chaque mutation de ſubſtitué, qui aura recueilli les biens en vertu de la ſubſtitution, tout de même que s'il s'agiſſoit d'une mutation de main, arrivée par la voie d'une ſucceſſion ordinaire, ou d'une donation.

La raiſon de douter pouvoit être priſe de ce que *la loi Unum ex familia* 67, §. 1 & 2, *ff. de leg.* 2, décide que le ſubſtitué ſuccéde immédiatement au ſubſtituant, & non au grevé, qu'il ne tient rien du grevé, par ſucceſſion, ni par donation : qu'ainſi il n'y a point d'ouverture du droit, qui d'ailleurs a été payé par l'héritier grevé, lorſqu'il a recueilli la ſucceſſion du ſubſtituant.

Mais la raiſon de décider eſt, que les ſeigneurs féodaux ou cenſuels, qui ont des droits ſur les biens, qu'ils peuvent exiger à chaque mutation de main, doivent avoir la faculté de les percevoir, nonobſtant les ſubſtitutions, dont les biens peuvent être chargés, comme ne pouvant pas nuire aux droits des tierces perſonnes.

Mais auſſi lorſque les Seigneurs n'ont pas des droits à exiger à raiſon des mutations arrivées par voie de ſucceſſion ordinaire, ou par donation, ils ne peuvent pas en exiger à raiſon des mutations qui arrivent par voie de ſubſtitution ; à cauſe que la mutation par ſubſtitution eſt miſe à cet égard au niveau de la ſucceſſion *ab inteſtat*, & de la donation. Voilà pourquoi la ſucceſſion par ſubſtitution donne lieu à l'ouverture des droits féodaux, ou ſeigneuriaux, dans les mêmes cas où la ſucceſſion *ab inteſtat*, & la donation y donnent lieu *& vice verſa*, lorſque les héritiers *ab inteſtat* & les donataires ſont exempts des droits de mutation, les ſubſtitués en ſont pareillement exempts.

Lorſqu'il y aura des biens féodaux ou cenſuels compris dans une ſubſtitution) : Celui qui eſt propriétaire des biens d'une certaine qualité, & qui font fujets à des droits ou des charges, ne peut le faire paffer à fes héritiers ou à des fubftitués, que fous les mêmes charges. Voilà pourquoi la fubftitution ne peut nuire, ni préjudicier aux feigneurs féodaux ou cenfuels, lefquels pouront prendre fur les biens, les mêmes droits, que s'ils n'avoient pas été chargés de fubftitution. Ainfi, quand parmi les biens fubftitués, il y en aura qui feront féodaux ou cenfuels, les Seigneurs pourront demander les droits dus à raifon de la mutation, à chaque nouveau poffeffeur à titre de fubftitution, de la même manière que fi le fubftitué avoit fuccédé *ab inteftat* au précédent poffeffeur, ou s'il avoit reçu une donation de fa part; parceque, comme nous l'avons dit, celui qui fuccède à titre de fubftitution eft affujetti aux mêmes droits que celui qui fuccède *ab inteftat* au dernier poffeffeur, & qu'il prend fa place.

Au payement du droit de relief): Ce droit eft auffi appelé *rachat*, parceque le nouveau vaffal eft obligé de le payer à fon nouveau Seigneur, en entrant dans le fief, comme pour le racheter: à caufe que les fiefs, dans leur origine, étoient à temps ou à vie; & que la mort du vaffal les faifoit revenir au Seigneur; enforte que ce fut pour les conferver aux héritiers collatéraux que le droit de relief ou de rachat fut introduit comme une efpèce de rachat du fief perdu par la mort du vaffal.

Suivant l'*art.* 47 *de la coutume de Paris*, le relief ou rachat confifte au revenu d'une année du fief, ou, au dire des prud'hommes, en une fomme pour une fois offerte de la part du vaffal, au choix & élection du feigneur féodal: on peut voir *Ferrières* & les autres commentateurs *fur cet art.* 47, & *fur l'art.* 33 *de la même coutume.*

Ce droit n'eft dû qu'à raifon des vrais fiefs fujets à l'hommage & au ferment de fidélité, & non à raifon des rotures. Il peut être exigé à toutes mutations de fief, à l'exception de celles qui arrivent par vente, ou par acte équipollent à la vente; pourvu que le fief parvienne par fucceffion ou donation à un collatéral, ou à un étranger; car le relief ou rachat n'eft pas dû lorfque le fief paffe par fucceffion ou donation en ligne directe afcendante

ou

ou deſcendante; auxquels cas il n'eſt dû au Seigneur féodal que la bouche & les mains, c'eſt-à-dire, la foi & l'hommage ſuivant l'*art.* 33 de la même coutume.

. Il n'eſt dû qu'un ſeul relief par an, quoique le fief change de main par pluſieurs mutations dans la même année, par la raiſon que le relief conſiſtant au revenu d'une année, ce droit ne peut pas être multiplié dans la même année.

Quand le ſubſtitué eſt fils, ou deſcendant du grevé, il ne doit pas payer le droit de relief, à cauſe qu'il prend la place de ſon père, & que le relief n'a pas lieu en ligne directe, quand même le ſubſtituant ſeroit collatéral ou étranger; parceque le ſubſtitué prend la place du dernier poſſeſſeur, & que c'eſt relativement à ſa perſonne que le droit doit être réglé; de même, lorſque la ſubſtitution eſt faite par un aſcendant, & que le ſubſtitué prend la ſubſtitution après ſon frère héritier grevé ou premier ſubſtitué, le ſubſtitué, quoique deſcendant du ſubſtituant, doit payer les droits dus à cauſe de la mutation; parceque la différence de la ligne doit être conſidérée eu égard à la perſonne du dernier poſſeſſeur des biens ſubſtitués, & non eu égard à la perſonne du ſubſtituant.

Ou autre droit ſeigneurial): Ceci comprend tout droit ſeigneurial, à exiger même ſur les rotures dans le cas de la mutation de main par ſucceſſion, ou donation, comme, par exemple, pour le droit d'arrière-acapte dans les pays où il eſt dû à cauſe de la mutation par mort; mais ce droit eſt dû lorſque la mutation arrive par mort ſeulement, ſoit en ligne directe ou collatérale.

Et réciproquement): L'aſſujettiſſement au droit dû pour mutation, par ſucceſſion ou donation, & qui eſt communiqué au cas de la mutation par ſubſtitution, eſt réciproque, avec l'exemption du même droit: voilà pourquoi, lorſque ce droit n'eſt pas dû en cas de ſucceſſion ou de donation, il ne ſera pas dû non plus dans le cas de la ſubſtitution, parceque l'exemption eſt commune aux uns & aux autres. Cela réſulte clairement des dernières paroles de notre article.

TITRE SECOND.

Des règles à obferver par ceux qui font grevés de Subftitutions, des Juges qui en doivent connoître, & de l'autorité de leurs Jugemens.

ARTICLE PREMIER.

Néceffité de faire inventaire des biens de la fucceffion, à l'occafion des Subftitutions, à la requête de l'héritier inftitué ou légitime, ou du légataire univerfel, dans le temps porté par les Ordonnances.

APRE'S LE DECE'S DE CELUI QUI AURA FAIT UNE SUBS-TITUTION, foit univerfelle ou particulière, il fera procédé DANS LES FORMES ORDINAIRES, à l'inventaire DE TOUS LES BIENS ET EFFETS QUI COMPOSENT LA SUCCES-SION, A LA REQUESTE DE L'HERITIER INSTITUE' OU LEGITIME, OU DU LEGATAIRE UNIVERSEL, ET CE, DANS LE TEMPS PORTE' PAR LES ORDONNANCES.

DANS les fept premiers articles de ce titre, il eft parlé de l'inventaire qui doit être fait à l'occafion des fubftitutions. Le premier en établit l'obligation, & en charge celui qui doit recueillir la difpofition en premier rang : le fecond veut que fi le premier appelé n'a pas fait l'inventaire dans le délai de l'Ordonnance, le premier fubftitué foit tenu de le faire dans le délai d'un mois ; après l'échéance de ces deux délais, les gens du Roi des Séné-

chaux, font chargés par l'*art.* 3 de faire procéder à l'inventaire.
L'*art.* 4 porte que l'inventaire fera fait par un Notaire, & indique
les perfonnes qui doivent être appelées : l'*art.* 5 explique ce qui
doit être fait, lorfque le fubftitué eft fous la puiffance paternelle,
ou n'eft pas encore né. L'*art.* 6 marque ce qui doit être pratiqué,
lorfque l'inventaire devra être fait d'autorité de juftice. Enfin
l'*art.* 7 règle ce que l'inventaire doit contenir, notamment la
prifée des meubles & effets mobiliers. Il y a des réflexions im-
portantes pour faire connoître l'efprit de ces articles que nous
développerons fur chacun en particulier.

Après le décès de celui qui aura fait une fubftitution) : Le titre
précédent parle des fubftitutions fidéicommiffaires, foit qu'elles
aient été faites par teftament ou autres difpofitions de dernière
volonté, ou par contrat entre-vifs; c'eft-à-dire, par inftitution
contractuelle, par donation en contrat de mariage, & par donation hors du contrat de mariage. Cet article, dont les expreffions font indéfinies, fe rapporte donc à la fubftitution faite par
l'une ou l'autre de ces deux efpèces de difpofitions, à caufe de
mort, ou par contrat entre-vifs, autant que l'application peut
en être faite, felon les différens cas qui peuvent arriver où l'inventaire eft de néceffité, ou de quelque utilité; c'eft-à-dire, autant que la fubftitution devra être prife fur les biens de la fucceffion, ou que les biens fubftitués fe trouveront mêlés & confondus dans la fucceffion du fubftituant, fuivant l'*art.* 56 *de ce
titre.*

Car fi le défunt avoit conftitué un héritier, ou fait un légataire univerfel, qui eût fait un legs particulier à un tiers, d'un
fonds, ou d'un domaine particulier, & qu'il eût chargé de fubftitution, ce fonds ou ce domaine, l'héritier ou le légataire univerfel n'étant obligé que d'en faire la délivrance au légataire
particulier, feul chargé de la fubftitution, il femble que ce ne
devroit pas être le cas d'obliger l'héritier ou le légataire univerfel à faire un inventaire des biens de la fucceffion du fubftituant;
parceque la fubftitution de l'effet particulier n'aura rien de commun avec la fucceffion de laquelle le bien eft retranché par délibation; vu que le legs particulier *eft delibatio hæreditatis*, &

que paſſant ſur la tête du légataire chargé de la ſubſtitution, le ſubſtitué ne peut avoir aucune action directe ou indirecte contre l'héritier, ou le légataire univerſel du ſubſtituant, qui ſeront pleinement libérés dès le moment qu'ils auront fait la délivrance au légataire particulier, ſeul chargé de la ſubſtitution : il ſemble donc que dans ce cas particulier, il n'y a ni néceſſité ni utilité de faire procéder à l'inventaire des biens de la ſucceſſion du ſubſtituant.

Il y a un autre cas où l'on peut appliquer la même reflexion. *Titius* donne entre-vifs à *Mævius* un fonds, ou un domaine. S'il y a des meubles, on en fait un état qui eſt annexé à la donation, comme le porte *l'art. 9 du tit.* 1. *Titius* charge *Mævius* de le rendre à un tiers, le donateur ne ſe réſerve pas l'uſufruit, il fait la tradition réelle & actuelle, & pluſieurs années après il meurt. L'héritier ou le légataire univerſel ſeront ils obligés de faire l'inventaire des biens du ſubſtituant ? Il ſemble que non ; parceque les biens donnés *ſunt extra cauſam bonorum*, qu'ils ne ſont pas mêlés ni confondus dans la ſucceſſion, que la donation a eu ſon effet, & que le ſubſtitué ne peut avoir d'action que contre le donataire grevé de rendre, & non contre l'héritier ou le légataire univerſel du ſubſtituant ; *l'art.* 56 de ce titre fournit un argument pour autoriſer notre doute, & en fixer l'incertitude. On doit dire la même choſe lorſque le donateur réſerve l'uſufruit des effets compris dans une donation particulière avec charge de fidéicommis ; parceque les biens particuliers donnés ſont hors du patrimoine du donateur, *l.* 68 , *ff. de leg.* 2.

Mais toutes les fois qu'il s'agira d'un fidéicommis univerſel ou particulier, dont l'héritier inſtitué, ou l'héritier légitime ou le légataire univerſel ſeront chargés immédiatement ; c'eſt le cas de faire procéder à l'inventaire des biens & effets, de la ſucceſſion du ſubſtituant ; parceque le fidéicommiſſaire a une action directe contr'eux pour les détériorations ou autrement, & il n'y a aucune raiſon ni prétexte pour ſe diſpenſer de remplir ce que cet article porte.

Il faudra pareillement faire procéder à l'inventaire des biens & effets de la ſucceſſion du ſubſtituant, lorſque la ſubſtitution aura été faite, par acte entre-vifs, par donation, en contrat de mariage, ou inſtitution contractuelle, ou donation faite hors du contrat de mariage, lorſque la donation & le fidéicommis auront été faits de tous les biens ou d'une quotité ; mais non, lorſqu'ils auront été faits d'une choſe particulière, ainſi que nous l'avons dit, quand l'inſtituant ou le donateur qui a ſubſtitué, aura réſervé l'uſufruit expreſſément ou tacitement ; que la donation n'aura pas été effectuée ſur la tête du donataire par la poſſeſſion réelle ; & que les biens ſubſtitués ſe trouveront confondus & mêlés dans la ſucceſſion du ſubſtituant : l'*art.* 56 de ce titre, qui parle *des ſucceſſions dans leſquelles il y aura des biens chargés de ſubſtitutions*, autoriſe notre façon de penſer.

Univerſelle ou particulière) : La néceſſité de faire procéder à l'inventaire des biens de la ſucceſſion du ſubſtituant, a lieu, non-ſeulement lorſque la ſubſtitution eſt générale, mais encore lorſqu'elle eſt particulière. Nous avons expliqué ſur l'*art.* 2 *du tit.* 1, quand une ſubſtitution eſt générale, & quand elle eſt particulière : l'inventaire eſt requis pour conſtater la conſiſtance des biens, afin que le ſubſtitué y puiſſe exercer ſes actions, le cas échéant, & ſon hypothèque, ſuivant l'*art.* 17 de ce titre.

Dans les formes ordinaires) : Il ne ſuffit pas de faire un inventaire tel quel ; il faut qu'il ſoit revêtu de toutes les formalités ordinaires : notre article l'exige expreſſément. Par conſéquent il faut y pratiquer tout ce qui eſt d'uſage dans les lieux où il ſera fait, & l'on doit y appeler les perſonnes qui peuvent y avoir intérêt, ſuivant les loix & les coutumes des lieux, outre celles dont il eſt parlé dans les *art.* 2, 4, 5 & 6 de ce titre. Pour la forme de l'inventaire dans les pays du Droit Écrit, on doit conſulter la loi *Scimus* 22, *cod. de jure deliber.* & la *Novell.* 1, *ch.* 2, & pour l'intelligence de ces textes, on pourra avoir recours à ce que nous avons dit *au traité des teſtamens, tom. IV, ch.* 10, *ſect.* 3, *n.* 20 & *ſuivans.*

De tous les biens & effets) : Il faut non-ſeulement que l'inventaire ſoit fait avec les formalités requiſes, mais encore qu'il ſoit loyal & fidèle, & qu'on y comprenne tous les biens & effets du ſubſtituant ; l'article l'exige auſſi expreſſément.

Qui composent la succession): Il ne suffiroit donc pas de comprendre dans l'inventaire, les biens & les effets qui ont été substitués. Il est nécessaire, quoique la substitution ne soit pas universelle, que l'inventaire renferme tous les biens & effets delaissés par le substituant, tant meubles qu'immeubles; la lettre du texte est claire & précise sur ce point, dès qu'il ne se borne pas aux seuls biens & effets mobiliers; ce qui paroît fondé sur ce qu'il impose au substitué d'avoir une preuve par l'inventaire, des biens immeubles comme des meubles & effets mobiliers.

Mais si le testateur a légué à un tiers tout le mobilier, & n'a substitué que les immeubles, sera-t-il nécessaire de faire l'inventaire que notre article exige? Il me semble qu'on doit décider pour l'affirmative, par la raison que l'on doit comprendre les immeubles dans l'inventaire, surtout si le legs du mobilier étoit fait sous une condition négative, comme de ne point se marier, à cause que la contravention à la condition devroit anéantir le legs, & le faire rentrer dans la succession du défunt. Cependant les meubles dont la propriété a été leguée, doivent être compris dans l'inventaire, sauf à en faire la délivrance au légataire, & à faire mention du legs dans l'inventaire. Il en devra être de même des meubles dont l'usufruit aura été légué à un tiers, sauf à faire mention du legs. Ce parti me paroît le plus sûr, comme conforme à la lettre du texte.

A la requête de l'héritier institué): L'inventaire doit être fait à la diligence des personnes dénommées dans cet article, particulièrement de l'héritier institué, soit que l'institution se trouve dans un testament, ou dans un contrat de mariage, parcequ'elle fait un vrai héritier. Que s'il y a plusieurs héritiers institués, la charge de faire faire l'inventaire les regarde tous également; parceque le mot *héritier*, qui est indéfini, comprend tous ceux qui sont institués pour recueillir la succession conjointement.

Ou légitime): Lorsqu'il n'y a point d'institution universelle, comme s'il y a une institution contractuelle d'une moitié ou d'un quart, ou de quelqu'autre quotité, (auquel cas il n'y a point de droit d'accroissement); le défunt laisse un héritier contractuel pour la quotité exprimée dans le contrat de mariage, & un héri-

tier légitime qui recueille la portion non compriſe dans l'inſtitution ; ils ſont donc obligés de faire l'inventaire ſuivant la lettre &
l'eſprit du texte : l'héritier légitime peut auſſi être dans le cas de
faire procéder à l'inventaire, lorſqu'il y a un teſtament, dont l'inſtitution eſt nulle & caduque , & que les héritiers *ab inteſtat* ſaiſis
de l'hérédité par la maxime *le mort ſaiſit le vif*, ſont cenſés grevés
de rendre aux perſonnes inſtituées dans le teſtament, qui vaut en
vertu de la clauſe codicillaire, ou bien quand il n'y a qu'un codicille qui renferme des diſpoſitions univerſelles, lorſqu'il y a quelque ſubſtitution.

Lorſqu'il y a une donation qui n'eſt pas de tous les biens préſens & à venir, il peut y avoir un héritier légitime, & dans ce
cas la charge de faire faire l'inventaire le regarde ſuivant notre
article. Mais ne peut-on pas dire, que quand la donation eſt
d'une quote de biens préſens & à venir, la charge de faire l'inventaire regarde en même temps le donataire de cette quote de
l'univerſalité, & l'héritier légitime, puiſqu'ils concourent tous les
deux en la ſucceſſion des biens du défunt? L'article ne le dit pas ;
mais on peut penſer que c'eſt ſon eſprit, lorſque le donateur s'eſt
réſervé l'uſufruit des biens donnés, & qu'ils ſe trouvent mêlés &
confondus avec les biens de la ſucceſſion lors du décès du donateur. Mais ſi la donation eſt de tous les biens préſens, ou d'une
quotité, ſuivie de la tradition réelle, & ſans réſervation d'uſufruit,
à laquelle donation la ſubſtitution ſoit appliquée, il ne paroît pas
néceſſaire que l'héritier légitime faſſe faire l'inventaire, par les
raiſons qui ont été expliquées ci-deſſus, à cauſe que l'héritier légitime n'eſt pas chargé de cette ſubſtitution, que le ſubſtitué n'a
d'action que contre le donataire grevé, & que les biens ſubſtitués ne ſont plus mêlés avec ceux de la ſucceſſion du ſubſtituant.
Du reſte, ce n'eſt que par précaution, & pour ne pas m'arroger
imprudemment le droit de fixer par une interprétation arbitraire
le ſens de cet article, que j'ai agité ci-deſſus pluſieurs queſtions
au ſujet des cas où la faction de l'inventaire eſt néceſſaire ſelon la
lettre & l'eſprit de notre texte ; car en mon particulier, je penſe
qu'il n'y a une vraie néceſſité de faire procéder à l'inventaire, que
quand la ſubſtitution eſt faite par teſtament, ou par un codicille

qui se réfère au testament, ou par un codicille *ab intestat*, ou par une institution contractuelle; & non quand il s'agit d'une substitution contenue dans une donation entre-vifs qui est réellement exécutée pendant la vie du donateur, ou quand il a été fait un état des meubles & effets mobiliers, compris dans la donation chargée de substitution; & cela paroît assez clairement par les dernières paroles de notre texte, qui ne chargent de promouvoir l'inventaire, que l'héritier institué ou le légataire universel, sans parler du donataire.

Ou du légataire universel): Dans les pays coutumiers, où l'institution d'héritier n'a pas lieu, on ne peut faire par testament qu'un légataire universel; & lorsqu'il y a une institution universelle, elle est convertie en legs universel, pour les biens qui sont dans les pays coutumiers. Sur quoi on peut voir les *art.* 68, 69, 70, 71, 72, & 73 de l'Ordonnance de 1735. Mais dans les pays coutumiers on peut faire un héritier universel par institution contractuelle, comme on le peut en pays de Droit écrit, par testament, ou par institution contractuelle.

On doit appliquer au cas du légataire universel, ce que nous avons dit au sujet de l'héritier institué, c'est-à-dire, que quand il y aura plusieurs légataires universels, ou un légataire universel avec un donataire d'une quotité, dont le droit est suspendu par la réservation de l'usufruit exprès ou tacite, comme lorsqu'il y a une institution contractuelle d'une quotité, la charge de faire procéder à l'inventaire les regardera tous.

Et ce dans le temps porté par les Ordonnances): C'est-à-dire, dans les trois mois à compter depuis la mort du substituant; auquel temps sa succession est ouverte, suivant l'*art.* 1 *du tit.* 7 *de l'Ordonnance de* 1667.

La nécessité de faire l'inventaire en la forme prescrite par la présente Ordonnance, est précise & indispensable; ensorte que ceux qui en sont chargés doivent y faire procéder, quand même le substituant auroit lui-même fait un inventaire de son vivant, & qu'il auroit expressément défendu d'en faire quelqu'autre. Cette nécessité précise résulte de plusieurs articles, notamment des *art.* 35, 39, 40 & 42 de ce titre, & ce seroit une erreur de
croire

croire que le teſtateur pût en diſpoſer, quoiqu'en aient pu dire certains Auteurs; *l.* 55, *ff. de leg.* 1.

L'*art.* 2 du même titre preſcrit le délai d'un mois à celui qui eſt appelé à la ſubſtitution, & en cas que le grevé ait négligé de faire faire l'inventaire dans les trois mois.

Et l'*art.* 3 veut que, faute par le grevé d'avoir fait l'inventaire dans les trois mois, & par le premier ſubſtitué dans le mois après, le Procureur du Roi faſſe faire l'inventaire. Nous verrons ſur l'*art.* 2 ſi après ces deux délais, le grevé, & le premier ſubſtitué ſont recevables à faire faire l'inventaire, s'ils en ſont exclus, & ſi le droit de requérir l'inventaire ne demeure pas indéfiniment au Procureur du Roi.

ARTICLE II.

Si l'Héritier ou Légataire univerſel néglige de faire l'inventaire dans les trois mois, le Subſtitué eſt obligé de le faire faire dans un autre délai d'un mois, à ſes frais, ſauf à répéter.

Faute par ledit héritier inſtitué ou légitime, ou par le légataire univerſel de ſatisfaire à l'article précédent, DANS LE CAS OU LA SUBSTITUTION NE SEROIT PAS FAITE EN SA FAVEUR, CELUI QUI DEVRA RECUEILLIR LES BIENS SUBSTITUÉS, SERA TENU DANS UN MOIS APRÈS L'EXPIRATION DU DELAI marqué par ledit article, de faire procéder audit inventaire, EN Y APPELANT, outre les perſonnes mentionnées ci-après, LEDIT HERITIER OU LEDIT LEGATAIRE UNIVERSEL, QUI SERONT TENUS DE LUI EN REMBOURSER LES FRAIS.

L'ARTICLE précédent impoſe la néceſſité à l'héritier inſtitué ou légitime, ou au légataire univerſel, de faire procéder à

O o

l'inventaire des biens & effets du fubftituant, dans le délai de trois mois, depuis l'ouverture de la fucceffion, en conformité de l'Ordonnance de 1667: l'*art.* 2 prévoyant le cas où ceux qui font chargés de la faction de l'inventaire, ne fatisferont pas à l'obligation qui leur eft impofée, veut qu'après l'échéance du délai de trois mois, celui qui devra recueillir les biens fubftitués, foit tenu de faire procéder audit inventaire dans le mois, après l'expiration du premier délai de trois mois, en y appelant l'héritier inftitué ou légitime, ou le légataire univerfel, outre les autres perfonnes qui doivent être appelées à la confection de l'inventaire ; les frais duquel inventaire lui feront rembourfés par les héritiers, ou les légataires univerfels.

Cet article, tout comme le précédent, impofe une néceffité précife & indifpenfable : cela réfulte des mots *fera tenu*, qui caractérifent le droit & l'obligation.

Dans le cas où la fubftitution ne feroit pas faite en fa faveur) : C'eft-à-dire, en faveur de l'héritier inftitué ou légitime, ou du légataire univerfel. Ces paroles font entendre que la fubftitution peut être faite en faveur de l'héritier inftitué ou légitime, ou du légataire univerfel. Mais comment, dira-t-on, la fubftitution pourra-t-elle être faite en faveur de l'héritier ou du légataire univerfel, vu qu'une perfonne ne peut pas être fubftituée à elle-même ? Cela fe peut, lorfque plufieurs perfonnes font appelées conjointement pour recueillir la première difpofition univerfelle, & que l'un des cohéritiers eft appelé pour recueillir par fubftitution, la portion de fon cohéritier ; parcequ'à cet égard il eft véritablement fubftitué.

Mais lorfque le cohéritier, ou le colégataire univerfel eft appelé pour recueillir par fubftitution les portions, de fes confors, & qu'il a négligé de faire procéder à l'inventaire, dans le premier délai de trois mois à lui impofé, comme fucceffeur univerfel, il ne faut pas lui appliquer la difpofition de notre article, & il n'aura pas le droit de requérir l'inventaire en qualité de fubftitué dans le fecond délai d'un mois ; mais il en fera exclu, & le droit de requérir l'inventaire, fera dévolu au Procureur du Roi, fuivant l'*art.* 3 de ce titre.

Celui qui se trouve héritier institué ou légitime, ou légataire universel, & qui est en même temps substitué aux portions de ses consors, ayant négligé de promouvoir l'inventaire en qualité de premier appelé, ne mérite pas qu'on lui donne un nouveau délai en qualité de substitué. C'est pourquoi notre article a excepté de sa disposition, le cas où l'héritier, ou bien le légataire universel seroit appelé pour recueillir la substitution, lequel ne peut jouir que du premier délai de trois mois à lui accordé par l'*art.* 1, en qualité de premier successeur universel.

Celui qui devra recueillir les biens substitués): C'est-à-dire, celui qui sera le premier appelé pour recueillir les biens après les héritiers ou légataires universels.

Sera tenu dans un mois après l'expiration du délai): De trois mois, à compter du jour de l'ouverture de la succession, fixé par l'Ordonnance de 1667; le substitué qui doit recueillir en premier rang, autre que l'héritier ou le légataire universel, doit faire procéder dans le mois après l'expiration du premier délai, à l'inventaire des biens & effets dépendans de la succession du substituant; que si le substitué en premier rang, laisse passer ce nouveau délai, il en sera exclu de plein droit à cause de sa négligence, sans qu'il puisse y être reçu au préjudice du droit dévolu au Procureur du Roi par l'*art.* 3 de ce titre. Ainsi le délai de trois mois réglé par l'*art.* 1, relativement aux Ordonnances, & celui d'un mois fixé par l'*art.* 2, seront péremptoires, du moins par rapport aux personnes qui sont indiquées pour promouvoir la faction de l'inventaire, les unes au défaut des autres; & les dispositions des *art.* 1 & 2, produisent une espèce de dévolution exclusive du droit ou de la faculté accordée à ceux qui ont négligé d'en user, par rapport à ce qui peut regarder l'intérêt de chacun en particulier.

Mais si les héritiers institués ou légitimes ou les légataires universels, les premiers substitués & le Procureur du Roi ont négligé de faire faire l'inventaire, les héritiers & les premiers substitués pourront-ils après l'échéance de tous les délais, faire procéder utilement à la faction de l'inventaire, ou bien ce droit & cette faculté seront-ils définitivement dévolus au Procureur du

O o 2

Roi, à l'exlufion des héritiers & des fubftitués? A fuivre la rigueur des paroles dont les *art.* 1 , 2 & 3 font conçus, il faut décider que le droit eft irrévocablement dévolu au Procureur du roi, & que les héritiers & les fubftitués en font exclus par leur négligence; parceque les deux premiers articles prefcrivent un délai fixé , lequel doit être confidéré comme peremptoire, ainfi que nous l'avons dit; au lieu que l'*art.* 3 ne fixe aucun délai dans lequel le Procureur du Roi devra requérir la faction de l'inventaire; ce qui fait comprendre que la faculté doit lui demeurer incommutablement.

Mais comme l'inftitution ou le legs univerfel , & la fubftitution ne doivent pas demeurer inutiles, & qu'elles le deviendroient en quelque façon, pour ne pouvoir pas prendre poffeffion des biens, faute de rapporter la clôture de l'inventaire , en conformité de l'*art.* 35 *de ce titre* , la négligence des héritiers & des fubftitués ne doit pas les exclure de toute voie & de toute reffource, qui tende à les exclure de l'utilité des difpofitions du fubftituant; il faudroit au moins accorder aux héritiers & aux fubftitués, la faculté de faire des fommations au Procureur du Roi, afin qu'il eût à requérir la faction de l'inventaire, en conformité de la difpofition de la préfente Ordonnance, & en cas de refus , ou de négligence de la part du Procureur du Roi, les héritiers & les fubftitués devroient être reçus à requérir de leur chef la faction de l'inventaire, d'autorité du Sénéchal, auquel le droit de faire l'inventaire fera dévolu.

En y appelant ledit héritier ou légataire univerfel) : Il y a plufieurs efpèces de perfonnes qui doivent être appelées pour voir procéder à l'inventaire qui doit être fait à l'occafion des fubftitutions : 1.° Lorfque l'*art.* 1 de ce titre, ordonne que l'inventaire foit fait dans les formes ordinaires, il faut y appeler les perfonnes qui peuvent y avoir intérêt fuivant les loix, les coutumes & l'ufage des lieux où l'inventaire doit être fait, ainfi que nous l'avons obfervé fur l'*art.* 1 de ce titre.

2.° Lorfque l'inventaire eft fait à la diligence du premier fubftitué , dans le cas que l'héritier, ou le légataire univerfel ont négligé de le faire faire dans le premier délai de trois mois, il doit y appeler l'héritier ou le légataire univerſel, comme le porte cet article ; mais le ſecond ſubſtitué ne doit jamais être appelé, parceque notre Ordonnance ne l'exige pas.

3.° Lorſque l'inventaire eſt fait à la réquiſition du Procureur du Roi, il doit y appeler en premier lieu, toutes les perſonnes dont les loix & les coutumes des lieux exigent la vocation. En ſecond lieu, l'héritier ou le légataire univerſel, comme le porte l'*art*. 2. En troiſième lieu, les perſonnes mentionnées aux *art*. 4 & 5, dans les cas expliqués par ces articles.

Qui ſeront tenus de lui en rembourſer les frais): Régulière-ment les frais de l'inventaire ſont une charge de la ſucceſſion; voilà pourquoi notre article veut que l'héritier ou le légataire univerſel ſoient tenus de rembourſer les frais de l'inventaire, lorſque le ſubſtitué y aura fait procéder & en aura fait l'avance, faute par eux de l'avoir fait faire dans le délai de trois mois.

Quoique ſuivant le Droit Romain, dans la loi *Serinus cod. de jur. delib. & l'art.* 1 du *tit.* 7 *de l'Ordonnance de* 1667, l'inven-taire doive être fait, ou du moins commencé dans le délai de trois mois depuis l'ouverture de la ſucceſſion, pour pouvoir jouir du bénéfice d'inventaire, & mettre l'héritier à l'abri de la pourſuite des créanciers & des légataires ou fidéicommiſſaires particuliers: toutefois un inventaire fait après le délai de trois mois, en exécution de la permiſſion que notre article accorde, ne pouroit pas opérer cet effet, ni autoriſer un héritier à recla-mer le bénéfice d'inventaire, il ne pourroit ſervir qu'à conſtater la quantité, qualité & valeur des biens & effets compris dans un tel inventaire. De même, le ſubſtitué qui accepteroit la ſucceſ-ſion univerſelle qui ſeroit parvenue ſur ſa tête, en vertu d'une ſubſtitution, ne ſeroit pas reçu non plus à jouir du bénéfice d'in-ventaire, pour ſe diſpenſer d'acquitter toutes les créances même *ultrà vires hæreditatis.* Un tel avantage ne pouvant être l'effet que d'un bon & loyal inventaire, fait, ou du moins commencé dans le délai de trois mois.

ARTICLE III.

Si les Héritiers & les Subſtitués négligent de faire procéder à l'inventaire dans les délais de trois mois & d'un mois, le Procureur du Roi doit faire procéder audit inventaire, aux frais de l'héritier univerſel, s'il eſt ainſi ordonné.

En cas de négligence de ceux qui ſont dénommés dans les deux articles précédens, VOULONS QU'IL SOIT RROCEDE' AUDIT INVENTAIRE A LA REQUETE DE NOTRE PROCUREUR AU SIEGE DE LA QUALITE' CI-APRE'S MARQUE'E, ET AUX FRAIS DUDIT HERITIER univerſel, S'IL EST AINSI ORDONNE'.

S I l'héritier ou le légataire univerſel négligent de faire procéder à l'inventaire dans le délai de trois mois, fixé par l'Ordonnance de 1667, & indiqué par l'*art.* 1 de ce titre; & ſi le ſubſtitué néglige pareillement dans le délai d'un mois fixé par l'*art.* 8, le Légiſlateur veut qu'il ſoit procédé audit inventaire, à la requête du Procureur du Roi, aux frais de l'héritier ou du légataire univerſel, s'il eſt ainſi ordonné. C'eſt la diſpoſition de l'*art.* 3.

Voulons qu'il ſoit procédé audit inventaire) : La négligence de la part de l'héritier ou du légataire univerſel, & de la part du ſubſtitué dans les délais marqués par les *art.* 1 & 2, forme une eſpèce de dévolution en faveur du Procureur du Roi, qui devient ſeul, perſonne légitime pour requérir la faction de l'inventaire, qui doit être fait en vertu de la préſente Ordonnance, à l'occaſion des ſubſtitutions, ainſi que nous l'avons expliqué ſur l'*art* 2; laquelle dévolution fixe incommutablement ſur la tête du Procureur du Roi, le droit & la faculté de requérir la faction de

l'inventaire, à l'exclufion de l'héritier & du fubftitué qui font
tombés dans le cas de la négligence, fauf à eux à recourir à la
voie de la fommation que nous avons indiquée fur l'*art.* 2.

*A la requête de notre Procureur au fiége de la qualité ci-deſſus
marquée.*) : Ces paroles indiquent l'*art.* 6 de ce titre de la préfente
Ordonnance. Ainfi le Procureur du Roi dont notre article parle,
eft celui de la Sénéchauffée, ou autre Siége Royal, reſſortiſſant
nuement aux Cours de Parlement ou Confeil fupérieur, dans l'é-
tendue ou le reffort duquel étoit le domicile de l'auteur de la
fubftitution au temps de fon décès, ou qui aura la connoiſſance
des cas royaux dans ledit lieu. Cela eft expreſſément porté par
l'*art.* 6 de ce titre.

Mais lorfque le Procureur du Roi fera la réquifition de l'inventaire, en conféquence du droit & du pouvoir que notre
article lui donne, l'inventaire doit-il être fait par un Notaire,
comme l'*art.* 4 le prefcrit, ou bien d'autorité du Sénéchal ou
autre Siège Royal, reſſortiſſant nuement au Parlement, en
conformité de l'*art.* 6 ? Il ne me pàroît pas douteux que dans ce
cas, l'inventaire doit être fait d'autorité du Sénéchal où le Procureur du Roi eft officier, fuivant l'*art.* 6, qui eft une exception
à la règle portée par l'*art.* 4, & non par un Notaire ; parcequ'a-
lors l'inventaire devant être requis par le Procureur du Roi, &
ordonné en juftice ; c'eft au tribunal où le requérant eft officier,
à ordonner & à faire l'inventaire, & non à un Notaire qui n'a
point de jurifdiction, & qui n'a qu'une fimple commiffion. Il y
auroit de l'indécence qu'un Officier Royal fût aftreint de faire
des requifitions devant un Notaire moins digne que lui, & d'une
qualité inférieure à la fienne ; & ceci doit avoir lieu, quand même
le fcellé auroit été appofé d'autorité d'un autre Juge, comme le
porte l'*art.* 6, ou qu'un Notaire eût appofé le fcellé, à caufe qu'il
ne doit pas avoir plus d'avantage qu'un Juge royal ou Banneret,
inférieur au Sénéchal, qui auroit prévenu par l'appofition du
fcellé, & que la négligence de procéder à l'inventaire dans le
premier délai de trois mois & dans le fecond d'un mois, ren-
droit inutile l'appofition du fcellé faite par un Notaire.

Et aux frais dudit héritier) : C'eft-à-dire, que l'héritier ou le légataire univerfel doivent faire l'avance des frais de l'inventaire qui fera fait à la requête du Procureur du Roi, fauf à les répéter du fubftitué, le cas de la fubftitution arrivant; parceque, comme nous l'avons remarqué fur l'article précédent, les frais de la faction de l'inventaire font une charge de la fucceffion, laquelle doit être fupportée par le fubftitué qui vient à recueillir la fucceffion.

S'il eft ainfi ordonné): L'héritier ou le légataire univerfel ne font obligés de faire l'avance des frais de l'inventaire qui eft requis par le Procureur du Roi dans le cas de négligence, que quand il en a ainfi été ordonné. Mais dès que l'inventaire aura été fait & clôturé, le Procureur du Roi peut demander que les frais en feront payés par l'héritier ou le légataire univerfel, & qu'à cet effet il lui foit délivré un exécutoire du montant de ces frais, non-feulement à raifon des vacations & féances du Commiffaire, du Procureur du Roi & du Greffier, & du papier timbré, mais encore à raifon du contrôle & autres droits du Roi. Cette difpofition de notre article n'a été faite que pour exclure le Procureur du Roi, de pouvoir exiger de fon autorité le payement des frais de l'inventaire; car du refte, il eft indubitable que les frais de l'inventaire doivent être avancés par l'héritier, comme le fuppofe l'article précédent, qui veut que quand le fubftitué aura requis l'inventaire, & qu'il aura fait l'avance des frais, il puiffe en demander la répétition contre l'héritier, ou le légataire univerfel.

Du refte, c'eft au Sénéchal ou autre Juge reffortiffant nuement au Parlement, à ordonner que les frais de l'inventaire feront payés par l'héritier ou le légataire univerfel.

ARTICLE

ARTICLE IV.

Par qui l'inventaire à l'occaſion des Subſtitutions doit-il être fait, & quelles perſonnes faut-il appeler?

L'INVENTAIRE SERA FAIT PAR UN NOTAIRE ROYAL, EN PRESENCE DU PREMIER SUBSTITUÉ, S'IL eſt majeur, OU DE SON TUTEUR OU CURATEUR, S'IL EST PUPILLE, MINEUR, OU INTERDIT, OU DU SYNDIC OU AUTRE ADMINISTRATEUR, SI LA SUBSTITUTION EST FAITE AU PROFIT DE L'EGLISE, OU D'UN HÔPITAL, CORPS OU COMMUNAUTÉ ECCLESIAS-TIQUE OU laïque.

CET article règle par qui doit être fait l'inventaire à l'occaſion des ſubſtitutions qui ſe trouvent dans les diſpoſitions d'une perſonne décédée. Il explique auſſi quelles ſont les perſonnes en préſence deſquelles l'inventaire doit être fait en ce cas.

Il veut que l'inventaire ſoit fait par un Notaire royal, en pré-ſence du premier ſubſtitué, s'il eſt majeur, ou de ſon tuteur ou curateur, s'il eſt pupille, mineur ou interdit, ou du Syndic & autre adminiſtrateur, ſi la ſubſtitution eſt faite au profit de l'Egliſe ou d'un hôpital, corps, ou communauté eccléſiaſtique ou laïque.

Il ne faut pas confondre l'inventaire qui eſt fait dans les cas ordinaires, avec celui qui eſt fait à l'occaſion d'une ſubſtitution, à cauſe que les formalités en ſont différentes. A la vérité l'in-ventaire fait à l'occaſion d'une ſubſtitution, exige les formalités qui ſont requiſes par les loix, les coutumes des lieux, aux inven-taires dans les cas ordinaires; mais notre Ordonnance en exige encore pluſieurs autres, aux inventaires faits à l'occaſion des ſubſtitutions,

1.º Lorſqu'il n'eſt pas queſtion d'une ſubſtitution, les parties

P p

ont la liberté de faire faire l'inventaire par des Notaires ou Tabellions, ou par les Officiers de la première Jurifdiction royale ou bannerète, au choix des parties, fuivant l'*art.* 164 *de l'Ordonnance de Blois*; à l'exception de quelques cas exprimés dans le même article, auxquels les inventaires doivent être faits par les Officiers royaux.

Au lieu que quand il s'agit d'un inventaire qui doit être fait à l'occafion d'une fubftitution, les Notaires royaux font défignés feuls pour y procéder, à l'exclufion de tous Officiers de Juftice, par l'*art.* 4 de la préfente Ordonnance, excepté aux cas exprimés dans l'*art.* 6.

. 2.° Les inventaires ordinaires peuvent être faits par les Officiers de la première Jurifdiction lorfqu'ils en font requis, fans diftinguer les Officiers royaux des Bannerets : au lieu que les inventaires qui doivent être faits lorfqu'il y a quelque fubftitution ne peuvent l'être dans les cas exprimés dans l'*art.* 6, que par les Officiers du Sénéchal royal, ou de tout autre Tribunal royal, reffortiffant immédiatement au Parlement.

3.° L'inventaire, dans le cas d'une fubftitution, doit être fait avec un contradicteur légitime, c'eft-à-dire, avec le premier fubftitué, ou fon repréfentant, comme le porte notre article, en quoi on s'eft conformé à la difpofition de l'*art.* 240 de la coutume de Paris; mais le Droit Romain dans la loi *Scimus* 22, §. 2, *cod. de jur. de liber.* qui preferit la forme de l'inventaire, pour jouir du bénéfice qui y eft attaché, n'éxige pas fi précifément qu'il foit fait avec un contradicteur légitime; elle veut qu'il foit fait en préfence des Tabulaires ou Tabellions, ou autres perfonnes qui font néceffaires pour fa confection : *Sub præfentiâ tabulariorum, cæterorumque, qui ad hujufmodi confectionem neceffarii funt*; ce qui n'indique proprement que les témoins pour lui donner la perfection & le caractère de preuve. Il eft vrai que la *Novelle* 1, *ch.* 2, exige la préfence de tous les légataires & fidéicommiffaires qui font dans la ville, où l'inventaire doit être fait, afin qu'il puiffe fervir à l'héritier pour pouvoir détruire la falcidie; mais ce texte n'ajoute rien à ce qui eft preferit pour la forme de l'inventaire, lorfqu'il ne s'agit pas de l'intérêt des légataires & des fidéicommiſſaires, & qu'il n'eſt pas queſtion de détruire la falcidie.

4.º La priſée des meubles & effets eſt requiſe par l'*art.* 7 de ce titre, lorſqu'il s'agit d'un inventaire fait à l'occaſion d'une ſubſtitution, mais elle n'eſt pas néceſſaire, du moins dans les pays du droit écrit, aux inventaires ordinaires.

5.º Un inventaire, dans les cas ordinaires, ne peut produire l'avantage attaché au bénéfice d'inventaire, qu'autant qu'il eſt fait ou du moins commencé dans les trois mois depuis l'ouverture de la ſucceſſion, & il ne peut pas par conſéquent produire ſon effet naturel ; au lieu que l'inventaire fait à l'occaſion d'une ſubſtitution, produit une preuve de la conſiſtance des biens, & donne le droit à l'héritier grevé de prendre la poſſeſſion & de percevoir les fruits, quoiqu'il ſoit requis par le ſubſtitué après l'échéance du premier délai de trois mois, ou par le Procureur du Roi après le ſecond délai d'un mois ; mais il ne peut pas ſervir au ſubſtitué pour accepter le fidéicommis de l'hérédité ſous bénéfice d'inventaire, ainſi que nous l'avons expliqué ſur l'*art.* 2.

L'inventaire ſera fait par un Notaire royal) : Si l'on excepte les cas expliqués par l'*art.* 6 *infrà ,* il n'y a que les Notaires royaux qui puiſſent procéder à la faction des inventaires, qu'il convient faire dans les cas où il y a quelques ſubſtitutions fidéicommiſſaires : ce qui exclud non-ſeulement les Notaires ſubalternes & non royaux ; mais encore tous les Officiers des premières Juriſdictions royales ou ſeigneuriales, même ceux des Sénéchaux royaux ou ſeigneuriaux ; enſorte qu'un inventaire fait dans ce cas par quelqu'un des Officiers de juſtice dont nous avons parlé, ou par un Notaire ſubalterne ou ſeigneurial, ne ſuffiroit pas pour autoriſer l'héritier grevé à demander d'être mis en poſſeſſion des biens ſubſtitués en conformité des *art.* 35 & 36 du préſent titre.

En préſence du premier ſubſtitué , s'il eſt majeur) : Celui qui eſt appelé le premier, pour recueillir la ſubſtitution, eſt le ſeul qui doive être appelé pour voir procéder à la faction de l'inventaire ; & quoiqu'il y ait d'autres ſubſtitués ſubordonnés, il n'eſt pas néceſſaire de les appeller ; parcequ'il n'y a que le premier ſubſtitué qui ſoit conſidéré par notre texte, comme légitime contradicteur. Il est nécessaire d'observer, que quoique notre article n'exige que la présence du premier substitué majeur, néanmoins si un père étoit chargé de rendre à son fils majeur qu'il a en sa puissance, il seroit nécessaire de donner un curateur au fils, comme le porte l'*art.* 5, sans distinguer si le substitué est mineur ou majeur.

Ou de son tuteur ou curateur, s'il est pupille, mineur ou interdit): Il en doit être de même si le substitué est furieux ou imbecille, ou interdit par justice, quoique l'Ordonnance n'en parle pas, vu que la même raison milite dans ce cas. Dans les pays coutumiers où la tutèle dure jusqu'à la majorité, on ne distingue point la tutèle de la curatèle; parceque l'une & l'autre dénominations renferment la même puissance qui subsiste jusqu'à ce que le pupille ou l'adulte ait accompli la vingt-cinquième année; mais dans les pays du droit écrit où la pupillarité finit aux filles à l'accomplissement de la douzième année, & aux mâles à l'accomplissement de la quatorzième année, & où l'on distingue la pupillarité de la minorité, qui commence au moment où la pupillarité prend fin, la tutèle & la curatèle sont réellement distinguées, & l'on ne doit pas les confondre; cependant, si par erreur ou inadvertance on changeoit la dénomination & qu'au lieu de donner un tuteur à un pupille, on donnoit la qualité de curateur à la personne choisie pour assister à l'inventaire, ou si l'on accumuloit les deux qualités, en le nommant tuteur ou curateur, ce ne seroit pas une nullité, & cela n'empêcheroit pas que l'inventaire ne fût bon, pourvu que la personne nommée pour assister à l'inventaire, eût été juridiquement appelée.

La nomination du tuteur dans les pays du droit écrit, doit être faite par une assemblée de parens paternels & maternels, autorisée par le Juge compétent, & à cet égard les parties ne peuvent pas s'adresser au Sénéchal, si elles ne sont pas nobles; & il en est de même dans les pays coutumiers, quand même le premier substitué seroit dans l'âge de majorité, parceque, comme nous l'avons dit, la tutèle dure jusqu'à la majorité.

Mais s'il s'agit de la nomination d'un curateur dans les pays du droit écrit, il n'est pas nécessaire d'assembler les parens, c'est à l'adulte ou mineur à le nommer, devant le Juge qui lui fait prêter le ferment; *l. 2 , §. 4 , ff. qui petant tutor. & l. 6 , cod. eod.* Cependant s'il étoit queftion d'une fubftitution dont le père fût chargé envers fon fils qu'il a en fa puiflance, le curateur devroit être nommé dans une affemblée de parens, tout comme s'il étoit pupille, & il ne devroit pas être permis au fubftitué majeur ou mineur de le nommer, afin que la puiflance du père ne pût pas influer fur cette nomination.

Le curateur qui devroit être donné à l'interdit par juftice, ou bien au furieux ou imbecille, devroit être décerné par une affemblée de parens, autorifée par le Juge, parceque cette curatèle produit le même effet que la tutèle.

Ou du Syndic ou autre Adminiftrateur): Si la fubftitution eft faite en premier rang en faveur de l'Eglife ou d'un Hôpital, Corps ou Communauté eccléfiaftique ou laïque, l'inventaire devra être fait en y appellant le Syndic, ou quelqu'autre Adminiftrateur, qui ait un pouvoir légal; mais il n'eft pas néceffaire qu'ils y foient autorifés par une délibération *ad hoc*, la feule qualité de Syndic ou d'Adminiftrateur fuffira, pourvu qu'elle foit juftifiée.

Au profit d'une Eglife ou d'un Hôpital, Corps ou Communauté eccléfiaftique): Ces paroles de notre texte font comprendre que l'Eglife, les Hôpitaux, & les autres Corps ou Communautés eccléfiaftiques ou laïques, font capables de recueillir des fubftitutions, non-feulement particulières, mais encore univerfelles; vu qu'il ne diftingue pas à cet égard, & cela n'étoit pas douteux dans les pays du droit écrit, comme nous l'avons remarqué dans le traité des teftamens; elles étoient même capables, avant l'Edit du mois d'Août 1749, enregiftré au Parlement de Touloufe le 18 du mois de Novembre de la même année, d'accepter & de recueillir des immeubles, & autres chofes réputées immeubles.

Mais *l'art.* 14 de cet Edit, fans toucher à la capacité en général des corps & communautés, à qui on donne la qualité de main-mortes, fait «deffenfes à tous les gens de main-morte, d'acquérir, »recevoir, ni poffédcr à l'avenir aucun fonds de terre, maifons,

»droits réels, rentes foncières ou non rachetables, même des
»rentes constituées sur des particuliers, sans avoir obtenu la per-
»miſſion du Roi par des lettres patentes duement enregiſtrées
»aux Cours de Parlement ou Conſeils ſupérieurs». Cependant
par l'*art.* 18 du même Edit; «les main-mortes ſont déclarées ca-
»pables, d'acquérir, recevoir, & poſſéder des rentes conſtituées
»ſur le Roi ou ſur le clergé, les diocèſes, pays d'états, villes, ou
» communautés, ſans être obligées d'obtenir des lettres patentes.

La prohibition portée par l'*art.* 14 de cet Edit, a donné lieu à
une queſtion qui a été jugée par pluſieurs Arrêts du Parlement
de Touloufe, après une diſcuſſion très-exacte. Elle conſiſte à
ſavoir ſi, lorſqu'une main-morte eſt inſtituée héritière, ou ſubſtituée pour recueillir une hérédité dans laquelle il y a des immeubles, ou des rentes conſtituées ſur des particuliers, la diſpoſition doit être caſſée pour le tout, ou s'il faut la conſerver
& en ordonner l'exécution, en retranchant ſeulement les biens
dont les main-mortes ſont déclarées incapables par l'édit du
mois d'Août 1749. J'avois cru d'abord, & j'avois même décidé
pluſieurs fois en conſultation, que l'inſtitution devoit être conſervée pour tous les biens, dont les main-mortes n'ont pas été
déclarées incapables, & qu'il falloit ſeulement retrancher les
immeubles, les rentes conſtituées ſur les particuliers, & les droits
réputés immobiliers, à cauſe que l'incapacité pour certaines
choſes ne devoit pas produire la nullité à raiſon des autres biens
dont les main-mortes avoient conſervé la capacité.

Cependant il a été jugé par arrêt du 6 Juin 1754, en la
Grand'Chambre, au rapport de M. Baſtard, en faveur du ſieur
de Benet, contre les religieuſes de Tournon, que l'inſtitution
faite en faveur deſdites Religieuſes étoit nulle pour le tout, &
le teſtament fut caſſé en entier. La queſtion s'étant auſſi préſentée
en la Grand'Chambre, au rapport de M. de Palamini, entre le
ſieur Abolin & ſes Conſorts d'une part, & les Prêtres de la Fraternité de Monteſquieu, elle fut jugée de même par Arrêt du
13 Avril 1756; même dans cette circonſtance, que le ſieur
Abolin n'avoit demandé par ſes lettres du 14 Septembre 1754,
la caſſation de l'inſtitution héréditaire, faite en faveur des Prêtres

de la Fraternité, que pour les immeubles & les rentes conſtituées
ſur les particuliers; mais ayant demandé la correction de cette
demande, & conclu à la caſſation de l'inſtitution en entier, la
correction fut reçue, & le teſtament fut caſſé en entier. Cet Arrêt porte : « Notredite Cour, a reçu & reçoit ledit Abolin à la
» correction par lui demandée; & ſans avoir égard à la Requête
» du Syndic des Prêtres de la Fraternité de Monteſquieu, dont
» l'a démis & démet, a caſſé & caſſe dans ſon entier le teſtament
» de ladite Mandeville, du 20 Mars 1741; ce faiſant a maintenu
» & maintient leſdits Pierre-Germain Abolin, Abraham Rodes,
» Françoiſe Abolin, veuve de Gorſe, & Théreſe Vielle, veuve
» de Jani, chacun en la portion les concernant, de tous les biens,
» meubles & immeubles, noms, voix, droits & actions dépendans
» de l'hérédité de ladite Mandeville, en quoi que conſiſtent ou
» puiſſent conſiſter, & ſur les autres fins & concluſions deſdites
» parties, notredite Cour les a miſes hors de cour & de procès;
» condamne leſdits Prêtres de la Fraternité, & le Syndic de l'Hô-
» pital de Monteſquieu, chacun comme les concerne, aux dépens,
» envers leſdits Abolin, Rodes, veuve Gorſe, & veuve Jani,
» chacun comme les concerne la taxe reſervée. Prononcé à
» Touloule, le 13ᵉ Jour du mois d'Avril 1756, *M. de Palamini*,
» *Rapporteur* ».

Dans l'Eſpèce des deux Arrêts que nous avons rapportés, les
teſtamens qui furent caſſés étoient antérieurs à l'Edit de 1749;
mais les teſtateurs ou teſtatrices étoient décédés poſtérieurement à la publication de cet Edit, & l'on jugea qu'il falloit conſidérer la capacité des héritiers, eu égard au jour du décès du
teſtateur, & non eu égard à la date des teſtamens, quoiqu'elle
fût publique & authentique. Le motif de la caſſation totale fut
pris de la maxime de droit, que, *nemo paganus poteſt decedere
partim teſtatus, & partim inteſtatus,* & de l'indiviſibilité de l'inſtitution. Ce dernier Arrêt ayant été attaqué au Conſeil, par les
Prêtres de la Fraternité de Monteſquieu de Volveſtre, ils furent
déboutés de leur demande en caſſation, par un Arrêt du Conſeil du 12 Décembre 1757. Il eſt vrai qu'on leur oppoſoit qu'ils·

n'étoient pas patentés, & qu'ils avoient été établis postérieure-ment à l'année 1636.

Cependant il a été rendu un Arrêt du Conseil le 12 Novembre 1759, portant cassation de celui du Parlement de Toulouse, rendu en faveur du sieur du Besser : il porte, le Roi en son Conseil, faisant droit sur l'instance, a cassé & casse l'Arrêt du Parlement de Toulouse, du 6 Juin 1754, & tout ce qui s'en est ensuivi ; ce faisant a évoqué & évoque les demandes & contestations sur les-quelles ledit Arrêt est intervenu, & sur icelles, circonstances & dépendances, ordonne Sa Majesté, que les parties écriront & produiront pour, au rapport du sieur de Villevatel, Maître des Requêtes que Sa Majesté a commis & commet à cet effet, être statué, ainsi qu'il appartiendra, ordonne que l'amende consignée sera rendue aux Religieuses de Tournon, à ce faire, le receveur des amendes contraint ; quoi faisant valablement déchargé, & a condamné ledit sieur Bessét aux dépens. Fait au Conseil d'Etat privé du Roi ; tenu à Versailles le 12.e jour du mois de Novembre 1759 : Collationné, paraphé & signé Gourdain.

Dans le Mémoire qui a été fait par M.e Bronod Avocat, pour les Religieuses de Tournon, on explique deux moyens de cassa-tion ; le premier, de ce que le Parlement de Toulouse avoit cassé en entier le testament de la demoiselle Garde, quoique les Religieuses de Tournon fussent capables de recueillir l'effet de l'institution, & qu'aux termes de l'Edit de 1749, elles ne dussent être privées que des immeubles & des rentes constituées sur des particuliers.

Le deuxième étoit pris de ce que suivant l'*art.* 28 de l'Edit de 1749, il avoit dépendu du législateur de modifier l'incapacité des main-mortes, & de ne pas les exclure des libéralités faites par des dispositions à cause de mort antérieures à l'Edit de 1749, lorsqu'elles auroient une date publique & authentique.

Je ne connois point le vrai motif sur lequel l'Arrêt du Con-seil est fondé, mais j'ai de la peine à croire que la cassation de l'Arrêt du Parlement de Toulouse soit établie sur un fonde-ment autre que le premier des deux moyens ci-dessus expliqués,

à

à cause que le second tendroit à renverser le principe fondamental de la matière testamentaire, qui exige la capacité, non seulement lors de la date de la disposition ; mais encore lors du décès du testateur, & qu'un testament n'est proprement une disposition qu'après la mort du testateur; auparavant ce n'est qu'une simple destination révocable à volonté, lequel principe a été adopté & confirmé par l'*art.* 55 *du titre 2 de l'Ordonnance* de 1747. Je suspens donc mon opinion jusqu'à l'arrêt définitif qui sera rendu au Conseil ; il nous apprendra ce que nous devons penser sur cette difficulté.

ARTICLE V.

Lorsque le père institué est grevé de rendre à son fils qui est en sa puissance, le fils doit être pourvu d'un tuteur ou curateur, pour assister à l'inventaire ; & si le substitué n'est pas né, il faut donner un curateur à la Substitution.

En cas que le premier substitué soit sous la puissance paternelle DANS LES PAYS OU ELLE A LIEU, & que le père soit chargé de Substitution envers lui ; IL LUI SERA NOMMÉ UN TUTEUR OU CURATEUR A L'EFFET DUDIT INVENTAIRE ; & SI LE PREMIER SUBSTITUÉ N'EST PAS ENCORE NÉ, il sera nommé un curateur à la Substitution, qui assistera audit inventaire.

CET article est une suite du précédent; l'un & l'autre exigent que l'inventaire à l'occasion d'une substitution, soit fait avec un contradicteur légitime; celui-ci veut qu'en cas que le premier substitué soit sous la puissance paternelle, dans les pays où elle a lieu, & que le père soit chargé de substitution envers lui, il lui

Q q

fera nommé un tuteur ou curateur à l'effet dudit inventaire ; & si le premier fubftitué n'eft pas encore né, il fera nommé un curateur à la fubftitution, qui affiftera audit inventaire.

Dans les pays où elle a lieu) : La puiffance paternelle a lieu dans tous les pays du Droit écrit ; mais elle n'a plus lieu dans les pays coutumiers.

Il lui fera nommé un tuteur ou curateur à l'effet dudit inventaire) : La nomination du tuteur ou curateur doit être faite dans une affemblée de parens autorifée par le Juge, qui doit recevoir le ferment du tuteur ou du curateur, après qu'il aura été nommé. Le fils de famille ne peut pas être confidéré comme contradicteur légitime, vis-à-vis de fon père, à caufe que par la fiction de la loi, le père & le fils, qui eft fous fa puiffance, ne font confidérés que comme une même perfonne : *Cum & naturâ pater & filius eadem effe perfona penè intelliguntur*, dit *la loi dernière, cod. de impub. & aliis fubftit.*

Et comme le père qui doit faire procéder à l'inventaire en qualité d'héritier grevé, ne peut pas agir comme adminiftrateur de fon fils, auquel il doit rendre le fidéicommis, & qu'il faut que l'inventaire foit fait avec un contradicteur légitime, il eft néceffaire de nommer au fils fubftitué à fon père, un tuteur, s'il eft pupille, ou bien un curateur s'il eft pubère, pour affifter à l'inventaire qui doit être fait, comme le porte notre texte.

Mais fi le fils de famille eft majeur, poura t-il être confidéré comme contradicteur légitime, ou faudra-t-il lui donner un curateur ? Il femble d'abord que fon état de majorité l'autorife à affifter à l'inventaire, fans qu'il ait befoin d'être affifté d'un curateur, fuivant l'*art.* 4, d'autant mieux qu'il n'y a point de loi qui exige qu'un majeur foit pourvu de curateur, à moins qu'il ne foit furieux ou imbecille, ou interdit à caufe de fa prodigalité.

Cependant il y a lieu de décider, que quand le père eft chargé de rendre à fon fils, qu'il a en fa puiffance, on doit lui donner un curateur, quoiqu'il foit majeur, parceque la puiffance paternelle fait confidérer le père & le fils comme une même perfonne, & que, comme nous l'avons dit, le fils de famille n'eft pas cenfé contradicteur légitime vis-à-vis de fon père, à moins qu'il ne s'agisse du pécule *castrense* ou *quasi-castrense*, *l. 4, ff. de ju-diciis*. Le fils de famille a besoin d'un défenseur, afin que l'inventaire soit fait avec exactitude, ne pouvant pas se défendre lui-même, à cause qu'il n'oseroit pas contredire son père, ce qui le met dans la cathégorie du mineur. Notre avis semble être clairement autorisé par les paroles de notre texte, qui veut qu'il soit donné un tuteur ou un curateur au fils de famille, sans distinguer s'il est majeur ou mineur, au lieu que l'*art. 4* n'exige la nomination d'un tuteur ou curateur, que quand le substitué est pupille ou mineur. Le fils de famille substitué à son père est donc une exception à la règle par des considérations particulières.

Mais la fonction du tuteur ou du curateur, qui est donné au fils de famille substitué à son père, se borne au seul inventaire, & à tout ce qui est nécessaire pour parvenir à sa clôture, comme l'insinuent les mots de notre texte, *à l'effet dudit inventaire.*

Si le premier substitué n'est pas encore né): Il résulte de ces paroles, que la substitution même d'une hérédité peut être faite en faveur d'une personne non née, quoiqu'il en soit autrement de l'institution d'héritier, suivant l'*art.* 49 de l'Ordonnance de 1735.

Il sera nommé un curateur à la substitution): Cette nomination doit être faite dans une assemblée de parens, qui sera autorisée par le Juge, lequel fera prêter le serment au curateur.

Par l'ancien droit des Romains, tandis que les femmes ne pouvoient pas faire les fonctions de tutrices, on nommoit un curateur au ventre, c'est-à-dire, au part, qui étoit dans le sein de la mère : vu que la tutèle étant une charge virile toutes les femmes en étoient éxclues; *l.* 1, cod. *quando mulier tut. offic. fungi potest.* L'Empereur Justinien ayant admis la mère & l'aïeule à la tutèle de leurs enfans, ou petits-fils, *par la Novelle* 188, *ch.* 5, & *l'authent. matri & aviæ cod. quando mulier tut. offic. fungi potest.* si le premier substitué étoit dans le sein de sa mère, il ne seroit pas nécessaire de nommer un curateur à la substitution, nonobstant le défaut de naissance du substitué; mais la mère devant être considérée comme tutrice de son part, seroit personne capable, & contradicteur légitime pour assister à l'inventaire; & si le père vivoit, ce seroit à lui à faire ce qui

Q q 2

feroit néceffaire dans ce cas ; & comme notre légiflateur
déclare que par fes nouvelles Ordonnances il n'a pas entendu
abroger le Droit Romain ; & qu'il protefte au contraire qu'il
veut en adopter & autorifer les regles, on doit entendre notre
article ; qui veut que fi le premier fubftitue n'eft pas encore né,
il fera nommé un curateur à la fubftitution du fubftitué, qui n'eft
ni né, ni conçu lors du décès du fubftituant. Il ne faudra donc
nommer un curateur à la fubftitution que quand le premier
fubftitué ne fera ni né ni conçu lors de l'ouverture de la fucceffion du fubftituant : vu que s'il eft conçu, quoique non né, le
père ou la mère du part feront fes adminiftrateurs légitimes,
tout comme s'il étoit né, à caufe que celui qui eft dans le fein de
fa mère, eft regardé comme né lorfqu'il s'agit de fon avantage ;
l. qui in utero 7 , ff. de ftatu hominum : Ce qu'il faut néanmoins
entendre à l'égard de la mère, pourvu qu'elle veuille faire la
fonction de tutrice.

Qui affiftera audit inventaire) : Il eft donc néceffaire que le
curateur donné à la fubftitution foit appelé pour voir procéder
à l'inventaire ; mais eft-il indifpenfablement néceffaire qu'il affifte ; enforte que s'il ne comparoiffoit pas après l'affignation, il
ne fût pas permis de paffer outre ? Il ne me paroît pas douteux
que quand le curateur ne comparoîtroit pas fur l'affignation à
lui donnée, l'inventaire qui feroit fait en fon abfence, ne fût bon
& valable, tout comme s'il avoit comparu ; parceque le défaut
de comparoître fur une affignation équipole à la préfence, &
que fi l'inventaire ne pouvoit être fait qu'autant que le curateur
y affifteroit réellement, il pouroit en empêcher la faction ; mais
le curateur défaillant pouroit être tenu des dommages & intérêts provenans de l'infidélité de l'inventaire occafionnée par fon
abfence, comme ayant manqué à fon devoir.

Mais fi le curateur avoit affifté à l'inventaire fans avoir été
affigné, il n'en feroit pas moins bon ; parceque l'affignation n'eft
néceffaire que pour engager le curateur à affifter, & pour pouvoir prendre un défaut contre lui en cas qu'il ne comparoiffe
pas : que s'il affifte, l'objet de l'affignation eft rempli, & il n'en
faut pas davantage.

Que si la substitution est faite en faveur de plusieurs, *nomine collectivo*, comme de la famille ou des parens, faudra-t-il créer un curateur a la substitution à cause de l'incertitude, ou bien faudra-t il appeler les plus proches pour assister à l'inventaire? L'Ordonnance n'ayant prescrit la nécessité de créer un curateur à la substitution, que dans le seul cas où le premier substitué ne seroit pas né, il n'y a pas lieu d'étendre sa disposition à d'autres cas; mais il suffira d'appeler les plus proches de la parenté ou de la famille pour assister à l'inventaire.

ARTICLE VI.

Lorsqu'il faudra faire l'inventaire en Justice, il ne poura être fait que d'autorité des Sénéchaux, ou autres Juges Royaux, ressortissans nuement aux Parlemens, ou Conseils supérieurs.

Lorsqu'il y aura lieu de faire l'inventaire en Justice, suivant les règles observées en cette matière, il ne poura y être procédé que de l'autorité des Bailliages, Sénéchaussées ou autre Siége Royal, ressortissant nuement en nos Cours de Parlement, & Conseils supérieurs, dans l'étendue ou le ressort duquel étoit le lieu du domicile de l'auteur de la Substitution au jour de son décès, ou qui aura la connoissance des cas royaux dans ledit lieu : Ce qui sera exécuté, encore qu'il y ait eu un scellé apposé par un autre Juge, lequel sera tenu audit cas de renvoyer les parties dans le Siége de la qualité ci-dessus marquée, et ledit inventaire sera fait en présence

DE NOTRE PROCUREUR AUDIT SIEGE, OUTRE LES PER-
SONNES DENOMMÉES DANS LES DEUX ARTICLES PRECEDENS.

LES dispofitions du préfent article font des exceptions à la
règle portée par l'*art.* 4 de ce titre, qui veut, que quand il s'agit
d'un inventaire à faire à l'occafion d'une fubftitution, il doit être
fait par un Notaire royal.

Notre article veut donc, que quand il y aura lieu de faire un
inventaire en juftice, fuivant les règles obfervées en cette matière, il ne poura y être procédé que de l'autorité des Bailliages,
Sénéchauffées ou autres Siéges royaux, reffortiffant nuement aux
Cours de Parlement, ou Confeils fupérieurs dans l'étendue où
le reffort defquels étoit le lieu du domicile de l'auteur de la
fubftitution au jour de fon décès, ou qui aura la connoiffance
des cas royaux dans ledit lieu.

Et ce qui eft dit ci-deffus, doit être exécuté, encore qu'il y
ait eu un fcellé appofé par un autre Juge, lequel eft tenu audit
cas de renvoyer les parties au fiége de la qualité ci-deffus marquée, & l'inventaire doit être fait en préfence du Procureur du
Roi audit fiége, outre les perfonnes dénommées dans les deux
articles précédens.

Lorfqu'il y aura lieu de faire un inventaire en juftice): La
vraie intelligence des difpofitions de notre article, depend de la
connoiffance des paroles que nous avons tranfcrites, c'eft-à-dire,
quels font les cas où il y a lieu de faire un inventaire en juftice:
ce qui peut fe réduire à deux points. Le premier, lorfque l'inventaire eft requis par le Procureur du Roi, à caufe que toutes
les fois que les Gens du Roi ont le droit de requérir l'inventaire,
il faut que le Juge y prononce; par conféquent l'inventaire doit
être fait en juftice, ou d'autorité de juftice. Le fecond, lorfque les
parties font en conteftation, pour favoir s'il faut ou ne faut pas
procéder à un inventaire. Dans ces deux cas, l'inventaire doit
être fait, s'il s'agit d'une fubftitution, non par un Notaire, ni par
les Officiers des premières Jurifdictions, royaux ou bannerets;
mais par les Officiers des Siéges royaux, reffortiffans immédiate-

ment aux Parlemens ou Conſeils ſupérieurs, comme notre article le porte.

Ainſi toutes les fois que l'on ſe trouvera dans quelques cas où les Gens du Roi auront le droit de requérir la faction de l'inventaire, il ne poura être fait que par les Officiers des Siéges, qui ſont indiqués par cet article.

Et l'on doit dire la même choſe, lorſqu'il y aura conteſtation dans un Siége reſſortiſſant immédiatement au Parlement ou Conſeil ſupérieur, pour ſavoir s'il y a lieu de procéder à un inventaire ou non. C'eſt un des cas portés dans l'*art.* 164 de l'Ordonnance de Blois, qui ajoute celui de la prétendue confiſcation, & celui de l'aubaine. Mais afin que les diſpoſitions de notre article aient lieu, il faut qu'il s'agiſſe d'un inventaire à faire à l'occaſion d'une ſubſtitution : vu que s'il s'agiſſoit de tout autre cas, il faudroit ſuivre les Ordonnances, & la Juriſprudence antérieure, à cauſe que notre article ne recevroit pas une juſte application.

Dans l'étendue du reſſort duquel etoit le lieu du domicile) : Ceci prouve que la compétence pour procéder à l'inventaire doit ſe régler par le domicile que le défunt avoit lors de ſon décès; mais quand l'inventaire à été commencé par les Officiers où le domicile du défunt reſſortit, il peut être continué dans les autres lieux, où il y a des biens, meubles & effets appartenans au défunt, quoiqu'ils ſoient ſitués dans un autre diſtrict ou juriſdiction, en prenant un *pareatis,* ou par commiſſion rogatoire.

De l'auteur de la ſubſtitution) : Ces mots font comprendre que ceci doit être obſervé, ſoit que la ſubſtitution ait été faite par le teſtament ou autre diſpoſition de dernière volonté, ou par contrat, à moins qu'il ne s'agiſſe d'une ſubſtitution par un acte de donation entre-vifs, lorſqu'il aura été fait un état des meubles & effets mobiliers avec priſée, auquel cas cet état doit ſuffire ſuivant l'*art.* 9 *du tit.* 1 de la préſente Ordonnance.

Encore qu'il y eût un ſcellé appoſé par un autre Juge) : Le ſcellé qui aura été appoſé par un autre Juge, ne le ſaiſit point pour l'autoriſer à procéder à l'inventaire; mais il doit ſe dépouiller, & en renvoyer la faction aux Siéges indiqués dans le préſent article, faute de quoi tout ce qui ſeroit fait par le Juge qui auroit appofé le fcellé feroit nulle par incompétence, fans qu'il foit néceffaire de propofer l'incompétence & le déclinatoire, parceque notre Ordonnance fuffit, & qu'on ne peut pas en prétendre caufe d'ignorance.

Et ledit inventaire fera fait en préfence de notre Procureur audit fiége): Le Procureur du Roi aux Siéges reffortiffans nuement au Parlement ou Confeil fupérieur eft partie néceffaire, & doit affifter à l'inventaire qui eft fait d'autorité dudit Siége; il ne feroit donc pas utile, fi le Procureur du Roi n'y affiftoit pas.

Outre les autres perfonnes denommées dans les deux articles précédens): C'eft à-dire, outre le grevé de fubftitution, le premier fubftitué ou fon tuteur, curateur ou autre adminiftrateur, le curateur nommé à la fubftitution, lorfque le premier fubftitué n'eft pas né ni conçu lors du décès du fubftituant, & le tuteur ou curateur donné au fils de famille lorfqu'il eft fubftitué à fon père, en la puiffance duquel il eft, felon les différens cas qui peuvent fe préfenter.

Mais il n'eft jamais néceffaire d'appeler les fubftitués en fecond rang, ni leurs repréfentans; parceque notre Ordonnance ne l'a pas prefcrit, & qu'il fuffit que l'inventaire foit fait avec le premier fubftitué, qui eft le vrai contradicteur légitime, & qui a le premier, & principal intérèt à la confervation des biens fubftitués, comme devant les recueillir en premier rang.

Du refte, comme notre article parle du Siége reffortiffant nuement au Parlement ou Confeil fupérieur, ou qui aura la connoiffance des cas royaux, ce n'eft pas pour indiquer les Préfidiaux; parcequ'ils ne forment pas un fiége diftinct du Sénéchal où ils font établis; mais pour exclure de la faction de l'inventaire, les Baillifs, Sénéchaux, Juges d'appeaux, & autres Officiers des Juftices feigneuriales, quoique leurs Siéges reffortiffent nuement au Parlement; car le reffort immédiat au Parlement, dans ce cas, ne fuffit pas, il faut que le fiége dont notre article parle, pour lui attribuer la faction de l'inventaire, ait deux qualités; la première, qu'il reffortiffe nuement au Parlement; la feconde, qu'il foit royal, & qu'il ait le droit de connoître des cas royaux.

Ceci s'éclaircit par un exemple. Le Sénéchal ducal d'Ufez fe

trouve

trouve dans le diſtrict du Sénéchal royal de Nîmes. Le Sénéchal ducal d'Uſez reſſortit nuement au Parlement de Toulouſe ; mais il n'a pas droit de connoître des cas royaux : ſi donc il ſe préſente dans le diſtrict du Sénéchal ducal d'Uſez, quelque cas où il ſoit néceſſaire de procéder d'autorité de juſtice à la faction d'un inventaire, à l'occaſion d'un ſubſtitution, ce ne ſera pas aux Officiers du Sénéchal ducal d'Uſez, quoique reſſortiſſant nuement au Parlement, qu'il appartiendra de procéder à l'inventaire ; mais ce ſera aux Officiers du Sénéchal royal de Nîmes, qui a les deux qualités requiſes par notre article, ſavoir, celle du reſſort immédiat au Parlement, & celle de pouvoir connoître des cas royaux dans le diſtrict du Sénéchal ducal d'Uſez. Cet exemple ſuffit pour mettre à portée d'en faire l'application à tous les cas ſemblables.

ARTICLE VII.

L'inventaire doit contenir la priſée des meubles, même dans les lieux où la priſée n'étoit pas néceſſaire avant cette Ordonnnance ; avec la crue dans les lieux où elle eſt en uſage ; laquelle crue ſera même ſous-entendue, quand elle ne ſeroit pas exprimée.

L'INVENTAIRE CONTIENDRA LA PRISE'E DES MEUBLES, LIVRES, TABLEAUX, PIERRERIES, VAISSELLE, EQUIPAGES ET AUTRES CHOSES SEMBLABLES ; CE QUI SERA OBSERVE' DANS LES PAYS MESME OU IL N'EST PAS D'USAGE DE FAIRE LADITE PRISE'E, ET IL Y SERA PROCEDE' SUIVANT LES FORMES REQUISES AUXDITS PAYS DANS LES CAS OU L'ESTIMATION DES MEUBLES ET EFFETS MOBILIERS Y A LIEU ; ET A L'EGARD DES PAYS OU LADITE PRISE'E SE FAIT AVEC CRUE dans les inventaires, VOULONS QUE LADITE CRUE

R r

SOIT TOUJOURS CENSE'E FAIRE PARTIE DE LA PRISE'E, en ce qui concerne la liquidation des droits & des charges de ceux qui font grevés de Subftitution.

CET article impofe la néceffité de faire procéder à la prifée des meubles, qui doivent être compris dans un inventaire fait à l'occafion d'une fubftitution. C'eft une formalité nouvelle dans les pays du Droit écrit, notamment dans le reffort du Parlement de Touloufe; mais elle n'eft pas nouvelle dans certains pays coutumiers, où elle eft d'ufage dans toute forte d'inventaires; on ajoute même la crue dans certains pays.

Il veut que l'inventaire contienne la prifée des meubles, livres, tableaux, pierreries, vaiffelle, équipages & autres chofes femblables.

Et cela doit être obfervé même dans les pays où il n'eft point d'ufage de faire cette prifée.

Il doit être procédé à cette prifée fuivant les formes requifes aux pays où la prifée n'étoit pas pratiquée dans les cas où l'eftimation des meubles & effets mobiliers y a lieu.

A l'égard des pays où la prifée fe fait avec crue dans les inventaires, Sa Majefté veut que la crue foit cenfée faire partie de la prifée en ce qui concerne la liquidation des droits & des charges de ceux qui feront grevés de fubftitution. Surquoi on peut voir le traité de la crue des meubles au-deffus de leur prifée, par *M. Boucher d'Argis.*

L'inventaire contiendra la prifée) des meubles & effets mobiliers fufceptibles d'eftimation, qui feront compris dans un inventaire fait à l'occafion d'une fubftitution, foit que les meubles & effets mobiliers fe trouvent fubftitués ou non; vu que cet article eft relatif au premier article de ce titre, ou que l'inventaire foit fait par un Notaire, ou par autorité de juftice; mais notre Ordonnance n'exige pas cette prifée dans les inventaires, autres que ceux qui font faits à l'occafion d'une fubftitution dans les pays où la prifée n'eft pas en ufage.

Des meubles, livres, tableaux, pierreries...... & autres

choſes ſemblables): Tous les meubles & effets mobiliers, qui n'ont pas une valeur fixe & certaine par eux-mêmes, ſont ſujets à cette priſée; mais l'argent monnoyé,& les obligations n'y ſont pas ſujets, parceque leur valeur eſt fixée.

Vaiſſelle): Ce terme comprend toute ſorte de vaiſſelle ſoit vinaire, ou d'or & d'argent, ou d'autre qualité, comme d'étain, cuivre, faïence, porcelaine, & de toute autre eſpèce.

Il eſt vrai que la vaiſſelle d'or & d'argent a une valeur intrinsèque & fixe, eu égard à l'eſtimation que les loix du Prince ont donnée au marc d'or ou d'argent; mais la vaiſſelle d'or ou d'argent eſt ſuſceptible d'une eſtimation par rapport au titre où elle ſe trouve, & à la façon qui ſouvent eſt plus précieuſe que la matière même.

Ce qui ſera obſervé dans les pays mêmes où il n'eſt pas d'uſage de faire ladite priſée): Ceci eſt particulier à l'inventaire qui doit être fait à l'occaſion d'une ſubſtitution ; car s'il s'agit d'un inventaire d'une autre eſpèce, la priſée des meubles & effets n'eſt point d'obligation dans les pays où elle n'eſt pas en uſage.

Et il y ſera procédé ſuivant les formes requiſes auxdits pays, dans le cas où l'eſtimation des meubles & effets mobiliers y a lieu): Il réſulte de ces paroles que la priſée des meubles & effets mobiliers qui y ſont ſujets, doit être faite dans la même forme pratiquée dans les lieux où l'inventaire eſt fait pour l'eſtimation des meubles & effets mobiliers dans toute autre occaſion ; & comme on peut faire l'eſtimation des meubles à l'amiable, ou en y obſervant les formalités judiciaires, on peut également faire la priſée dont notre article parle de ces deux manières.

Dans les pays où il y a des priſeurs publics en titre d'office, en vertu des Edits & Déclarations du Roi, qui ſont indiqués *dans le Dictionnaire des Arrêts*, verbo *priſées*, la priſée doit être faite par les priſeurs publics, ſans qu'ils aient beſoin d'être convenus par les parties, à moins qu'il n'y en ait pluſieurs dans une même ville, ou lieu, auquel cas les parties pourront choiſir parmi les priſeurs publics ceux qui leur conviendront, & ſans qu'il ſoit néceſſaire de leur faire prêter ſerment; parceque celui qu'ils ont prêté lors de leur réception en l'office leur ſuffit.

Que s'il n'y a point de Priseurs publics en titre d'office, il est nécessaire que les parties intéressées, c'est-à-dire, le grevé & le premier substitué conviennent à l'amiable de la prisée, ou nomment les Experts; & à défaut d'en convenir, ils doivent être nommés d'office, de la même manière que les autres Experts, & ces Experts convenus ou nommés d'office doivent prêter le serment; sans quoi leurs opérations ne seroient pas valables, vu que c'est une règle fondée sur le Droit Romain, dans *la Novelle de Hortulanis*, & sur l'Ordonnance de 1667, qu'afin que le rapport des experts fasse foi, il faut qu'ils aient prêté le serment, à moins que le grevé & le premier substitué majeurs, en nommant les Experts, ne les eussent dispensés du serment. Mais il faut au moins deux Experts, comme on le pratique dans les autres matières qui gisent en estimation, excepté que les parties majeures ne trouvassent à propos de n'en nommer qu'un pour diminuer les frais de la procédure d'estimation.

Si deux Experts sont nommés, & qu'ils ne soient pas d'accord, il sera nécessaire de nommer par accord, ou d'office, un tiers expert, pour vider le partage.

Comme notre Ordonnance attribue aux Notaires le droit de faire les inventaires à l'occasion des substitutions, suivant l'*art.* 4 de ce titre, le Notaire qui devra procéder à l'inventaire aura un pouvoir suffisant pour nommer d'office les Experts priseurs, & le tiers en cas de discord, si les parties ne peuvent pas en convenir, & pour leur faire prêter le serment; parceque celui qui a le pouvoir de faire une chose, a également le pouvoir de faire tout ce qui est nécessaire pour parvenir à l'objet : *Concesso uno, omnia videntur concessa sine quibus res expediri non potest*. Ainsi on n'auroit pas besoin de recourir à l'autorité de la justice pour ces opérations.

Que si l'inventaire est ordonné, & fait d'autorité de justice en conformité de l'*art.* 6 de ce titre, toutes les opérations concernant la nomination des experts & tiers, s'il en est besoin, doivent être faites d'autorité du Tribunal ou du Commissaire qui procède à l'inventaire comme en étant une suite, à moins que les parties majeures ne le fassent à l'amiable, & par convention ou accord.

Quand les Experts ont été nommés, ils doivent être aſſignés pour procéder à l'eſtimation en préſence des parties: cependant ſi les Experts comparoiſſoient ſans aſſignation, la procédure n'en ſeroit pas moins valable : pourvu que le grevé & le premier ſubſtitué, ou leurs repréſentans fuſſent préſens ou duement appelés.

Le défaut de priſée rendroit-il nul l'inventaire fait à l'occaſion d'une ſubſtitution ? Quoique l'Ordonnance ne prononce pas la peine de nullité, il faut dire du moins que le grevé ne pouroit pas ſe ſervir de l'inventaire ſans priſée, pour pouvoir prendre poſſeſſion des biens ſubſtitués, en conformité de l'*art.* 35 de ce titre. La priſée eſt une formalité que notre Ordonnance exige. Si cette formalité n'eſt pas obſervée, il eſt clair que l'inventaire, qui n'eſt pas revêtu de cette formalité, ne peut pas autoriſer le grevé à demander la permiſſion de prendre la poſſeſſion des biens.

Et à l'égard des pays où ladite priſée ſe fait avec crue): La crue eſt ſelon *Ferrières*, *dans ſon Dictionnaire de Pratique*, l'augmentation en ſus du prix de chaque choſe, ou effet mobilier, dans les inventaires des biens du défunt.

Elle eſt diverſement fixée dans les lieux où elle eſt reçue par l'uſage. A Paris elle eſt le quart de ce que la choſe a été priſée, ainſi les meubles qui ont été priſés 4000 liv. ſe portent, en ajoutant la crue, à 5000 liv.

Dans d'autres pays la crue eſt fixée ſur un autre taux. Il faut à cet égard ſe conformer à l'uſage des lieux où l'inventaire eſt fait.

La crue ne ſe prend que ſur ce qui gît en eſtimation ; ainſi l'argent monnoyé, les obligations & les dettes actives qui n'ont pas beſoin d'être eſtimées, ne ſont pas ſujettes à la crue. Mais à l'égard de la vaiſſelle d'or, d'argent, d'étain, de cuivre & autre, elle doit être ſujette à la crue, quoi qu'en diſe *Ferrière*, au lieu cité par rapport à la vaiſſelle d'argent, lorſqu'elle gît en eſtimation par rapport à la façon, ou par quelqu'autre conſidération.

Voulons que ladite crue ſoit toujours cenſée faire partie de ladite priſée): Cette diſpoſition de notre article n'a lieu que ſous deux conditions ; la première, que la crue ſoit en uſage dans les lieux où l'inventaire eſt fait; cela réſulte des paroles qui précèdent : la ſeconde, qu'il ſoit queſtion de la liquidation des droits

& des charges de ceux qui seront grevés de substitution ; cela résulte des paroles qui suivent celles que nous avons transcrites.

ARTICLE VIII.

Le grevé de substitution est obligé de faire procéder à la vente par affiches & enchères, de tous les meubles & effets compris dans la Substitution, à l'exception de ceux qu'il peut conserver en nature.

LE GREVE' DE SUBSTITUTION SERA TENU DE FAIRE PROCEDER A LA VENTE PAR AFFICHES & encheres, DE TOUS LES MEUBLES ET EFFETS COMPRIS DANS LA SUBSTITUTION, à l'exception néanmoins de ceux qu'il pouroit être chargé de conserver en nature, suivant la disposition des articles VI & VII, *du tit.* 1 de la présente Ordonnance.

CET article impose au grevé une obligation nouvelle, qui n'étoit pas pratiquée. Il veut que le grevé de substitution soit tenu de faire procéder à la vente par affiches & enchères, de tous les meubles & effets mobiliers compris dans la substitution.

Mais il n'oblige pas le grevé à vendre ceux qu'il pouroit être chargé de conserver en nature suivant la disposition des *art.* 6 & 7 *du tit.* 1 de la présente Ordonnance.

Le grevé de substitution): Soit par testament ou autre disposition de dernière volonté, ou par contrat entre-vifs, quand la donation n'a pas été exécutée, & que le donateur aura réservé l'usufruit, parceque notre article ne distingue pas, & qu'il n'y a point de raison solide pour user de distinction à cet égard ; mais si une substitution étoit contenue dans une donation entre-vifs, accompagnée d'un état des meubles avec prifée, en conformité de l'*art. 9 du tit.* 1 de notre Ordonnance, le donataire feroit-il obligé de faire vendre par affiches & enchères, après la mort du donateur, les meubles & effets mobiliers fubftitués ? Il me femble qu'il faut ufer de diftinction à cet égard. Si la donation a été pleinement exécutée, & que le donateur n'ait pas réfervé l'ufufruit, le donataire poura continuer de jouir des meubles & effets mobiliers en efpèce, & il ne fera pas obligé de les vendre ; parceque la donation ne doit point fouffrir d'atteinte ni de diminution, une fois qu'elle eft confommée par la tradition réelle. Mais fi le donateur s'étoit réfervé l'ufufruit, & que la donation n'eût pas été exécutée par la délivrance, il feroit néceffaire que le donataire fît procéder à la vente des meubles & effets mobiliers qui feroient trouvés au pouvoir du donateur lors de fon décès, pourvu qu'il en eût été fait un état annexé à la donation, faute de quoi la fubftitution feroit inutile pour le mobilier, fuivant l'*art. 9 du tit.* 1 de la préfente Ordonnance.

Sera tenu de faire procéder): Dans quel délai ? L'*art.* ne le fixe pas. Le grevé doit donc faire procéder à la vente inceffamment après la clôture de l'inventaire, & avoir obtenu la permiffion de prendre la poffeffion des biens en conformité de l'*art.* 35 de ce titre, à peine de répondre des dommages & intérêts envers les fubftitués.

A la vente par affiches & enchères): Notre article n'exige pas que le grevé obtienne une Ordonnance de juftice pour procéder aux enchères, ni à la vente des meubles & effets mobiliers compris dans la fubftitution ; cette formalité n'eft donc pas néceffaire. Il fuffira qu'il faffe appofer des affiches dans les lieux où la vente doit être faite, & dans les lieux circonvoifins, fi le lieu où la vente doit être faite, n'eft pas une Ville confidérable : que fi c'eft une Ville, les affiches doivent être mifes aux portes des Eglifes paroiffiales, dans les carefours & autres endroits fréquentés, afin que le public en foit informé. Cependant il fuffit que le grevé rapporte des exploits de l'appofition des affiches, afin qu'on ne puiffe pas le rechercher fous prétexte que les affiches n'auront pas été appofées dans certains lieux ; & après que les affiches auront demeuré pendant un temps suffisant pour instruire le public, la vente sera faite aux enchères, dont il devra être dressé un procès verbal qui sera signé par un Huissier.

Cet *art.* 8 diffère de l'*art.* 102 de l'Ordonnance d'Orléans, en ce que cette Ordonnance veut que les tuteurs fassent procéder à la vente des meubles & effets des pupilles par autorité de justice, sans faire mention des affiches, au lieu que notre article exige les affiches sans parler de l'autorité de Justice.

De tous les meubles & effets compris dans la substitution) : Il est nécessaire à la vérité, que tous les meubles & effets dépendans de la succession de l'auteur de la substitution, soient compris dans l'inventaire qui doit être fait après sa mort, comme le prescrit l'*art.* 1 de ce titre; mais celui qui est grevé de la substitution, n'est pas obligé de vendre tous les meubles & effets mobiliers dépendans de la succession, & qui sont compris dans l'inventaire; il suffit qu'il vende ceux qui sont compris dans la substitution, suivant les paroles de notre article & s'il y en a dont la propriété & même l'usufruit aient été légués, il ne sera pas nécessaire d'en faire faire la vente.

Voilà pourquoi, si la substitution n'est que d'une quote de l'hérédité, tous les meubles & effets mobiliers dépendans de l'hérédité, ne devront pas être vendus; mais afin de satisfaire à ce que notre article exige, il faudra procéder au partage des meubles, & assigner à la substitution la part qui doit lui revenir, & le grevé les fera vendre en la forme prescrite, sans qu'il soit obligé de vendre la portion des meubles qui écherra à son lot lors du partage, non plus que les autres meubles qui doivent demeurer dans l'hérédité, ou qui doivent être délivrés à ceux auxquels la propriété ou l'usufruit en auront été légués, comme n'étant pas compris dans la substitution, lorsqu'elle n'est faite que des meubles d'une certaine espèce, ou à cause que l'usufruitier a le droit d'en jouir en espèce.

A l'exception néanmoins de ceux qu'il pourroit conserver en nature, suivant la disposition des articles 6 & 7 du titre 1 de la présente Ordonnance) : Ces paroles renferment une première exception à la règle qui prescrit au grevé de vendre les meubles

&

& effets mobiliers compris dans une ſubſtitution ; c'eſt-à-dire ,
à l'égard des meubles qu'il peut conſerver en eſpèce & en nature,
en conformité *des art.* 6 *& 7 du tit.* 1 de notre Ordonnance.

L'*art.* 9 de ce titre renferme une autre exception à la même
règle ; c'eſt-à dire , à l'égard des meubles & effets qui ſont adjugés
au grevé, pour être imputés ſur ſes détractions.

Il y a encore une troiſième exception à cette règle, lorſque
l'auteur de la ſubſtitution aura légué l'uſufruit de ſon hérédité ,
ou de ſes meubles & effets mobiliers à une tierce perſonne, auquel cas, non-ſeulement le grevé ne ſera pas obligé de vendre
les meubles pendant la vie de l'uſufruitier , mais encore il ne le
poura pas ſans le conſentement de l'uſufruitier au préjudice du
droit à lui acquis, en vertu du legs de l'uſufruit, qui l'autoriſe à
jouir des meubles & effets en eſpèce & en nature pendant ſa vie.
Et la diſpoſition de notre article ne peut pas être appliquée à ce
cas particulier, non plus qu'aux meubles dont la propriété aura
été léguée.

Quoique les actions & les dettes actives, ſoit par contrat public, ou par billet, ou autre écriture privée, ſoient miſes au rang
des meubles ou effets mobiliers dans certains pays, le grevé n'eſt
pas obligé de les vendre ; parceque tandis qu'elles ſubſiſtent, elles
ſont d'une nature permanente, elles ne ſont pas ſuſceptibles de
priſée ou d'eſtimation , & la valeur ne dépend d'aucune fixation
ou eſtimation à faire par experts : ainſi le grevé peut les conſerver en l'état où il les trouve lors du décès de l'auteur de la ſubſtitution , l'obligation de vendre les meubles & effets mobiliers
impoſée au grevé, ne regardant que les choſes corporelles qui
n'ont pas une valeur fixe & permanente, & qui peuvent être ſujettes à augmentation ou diminution du prix, ſoit par l'uſage ou
autrement.

Du reſte , ſi les meubles & effets compris dans une ſubſtitution,
ſont vendus plus ou moins que la priſée portée dans l'inventaire,
le plus ou le moins doit être à l'avantage, ou à la perte du ſubſtitué.

Lorſque le fidéicommis eſt fait de ce qui reſtera de l'hérédité,
lors du décès du grevé, celui-ci peut conſumer les trois quarts

S s

de l'hérédité, & il n'y a d'obligation précise, que pour rendre le quart. *Auth. contra cod. ad. S. C. Trebell.* On peut à cette occasion former deux questions. La première, si celui qui est grevé de rendre ce qui restera, peut consumer les trois quarts, nonobstant les précautions marquées par notre article, & par plusieurs autres de la présente Ordonnance, dont les dispositions ont été faites pour empêcher la dissipation des biens substitués. Il faut sans contredit décider pour l'affirmative; parceque l'Ordonnance ne contient aucune disposition qui déroge au Droit Romain à cet égard. Ainsi les précautions qu'elle établit ne regardent que les biens dont le grevé est efficacement chargé, & non ceux qu'il peut consumer ou dissiper.

La seconde question est, si l'héritier grevé de rendre ce qui restera, est obligé de rendre les meubles & effets, ainsi que notre article le prescrit; & il faut pareillement décider cette question pour l'affirmative, sans préjudice de son droit.

ARTICLE IX.

*Les Juges peuvent ordonner s'il y échet, que le grevé
poura retenir les meubles & effets mobiliers, s'il demande à les imputer suivant la prisée & la crue
lorsqu'elle a lieu, sur ses détractions ou autres droits.*

LAISSONS A LA PRUDENCE DES JUGES D'ORDONNER,
S'IL Y ECHET, QUE LE GREVÉ DE SUBSTITUTION POURA
RETENIR lesdits meubles & effets mobiliers ou partie
d'iceux, S'IL DEMANDE A LES IMPUTER SUIVANT LADITE
PRISE'E, en y ajoutant la crue, si ladite prisée a été
faite avec une crue, SUR CE QUI LUI EST DU POUR SES
DETRACTIONS ou autres droits, sans qu'audit cas, il
soit tenu de les faire vendre, ni d'en faire emploi.

CET article renferme une exception à la disposition du précédent, par laquelle il est enjoint à celui qui est grevé d'une subftitution fidéicommissaire, de faire procéder à la vente par affiches & par enchères, de tous les meubles & effets compris dans
la substitution. Il laisse à la prudence des Juges d'ordonner,
s'il y échet, que le grevé de substitution poura retenir lesdits
meubles & effets mobiliers, ou partie d'iceux, s'il demande
à les imputer sur ce qui lui est dû pour ses détractions &
autres droits : sans qu'audit cas il soit tenu de les faire vendre,
ni d'en faire l'emploi. Le grevé auquel les meubles & effets
mobiliers sont adjugés en tout ou en partie, reçoit donc un
payement anticipé de ce qui poura lui être dû à raison de ses
détractions, lorsque la substitution sera restituée au fidéicommiffaire, ou à parler plus exactement, la propriété résoluble qu'il en
avoit, est convertie en une propriété incommutable : aussi doit-il,
comme le même article le porte, prendre les meubles & effets

mobiliers fur le pied de la prifée, avec la crue dans les pays où elle eft en ufage.

Laiffons à la prudence des Juges d'ordonner s'il y échet): Ces termes n'impofent pas aux Juges, une néceffité précife & abfolue, d'accorder au grevé les meubles & effets mobiliers, lorfqu'il en fera la demande; cela doit dépendre des circonf- tances d'équité & de convenance, dont les Juges doivent déci- der par leur prudence. Il peut donc y avoir des cas où les Juges pouront fe difpenfer d'accueillir la demande du grevé; mais ce ne doit être que quand la fubftitution pouroit en fouffrir quel- que dommage ou incommodité. Hors de ces cas les Juges ne doivent pas fe rendre difficiles: une telle adjudication tend à épargner les frais de la vente des meubles ou effets mobiliers, qui doivent être fupportés par la fubftitution; par conféquent elle merite d'être traitée avec faveur: voilà pourquoi fi la de- mande du grevé étoit refufée fans caufe ou raifon légitime, il pouroit en appeler, & fon appel devroit être accueilli. Cepen- dant fi le fubftitué confentoit à l'adjudication, le Juge ne pouroit pas la refufer, parceque *quando partes funt concordes, nihil ad judicem*, pourvu que le fubftitué fût majeur & perfonne capable, & qu'il n'y eût point de fraude ou du préjudice pour la fubfti- tution, fi elle devoit paffer fur la tête d'un fubftitué ultérieur.

Que le grevé de fubftitution poura retenir): L'héritier grevé eft faifi de plein droit, non feulement de la propriété des biens héréditaires, mais encore de la poffeffion civile, en vertu de la maxime *le mort faifit le vif:* mais cette propriété eft réfoluble, lorfque la condition ou le délai de la fubftitution arrivent: alors l'héritier grevé eft dépouillé de la propriété, laquelle paffe fur la tête du fidéicommiffaire, même avant qu'il ait intenté l'ac- tion en ouverture du fidéicommis, *l.* 80, *ff. de leg.* 2; & *l.* 64, *ff. de furtis.*

Delà vient que quand le grevé fe fait adjuger les meubles & effets mobiliers, il ne fait que retenir une propriété qu'il avoit déja; mais cette propriété, qui étoit réfoluble, devient incom- mutable: fi bien qu'il peut librement difpofer des meubles & effets qui lui font adjugés, de la même manière que s'ils n'étoient pas compris dans la ſubſtitution. C'eſt la raiſon pour laquelle notre article diſpenſe l'héritier grevé de les faire vendre, & d'en faire l'emploi, & ne lui impoſe d'autre obligation que d'en imputer, ſur ſes détractions & autres droits, la valeur ſuivant la priſée qui en a été faite lors de l'inventaire, avec la crue, dans les lieux où elle eſt en uſage. Mais l'adjudication des meubles & effets mobiliers ne doit être faite à l'héritier grevé, que quand il en a formé la demande ; cependant il peut demander la retention de tous les meubles & effets mobiliers, ou d'une partie d'iceux, quand même ſes détractions ſe porteroient au-deſſus de la valeur du mobilier : mais il doit être de la prudence des Juges qui doivent faire l'adjudication, ou ordonner la retention, d'examiner ſi le mobilier excède la valeur des détractions, & de ne point faire l'adjudication au-delà du montant des détractions ou autres droits : cela réſulte clairement des paroles de notre texte, qui laiſſe à la prudence des Juges de ſtatuer ce qui conviendra au ſujet de l'adjudication de tout le mobilier, ou de partie d'icelui ; ce qui indique que les Juges doivent borner l'adjudication relativement aux détractions & aux autres droits que le grevé peut avoir ſur les biens ſubſtitués. Que ſi la valeur du mobilier excéde le montant des détractions & des autres droits du grevé, & que l'adjudication ſoit limitée à une partie du mobilier, le grevé devra faire vendre d'autorité de juſtice, & par affiches, le réſidu, & en faire l'emploi, ainſi qu'on le verra dans les articles qui ſuivent.

S'il demande à les imputer) : Ces paroles indiquent que l'adjudication du mobilier, en tout ou en partie, ne doit être faite par les Juges, qu'autant que le grevé en fait la demande, & qu'il offre d'en imputer la valeur. Voilà pourquoi le ſubſtitué pourroit ſe plaindre, & appeler d'une adjudication que le Juge feroit d'office.

Suivant ladite priſée) : La priſée qui eſt faite lors de l'inventaire, fixe la valeur des meubles & effets mobiliers. Lors donc que le grevé demande à les retenir en tout ou en partie, cette priſée doit ſuffire, ſans qu'il ſoit néceſſaire de faire une ſeconde eſtimation, qui ne pouroit avoir d'autre objet que de multiplier inutilement les frais : mais il faut prendre garde que la priſée qui a été faite par les experts lors de l'inventaire, ne regardant que le mobilier corporel sujet à estimation par experts, l'adjudication doit être bornée aux effets mobiliers corporels, & ne doit pas par conséquent s'étendre aux dettes actives, qui, comme nous avons dit ailleurs, ne gisent pas en estimation par des experts; parcequ'elles ont un montant fixe.

Sur ce qui lui est dû pour ses détractions) : Lorsqu'une substitution est déclarée ouverte, il arrive communément qu'il y a des détractions à faire en faveur du grevé ou de ses héritiers, & des imputations en faveur du substitué. Les détractions diminuent la substitution, & les imputations diminuent les reprises, que le grevé a à faire sur les biens substitués.

Lorsque les Juges ouvrent une substitution, ils doivent réserver les détractions au grevé ou à ses héritiers, & les imputations au substitué; que si par inadvertance les Juges omettoient une telle réservation, elle devroit être sous-entendue, & le jugement ne porteroit aucune exclusion des détractions & des imputations, comme le remarque *M. Maynard*, & que nous l'avons dit ailleurs.

La matière des détractions & des imputations renferme plusieurs questions ardues & difficiles. Les bornes que je me suis prescrites, ne me permettent pas d'entrer dans un détail exact pour éclaircir cette matière : on peut consulter le traité *de Imputationibus* par *Mangilius*.

J'observerai néanmoins, qu'on peut appeler détraction, tout ce que le grevé a à reprendre sur les biens substitués, lorsqu'il fait la restitution du fidéicommis, ou que l'ouverture en est ordonnée par un jugement.

Un testateur ne peut substituer efficacement, que ce dont il peut disposer librement. Tout ce qui ne lui appartient pas, ou ce dont la disposition lui est interdite, doit nécessairement être exclus du fidéicommis, même d'une hérédité; car quoique la substitution d'une hérédité soit universelle, elle ne peut néanmoins comprendre que les biens, droits & actions dont le testateur avoit une disposition libre.

Le fidéicommissaire d'une hérédité tient uniquement son droit du teſtateur. Il ne peut donc demander par l'action *ex fidei-commiſſo* , que ce dont les loix permettent au teſtateur de diſ-poſer, & dont il a réellement diſpoſé. Tout le reſte eſt retranché du fidéicommis , ou n'y eſt pas compris. Voilà pourquoi il ſuffit que le grevé rende au ſubſtitué l'hérédité telle que le teſtateur l'a laiſſée à l'héritier grevé , déduction faite des charges, qui en di-minuent le montant, comme auſſi des dettes paſſives, & des au-tres détractions & délibations.

L'héritier, quoique grevé de fidéicommis, non-ſeulement a le droit de percevoir & de gagner les fruits, en obſervant les for-malités que notre Ordonnance exige , mais encore la propriété réſide ſur ſa tête. Il peut exercer toutes les actions , tant en de-mandant qu'en défendant, & il eſt à cet égard contradicteur légitime, ſon devoir l'oblige à veiller à la conſervation des biens , droits & actions compris dans le fidéicommis ; enſorte qu'il eſt tenu de rendre compte par l'action *ex fideicommiſſo* , de toutes les détériorations, dégradations & diſſipations qu'il fait, ou qu'il laiſſe faire par ſa faute, *quæ dolo proxima eſt* , *l.* 22 , §. 3 , *ff. ad S. C. Trebell.* ou par la négligence , *l.* 70 , §. 1 , *ff. eod.* comme auſſi la qualité de propriétaire lui impoſe la néceſſité de payer les dettes & charges, & lui attribue le pouvoir de faire de bonne foi, ſans fraude, tous les traités convenables pour faire la liqui-dation de l'hérédité ſubſtituée, régler les légitimes, faire les par-tages des biens avec les légitimaires, leur aſſigner les portions des biens qui doivent leur revenir , & toutes les autres opéra-tions qui tendent à diſtinguer ce qui fait partie du fidéicommis, de ce qui en eſt retranché, ſoit par la loi, ſoit par la diſpoſition de l'auteur de la ſubſtitution.

Les détractions à faire en faveur du grevé ou de ſes héritiers conſiſtent, 1.° aux dettes paſſives du ſubſtituant, que le grevé à payées, ou qui ont été éteintes par la preſcription durant ſa jouiſſance.

2.° Aux améliorations qui doivent être eſtimées par des experts, eu égard à ce que les biens auront été rendus plus précieux au temps de la reſtitution du fidéicommis.

3.° Aux legs que le ſubſtituant a faits, & que le grevé à payés

& acquités, ou dont l'action a été éteinte par la prescription, tandis que l'hérédité est demeurée sur sa tête ; vu que l'utilité de la prescription doit céder en faveur de l'héritier ; parceque *prescribens solventi similis est*, & que, comme nous l'avons dit, il suffit que le grevé rende l'hérédité substituée, telle que le substituant l'avoit laissée, déduction faite des charges.

4.° Aux légitimes des enfans du substituant.

5.° En la quarte Trébellianique, quand elle n'a pas été prohibée : mais il faut prendre garde que depuis l'Ordonnance de 1735, *art.* 60, la prohibition doit être expresse, étant défendu aux Juges d'avoir égard à une prohibition, si elle n'est pas conçue en termes exprès. Ce qui abroge & rend inutiles les décisions des Auteurs qui avoient cru qu'une prohibition tacite suffisoit, & qui avoient attribué à certains mots la force de produire une prohibition tacite, & confirme *la loi* 1, §. 16, *ff. ad S. C. Trebell.* qui rejette la prohibition tacite de la Trébellianique, résultant de l'injonction faite par le testateur de rendre le reste de l'hérédité, en retenant un certain fonds, ou une certaine somme ; nonobstant laquelle injonction le grevé a le droit de retenir ce qui manque pour parfaire le quart des biens pour la Trébellianique.

Ce sont là les principaux chefs desquels les détractions dérivent.

Parmi ces détractions, il y en a qui doivent être faites en deniers ; il y en a d'autres que le grevé ou son héritier peut demander en espèce, c'est-à-dire, en corps héréditaires.

Ce que l'héritier a payé ou prescrit, & qui n'étoit dû qu'en deniers, ne peut être demandé qu'en deniers : mais ce qui étoit dû en espèce ou en corps héréditaires, doit être retranché ou distrait en la même forme, comme sont la quarte Trébellianique & les légitimes.

Lorsque la quarte Trébellianique n'a pas été prohibée, ainsi que nous l'avons dit, le grevé a le droit de retenir un quart de l'hérédité, en supportant un quart des dettes passives ; parceque le grevé demeure héritier partiaire à concurrence du quart, suivant le §. 9, *aux instit. de fidéicom. hæredit.* mais si l'héritier est chargé de rendre l'hérédité en retenant un ou plusieurs fonds, ou une certaine somme, qui remplissent la quarte, il ne devra point être considéré comme héritier partiaire. Aussi ne sera-t-il pas obligé de contribuer au payement des dettes passives : & toutes les actions actives & passives passeront au fidéicommissaire, comme le décide le même §. 9.

Que si le fonds ou la somme que le grevé doit retenir par la volonté du testateur, ne remplissent pas la quarte Trébellianique, le grevé peut demander ce qui manque pour remplir & parfaire le quart des biens, suivant la *loi* 1 , §. 16 , *ff. ad S. C. Trebell.* Mais dans ce cas le fidéicommissaire auquel l'hérédité doit être restituée, est revêtu de toutes les actions actives & passives, & le grevé n'est pas non plus considéré comme héritier partiaire : cependant dans le reglément qui doit être fait pour parfaire au grevé le quart des biens, qui lui revient pour la quarte, il faut déduire les dettes passives, ensemble les légitimes, mais non les legs faits autrement que pour tenir lieu de la légitime, auxquels legs faits aux étrangers, la Trébellianique ne contribue point, mais ils sont une délibation de l'hérédité, qui doit être supportée par le fidéicommissaire universel.

Par conséquent les biens qui doivent être expédiés au grevé pour sa quarte, lorsqu'il est considéré comme héritier partiaire, ou ceux qu'il a le droit de demander pour remplir la quarte, lorsqu'il est chargé de rendre l'hérédité, en retenant un certain fonds ou une somme qui ne remplissent pas la quarte, sont retranchés du fidéicommis de l'hérédité, & le grevé peut les aliéner, & en disposer à son gré : ensorte que le fidéicommissaire n'a aucune action *ex fideicommisso*, à exercer sur ces biens, comme ne faisant pas partie du fidéicommis de l'hérédité, de laqu'elle ils sont retranchés par la force de la loi.

A l'égard des légitimes, il y a une distinction à faire, lorsqu'il s'agit de déterminer si la détraction en doit être faite en deniers, où en corps héréditaires & en espèce. Si le testateur a légué à chacun de ses enfans une certaine somme pour leur légitime, que les légitimaires s'en contentent, en acceptant le legs à eux fait en deniers, & que le grevé en fasse le payement en argent, la détraction n'en devra être faite qu'en deniers ; mais s'ils ne s'en con-

T t

tentent pas, quoiqu'ils traitent avec le grevé, & que celui-ci les paye en deniers, il poura diftraire les légitimes en corps hérédi-taires & en efpèce, fi les légitimaires l'ont fubrogé à leur droit, tout comme les légitimaires, qu'il repréfente au moyen de la fubrogation, auroient pu le faire avant la fubrogation.

Pour ce qui eft de la légitime du grevé, nul doute qu'il ne puiffe la diftraire en efpèce, & en corps héréditaires, quand même le fubftituant l'auroit laiffée en deniers: vu qu'il n'eft pas obligé de fe contenter d'un payement fait en une autre forme, parceque *aliud pro alio invito creditori folvi non poteft ;* car la légitime eft une quotte des biens que la loi retranche du patrimoine du fubftituant, & qu'elle atribue aux légitimaires felon leur nombre, avec défenfes d'impofer aucune charge, condition ni délai; *l. 30, & l. 32, cod. de inoffic. teftam.*

Lors donc qu'il s'agit de règler & liquider les détractions fur un fidéicommis, il faut expédier à l'héritier grevé, des biens en efpèce, & en corps héréditaires, pour remplir la quarte Trébel-lianique, fa légitime, & les autres légitimes qu'il aura acquifes par ceffion ou fubrogation, comme je l'ai expliqué.

Pour ce qui eft des imputations, on doit mettre dans cette cathégorie, tout ce qui tend à diminuer les détractions, ou les réprifes du grevé, comme font les aliénations qu'il aura faites des biens, les fommes qu'il aura levées, les détériorations & dégra-dations, le dommage qu'il aura caufé aux biens de l'hérédité fubftituée par fa faute ou par fa négligence, & les diffipations des biens héréditaires, comme le décident la loi *Si heres* 70, §. 1, *ff. ad S. C. Trebell.* & la loi *Mulier* 22, §. 3, *du même titre.* On peut voïr ce que nous avons dit fur l'*art.* 41 *du tit.* 1.

Lorfque le grevé aura fait des aliénations des immeubles, il faudra d'abord examiner fi elles excédent la portion qui doit lui revenir en propriété, à raifon de la quarte Trébellianique, & des légitimes qui lui appartiennent de fon chef, ou comme fub-rogé aux droits des autres légitimaires, ou non. Dans ce der-nier cas, c'eft-à-dire, fi les aliénations n'excèdent pas la portion qui doit revenir en propriété au grevé, lui, ni fes acquéreurs ne pourront pas être recherchés, parcequ'il n'aura aliéné qu'à con-

currence de ce dont il avoit toujours été propriétaire incommutable depuis la mort du ſubſtituant, & à raiſon de quoi le ſubſtitué, n'a ni ne peut avoir aucune action à exercer *ex fidéicom-
miſſo*, à cauſe que ces portions ſont retranchées du fidéicommis, & forment le patrimoine du grevé.

Au premier cas, c'eſt-à-dire, ſi les aliénations des immeubles
excèdent le montant des portions, qui doivent revenir au grevé
en eſpèce, & en corps héréditaires, alors les premières aliénations vaudront irrévocablement en faveur des premiers acquéreurs, à concurrence des portions dont le grevé étoit propriétaire, comme ayant aliéné ſon propre bien, ſur lequel le fidéicommis ne peut pas s'étendre. Et à l'égard de l'excédent qui
frappera ſur les biens dépendans du fidéicommis, nous examinerons ſur l'*art.* 31 de ce titre, quel doit être le ſort de ces aliénations.

Il réſulte de ce que nous avons dit, que quand le grevé aliène
des immeubles de l'hérédité ſubſtituée, l'imputation doit être
faite de plein droit du jour des aliénations, ſur les portions en
propriété qui doivent lui revenir; parcequ'il eſt cenſé avoir aliéné
ſon propre bien, plutôt que celui qui dépend de la ſubſtitution.
Il ne reſte donc qu'à aſſigner au grevé, lorſque la liquidation des
détractions eſt faite, les portions en propriété des biens qui lui
appartiennent, & les faire tomber, autant que faire ſe peut,
ſur les aliénations qui doivent être miſes au lot du grevé, ainſi
que le Parlement de Touloufe le pratique, pour éviter les frais,
les embarras, & les inconveniens des recours de garantie qui
produiroient des procès ruineux, & d'une longue diſcuſſion, ce
qui paroît fondé ſur une très-grande équité; ainſi on ne peut
donner à cette opération la qualification d'imputation qu'im-
proprement.

Quant aux autres imputations que le grevé eſt obligé de faire
de ce qu'il doit en deniers, la raiſon veut qu'on les applique à ce
qui lui eſt dû auſſi en deniers, plutôt qu'à ce qui lui revient des
immeubles en propriété ; parcequ'il n'y a point d'aptitude à
faire l'imputation, qui eſt une compenſation, ſur des immeubles, ſuivant la loi *Creditorem* 85, *ff. de leg.* 2 ; au lieu qu'elle

Tt 2

se fait de plein droit de ce qui est dû en deniers d'un côté, avec ce qui est dû pareillement en deniers de l'autre; *l. cum alter* 11, *ff. de compens.*

Par la même raison, lorsque le grevé se fait adjuger, comme notre article le permet, les meubles & effets mobiliers, suivant la prisée, & la crue dans les lieux où elle est en usage sur son offre d'en imputer le montant, l'imputation doit être faite sur ce qui se trouvera dû au grevé en deniers, lorsque la liquidation des détractions sera faite, & l'imputation ne poura être faite sur les immeubles, que subsidiairement.

ARTICLE X.

De l'emploi qui doit être fait de l'argent comptant, trouvé dans la succession, & du prix des meubles & effets vendus, ou des effets actifs retirés par le grevé.

IL SERA FAIT EMPLOI DES DENIERS PROVENANS DU PRIX DES MEUBLES ET EFFETS, QUI AURONT ÉTÉ VENDUS, ENSEMBLE DE L'ARGENT COMPTANT, ET DE CE QUI AURA ÉTÉ REÇU DES EFFETS ACTIFS, & CE CONFORMEMENT A CE QUI AURA ÉTÉ ORDONNÉ PAR L'AUTEUR DE LA SUBSTITUTION, S'IL A DESIGNÉ LA NATURE DES EFFETS DANS LESQUELS LEDIT EMPLOI DOIT ETRE FAIT.

DANS cet article & les huit qui suivent, jusqu'à l'*art.* 17 inclusivement, le législateur établit la nécessité de faire l'emploi, & le remploi des deniers provenans d'une substitution; & il en règle la forme & les cas. C'est une précaution très-sage pour conserver les biens substitués & en empêcher la perte, la dissipation ou la diminution; que le Droit Romain ni l'usage n'avoient pas introduit.

L'*art.* 10 explique ce dont l'emploi doit être fait, & ordonne de se conformer à la volonté du substituant lorsqu'il aura réglé la forme de l'emploi.

L'*art.* 11 ordonne que l'emploi soit fait au payement des charges, au remboursement des dettes passives, & subsidiairement en acquisition de fonds de terre, ou maisons, ou rentes foncières, ou constituées.

L'*art.* 12 enjoint aux Juges de fixer le délai dans lequel l'emploi doit être fait, & indique les personnes en présence desquelles cet emploi doit être fait.

L'*art.* 13 enjoint au grevé de faire l'emploi ou le remploi des deniers qu'il poura recevoir, soit du recouvrement des effets actifs, soit de la vente des offices, ou de la liquidation qui en sera faite en cas de suppression ou de réunion, lequel emploi ou remploi doit être fait dans le délai de trois mois en présence des personnes intéressées.

L'*art.* 14 ajoute que les dispositions de l'article précédent doivent être observées, lorsque l'emploi aura été fait en rentes rachetables, si les débiteurs en font le remboursement.

L'*art.* 15 veut que si le grevé ne fait pas l'emploi ou le remploi, ou bien s'il omet quelqu'une des formalités prescrites, il demeure responsable sur tous ses biens libres, des sommes dont l'emploi ou le remploi devoit être fait, ensemble de tous dépens, dommages & intérêts envers les substitués, sans néanmoins qu'on puisse recourir sur les débiteurs qui se seront libérés, lorsqu'il n'y aura point d'opposition formée entre leurs mains.

L'*art.* 16 veut que tout ce qui est prescrit par les articles précédens au sujet de l'emploi & du remploi, soit observé par chacun de ceux qui recueilleront successivement les biens substitués, dans quelque acte que la substitution se trouve.

Enfin l'*art.* 17 attribue aux substitués, une hypothèque sur les biens libres du grevé qui n'aura pas fait l'emploi ou le remploi, du jour qu'il aura recueilli les biens substitués.

Revenons à notre *art.* 10 ; il veut qu'il soit fait emploi des deniers provenans du prix des meubles & effets, qui auront été vendus, ensemble de l'argent comptant, & de ce qui aura été reçu des effets actifs; lequel emploi doit être fait conformément à ce qui aura été ordonné par le substituant, s'il a désigné la nature des effets dans lesquels l'emploi doit être fait.

Il sera fait emploi): Notre article se sert du terme *emploi*, pour désigner l'emploi proprement dit, qui signifie *le placement* des deniers qui se trouvent dans la succession, ou qui proviennent de la vente des effets, c'est-à-dire, le premier *placement*; & ce qu'on appelle proprement *remploi*, qui regarde les sommes qui étoient placées, & dont les débiteurs ont fait le remboursement. Ainsi le remploi indique un second *placement*.

La nécessité de faire l'emploi ou le remploi, regarde tant l'héritier grevé, pour les deniers qu'il trouve dans la succession, pour le prix du mobilier par lui vendu, & pour les remboursemens qu'il reçoit, que les autres substitués, à mesure qu'ils reçoivent des remboursemens. Cela résulte clairement des dispositions de l'*art.* 16 du présent titre, à moins que le substituant n'en eût autrement disposé, comme le porte notre article, auquel cas il faut se conformer à ce qu'il aura ordonné touchant l'emploi ou le remploi. La disposition du testateur est une loi domestique qui doit être exécuté: *Disponat unusquisque super suis ut dignum est, & stet lex voluntas ejus*, comme dit l'Empereur Justinien, dans la *Novelle* 22, *ch.* 2.

Des deniers provénans du prix des meubles & effets qui auront été vendus, ensemble de l'argent comptant): Tout ce qui est mentionné ici, fait la matière d'un emploi proprement dit, à cause qu'il n'y en avoit point de *placement* antérieur.

Et de ce qui aura été reçu des effets actifs): Ceci indique ce qu'on appelle proprement *remploi*; mais il faut prendre garde, que même dans ce cas, on ne peut pas donner le nom de remploi à ce qui est employé à l'acquit des dettes passives de l'hérédité; car quoiqu'il y ait un emploi utile, il ne tend néanmoins qu'à la libération de l'hérédité, & non à former une partie capable de produire un revenu.

Conformément à ce qui aura été ordonné par l'auteur de la substitution): Nous avons remarqué ci-dessus, que la volonté du testateur est une loi domestique, à laquelle les héritiers doivent

ſe conformer, & notre article veut que l'héritier grevé & les
ſubſtitués s'y conforment au ſujet de l'emploi, & du remploi. Il
ne faudra donc recourir à ce qui eſt preſcrit par notre Ordonnance ſur ce ſujet, qu'autant que le teſtateur n'en aura pas fait
lui-même le règlement.

S'il a déſigné la nature des effets dans lequel l'emploi doit être
fait): Ces paroles n'ont été ajoutées ici que *demonſtrationis cauſâ*,
& non pour borner & limiter ce qui précède, où il eſt dit : *Et ce*
conformément à ce qui aura été ordonné par l'auteur de la ſubſ-
titution ; d'où il réſulte que le grevé, & les ſubſtitués ſont obligés
de ſe conformer à tout ce que le teſtateur aura ordonné touchant l'emploi & le remploi, ſoit pour la forme, ſoit pour le
délai, ſoit pour les perſonnes qui doivent faire l'emploi, ou y aſ-
ſiſter, ſoit enfin pour les ſuretés de l'emploi ou du remploi. Cela
réſulte des premières paroles de l'*art.* 11 *infrà*, où il eſt dit: *Et*
en cas que l'auteur de la ſubſtitution n'ait point expliqué ſes in-
tentions ſur ledit emploi ; ce qui porte ſurtout ce que le ſubſtituant a ordonné.

La forme de l'emploi eſt réglée par l'article ſuivant, & les
art. 12 & 13 *infrà*, expliquent en préſence de qui, & dans quel
délai l'emploi & le remploi doivent être faits.

ARTICLE XI.

Règles pour l'emploi & le remploi , lorsque le
subſtituant n'y aura pas pourvu.

EN CAS QUE L'AUTEUR DE LA SUBSTITUTION N'AIT
PAS EXPLIQUÉ SES INTENTIONS SUR LEDIT EMPLOI , LESDITS
DENIERS SERONT EMPLOYÉS , D'ABORD AU PAYEMENT DES
DETTES ET REMBOURSEMENT DES RENTES OU AUTRES
CHARGES, dont les biens ſubſtitués ſeroient tenus, SI
CE N'EST QU'IL FUT PLUS AVANTAGEUX A LA SUBSTITUTION
DE CONTINUER DE PAYER LES ARRERAGES DESDITES
RENTES ET CHARGES , QUE D'EN REMBOURSER LES CAPI-
TAUX; CE QUE NOUS LAISSONS A LA PRUDENCE DES
JUGES, ET LE SURPLUS, OU LE TOTAL S'IL N'Y A PAS DE
DETTES , rentes ou charges que l'on puiſſe acquiter,
NE POURA ETRE EMPLOYÉ QU'EN ACQUISITION DES FONDS
DE TERRES , OU MAISONS , OU EN RENTES FONCIERES
OU CONSTITUÉES.

LORSQUE le ſubſtituant n'aura pas expliqué ſes intentions au
ſujet de l'emploi, les deniers, dont il eſt parlé dans l'article précédent, doivent être employés dabord au payement des dettes
paſſives, & aux rembourſemens des rentes & autres charges,
dont les biens ſubſtitués ſeront tenus.

Cependant s'il étoit plus avantageux à la ſubſtitution, de continuer de payer les rentes & arrérages des charges, que d'en
rembourſer les capitaux, (ce qui eſt laiſſé à la prudence des
Juges), le grevé poura être diſpenſé d'en faire le rembourſement.
Mais

Mais le ſurplus, ou le total, s'il n'y a point des dettes, rentes ou charges, qui puiſſent être acquitées, ne poura être employé qu'en acquiſition de fonds de terre ou maiſons, ou en rentes foncières ou conſtituées.

En cas que l'auteur de la ſubſtitution n'ait pas expliqué ſes intentions ſur ledit emploi): Comme le ſubſtituant peut régler la forme de l'emploi, à cauſe que l'article précédent & celui-ci l'y autoriſent, & lui en donnent le pouvoir & la permiſſion, il peut auſſi régler la forme de payer les dettes paſſives, & les autres charges de l'hérédité : ſi, par exemple, le teſtateur ordonne, comme je l'ai vu dans un teſtament au ſujet duquel j'ai été conſulté, que les dettes paſſives de ſon hérédité ſeront acquitées aux dépens d'une partie des fruits des biens héréditaires, il faudra exécuter la volonté du teſtateur, & ce ne ſera pas le cas d'employer l'argent comptant, ni celui qui provient de la vente des meubles, ou d'autres cauſes, au payement des dettes paſſives; parceque le teſtateur y aura pourvu, & que ſa volonté devra être exécutée.

Les paroles de notre texte que nous avons tranſcrites, donnent à entendre, qu'on ne doit recourir à la forme de l'emploi, qui y eſt preſcrite, qu'autant que le ſubſtituant n'y aura pas pourvu; car s'il y a pourvu par ſa diſpoſition, elle devra être exécutée par préférence à ce que l'ordonnance marque.

Il eſt vrai qu'un teſtateur eſt ſujet aux loix, & qu'il ne peut rien ordonner qui y ſoit contraire, ſuivant *la loi* 55, *ff. de leg.* 1. Mais il faut excepter le cas où la loi lui permet expreſſément, comme le font les *art.* 10 & 11 du préſent titre, de faire des diſpoſitions contre la teneur des loix: alors la diſpoſition doit être exécutée, non en vertu du pouvoir qui lui eſt propre, mais en vertu du pouvoir que la loi lui donne.

Leſdits deniers ſeront employés d'abord au payement des dettes & rembourſement des rentes ou autres charges): Cette diſpoſition eſt préciſe; il faut donc l'exécuter, ſans que le grevé puiſſe s'en diſpenſer, à peine de répondre des dommages & intérêts, comme le porte l'*art.* 15 *infrà*, à moins qu'on ne ſe trouve dans l'exception marquée dans les paroles qui ſuivent : mais il n'y a

V u

aucune néceffité de fuivre l'ordre de l'écriture , fur les caufes qui font exprimées, afin de marquer l'emploi : enforte qu'il fuffit que les deniers foient employés au payement des charges, comme font les legs & autres, ou au remboursement des capitaux, ou au payement des dettes paffives de l'hérédité fubftituée; ce qui eft clairement indiqué par les mots, *ou autres charges*, qui forment une alternative , & qui par conféquent laiffent au grevé la liberté de faire l'emploi des deniers ou au payement des dettes paffives, ou au remboursement des capitaux produifant les rentes, ou aux autres charges de l'hérédité fubftituée, au choix du grevé.

Si ce n'eft qu'il fût plus avantageux à la fubftitution , de continuer de payer les arrérages defdites rentes & charges , que d'en rembourfer les capitaux): Ceci eft une exception à la règle contenue dans les paroles qui précèdent, & qui oblige à faire l'emploi en la manière exprimée: enforte que quand il paroîtra plus avantageux à la fubftitution de ne pas payer les dettes actives & les charges, & de ne pas rembourfer les capitaux dûs à rente conftituée, le grevé poura être difpenfé de faire l'emploi en la forme prefcrite par notre article; mais il faut prendre garde que l'avantage dont le texte parle, ne doit pas être envifagé du côté du grevé, mais feulement du côté de la fubftitution : voilà pourquoi, quand il feroit plus avantageux au grevé de ne pas faire l'emploi indiqué, fans que la fubftitution y trouvât quelque utilité, cette exception devroit ceffer.

Ce que nous laiffons à la prudence des Juges) : Ceci prouve que ce n'eft pas au grevé à déterminer s'il eft plus avantageux de ne pas faire l'emploi en la forme exprimée; c'eft le Juge qui doit le régler par fa prudence. Il faut donc que le Juge y prononce.

Et le furplus , ou le total, s'il n'y a point de dettes): Si après le payement des dettes & charges, & le remboursement des capitaux à ren- il refte quelque chofe des deniers appartenans à l'hérédité fubftituée, le réfidu devra être employé , ainfi qu'il eft expliqué par les paroles qui fuivent; & s'il n'y a point de dettes ni de charges, le total des deniers devra être employé en la même forme. Ce qui doit néanmoins être entendu relativement à l'exception marquée ci-devant, c'eft-à-dire, lorfqu'il fera plus avantageux à la fubftitution de ne pas payer les capitaux des rentes & autres charges, comme nous l'avons dit.

Ne poura être employé qu'en acquifition de fonds de terre, ou maifons, ou en rentes foncières ou conftituées): Cette difpofition étant conçue en termes négatifs, l'emploi de la totalité des deniers ou du réfidu, ne peut être fait qu'aux caufes exprimées dans le texte; parceque la négative ne fouffre point d'exception, à moins qu'elle ne foit exprimée dans la loi. Ainfi, afin que l'emploi foit bon & valable, il faut qu'il foit fait en acquifition de fonds de terres ou maifons, ou en rentes foncières, ou conftituées; ce qui exclud bien clairement tout prêt des deniers à jour, & tout autre emploi qui ne fera pas appuyé fur une des quatre caufes exprimées dans le texte.

L'emploi devant être fait à l'utilité de la fubftitution, les acquifitions qui feront faites en fonds de terre, en maifons ou rentes foncières ou conftituées, doivent céder au profit de la fubftitution, & appartenir aux fubftitués par une efpèce de fubrogation légale; les *art.* 23 & 30 de ce titre le prouvent d'une manière très-claire.

ARTICLE XII.

*L'emploi doit être ordonné, & le délai fixé par l'Or-
donnance qui permettra au grevé de prendre la poſſeſſion des biens ſubſtitués, lequel emploi doit être fait
en préſence des perſonnes indiquées.*

POUR ASSURER LEDIT EMPLOI, VOULONS QUE PAR LA
MESME ORDONNANCE QUI AUTORISERA LE GREVE' DE
SUBSTITUTION, OU CELUI AU PROFIT DUQUEL ELLE
SERA OUVERTE, à entrer en poſſeſſion des biens ſubſti-
tués, ſuivant la diſpoſition des *art.* 35 & 37 ci-après, il
lui ſoit enjoint de faire ledit emploi dans un délai
qui ſera fixé par ladite Ordonnance, ET LEDIT EMPLOI
SERA FAIT EN PRESENCE DES PERSONNES MENTIONNE'ES
AUX ARTICLES 4 ET 5 CI-DESSUS.

CET article veut que quand le grevé s'adreſſera au Sénéchal
pour obtenir la permiſſion de prendre la poſſeſſion des biens
ſubſtitués, ainſi qu'il eſt marqué dans les *art.* 35 & 36 de ce titre,
ce Juge lui enjoigne par la même Ordonnance, de faire l'emploi des deniers, dans le délai qui ſera par lui fixé par ſon Ordonnance, & que l'emploi ſoit fait en préſence des perſonnes mentionnées aux *art.* 4 & 5 *de ce titre* 2.

Le Droit Romain n'avoit pas pris autant de précaution que
notre Ordonnance, pour la conſervation des biens ſubſtitués.
La ſeule que les loix Romaines avoient établie, étoit d'impoſer à
l'héritier grevé, la charge de bailler caution pour la conſervation des biens du fidéicommis : *l.* 4, *cod. ut in poſſeſſ. leg. vel
fideicomm. ſervandor. cauſa mittatur, & tot. tit. ff. ut legator. ſeu*

fideicomm. ſervandor. causâ caveatur; mais il étoit permis au teſtateur de diſpenſer du bail de caution, *d. l. 4, l. ult. d. tit. ff. & novell.* 108, *cap.* 2.

Les précautions que notre Ordonnance exige par les *art.* 10, 11 & 13 du préſent titre, donnent une plus grande ſureté aux ſubſtitués, que le ſimple cautionnement ordonné par le Droit Romain. Il y a donc lieu de croire que l'héritier grevé eſt diſpenſé du bail de caution, & qu'il n'eſt obligé qu'à remplir les obligations que l'Ordonnance lui impoſe; mais le ſubſtituant n'en peut directement ni indirectement diſpenſer, ni décharger l'héritier, parcequ'il ne peut pas s'élever au-deſſus de l'autorité & de la puiſſance de la loi ſuivant la règle de la *loi* 55, *ff. de leg.* 1.

Si le grevé ne remplit pas exactement tout ce que l'Ordonnance exige, ou ce que le ſubſtituant aura ordonné au ſujet de l'emploi & du remploi, il doit répondre ſur ſes biens libres, de tous les dépens, dommages & intérêts des ſubſtitués, comme le porte l'*art.* 15 *infrà;* mais ſi après avoir été interpellé en juſtice, & après avoir été condamné à faire l'emploi ou le remploi, il le refuſe, ne pouroit-il pas être condamné à quelque peine, même être privé de la jouiſſance des biens ſubſtitués, & être obligé de rendre le fidéicommis par anticipation? L'affirmative me paroît juſte par le principe renfermé dans *la loi* 50, *ff. ad S. C. Trebell.* Brunnemanus *ſur cette loi,* & M.ᵉ *Charles Dumoulin ſur la Coutume de Paris,* §. 33, *Gloſſ.* 11, *n.* 124, le décident de même, & avec raiſon; à quoi l'Ordonnance n'a pas dérogé; car il ne faut pas penſer qu'elle entende favoriſer les fraudes, ni autoriſer le grevé à faire des diſſipations. Les précautions qu'elle ordonne ſont des garans ſurs du contraire.

Pour aſſurer ledit emploi): L'emploi que l'Ordonnance preſcrit, eſt la précaution la plus ſure pour conſerver les deniers dépendans de l'hérédité ſubſtituée: auſſi le Légiſlateur a-t-il pris les expédiens les plus propres pour le faire exécuter. Il paroît par les diſpoſitions de notre *art.* & du 13ᵉ, qu'il ne faut pas confondre les deniers provenans du recouvrement des effets actifs, c'eſt-à-dire, des dettes actives, du prix de la vente ou de la ſuppreſſion,

ou réunion des offices, & du remboursement des rentes constituées dont l'*art.* 13 parle, avec les deniers provenans du prix
de la vente des meubles & effets mobiliers, & de l'argent comptant qui est trouvé dans l'hérédité substituée.

Lorsqu'il s'agit de l'emploi des deniers trouvés dans l'hérédité,
& du prix de la vente des meubles, auxquels notre article se
refere, le délai pour faire l'emploi n'est pas fixé par l'Ordonnance;
mais notre article donne au Juge le pouvoir de le fixer selon sa
prudence, eu égard aux circonstances qui peuvent se rencontrer, soit par rapport à la quantité des deniers, soit par rapport
à la facilité ou à la difficulté de les placer, qui peuvent être plus
ou moins grandes, selon la diversité des pays.

Que s'il s'agit des deniers provenans du recouvrement des
dettes actives, ou du remboursement des capitaux des rentes
constituées, ou bien du prix des offices vendus, ou supprimés
ou réunis, le Juge n'a pas le pouvoir de régler & fixer le délai
de l'emploi ou du remploi; l'héritier grevé ou les substitués sont
obligés de le faire dans trois mois au plus tard, après qu'ils auront reçu les deniers, à peine de répondre des sommes, & des
depens, dommages & intérêts, comme le porte l'*art.* 15.

Ce délai étant déterminé & fixé par la loi, les substitués n'ont
pas besoin de faire des sommations & des interpellations au
grevé, pour l'obliger à faire l'emploi dans le délai, parceque la loi
l'interpelle suffisamment. Elle impose cette obligation au grevé,
& c'est un des principaux points de son devoir; par conséquent
il doit le remplir, sans attendre qu'il soit semoncé ou interpellé.

*Voulons que par la même Ordonnance qui autorisera le grevé
de substitution*): Lorsqu'il est question de l'emploi des deniers,
provenans du prix de la vente des meubles & effets, & de l'argent comptant trouvé dans l'hérédité substituée, c'est au Juge à
fixer le délai dans lequel l'emploi doit être fait, le Juge doit
fixer le délai par la même Ordonnance qui autorisera le grevé
de substitution, ou celui au profit duquel elle sera ouverte, à
entrer en possession des biens substitués. Ainsi le Juge doit avoir
cette attention, de ne pas accorder la permission de prendre la
possession des biens substitués, sans fixer en même temps, & par

la même Ordonnance, le délai dans lequel le grevé devra faire l'emploi des deniers.

Ou celui au profit duquel elle ſera ouverte) : Il peut arriver qu'un ſubſtitué recueille en premier rang, l'hérédité ſubſtituée, comme lorſque l'inſtitution eſt caduque, ſoit par le décès de l'héritier avant le ſubſtituant, ſoit par la répudiation ou renonciation de l'héritier ; alors, ſi la caducité de l'inſtitution n'emporte pas la caducité de la ſubſtitution, ainſi qu'il eſt expliqué dans l'*art.* 26 *du tit.* 1 de la préſente Ordonnance, le premier ſubſtitué prend la place de l'héritier inſtitué, comme le dit l'*art.* 35 de ce titre ; il eſt obligé d'obſerver les mêmes formalités, & de prendre les mêmes précautions que l'héritier auroit dû prendre s'il avoit recueilli ; il eſt donc obligé à faire l'emploi des deniers, tout comme s'il avoit été inſtitué directement.

Et ledit emploi ſera fait en préſence des perſonnes mentionnées aux art. 4 *&* 5 *ci-deſſus*) : Ces perſonnes ſont le premier ſubſtitué, s'il eſt majeur.

Que s'il eſt pupille ou mineur, ou interdit, l'emploi doit être fait en préſence du tuteur ou curateur.

Si la ſubſtitution eſt faite au profit de l'Egliſe ou d'un Hôpital, corps ou communauté Eccléſiaſtique, ou Laïque, l'emploi doit être fait en préſence du Syndic, ou autre Adminiſtrateur.

Que ſi le premier ſubſtitué, eſt ſous la puiſſance paternelle, & que le père ſoit chargé de ſubſtitution envers lui, l'emploi doit être fait en préſence du tuteur ou curateur, dont il a dû être pourvu, quand même il ſeroit majeur pour la faction de l'inventaire.

Enfin ſi le premier ſubſtitué n'eſt pas encore né, l'emploi devra être fait en préſence du curateur qui aura été nommé à la ſubſtitution.

Il faut prendre garde que quoique notre texte parle de la préſence du premier ſubſtitué, ou de ſon tuteur & curateur, ou du curateur nommé à la ſubſtitution, la préſence perſonnelle ne ſera pas requiſe à peine de nullité de l'emploi, ſi le premier ſubſtitué, ou ſon tuteur ou curateur ont été aſſignés pour voir faire l'emploi : que s'ils font défaut, l'emploi qui ſera fait en leur abſence , ne ſera pas moins valable & efficace; parceque le défaut ou la contumace tiennent lieu de la préſence perſonnelle dans cette occaſion. S'il en étoit autrement , il ne ſeroit pas poſſible de faire un emploi valable , & il dépendroit du premier ſubſtitué , ou de ſon tuteur ou curateur de l'empêcher.

ARTICLE XIII.

Le grevé doit faire l'emploi dans trois mois , des deniers provenus du recouvrement des effets actifs , du prix des offices & des deniers qui auront été rembourſés.

Le grevé de Subſtitution ſera pareillement tenu de faire emploi des deniers qu'il poura recevoir , ſoit du recouvrement des effets actifs , ſoit de la vente des offices , ou en conſéquence de la liquidation qui en aura été faite en cas de ſuppreſſion ou de réunion , ſuivant ce qui eſt porté par l'article 3 du titre premier , ſoit du rembourſement des rentes compriſes dans la Subſtitution , & ce , dans trois mois au plus tard après qu'il aura reçu leſdits deniers , lequel emploi ſera fait ainſi qu'il a été ci-deſſus réglé , & en préſence des perſonnes mentionnées auxdits articles 4 & 5 , leſquelles pouront faire à cet effet , toutes les diligences néceſſaires.

Nous avons fait connoître ſuffiſamment la lettre & l'eſprit de cet article , par les notes que nous avons faites ſur le précédent , dont on doit faire l'application à celui-ci ; parceque l'eſpèce en eſt la même ; à cela près que l'*art.* 12 ne parle que de l'emploi des deniers provenans du prix de la vente des meubles & effets

mobiliers ,

mobiliers, & de ceux qui ont été trouvés dans la succession, &
qu'il renvoie à la prudence du Juge la fixation du délai dans
lequel l'emploi doit être fait.

Au lieu que l'*art.* 13 parle de l'emploi des deniers que le grevé
aura reçus, soit du recouvrement des effets actifs, soit de la vente
des offices, ou en conséquence de la liquidation qui en aura
été faite en cas de suppression où de réunion, suivant ce qui est
porté par l'*art.* 3 *du tit.* 1, soit du remboursement des rentes
comprises dans la substitution, & que le délai pour faire cet
emploi ou le remploi, n'est pas laissé à la prudence du Juge;
mais il est fixé à trois mois pour le plus tard, après que le grevé
aura reçu les deniers.

Cet article ajoute, que les personnes en présence desquelles
l'emploi doit être fait, pourront faire à cet effet toutes les diligences nécessaires: mais quoique cette addition ne se trouve pas
dans le précédent, elle doit y être sous-entendue, parceque la
même raison milite dans l'un & l'autre cas: enforte que le premier
substitué, ou son tuteur ou curateur, peuvent aussi bien faire
toutes les diligences nécessaires pour faire faire l'emploi des
deniers provenans du prix de la vente des meubles & de l'argent comptant trouvé dans la succession, que pour promouvoir
l'emploi ou le remploi des deniers provenans du recouvrement
des effets actifs, ou du remboursement des capitaux des rentes,
ou du prix des offices vendus ou supprimés ou réunis; parcequ'il
importe au substitué de veiller à la conservation des biens dépendans de la substitution; & à raison de cet intérêt, il peut
faire toutes les démarches qui tendent à cette conservation.

Il y a cette observation particulière à faire sur cet article, c'est
que notre texte imposant au grevé l'obligation de faire l'emploi
ou le remploi, dans les trois mois, à compter depuis qu'il aura
reçu les deniers, ce délai commencera à courir depuis la reception des deniers pour chaque somme en particulier, sans qu'il
soit nécessaire d'attendre que toutes les sommes soient accumu-
lées pour en faire l'emploi conjointement & dans le même temps.

X x

ARTICLE XIV.

*En cas que l'emploi des deniers ait été fait en rentes ra-
chetables, & qu'elles foient remboursées, le remploi
des deniers doit être fait dans les trois mois après le
remboursement.*

La difposition de l'article précédent fera pareillement
obfervée, en cas que l'emploi ait été fait en rentes rachetables, & qu'elles foient rembourfées.

C ET article porte une extenfion au précédent, qui ne parle
que du rembourfement des rentes trouvées dans l'hérédité; au
lieu que celui-ci ajoûte, qu'en cas que l'emploi des deniers ait
été fait par le grevé en rentes rachetables, fi elles font rembourfées, le grevé doit en faire le remploi, dans le délai de trois
mois accomplis du jour de la réception des deniers, en préfence
du premier fubftitué, ou de fon tuteur ou curateur. Au furplus
cet article eft entièrement relatif au précédent.

Il y a même lieu de décider, que fi les deniers provenans de
l'argent-monnoyé trouvé dans la fucceffion, ou fi le prix de la
vente des meubles avoit été employé à l'achat des rentes conftituées dont les débiteurs euffent fait le rembourfement au grevé,
il devroit en faire l'emploi ou le remploi, dans le délai de trois
mois, à compter depuis la réception des deniers en préfence du
premier fubftitué, ou de fon tuteur ou curateur, comme l'*art.* 13
le porte.

ARTICLE XV.

*Peines des héritiers grevés , ou des ſubſtitués , qui ne font
pas l'emploi ou le remploi , ou qui omettent les
formalités preſcrites.*

Faute par celui qui sera chargé de Substitution,
d'avoir fait l'emploi ou le remploi, ou d'avoir
observé les regles ci-dessus prescrites, il en demeurera reſponſable sur tous les biens libres, enſemble de tous dépens, dommages & intérêts envers
ceux qui ſont appelés après lui à la Subſtitution, sans
neanmoins que les debiteurs des rentes qui auront
eté remboursées puissent etre responsables du
defaut d'emploi, lorsquil n'y aura point eu d'opposition formée entre leurs mains.

Les diſpoſitions de cet article ſont très-utiles , parcequ'elles
tendent à faire exécuter, par la crainte des peines qu'il inflige,
les autres articles qui ordonnent l'emploi ou le remploi, & qui
en preſcrivent la forme.

Il veut que faute par celui qui eſt chargé de ſubſtitution ,
d'avoir fait faire l'emploi ou le remploi, ou d'avoir obſervé les
règles preſcrites pour la forme de l'emploi, il demeurera reſponſable ſur tous ſes biens libres, des deniers non employés ,
enſemble de tous les dépens, dommages & intérêts envers ceux
qui ſont appelés après lui à la ſubſtitution.

Cependant les débiteurs des rentes qui en auront fait le rachat
& le rembourſement au grevé, ne pourront pas être reſponſables
du défaut d'emploi, à moins qu'il n'y eût avant le rembourſement, une oppoſition formée entre leurs mains.

Faute par celui qui sera chargé de substitution): Ces paroles comprennent non-seulement l'héritier qui recueille l'hérédité en premier rang ; mais encore le substitué, dans les cas où il est obligé à faire l'emploi ou le remploi, comme le porte l'*art.* 16 *infra.*

D'avoir fait l'emploi ou le remploi): Nous avons fait remarquer sur l'*art.* 10 de ce titre, la signification propre des termes *d'emploi* & de *remploi.* Le mot *emploi* renferme par son énergie ce qu'on entend par *remploi* : les *art.* 10, 11, 12 & 13, se sont servis de ce terme pour désigner toute action de placer les deniers, soit qu'il s'agisse d'un premier emploi ou *placement,* ou d'un second, qu'on appelle proprement *remploi.*

Ou d'avoir observé les règles ci-dessus prescrites): Celui qui est obligé de faire l'emploi ou le remploi des deniers, devient responsable des deniers non placés, & des dépens, dommages & intérêts envers les substitués, non-seulement pour n'avoir pas placé les deniers, mais encore pour n'avoir pas observé les formalités prescrites par les articles précédens, qui consistent, 1.° à faire fixer par le Juge, le délai dans lequel l'emploi doit être fait, comme le prescrit l'*art.* 12 ; 2.° à faire l'emploi ou le remploi dans les trois mois portés par l'*art.* 13, ou dans le délai que le substituant aura fixé, comme il en a le pouvoir par l'*art.* 11 ; 3.° à faire l'emploi ou le remploi dans le délai fixé par le substituant, où par le Juge, ou par la présente Ordonnance, selon les différens cas, le premier substitué présent ou duement appelé, dans le cas des *art.* 12, 13 & 14, comme nous l'avons expliqué dans les notes sur l'*art.* 12 ; *la loi* 13 , *ff. ratam rem haberi,* fixe les dommages & intérêts à ce qui a été perdu, & à tout ce qu'on auroit pu gagner. *Quantùm meâ interest, fuit : id est quantùm mihi abest, quantùmque lucrari potui.*

Sur tous ses biens libres): Notre article porte par ces paroles une affectation des biens libres du grevé pour le montant des deniers de la substitution, dont il n'aura pas été fait d'emploi, & pour tous les dépens dommages & intérêts, qui doivent être adjugés aux substitués. Même l'*art.* 17 de ce titre accorde aux substitués une hypothèque sur les biens libres du grevé, à comp-

ter du jour qu'il aura recueilli les biens ſubſtitués ; & tout cela
doit avoir lieu, non-ſeulement à l'égard de l'héritier, mais encore
à l'égard du premier ſubſtitué, comme l'explique l'*art.* 16, s'il a
omis de faire l'emploi ou le remploi, dans le cas où il en eſt tenu ;
mais afin que cette hypothèque ſoit efficace, il faut que la ſubſtitution ait été inſinuée & enregiſtrée ; faute de quoi la ſubſtitution étant inéfficace à l'égard des créanciers du grevé, leur
hypothèque ſera préférée à celle des ſubſtitués.

Outre les peines que notre article prononce contre le grevé
ou le premier ſubſtitué, qui auront omis ou refuſé de faire l'emploi ou le remploi des deniers, ils pouroient encore être déclarés
déchus de l'hérédité, & contraints de reſtituer par anticipation
le fidéicommis, ainſi que nous l'avons expliqué ſur l'*art.* 12 de
ce titre.

*Sans néanmoins que les débiteurs des rentes qui auront été
rembourſées, puiſſent être reſponſables du défaut d'emploi*): Ce
qui doit avoir lieu, ſoit que le grevé, qui a reçu le rembourſement ſoit ſolvable ou non. La raiſon eſt, parceque les débiteurs
ne ſont pas chargés de faire, ni de procurer l'emploi ou le remploi, & que l'héritier grevé étant propriétaire des biens avant
l'événement de la condition, & l'échéance du fidéicommis, peut
valablement recevoir le payement des dettes paſſives de l'hérédité, & libérer les débiteurs des ſommes dues à la ſubſtitution ;
*Ante reſtitutam hæreditatem, ſolutiones, & liberationes faſtæ ab
hærede ratæ habebuntur, l.* 104, *ff. de ſolut.*

*Lorſqu'il n'y aura point eu d'oppoſition formée entre leurs
mains*): Le mot *oppoſition* employé dans cet article, ſignifie par
ſon énergie toute ſorte d'empêchemens ; voilà pourquoi toutes
les fois que les ſubſtitués n'auront pas fait de diligence contre les
débiteurs, pour les empêcher de rembourſer le grevé, ils ſeront
bien & valablement libérés : mais ſi les ſubſtitués ont fait quelque
diligence, ſoit par ſaiſie, arrêt, ou banniment, ſoit par ſimple
acte de proteſtation ou d'oppoſition au payement, les débiteurs
qui feront le payement au grevé, ne ſeront pas pleinement libérés, & ils ſeront reſponſables de l'inſolvabilité du grevé ; enſorte
qu'ils devront payer une ſeconde fois, ſi les ſubſtitués ne peuvent

pas reprendre fur le grevé, les fommes qui lui auront été payées, dont il n'y aura point d'emploi : mais les fubftitués ne peuvent avoir qu'une action récurfoire , après avoir difcuté le grevé.

ARTICLE XVI.

Tout ce qui eft réglé par les articles précédens , au fujet de l'emploi ou du remploi , doit être obfervé par chacun de ceux qui recueilleront les biens fubftitués , foit par difpofition à caufe de mort , ou par contrat entre-vifs.

TOUT CE QUI A E'TE' REGLE' CI-DESSUS au fujet dudit emploi ou remploi, fera obfervé par chacun de ceux qui recueilleront fucceffivement les biens fubftitués, SANS AUCUNE DISTINCTION ENTRE LES SUBSTITUTIONS faites par une difpofition à caufe de mort, & celles qui feront contenues dans un acte entre-vifs.

Tout ce qui eft marqué dans les articles précédens, au fujet de l'emploi & du remploi, doit être obfervé, & exécuté par chacun de ceux qui recueilleront fucceffivement les biens fubftitués, fans diftinguer fi les fubftitutions font faites par une difpofition à caufe de mort, où par acte entre-vifs.

Tout ce qui a été réglé ci-deffus) : Soit pour la néceffité de faire l'emploi ou le remploi, foit pour le délai dans lequel l'emploi ou le remploi doivent être faits, foit pour la forme de l'emploi ou du remploi, qui devront être faits ; le fubftitué ultérieur préfent, ou duement appelé. Ainfi tous ceux qui recueilleront la fubftitution, font affujettis à faire l'emploi ou le remploi, à peine de demeurer refponfables fur leurs biens libres , des deniers dont il n'y aura point d'emploi ou de remploi, & de tous les dépens dommages & intérêts, comme le porte l'*art.* 15.

Mais il faut qu'il reſte un ſubſtitué ultérieur ; car ſi tous les degrés de ſubſtitution étoient épuiſés, le dernier poſſeſſeur des biens ſubſtitués, qui recevroit des rembourſemens, ne ſeroit pas tenu d'en faire l'emploi ou le remploi ; à cauſe que perſonne n'auroit intérêt au remploi, & que les biens deviendroient libres ſur la tête du dernier ſubſtitué, lequel en tranſmettroit la propriété à ſes héritiers.

Sans aucune diſtinction entre les ſubſtitutions): Ce qui eſt ordonné au ſujet de l'emploi ou du remploi doit être exécuté, ſoit qu'il s'agiſſe d'une ſubſtitution faite par teſtament ou autre diſpoſition de dernière volonté, ou par acte entre-vifs.

ARTICLE XVII.

L'hypothèque à raiſon du défaut d'emploi & des aliénations, ſera acquiſe au ſubſtitué, du jour que le grevé aura recueilli les biens ſubſtitués.

Le substitué aura l'hypotheque sur les biens libres de celui qui aura negligé de faire ledit emploi ou remploi, ou qui aura fait des alienations des biens substitués, tant pour les sommes capitales qui lui seront dues, que pour ses depens, dommages et interests, a compter du jour que celui qui n'auroit pas fait ledit emploi ou remploi, ou qui auroit fait lesdites alienations, aura recueilli les biens substitués.

Les diſpoſitions de cet article ſont très-remarquables. Elles établiſſent un droit nouveau. Elles s'éloignent même des principes du Droit Romain : cependant elles ſont pleines d'équité, qui eſt fondée ſur la faveur que mérite la conſervation des droits des ſubſtitués.

Il veut que le substitué ait une hypothèque sur les biens libres de celui qui aura recueilli les biens dépendans d'une hérédité substituée, & qui aura négligé de faire l'emploi ou le remploi des deniers dépendans de la substitution, ou qui aura fait des aliénations des biens compris dans la substitution. Il faut prendre garde que notre article parle taxativement de l'hypothèque sur les biens libres du grevé, & non de celle sur les biens substitués, qu'il laisse pour être exercée en conformité du Droit Romain, dans *la loi* 1, *cod. commun. de leg. & fidéicom.* Toutes les fois que le substitué ne sera pas en concours avec les créanciers, & les tiers acquéreurs du grevé, si la substitution n'est pas insinuée, vu que dans ce cas, l'hypothèque accordée par la loi citée, est inefficace, suivant les Ordonnances qui ont établi la nécessité de l'insinuation; que si la substitution est insinuée, l'hypothèque sur les biens substitués poura être exercée contre tous en la forme que la loi l'accorde.

Cette hypothèque sur les biens libres du grevé, doit remonter au temps auquel celui qui aura omis l'emploi ou le remploi, ou qui aura fait les aliénations, aura recueilli les biens substitués.

Et elle doit avoir lieu, non-seulement pour les deniers dont il n'y aura point d'emploi ou de remploi, & pour le prix des aliénations, mais encore pour les dépens, dommages & intérêts, provenans des dissipations, détériorations, dégradations & autrement.

Le substitué aura l'hypothèque sur les biens libres): Cette hypothèque que notre article accorde, est bonne & efficace contre le grevé, ses héritiers, donataires ou légataires, même sur les biens substitués, quoique la substitution n'ait pas été insinuée, publiée & enregistrée, à cause que ces personnes ne peuvent pas opposer le défaut d'insinuation, suivant *l'art.* 34 *infrà.* Mais l'hypothèque sur les biens substitués est inefficace vis-à-vis des créanciers & des tiers acquéreurs à titre onéreux; parceque, comme l'explique *l'art.* 32 de ce titre, ils peuvent opposer le défaut de publication & d'enregistrement de l'acte qui contient la substitution, & que, suivant les anciennes Ordonnances, la substitution non insinuée, est nulle & de nul effet à l'égard des
créanciers

créanciers & tiers acquéreurs du grevé. Il ne faut donc pas
confondre l'hypothèque ſur les biens ſubſtitués, avec l'hypothèque ſur les biens libres du grevé. L'hypothèque ſur les biens
libres eſt acquiſe aux ſubſtitués, ainſi que notre article le porte,
ſoit que la ſubſtitution ait été inſinuée ou non : mais il en eſt autrement de l'hypothèque ſur les biens ſubſtitués, à l'égard deſquels les ſubſtitués ne peuvent exercer aucune hypothèque ou
concurrence avec les créanciers & tiers acquéreurs du grevé ;
ils peuvent ſeulement la faire valoir vis-à-vis des héritiers légataires & donataires ayant droit & cauſe du grevé, non ſeulement
ſur les biens libres du grevé, ſoit que la ſubſtitution ait été inſinuée ou non ; mais encore ſur les biens ſubſtitués, qui ſont poſ-
ſédés par les héritiers, donataires ou légataires du grevé, à
cauſe que ceux-ci ne pouvant pas oppoſer le défaut d'inſinuation, la ſubſtitution doit avoir le même effet à leur égard, que
ſi elle avoit été inſinuée, ſoit pour vendiquer les biens ſubſtitués,
ſoit pour exercer l'hypothèque, le cas échéant, en conformité de
la loi. 1, *cod. comm. de legat. & fideicom.*

De celui qui aura négligé de faire ledit emploi ou remploi) :
Nous avons expliqué ſur l'*art.* 12 de ce titre, quel doit être l'effet
de l'hypothèque, à raiſon du défaut d'emploi ou de remploi, il
ſuffit de renvoyer à ce qui a été dit.

*Ou qui aura fait des aliénations des biens ſubſtitués, tant pour
les ſommes capitales qui lui ſeront dues, que pour les depens,
dommages & intérêts*) : L'hypothèque accordée au ſubſtitué ſur les
biens libres de l'héritier grevé, ou du premier ſubſtitué, qui aura
fait les aliénations des biens ſubſtitués, étant fixée aux capitaux
qui ſe trouveront dûs à la ſubſtitution, il s'enſuit que pour règler
le montant des ſommes capitales, il faut procéder à la liquidation des détractions & des imputations, parceque l'apurement
de la créance du ſubſtitué dépend de cette liquidation, laquelle
doit être faite en la forme que nous avons expliquée ſur l'*art.* 9
de ce titre.

Il s'enſuit encore, que les portions qui doivent revenir au
grevé en propriété ſur l'hérédité ſubſtituée, tant pour la quarte
Trébellianique, lorſqu'elle n'a pas été prohibée en termes exprès ;

Y y

que pour sa légitime, & pour celles des autres légitimaires dont il a acquis le droit, doivent être distraites : enforte que les aliénations que le grevé aura faites, devront être prises & imputées sur les portions en propriété qui lui reviennent en espèce sur les biens substitués : par conséquent il ne faudra obliger le grevé à rendre compte, que des aliénations qui excéderont la quote part des biens qu'il aura en propriété & en espèce, tant pour le prix que pour la plus value des biens aliénés.

Les Auteurs avoient diversement traité & décidé la question, si le substitué avoit une hypothèque sur les biens libres du grevé, à raison des aliénations, & des dissipations par lui faites des biens substitués. Les uns tenoient pour la négative, quelques autres pour l'affirmative. Enfin plusieurs autres usoient de distinction, & prétendoient que quand un père étoit grevé de rendre à ses enfans, dont il étoit l'administrateur, les substitués devoient avoir une hypothèque tacite & légale à l'exemple de tout pupille ou mineur, à qui la loi attribue une hypothèque *à die susceptæ administrationis*, & demeuroient d'accord que dans tout autre cas, le substitué n'avoit qu'une simple action personnelle sans hypothèque. Le Parlement de Paris avoit même rendu des arrêts, qui avoient attribué une hypothèque aux enfans substitués, sur les biens libres de leur père, qui étoit chargé d'un fidéicommis en leur faveur, & ce sur le fondement de *la loi 6, §. 2, cod. de bonis quæ liberis*.

Mais cette question n'avoit aucune difficulté suivant les principes du Droit Romain qui accordoit bien une hypothèque aux légataires ou fidéicommissaires sur les biens du testateur, par la *loi 1, cod. communia de leg. & fideicom*. Cependant cette loi, ni aucune autre, n'accorde au substitué une hypothèque sur les biens libres de l'héritier grevé ; au contraire tous les principes de ce droit résistent à l'attribution de cette hypothèque, même dans le cas où un père est chargé de substitution envers ses enfans.

Chez les Romains l'hypothèque ne s'établissoit que par convention expresse, si ce n'est en quelques cas où les loix attribuoient une hypothèque par leur autorité, comme pour la dot de la femme sur les biens de son mari, *l. 1, §. 1, cod. de rei uxor. act.* & pour

le reliquat du compte tutélaire en faveur des pupilles , ſur les
biens de leur tuteur, même en faveur des enfans ſur les biens de
leur père qui en avoit l'uſufruit & l'adminiſtration en vertu de la
puiſſance paternelle, *l.* 6 , §. 2 & 4 , *cod. de bonis quæ lib.*

Mais aucune de ces loix ne peut recevoir une juſte application
aux biens libres de l'héritier chargé de ſubſtitution, même en
faveur des enfans du grevé. Au contraire , la loi *Si heres* 70, §. 1 ,
ff. ad S. C. Trebell. n'accorde au ſubſtitué qu'une ſimple action
qui ne peut être que perſonnelle contre l'héritier grevé à raiſon
des aliénations , & du dépériſſement des biens ſubſtitués: *Sed ex
fideicommiſſi cauſâ , erit hoc quod déperierit perſequendum.*

Il y a de l'équivoque dans l'application que l'on fait de *la loi* 6,
§. 2 & 4 , *cod. de bonis quæ liberis*, parceque dans l'eſpèce de
cette loi, il ne s'agit pas d'un père inſtitué héritier à la charge de
rendre à ſes enfans: il eſt queſtion de biens dont la propriété
appartient aux enfans , & le père n'en a que l'uſufruit & l'adminiſtration *jure patriæ poteſtatis :* au lieu que le père inſtitué héritier
à la charge d'un fidéicommis en faveur de ſes enfans, n'eſt pas
ſimple uſufruitier & adminiſtrateur, il eſt vrai propriétaire ; ſauf
que la propriété peut être réſolue par l'événement de la condition, & les enfans, quoique appelés par un fidéicommis, n'ont
aucune part à la propriété, ils n'ont qu'une ſimple eſpérance ;
car comme dit *la loi* 42 , *ff. de acquir. rer. dominio , Subſtitutio
quæ nondùm competit, extrà bona noſtra eſt.* Il eſt donc impoſſible de conſidérer le père, ſur la tête duquel la propriété des biens
réſide, comme un adminiſtrateur du bien de ſes enfans ; cependant les loix n'accordent l'hypothèque légale, qu'à ceux qui ſont
propriétaires des biens, dont l'adminiſtration eſt confiée à autrui :
ce qui ne peut jamais convenir à un héritier chargé de fidéicommis.

Cependant pluſieurs diſpoſitions que notre Ordonnance renferme , ont induit néceſſairement à établir une hypothèque à raiſon des aliénations & des autres diſſipations ſur les biens libres du
grevé. Il eſt ordonné entr'autres choſes, que l'héritier grevé ne
poura prendre la poſſeſſion des biens ſubſtitués, qu'en vertu d'une
Ordonnance du Juge, qui en accorde la permiſſion , & cette

Ordonnance produit une · hypothèque suivant l'usage du Royaume, fondée sur l'Ordonnance de Moulins, *art.* 531 qui, contre les règles du Droit Romain, fait porter hypothèque à toutes les Sentences & à tous les Jugemens. C'est sans doute ce qui a induit le Législateur à attribuer au substitué une hypothèque sur les biens libres du grevé, à raison de tous les capitaux, qui, par la liquidation des détractions & des imputations, se trouveront dûs au substitué.

A l'égard de l'hypothèque pour les dépens, dommages & intérêts, une telle disposition n'a aucun fondement ni analogie avec le Droit Romain, ni avec les usages du Royaume, ni même avec les autres dispositions de notre Ordonnance; du moins pour les dépens dont l'hypothèque n'est acquise que du jour du jugement qui en prononce la condamnation: ainsi l'hypothèque pour les dépens, n'a d'autre fondement que la volonté du Législateur.

Pour ce qui est des dommages & intérêts, l'hypothèque que notre Ordonnance accorde, peut avoir son fondement dans la disposition qui attribue l'hypothèque pour les capitaux provénans des aliénations & des autres dissipations : vu qu'il est assez naturel d'accorder pour les dommages & intérêts, la même hypothèque que pour le principal, dont ils sont un accessoire.

Du reste, les dommages & intérêts, qui peuvent être dus à raison des aliénations des biens dépendans d'une substitution, consistent en la valeur actuelle des biens aliénés, eu égard au temps de l'ouverture du fidéicommis, sans examiner si le grevé en a retiré un moindre prix ; parceque cette valeur se trouveroit dans la substitution, si les aliénations n'avoient pas été faites.

Le substitué n'a point de dommages & intérêts à prétendre, à raison des aliénations qui sont faites par le grevé à concurrence des portions qui doivent lui revenir en propriété, des fonds héréditaires, pour ses détractions ; parceque le substitué n'a rien à voir sur ces portions, comme n'étant pas comprises dans le fidéicommis, à cause qu'il n'a aucune action résultante du fidéicommis sur ces portions, ou comme en étant rétranchées par la puissance de la loi. L'héritier grévé, en aliénant ces portions, ne fait que ce qu'il a le droit de faire, puisqu'il aliène ſon propre bien, ainſi que je l'ai remarqué ſur l'*art.* 9 de ce titre.

Je penſe même que quand le grevé ne fait des aliénations que pour payer & acquiter les dettes & charges des biens ſubſtitués, il n'eſt point ſujet aux dommages & intérêts, à cauſe que des aliénations de cette eſpèce ſont néceſſaires, à moins qu'il n'y eût du dol & de la colluſion de la part du grevé ; car ſi le grevé n'acquitoit pas les dettes & charges du fidéicommis, les créanciers ou les légataires de certaines ſommes, pouroient mettre en criées les biens ſubſtitués, & les faire vendre d'autorité de Juſtice ; ce qui pouroit porter un grand préjudice, & abſorber par les frais, les biens entiers du fidéicommis. Il ne ſeroit donc pas juſte d'aſſujettir l'héritier grevé à des dommages & intérêts, à raiſon des aliénations faites pour une cauſe juſte & néceſſaire, & qui ne peuvent être conſidérées que comme des actes d'une ſage économie. Ainſi les dommages & intérêts que le ſubſtitué peut prétendre, à raiſon des aliénations, doivent être bornés à celles qui portent ſur les biens ſubſtitués, qui ne ſont pas partie des détractions, & qui ſont faites ſans cauſe légitime.

A compter du jour que celui qui n'auroit pas fait ledit emploi ou remploi, ou qui auroit fait leſdites aliénations aura recueilli les biens ſubſtitués) : Notre article fixe la date de l'hypothèque en faveur du ſubſtitué ſur les biens libres du grevé, à compter du jour auquel le grevé aura recueilli les biens ſubſtitués ; cela donne lieu à pluſieurs difficultés qui conſiſtent à ſavoir quand eſt-ce que le grevé eſt cenſé avoir recueilli les biens ſubſtitués ? Sera-ce du jour de la mort du ſubſtituant, auquel temps la ſucceſſion eſt ouverte ; & l'héritier en eſt-il ſaiſi en vertu de la maxime, *le mort ſaiſit le vif,* ou bien du jour qu'il aura recueilli avec effet, en vertu de l'Ordonnance du Juge qui l'autoriſe à prendre la poſſeſſion des biens ſubſtitués ? Et n'y a-t-il pas lieu d'uſer de diſtinction entre l'héritier grevé & le ſubſtitué qui recueille après lui, & entre la ſubſtitution faite par teſtament, ou par autre diſpoſition à cauſe de mort, & celle qui eſt faite par un acte entre-vifs & irrévocable ?

Toutes ces difficultés me paroiſſent dépendre de la manière dont le mot *recueilli* doit être entendu. Pour moi je pense qu'il faut l'entendre, non de la simple ouverture ou délation de l'hérédité substituée, mais de l'acquisition avec effet; car on ne peut pas dire qu'une hérédité soit acquise à l'héritier, & qu'il l'ait recueillie au moment de la mort du substituant: on peut dire seulement que le droit pour l'acquérir & la recueillir est ouvert: mais autre chose est l'ouverture du droit, autre chose est l'acquisition : l'*art.* 36 *du tit.* 1 de la présente Ordonnance autorise ma façon de penser, lorsqu'elle dit, que *quand le grevé de substitution aura accepté la disposition faite en sa faveur, soit expressément par des actes ou par des demandes formées en justice, soit tacitement en s'immisçant dans la possession des biens substitués, il sera censé avoir recueilli l'effet de ladite disposition.*

Voilà donc une explication bien claire du sens du mot *recueilli,* qui se trouve dans un autre article de la même Ordonnance; ainsi je suis autorisé à penser, conformément à l'*art.* 36 *du tit.* 1, que le grevé n'est censé avoir recueilli les biens substitués, à l'effet de fixer la date de l'hypothèque accordée au substitué sur les biens du grevé, que du jour qu'il aura accepté la disposition expressément ou tacitement, comme le porte l'*art.* 36 *du tit.* 1.

Je pense donc, que soit qu'il s'agisse d'une substitution contenue dans une disposition contractuelle ou testamentaire, & à cause de mort, l'hypothèque sera acquise au substitué du jour de l'acceptation expresse ou tacite du grevé, en la forme expliquée par l'*art.* 36 *du tit.* 1 *de la présente Ordonnance.*

Je crois encore qu'on doit dire la même chose d'une substitution subordonnée à une institution contenue dans un contrat de mariage; parcequ'elle n'est recueillie en effet, qu'après la mort de l'instituant, & par l'acceptation de l'héritier contractuel, & encore d'une substitution faite par une donation entre-vifs, sous la réservation de l'usufruit en faveur du donateur; parceque la même raison milite.

Mais si la substitution est faite par une donation entre-vifs exécutée par la tradition réelle, & sans réservation de l'usufruit en faveur du donateur, comme la disposition aura été recueillie lors de l'acceptation de la donation, l'hypothèque devra être fixée au jour & date de la donation duement acceptée.

A l'égard de l'hypothèque ſur les biens libres du premier ſubſtitué qui aura recueilli, le ſecond ſubſtitué poura la prétendre du jour que le premier ſubſtitué aura accepté expreſſément ou tacitement en la forme expliquée ci-deſſus, après la mort du grevé.

ARTICLE XVIII.

Néceſſité & forme de l'inſinuation des Subſtitutions. A la diligence de qui doit-elle être faite?

Toutes les Substitutions fideicommissaires, faites, ſoit par acte entre-vifs, ou par des dispositions a cause de mort, seront publie'es en jugement l'audience tenant, & enregiſtrées au Greffe du Siége où la publication ſera faite, le tout a la diligence des donataires heritiers institue's, légataires univerſels ou particuliers, qui ſeront grevés de Subſtitutions, même des héritiers légitimes, lorſque la charge de la reſtitution du fidéicommis tombera ſur eux dans le cas de droit.

Dans cet article & les douze ſuivans, juſques & inclus le 30ᵉ, l'Ordonnance preſcrit les règles au ſujet de la publication & enregiſtrement, qu'on appelle *inſinuation*, des actes contenant des ſubſtitutions fidéicommiſſaires.

L'*art.* 18 impoſe la néceſſité de l'inſinuation des ſubſtitutions fidéicommiſſaires; ſoit qu'elles ayent été faites par diſpoſition à cauſe de mort, ou par acte entre-vifs, & charge le grevé de la faire faire.

L'*art.* 19 veut que l'insinuation soit faite au Bailliage, Séné-chaussée, ou autre Siége royal ressortissant nuement aux Parle-lemens, dans le district duquel le substituant avoit son domicile, lors de l'acte entre-vifs contenant la substitution, ou au jour de son décès, si c'est par disposition à cause de mort, & encore aux Bailliages & Sénéchaussées de la même qualité, dans le district desquels les biens immeubles ou réputés immeubles, seront situés.

L'*art.* 20 défend de faire l'insinuation dans les justices seigneu-riales, quoiqu'elles ressortissent nuement aux Parlemens; mais quand le domicile du substituant, ou les biens substitués se trou-vent dans une justice seigneuriale, l'insinuation doit être faite au Siége royal de la qualité ci-dessus marquée, qui a la connois-sance des cas royaux.

L'*art.* 21 veut qu'à l'avenir les substitutions, même antérieures, ne puissent être insinuées qu'aux Bailliages & autres Siéges royaux, à peine de nullité.

L'*art.* 22 règle la forme de l'insinuation, lorsque la substitu-tion comprendra des rentes constituées sur le Roi, sur la ville de Paris, ou sur d'autres Villes, sur le Clergé ou sur des Offices, & ordonne que l'insinuation soit faite tant au lieu où les rentes se payent, qu'au lieu du domicile du substituant.

L'*art.* 23 ordonne l'insinuation des actes d'emploi des deniers, & des actes d'acquisitions des maisons, terres, rentes foncières, ou constituées, qui auront été faites par le grevé au profit de la substitution.

L'*art.* 24 enjoint de tenir un registre particulier pour y trans-crire les actes qui doivent être insinués, & il prescrit la forme de ce registre.

L'*art.* 25 ordonne au Greffier ou Commis du greffe, de don-ner communication du registre sans déplacer, & d'en délivrer des extraits lorsqu'ils en seront requis, sans qu'il soit besoin d'ob-tenir une Ordonnance du Juge.

L'*art.* 26 règle l'honoraire de l'Officier qui paraphera ledit registre, & le salaire du Greffier, qui en délivrera des expéditions.

L'*art.* 27 fixe à six mois, le délai dans lequel l'insinuation doit être faite: savoir, à compter de la date du contrat entre-vifs, qui
contient

contient la ſubſtitution, & depuis la mort du ſubſtituant pour la ſubſtitution faite par teſtament, ou diſpoſition de dernière volonté.

L'*art.* 28 veut que l'inſinuation qui aura été faite dans le délai de ſix mois, ait ſon effet, même contre les créanciers & tiers acquéreurs, à compter du jour de la date de l'acte entre-vifs, ou du jour du décès du ſubſtituant, ſi c'eſt par diſpoſition de dernière volonté.

L'*art.* 29 permet de faire l'inſinuation après le délai de ſix mois ; mais dans ce cas elle n'aura d'effet contre les créanciers & les tiers acquéreurs, que du jour qu'elle aura été faite.

Enfin l'*art.* 30 règle l'effet que doit produire l'inſinuation des actes d'emploi & d'acquiſition, qui ſeront faits par le grevé au profit de la ſubſtitution.

Quoique le Droit Romain eût impoſé la néceſſité de faire inſinuer les donations entre-vifs, il n'avoit pas établi une pareille néceſſité de faire inſinuer les diſpoſitions contenant des ſubſtitutions fidéicommiſſaires. Cette formalité eſt purement du Droit François, & a été introduite par les loix du Royaume.

La loi la plus ancienne que nous ayons ſur cette matière, eſt une Ordonnance d'Henri II, du mois de Mai 1553, dont l'*art.* 4 porte : *Pour éviter les fraudes que pouroient faire les héritiers, tant inſtitués que ab inteſtat, qui pour frauder les ſubſtitués, fidéicommiſſaires, légataires ou donataires pouroient céler le contenu aux teſtamens de ceux auxquels ils auroient ſuccédé & contracté, au préjudice d'iceux, ès choſes ſujettes à ſubſtitution, fidéicommis, donations & legs ; voulons & ordonnons, que tous teſtamens portant ſubſtitution ou legs, ſujets à retour, purement, ſimplement & conditionellement ou autrement, en quelque manière que ce ſoit, ſoient publiés, inſinués & enregiſtrés ès Juriſdictions royales, & par le Greffier à ce reſpectivement par nous commis ; & que tous héritiers, ſoit inſtitués, ou ab inteſtat, ſeront tenus de faire publier, inſinuer & enregiſtrer leſdits teſtamens dedans trois mois après la mort des teſtateurs, ou qu'ils auront la connoiſſance des ſucceſſions ainſi advenues, & ce ſur peine d'être privés d'icelles ſucceſſions & des dommages & intérêts, en quoi pouroient échoir & encourir leſdits ſubſtitués, fidéicommiſ-*

Z z

faires, léga·*aires & acheteurs, envers lesquels seront obligés & hypothéqués, non-seulement les biens immeubles auxdits héritiers échus, mais aussi leurs autres biens immeubles propres, la quinzaine passée après lesdits trois mois, par faute d'avoir fait leur insinuation & enregistrement : laquelle insinuation & publication leur servira, & aux substitués fidéicommissaires & légataires, qui pour la conservation de leur droit, pourront prendre acte & instrument des clauses dudit testament, faisant mention de leur substitution, fidéicommis & droits prétendus, & par lesquels ils prétendent être substitués, appelés ou avoir droit auxdites successions, portions d'icelles ou fidéicommis.*

Cette Ordonnance ne fut point exécutée, comme le remarque *Ricard*, qui en rapporte les dispositions. Cependant on s'aperçut que la publication & l'enregistrement étoient nécessaires, afin de faire connoître les substitutions, pour prévénir & empêcher les mauvaises affaires que les personnes qui voudroient traiter avec un possesseur des biens substitués pouroient faire. Ce fut la raison pourquoi l'*Ordonnance de Moulins de 1566, art.* 57, établit la nécessité de l'insinuation & de la publication & enregistrement des testamens & autres actes contenant des substitutions fidéicommissaires, mais dans un autre sens & pour des objets différens; cet *art.* 57 est conçu en ces termes : *Ordonnons aussi, que dorénavant toutes dispositions entre-vifs, ou de dernière volonté, contenant substitutions, feront pour le regard d'icelles substitutions, publiées en jugement à jour de plaidoirie, & enregistrées aux Siéges royaux plus prochains des lieux des demeurances de ceux qui auront fait lesdites substitutions, & ce dans six mois, à compter quant aux substitutions testamentaires du jour du décès de ceux qui les auront faites ; & par le regard des autres, du jour qu'elles auront été passées : autrement feront nulles & n'auront aucun effet.*

La nullité absolue & totale des substitutions non insinuées, que cet article prononce, ayant paru trop dure, les Auteurs, entre autres *Ricard*, crurent que la nullité devoit être bornée & limitée au seul cas, où il s'agiroit de l'intérêt des créanciers, & des tiers acquéreurs, & que le défaut d'insinuation ne devoit pas

empêcher que la substitution non insinuée ne fût valable vis-à-
vis du grevé & de ses héritiers, donataires & légataires : & cette
modification fut autorisée par une déclaration du 17 Novembre
1690, qui permit aussi de faire faire l'insinuation après les six
mois, sauf qu'elle ne pouroit valoir contre les créanciers & les
tiers acquéreurs à titre onéreux, que du jour qu'elle seroit faite.

Le Parlement de Toulouse n'ayant pas voulu s'assujettir aux
dispositions de l'Ordonnance de Moulins, & de la Déclaration
de 1690, & jugeant toujours que le défaut d'insinuation des
substitutions n'empêchoit pas qu'elles ne fussent valables & efficaces, même contre les créanciers & les tiers acquéreurs du
grevé, comme l'attestent les Arrestographes de ce Parlement,
notamment MM. *Dolive & Cambolas* ; le Roi Louis XIV, de
glorieuse mémoire, donna une Déclaration le 18 Janvier 1712,
pour faire cesser cette Jurisprudence du Parlement de Toulouse.

Elle ordonne que toutes les substitutions faites par actes entre-
vifs, ou par testament soient publiées & enregistrées aux Siéges
royaux dans le même délai de six mois marqué dans l'*art.* 57 de
l'Ordonnance de Moulins, à la diligence, soit des héritiers institués, ou *ab intestat ;* faute de quoi les substitutions ne pourront
pas valoir contre les créanciers, & les tiers acquéreurs. Si la publication est faite dans le délai de six mois, la substitution aura
son effet depuis la date de l'acte entre-vifs qui la contient, ou
depuis la mort du substituant ; si elle est faite par testament ou
autre disposition à cause de mort, même contre les créanciers,
& les tiers acquéreurs : mais si la publication est faite après les six
mois, la substitution n'a d'effet contre les créanciers & les tiers
acquéreurs, que du jour de la publication & de l'enregistrement.
Ce qui doit avoir lieu même pour les substitutions antérieures à
la Déclaration de 1712, dans les ressorts des Parlemens où
l'Ordonnance de Moulins avoit été enregistrée ; & l'enregistrement avoit été fait au Parlement de Toulouse le 28 Mars 1566.

Mais à l'égard des Parlemens où l'Ordonnance de Moulins
n'avoit pas été enregistrée, la Déclaration de 1712, veut qu'on
ne puisse donner aucune atteinte aux substitutions antérieures à
cette Déclaration, sur le fondement du défaut de publication &

d'enregiftrement defdites fubftitutions, dans les reſſorts des Par-lemens ou Cours fupérieures, où l'Ordonnance de Moulins n'a-voit pas été enregiftrée, ni les Edits & Déclarations qui avoient ordonné la publication des fubftitutions; *mais la préſente Dé-claration y ſera ſeulement exécutée pour les fubftitutions qui ſeront faites à l'avenir, du jour qu'elle y aura été enregiftrée.*

Notre Ordonnance qui a mis la dernière main à cette matière, veut dans l'*art.* 18, que toutes les fubftitutions fidéicommiſſai-res, faites, ſoit par des actes entre-vifs, ou par des difpofitions à cauſe de mort, ſoient publiées en jugement l'audience tenant, & enregiftrées au Greffe du Siége où la publication ſera faite, le tout à la diligence des donataires, héritiers inftitués, légataires univerfels, ou particuliers qui ſeront grevés de fubftitution, même des héritiers légitimes, lorfque la charge de la reftitution du fidéicommis tombera ſur eux dans le cas de droit. Cette nou-velle loi eft mieux conçue & plus parfaite, que celles qui avoient été portées précédemment ſur la même matière.

Toutes les fubftitutions fidéicommiſſaires) : Ces paroles font comprendre que la néceſſité de faire la publication & l'enregif-trement ne regarde que les fubftitutions vraiment fidéicommiſ-faires, & non les legs, quoique faits ſous condition ou à jour cer-tain ou incertain, ni les fubftitutions directes, comme font la vulgaire, la pupillaire expreſſe ou tacite, qui eft renfermée ſous la vulgaire, *l. jam hoc jure* 4, *ff. de vulg. & pupil. ſubftit.* & l'exemplaire, à cauſe qu'elles font confidérées comme des inf-titutions directes, & opèrent les mêmes effets, ni lorfque l'infti-tution eft fiduciaire; parceque l'inftitution fiduciaire n'eft qu'un dépôt, & ne transfère qu'une tutèle ou une adminiftration; que celui qui eft honoré de la qualité & du titre d'héritier, ne l'eft pas en effet, & que celui qui eft appelé ſous le titre de fidéicom-mis eft vrai héritier, *jure directo, l.* 3. §. 3, *ff. de uſuris*, & *l. Seius Saturninus* 46, *ff. ad S. C. Trebell.* ſur quoi on peut voir *M. Maynard, liv. V, ch.* 85, & les autres Auteurs qui ont parlé de l'inftitution fiduciaire.

Faites par des actes entre-vifs) : Telles font les inftitutions contractuelles & les donations entre-vifs.

Ou par diſpoſition à cauſe de mort): Comme ſont les teſtamens, les codicilles & les donations à cauſe de mort.

Seront publiées en jugement l'audience tenant): Ceci fait
comprendre qu'une ſubſtitution contenue dans une donation
entre-vifs, qui auroit été inſinuée en la forme portée par l'*art.* 23
de l'Ordonnance de 1731, & par la Déclaration du Roi du
17 Février de la même année, ne ſeroit pas valable & efficace
vis-à-vis des créanciers & des tiers acquéreurs, à cauſe qu'elle
ne ſeroit pas publiée en jugement, l'audience tenant. On peut
voir les obſervations que nous avons faites ſur l'*art.* 23 de l'Ordonnance de 1731 concernant les donations.

Le tout à la diligence des donataires, héritiers, inſtitués, &c.):
Les donataires, les héritiers inſtitués, les légataires univerſels ou
particuliers, qui ſont grevés de ſubſtitution, ſont expreſſément
chargés par cet article de faire la publication & l'enregiſtrement
de la diſpoſition, qui contient la ſubſtitution. S'ils manquent à
leur devoir, ils ſont reſponſables des dommages & intérêts que les
ſubſtitués peuvent ſouffrir par le défaut de publication & d'enregiſtrement; quoique notre Ordonnance ne parle pas des dommages & intérêts, dans ce cas: mais ces dommages & intérêts ne
ſont dûs que par action perſonnelle ſans hypothèque ſur les biens
libres du grevé qui eſt chargé de fidéicommis. Le ſilence de
l'Ordonnance ſur ce point, vient ſans doute de ce que le ſubſtitué
ne peut avoir d'hypothèque ſur les biens libres du grevé, que
quand la ſubſtitution a été publiée & enregiſtrée; car autrement
elle ne peut avoir aucun effet vis-à-vis des créanciers du grevé
& des tiers acquéreurs.

*Même des héritiers légitimes, lorſque la charge de la reſtitu-
tion du fidéicommis tombera ſur eux dans les cas de droit*): Les
héritiers légitimes peuvent être chargés de reſtituer le fidéicommis dans deux cas. Le premier lorſqu'ils en ſont chargés par un
codicille *ab inteſtat*, & qu'en attendant l'échéance du fidéicommis, les héritiers légitimes ont le droit de jouir des biens
compris dans le fidéicommis. Dans une telle hypothèſe, la publication & l'enregiſtrement de l'acte qui contient le fidéicommis, doivent être faits à la diligence des héritiers légitimes : par

conféquent on doit y appliquer les difpofitions de notre article, qui femble n'avoir en vue que ce cas unique, en difant , *dans le cas de droit*, au fingulier.

Le fecond cas eft, lorfqu'une perfonne eft inftituée héritière par un teftament, qui fe trouve nul par la forme; mais qui renferme la claufe codicillaire, en vertu de laquelle les héritiers légitimes font cenfés grevés de rendre l'hérédité à titre de fidéicommis, à l'héritier inftitué dans le teftament nul, fuivant la loi *Scævola* 76 , *ff. ad S. C. Trebell.* Mais le fidéicommis étant pur & fans condition, & la reftitution devant en être faite fans terme ni délai, la publication & l'enregiftrement d'un tel fidéicommis pur & fans délai, ne paroît pas néceffaire, & le légiflateur ne peut pas avoir en vue ce fecond cas, puifque, comme nous l'avons remarqué, il n'a parlé que d'un feul cas de droit, qui fe vérifie par le premier que nous avons rapporté. Il n'y a en effet aucune précaution à prendre par rapport à un fidéicommis pur & fans délai, à caufe que ceux qui en font chargés n'ont aucun droit d'en jouir, en vertu de la difpofition du teftateur, & les précautions ne font néceffaires, que quand il s'agit d'un fidéicommis conditionnel, ou dont la reftitution doit être faite après un certain délai; auquel cas le grevé eft autorifé à en jouir par la volonté & la difpofition: ce qui n'arive pas lorfque la reftitution en doit être faite fans délai ni remife.

ARTICLE XIX.

Où doit être faite l'Insinuation des Substitutions ?

La publication & l'enregistrement des Substitutions SERONT FAITS AU BAILLIAGE, SENECHAUSSE'E OU AUTRE SIEGE ROYAL, RESSORTISSANS NUEMENT EN NOS COURS de Parlement ou Conseils supérieurs, dans l'étendue ou le ressort duquel étoit LE LIEU DU DOMICILE DE L'AUTEUR DE LA SUBSTITUTION, au jour de l'acte qui la contiendra, si elle est faite par un acte entre-vifs, ou au jour de son décès, si elle est contenue dans une disposition à cause de mort, ET PAREILLEMENT DANS LES SIEGES DE LA MESME QUALITE', DANS L'ETENDUE OU LE RESSORT DESQUELS feront situées les maisons & terres substituées, ou les fonds chargés de rentes foncières, & autres droits réels qui feront compris dans la Substitution.

A<small>PRE</small>'<small>S</small> que l'article précédent a réglé la forme de l'insinuation, en ordonnant que la publication sera faite à l'audience les plaids tenans, & que les actes seront enregistrés au registre du Greffe ; celui-ci marque le Tribunal, & la Jurisdiction où l'insinuation doit être faite.

Il veut que la publication & l'enregistrement des substitutions soient faits aux Bailliages, Sénéchauffées ou autre Siége royal, ressortissans nuement aux Parlemens ou Conseils supérieurs, dans l'étendue ou ressort desquels Bailliages, Sénéchauffées ou Siége royal, étoit le lieu du domicile du substituant, au jour de l'acte qui la contient, si elle est faite par acte entre-vifs ; & au jour de son décès, si elle est contenue dans une disposition à cause de mort.

Et encore la publication & l'enregistrement doivent être faits dans les Siéges de la même qualité, dans l'étendue ou le ressort desquels seront situés les biens immeubles, ou ceux qui auront une assiette fixe, qui seront compris dans la substitution.

Seront faits aux Bailliages, Sénéchauffées, ou autre Siége royal, ressortissans nuement en nos Cours): Ces paroles caractérisent par deux traits, les tribunaux où l'insinuation des substitutions doit être faite pour être valable, afin que la substitution puisse prévaloir sur les droits des créanciers & des tiers acquéreurs.

Le premier, que ce soit un Bailliage ou Sénéchauffée, ou autre Siége royal; ce qui exclud tout Siége qui ne seroit pas royal, quand même il auroit le titre de Bailliage ou Sénéchauffée: Voyez l'*art.* 20 *infrà*.

Le second, qu'il ressortisse nuement aux Cours de Parlement ou conseils supérieurs; ce qui exclud tout Siége royal d'une première jurisdiction, comme sont les Prevôtés, Châtellenies & autres Jurisdictions royales, qui ressortissent à une autre Jurisdiction subalterne: Voyez l'*art.* 21 *infrà*.

L'*art.* 57 de l'Ordonnance de Moulins, & la Déclaration du 18 Janvier 1712, avoient attribué l'insinuation des substitutions, aux premières Justices royales; mais notre article les en dépouille pour les attribuer aux Tribunaux royaux qui ressortissent nuement aux Parlemens. Ainsi l'insinuation faite dans une première Jurisdiction seroit nulle, comme le porte l'*art.* 21 de ce titre.

L'Ordonnance ayant attribué à ces Tribunaux, la connoissance en première instance, de tout ce qui regarde la matière des substitutions, à l'exclusion des premières Jurisdictions ordinaires, il convenoit que l'attribution de l'insinuation leur fût accordée. On doit remarquer à ce propos, que toutes les fois que notre Ordonnance parle des Juges au sujet des substitutions, on doit l'entendre des Baillifs, Sénéchaux ou autre Juge royal, ressortissans nuement aux Parlemens, ou aux conseils supérieurs; tous les premiers Juges ordinaires étant exclus & incompétens pour connoître des matières des substitutions, & des contestations qui les concernent, sans qu'on puisse excepter aucun cas; quand même les contestations au sujet des substitutions seroient formées incidemment

incidemment à un procès ſur une autre matière, qui ſeroit pendant devant un premier Juge royal ou ſeigneurial, & ce Juge doit ſe déclarer incompétent pour ce qui regarde la conteſtation ſur la ſubſtitution.

Le lieu du domicile de l'auteur de la ſubſtitution) : La publication & l'enregiſtrement de la ſubſtitution doivent être faits dans des Tribunaux divers, qui ſoient de la qualité marquée ci-deſſus, quand le domicile du ſubſtituant ſe trouve dans un reſſort ou diſtrict, & que les biens immeubles, ou qui ont une aſſiette fixe, ſont dans un autre reſſort ou diſtrict.

Le domicile du ſubſtituant doit être réglé d'une manière différente, quand il y a eu quelque changement, ſelon que la ſubſtitution eſt faite par un acte entre-vifs, ou par diſpoſition de dernière volonté.

Au premier cas, c'eſt-à-dire, lorſque la ſubſtitution a été faite par un acte entre-vifs, l'inſinuation doit être faite au Bailliage ou Sénéchauſſée, ou autre Siége royal de la qualité ci-deſſus marquée, d'où reſſortiſſoit le lieu où le ſubſtituant avoit ſon domicile, lors de la date de l'acte, quoique poſtérieurement il change de domicile, même avant que l'inſinuation ſoit faite.

Que ſi la ſubſtitution eſt faite par teſtament ou autre diſpoſition à cauſe de mort, l'inſinuation doit être faite au Siége où reſſortit le lieu où le ſubſtituant avoit ſon domicile lors de ſon décès, quoique lors de la diſpoſition il eût ailleurs ſon domicile; la raiſon de la différence eſt; parceque dans les diſpoſitions de dernière volonté, on ne conſidère que le temps de la mort, auquel elles ſont déférées; au lieu que pour les diſpoſitions entre-vifs, on conſidère la date des actes; parcequ'ils forment un droit, qui eſt irrévocablement acquis au moment que l'acte eſt parfait.

Et pareillement dans les Siéges de la même qualité): Outre l'inſinuation qui doit être faite dans le Tribunal où reſſortit le domicile du donateur, il eſt néceſſaire d'en faire une pareille dans le tribunal où le lieu de la ſituation des biens ſubſtitués reſſortit. L'une & l'autre inſinuation eſt eſſentiellement néceſſaire, afin que la ſubſtitution puiſſe prévaloir ſur les droits des créanciers du grevé & des tiers acquéreurs. Si l'infinuation a été omife dans le lieu du domicile du fubftituant, celle qui eft faite dans celui de la fituation des biens eft inutile ; que fi elle eft omife dans le lieu de la fituation des biens, celle qui eft faite dans le lieu du domicile ne peut fervir de rien par rapport aux biens fitués dans le diftrict d'un autre Tribunal.

Dans l'étendue ou le reffort defquels) : L'infinuation faite au Tribunal où reffortit le lieu du domicile du fubftituant, fert non-feulement pour les immeubles fitués dans ce diftrict ou reffort, mais encore pour tous les meubles & effets mobiliers, en quelque lieu qu'ils fe trouvent, même pour les rentes conftituées fur les particuliers, ainfi que nous le dirons fur l'*art.* 22, à caufe que les meubles fuivent la perfonne, comme le portent l'*art.* 23 de l'Ordonnance de 1731, & la Déclaration du Roi du 17 Février de la même année.

Mais par rapport aux maifons & terres, ou aux fonds chargés de rentes foncières, & aux autres droits réels, même aux rentes conftituées de la qualité marquée dans l'*art.* 22 de ce titre, qui feroient compris dans la fubftitution, l'infinuation doit être faite dans le tribunal où le lieu du domicile du fubftituant reffortit, & dans celui de la fituation ou affiette des biens : enforte que l'une fans l'autre feroit infuffifante & inutile vis-à-vis des créanciers & des tiers acquéreurs : Mais les biens immeubles, ou qui ont une affiette fixe, fitués dans un diftrict où l'infinuation aura été omife ou mal faite, feront confidérés tout comme s'ils n'étoient pas fubftitués, pour ce qui concerne l'intérêt & les droits des créanciers & des tiers acquéreurs.

ARTICLE XX.

Lorſque le domicile du Subſtituant , ou que les biens
ſubſtitués ſe trouvent dans une Juſtice ſeigneuriale , l'in-
ſinuation ne peut point y être faite , mais il faut la
faire devant les Tribunaux royaux reſſortiſſans
nuement au Parlement, qui ont la connoiſſance des cas
Royaux.

La diſpoſition de l'article précédent aura lieu, encore
que l'auteur de la Subſtitution eût ſon domicile, ou que
les biens fuſſent ſitués en tout ou en partie dans une
Juſtice ſeigneuriale reſſortiſſant immédiatement en
nos Cours de Parlement ou Conſeils ſupérieurs ; auquel
cas la publication & l'enregiſtrement ſe feront dans le
Siége royal de la qualité marquée dans l'article précédent, qui a la connoiſſance des cas Royaux.

Cᴇᴛ article veut que les diſpoſitions du précédent ſoient
exécutées; quoique l'auteur de la ſubſtitution, par acte entre-
vifs, ou par diſpoſition à cauſe de mort, ait ſon domicile, ou que
les biens ſoient ſitués en tout ou en partie dans une juſtice ſeigneuriale reſſortiſſant immédiatement au Parlement ou Conſeil
ſupérieur, auquel cas la publication & l'enregiſtrement ſe feront
dans le Siége royal de la qualité marquée par l'article précédent,
qui a la connoiſſance des cas royaux.
Il n'eſt permis en aucun cas de faire l'inſinuation des ſubſtitutions dans les Juriſdictions ſeigneuriales, qui, par l'Ordonnance
de Moulins, & par la Déclaration du 18 Janvier 1712, ont été
exclus de cet avantage. Les juſtices ſeigneuriales n'ont pas le droit

de connoître des cas royaux, ils font un attribut des juftices royales.

La publication & l'enregiftrement des donations entre-vifs, & des fubftitutions que l'on appelle infinuation, ont été mis dans tous les temps par les loix du royaume au nombre des cas royaux, quoique l'attribution n'en fût pas faite aux Sénéchaux, & il n'a jamais été permis en France de faire l'infinuation des donations ni des fubftitutions, que devant les juges royaux: il ne peut donc y avoir aucun doute fur l'incompétence des jurifdictions feigneuriales quand même elles reffortiroient fans moyen aux Parlemens, ou Confeils fupérieurs, & que l'infinuation qui y feroit faite ne fût nulle & inefficace, quoique le domicile du fubftituant, & les biens fubftitués fuffent fitués en tout ou en partie dans le diftrict d'une telle jurifdiction.

Qui a la connoiffance des cas royaux): Il ne faut pas confondre les cas royaux civils, avec les cas royaux criminels; ceux-ci font attribués aux Préfidiaux par l'*art. 11 du tit. 1* de l'Ordonnance de 1670. Mais les cas royaux au civil font attribués aux premiers Juges royaux. Quoique notre article foit très-clair, un exemple en fera connoître plus parfaitement l'ufage & l'application dans la pratique. Il y a dans le bas Languedoc un Sénéchal ducal à Ufez, qui reffortit immédiatement au Parlement de Touloufe, où toutes les appellations des Sentences, qui émanent de ce Sénéchal ducal, font portées & jugées en dernier reffort.

Ce Sénéchal ducal eft fitué dans le diftrict de la Sénéchauffée royale de Nîmes, laquelle a par conféquent le droit de connoître de tous les cas royaux qui arrivent dans l'étendue du diftrict du Sénéchal d'Ufez.

Lors donc qu'un domicilié dans le diftrict du Sénéchal d'Ufez, ou qui aura fes biens en tout ou en partie, fera une fubftitution, l'infinuation en devra être faite au Sénéchal royal de Nîmes; enforte que fi elle étoit faite au Sénéchal d'Ufez, elle feroit nulle & inefficace vis-à-vis des créanciers & des tiers acquéreurs.

L'*art.* 23 de l'Ordonnance de 1731, renferme une difpofition toute femblable à celle de notre article, par rapport à l'infinuation & enregiftrement des donations entre-vifs.

ARTICLE XXI.

L'Inſinuation des Subſtitutions ne poura être faite à l'avenir, que devant les Tribunaux Royaux reſ-ſortiſſans ñuement aux Parlemens, quand même l'Aĉte contenant la Subſtitution ſeroit antérieur à la publication de la préſente Ordonnance, à peine de nullité.

Iʟ ɴᴇ ᴘᴏᴜʀᴀ ᴇsᴛʀᴇ ᴘʀᴏᴄᴇᴅᴇ́ ᴀ ʟ'ᴀᴠᴇɴɪʀ à la publication & enregiſtrement des Subſtitutions, que dans les Siéges de la qualité marquée par les deux articles précédens ; encore que la Subſtitution fût antérieure à la publication de la préſente Ordonnance, à peine de nullité.

Cᴇᴛ article défend, à peine de nullité de l'inſinuation, de la faire à l'avenir dans des Siéges autres que ceux qui ſont de la qualité marquée dans les deux articles précédens : quand même il s'agiroit d'une ſubſtitution qui fût antérieure à la publication de la préſente Ordonnance.

Il ne poura être procédé à l'avenir) : Ceci exclud bien clairement toute première Juriſdiĉtion même royale, du droit & de la faculté de faire la publication & l'enregiſtrement, non-ſeulement des ſubſtitutions qui ſeront faites à l'avenir ; mais encore de celles qui ſont faites avant la publication de la préſente Ordonnance, ſans examiner ſi le ſubſtituant eſt décédé avant ou après la publication de cette Ordonnance.

Mais il faut prendre garde que notre article n'impoſe pas la néceſſité de faire inſinuer aux Sénéchaux les ſubſtitutions antérieures à l'Ordonnance, & qui auront été inſinuées devant le premier Juge royal, comme on le pratiquoit. Il veut seulement que quand une substitution antérieure n'aura pas été insinuée en la forme qui étoit pratiquée lors de la date de l'acte entre-vifs qui la contient, ou lors du décès du substituant, quand elle aura été faite par disposition à cause de mort, l'insinuation n'en puisse être faite que dans le Bailliage ou Sénéchauffée, ou autre Siége royal ressortissant nuement aux Parlemens ou Conseils supérieurs : ensorte que même pour les substitutions antérieures, on devra se conformer à la présente Ordonnance par rapport au Tribunal où l'insinuation sera faite, & il ne sera plus permis de faire l'insinuation devant les premiers Juges royaux.

Lors donc que le substituant sera mort après la publication de la présente Ordonnance, il faudra se conformer à toutes ses dispositions. Mais s'il est décédé auparavant, ou que la substitution soit dans un acte entre-vifs antérieur, l'insinuation devra être faite en la forme prescrite par notre article.

S'il y avoit quelque dégré à échoir dans une substitution faite avant la présente Ordonnance, le substitué antérieur qui la recueilleroit depuis la publication de l'Ordonnance, devroit la faire publier & enregistrer, pour l'avantage & l'utilité des substitués appelés après lui, supposé qu'elle n'eût pas été publiée & enregistrée avant cette loi nouvelle.

ARTICLE XXII.

Lorsque la Substitution comprendra des rentes constituées sur l'Hôtel de Ville de Paris, ou sur d'autres Villes, ou sur le Roi, sur le Clergé, ou sur les Pays d'Etats, ou sur des Offices, elle devra être insinuée dans les lieux où elles se payent, ou dans les lieux de l'exercice des Offices, & dans le lieu du domicile du Substituant.

Lorsque la Substitution comprendra des rentes constituées sur Nous, ou sur notre bonne ville de Paris, ou autres Villes, sur le Clergé, ou sur les Pays d'Etats, sur des Offices, elle sera publiée & enregistrée dans les Siéges de la qualité ci-dessus marquée ; tant du lieu où lesdites rentes se payent, ou dans lequel se fait l'exercice desdits Offices, que du lieu & domicile de l'auteur de la Substitution.

Les dispositions de cet article sont une suite & une consé-quence de l'*art.* 19 de ce titre, en ce qu'il ordonne que quand la substitution comprendra des maisons & terres, ou des rentes foncières établies sur des fonds, & d'autres droits réels, elle de-vra être insinuée dans les Siéges royaux ressortissans nuement aux Parlemens, dans l'étendue où ressort desquels seront situées les maisons & terres substituées, ou les fonds chargés de rentes foncières & autres droits réels, qui seroient compris dans la substi-tution. Ce qui revient à ce principe établi plus clairement dans l'*art.* 23 de l'Ordonnance de 1731, que quand il y aura des im-meubles réels, ou de ceux qui sans être réels, ont une assiette felon les loix, courumes & ufages des lieux, l'infinuation doit être faite dans le fiége où le lieu dans lequel les biens ont leur affiette reffortit, & encore dans les lieux où reffortit le domicile du donateur.

C'eft relativement à ce principe, que notre article veut, que lorfque la fubftitution comprendra des rentes conftituéçs fur le Roi ou fur la ville de Paris, ou autre Ville, fur le Clergé, ou fur des Pays d'Etats, ou fur des Offices, elle fera publiée & enregiftrée dans les Siéges de la qualité ci-deffus marquée, tant du lieu où lefdites rentes fe payent, où dans lequel fe fait l'exercice defdits Offices, que du lieu du domicile de l'auteur de la fubftitution.

Cet article décide donc que les rentes de la qualité y exprimée, ont leur affiette dans les lieux où elles font payées, ou dans les lieux où fe fait l'exercice des offices fur lefquels les rentes conftituées font établies. Par où il a adopté la jurifprudence de quelques Parlemens qui le jugeoient ainfi.

Mais à l'égard des rentes conftituées fur les particuliers, l'infinuation n'eft pas néceffaire dans le lieu du domicile du débiteur parcequ'elles n'ont pas d'affiette, & qu'elles fuivent la perfonne du créancier. Voila pourquoi l'infinuation dans le lieu du domicile du fubftituant, fuffit pour cette efpèce de rentes çonftituées.

ARTICLE XXIII.

ARTICLE XXIII.

Nécessité de faire insinuer les Actes d'acquisition, aux Tribunaux où les biens acquis ressortissent, ensemble les Actes contenant les Subfitutions.

Dans le cas où l'emploi ci-dessus ordonné aura été fait en acquisition de maisons ou terres, rentes foncières, ou autres droits réels, ou en constitution des rentes mentionnées dans l'article précédent : voulons que tant la Subfitution que l'acte d'emploi, soient publiés & enregistrés aux Siéges de la qualité marquée par les art. 19 & 20 ; dans lesquels lesdites maisons ou terres, où les héritages chargés desdites rentes foncières, ou droits réels, sont situés, ou dans lesquels lesdites rentes sont payées ; & en cas que la subfitution y eût été déja publiée & enregistrée, il suffira d'y publier & enregistrer l'acte d'emploi.

Q U O I Q U E suivant le Droit Romain dans la loi 12, *Cod. de jure dot.* & dans les loix du titre du Code *si quis alteri vel sibi,* ce qui est acheté avec l'argent d'autrui, appartient en propriété à l'acheteur, & non à celui des deniers duquel l'acquisition a été faite, sauf à rendre les deniers à celui à qui ils appartenoient : toutefois ce qui a été acheté par le possesseur d'une hérédité qui ne lui appartient pas pour l'avantage & l'utilité de l'hérédité, vient dans l'action *petitionis hæreditatis,* surtout lorsque l'acquisition a été faite des deniers de l'hérédité, *l. item veniunt* 20, *ff. de hæred. petit.*

Notre Ordonnance ayant imposé au grevé par les *art.* 10, 11

B b b

& 13 de ce titre, la néceffité de faire l'emploi des deniers provenans de la vente des meubles fubftitués; de l'argent comptant,
qui fera trouvé dans la fucceffion; du recouvrement des effets
actifs; du rembourfement des rentes conftituées; & du prix des
offices vendus, fupprimés ou réunis, en acquifitions de fonds de
terre, ou maifons, ou en rentes foncières ou conftituées; un tel
emploi n'a d'autre objet que l'utilité & l'avantage de la fubftitution : voilà pourquoi les acquifitions qui font faites des deniers
de la fubftitution, doivent appartenir en propriété à la fubftitution, & en faire partie, en conformité de la décifion de la *loi* 20,
ff. de hæred. petit. & l'efprit de notre article, qui par les précautions qu'il indique, fuppofe néceffairement, que les acquifitions
qui font la matière de l'emploi, doivent faire partie de la fubftitution.

C'eft dans cette vue que notre article veut que dans le cas où
l'emploi des deniers de la fubftitution aura été fait en acquifition de maifons ou terres, rentes foncières, ou autres droits
réels, ou en conftitutions de rente, fur le Roi, fur les Villes, fur
le Clergé, ou Pays d'Etats, ou fur des Offices; tant la fubftitution
que les actes d'emploi, ou d'acquifitions, foient publiés & enregiftrés au fiége du Baillage ou Sénéchauffée de la fituation ou
affiette des biens ou droits acquis. Et en cas que la fubftitution
y eût été déja publiée & enregiftrée, il fuffira d'y publier & enre-
giftrer les actes d'emploi.

Cela n'a été ainfi ordonné, que pour déclarer du moins tacitement, que les acquifitions formant la matière de l'emploi,
feroient partie de la fubftitution, & pour ôter au grevé la liberté
de les aliéner, tout comme les fonds dépendans originairement
de la fubftitution.

Mais fi la publication & l'enregiftrement des actes d'emploi,
n'ont pas été faits en la forme prefcrite par notre article, les fubftitués ne pourront pas évincer les tiers acquéreurs, en faveur defquels le grevé aura aliéné les acquifitions: fauf à eux leur recours
fur les biens libres du grevé, en conformité des *art.* 15 & 17 de
ce titre.

ARTICLE XXIV.

*Forme du regiſtre dans lequel l'Inſinuation des Subſti-
tutions doit être faite, & de la forme de la publication & enregiſtrement.*

Dans chacun des Siéges ci-deſſus marqués , IL SERA
TENU UN REGISTRE PARTICULIER , qui ſera coté & para-
phé à chaque feuillet, clos & arrêté à la fin par le pre-
mier Officier du Siége , ou en ſon abſence , par celui qui
le ſuit dans l'ordre du tableau , dans lequel regiſtre
SERONT TRANSCRITS EN ENTIER les Contrats, Donations,
Teſtamens ou Codicilles, qui contiendront des Subſti-
tutions ; A L'EFFET DE QUOI , LA GROSSE OU EXPEDITION
DESDITS ACTES SERA REPRESENTE'E , SANS QU'IL SOIT
BESOIN D'EN RAPPORTER LA MINUTE.

IL ordonne , en conformité de la déclaration du 18 Janvier
1712 , que dans chacun des Siéges ci-deſſus marqués, il ſera
tenu un regiſtre particulier, qui ſera paraphé à chaque feuillet,
& arrêté à la fin par un Officier du Siége ſuivant l'ordre du
tableau, dans lequel regiſtre ſeront tranſcrits en entier , les
contrats, donations, teſtamens ou codicilles , qui contiendront
les ſubſtitutions , ſur la groſſe ou expédition deſdits actes, qui
ſera repréſentée , ſans qu'il ſoit beſoin d'en rapporter la minute.
L'*art.* 24 de l'Ordonnance de 1731 , contient une diſpoſition
ſemblable au ſujet de l'inſinuation des donations.

Il ſera tenu un regiſtre particulier) : Pour y tranſcrire en entier les actes contenant ſubſtitution. Que ſi l'enregiſtrement ou la
tranſcription étoit faite dans un regiſtre, autre que celui qui eſt

deſtiné à cet eſſet, l'inſinuation ne pouroit pas être conſidérée comme valable. Il en ſeroit de même, ſi le regiſtre n'étoit pas cotté & paraphé, & arrêté à la fin par un Officier du Bailliage ou du Sénéchal.

Seront tranſcrits en entier): C'eſt-à-dire, depuis le commencement juſqu'à la fin, même le ſeing du Notaire qui aura délivré la groſſe ou expédition, & il ne ſuffiroit pas d'en rapporter le précis ou abrégé, que l'Ordonnance appelle extrait. Il ne ſuffiroit pas non plus de tranſcrire les clauſes contenant les ſubſtitutions, il faut que ceux qui auront recours à ce regiſtre connoiſſent la forme de l'acte, pour ſavoir s'il eſt valable ou non.

A l'effet de quoi la groſſe ou expédition deſdites actes ſera repréſentée): Mais il faut que la groſſe ou l'expédition ſoit faite par le Notaire recevant, ſans quoi elle ne pouroit pas faire foi: Et ſi l'enregiſtrement étoit fait ſur une copie non authentique, & incapable de faire foi, la tranſcription faite ſur le regiſtre du Greffe ſeroit indigne de foi; parceque ſelon la remarque de *M. Charles Dumoulin ſur la Coutume de Paris*, §. 8, *n.* 33, la foi de l'extrait dépend de celle de l'original duquel il a été tiré: voilà pourquoi ſi l'original ne peut pas faire foi, l'extrait qui eſt fait, quelque ſolemnel qu'il ſoit, ne peut pas non plus faire foi.

La tranſcription ſur le regiſtre deſtiné à l'inſinuation, doit faire une pleine & entière foi pour tous, & contre tous, quoiqu'elle ne ſoit point ſignée, & qu'on n'y ait point employé les formalités pour rendre authentiques les extraits qui ſont faits ſur d'autres extraits. Ce cas eſt une exception à la règle qui veut, qu'on n'ajoute point de foi aux extraits tirés d'autres extraits, s'ils ne ſont faits d'autorité de juſtice, & partie appelée. Le pouvoir & la commiſſion que notre article donne au Greffier, & le jugement qui ordonne l'enregiſtrement, ſuffiſent pour qu'il ne ſoit pas néceſſaire d'ajouter aucune autre formalité ni précaution.

Sans qu'il ſoit beſoin d'en rapporter la minute): La raiſon eſt, que la groſſe ou l'expédition faite par le Notaire recevant, ou avec la formalité qui la rend authentique, repréſente la minute originale, & fait la même foi: mais cela prouve en même temps qu'on doit repréſenter une expédition capable de faire foi pour

tous, & contre tous, sans quoi la transcription sur le registre
seroit incapable de faire foi.

ARTICLE XXV.

Le Greffier doit donner communication du registre des
Insinuations, sans déplacer, & sans qu'il soit besoin
d'une Ordonnance du Juge.

Le Greffier ou Commis du Greffe, SERA TENU DE
DONNER COMMUNICATION DU REGISTRE, SANS DEPLACER ,
à tous ceux qui la demanderont , ET PAREILLEMENT
D'EN DELIVRER UN EXTRAIT SIGNE' DE LUI , ou une
expédition toutes les fois qu'il en sera requis , le tout,
SANS QU'IL SOIT BESOIN D'OBTENIR UNE ORDONNANCE
DU JUGE A CET EFFET.

Cet article veut que le Greffier ou le Commis du Greffe soit
tenu de donner communication du registre sans déplacer, à
tous ceux qui le demanderont, & pareillement d'en délivrer un
extrait signé de lui, ou une expédition aussi signée de lui toutes
les fois qu'il en sera requis, le tout sans qu'il soit besoin d'obtenir une Ordonnance du Juge à cet effet. L'*art.* 25 de l'Ordonnance de 1731, renferme une disposition pareille, au sujet de
l'insinuation des donations.

Sera tenu de donner communication dudit registre sans déplacer):
Afin qu'on puisse demander & obtenir la communication du
registre, on n'a pas besoin de justifier de l'intérêt qu'on peut y
avoir. Le registre de l'insinuation est pour l'utilité du public, afin
que les substitutions soient connues. Ainsi le Greffier, ou le Commis au Greffe, peuvent & doivent le communiquer à quiconque
le demandera, comme le porte notre texte.

Les mots *fans déplacer*, prouvent que le regiftre des infinua-tions ne doit pas être confié aux particuliers, & qu'il doit tou-jours demeurer au Greffe, crainte qu'il ne foit fouftrait ou fup-primé.

Et pareillement d'en délivrer un extrait figné de lui): Ceci prouve que l'extrait ou l'expédition fignés par le Greffier ou le Commis au Greffe doivent faire foi : autrement l'extrait ou l'expédition feroient inutiles.

Sans qu'il foit befoin d'une Ordonnance du Juge à cet effet): Mais fi le Greffier ou le commis au Greffe refufoient la commu-nication du regiftre, ou d'en délivrer un extrait fommaire ou une expédition, le Juge pouroit l'y contraindre, même par corps, comme dépofitaire public.

ARTICLE XXVI.

Taxe de ce qui peut être pris par les Officiers qui para-
feront le Regiſtre , & par les Greffiers qui donneront
des Extraits ou des Expéditions.

Voulons que ſuivant ce qui a été réglé par les *art.* 2 , 3
& 5 de notre Ordonnance du 17 Février 1731 , il ne
puiſſe être reçu par l'Officier qui cotera & paraphera
ledit regiſtre , que dix ſols pour ceux qui ſeront de 50
feuillets , vingt ſols pour ceux qui auront cent feuillets,
& trois livres pour ceux qui en contiendront un plus
grand nombre, & ne poura être pris par le Greffier que
dix ſols pour ſon droit de recherche , & pareille ſomme
pour chaque extrait qui ſera par lui délivré ; & s'il eſt
requis de délivrer des expéditions entières des Actes
enregiſtrés , il lui ſera payé par rôle de groſſe le même
droit qui ſe paye pour les expéditions en papier au Greffe
du Siége.

Les diſpoſitions de cet article règlent & fixent les droits que
pourront exiger, l'Officier du Sénéchal, qui cotera & paraphera
le regiſtre qui doit ſervir à l'enregiſtrement des ſubſtitutions,
& ceux du Greffier pour la recherche & communication du
regiſtre , & pour les extraits ou expéditions qu'il délivrera. Il
ſuffit de lire le texte pour l'entendre.

Mais il faut prendre garde que notre article fait comprendre
qu'il y a une différence entre le mot *extrait* , & le mot *expédition*.
Il appelle *extrait*, ce qui ne contient qu'un précis ou ſommaire
de l'acte enregiſtré, & *expédition* , la tranſcription de tout l'acte
couché ſur le regiſtre du Greffe , & c'eſt ſelon cette différence
qu'il règle différemment les droits du Greffier.

ARTICLE XXVII.

Dans quel délai l'infinuation des Subftitutions doit-elle être faite ?

La publication & enregiftrement des Subftitutions feront faits dans fix mois, à compter du jour de l'Acte qui les contiendra, LORSQU'ELLES SERONT PORTÉES PAR UN CONTRAT DE MARIAGE, OU AUTRE ACTE ENTRE-VIFS, ET DU JOUR DU DECE'S DE CELUI QUI LES AURA FAITES, LORSQU'ELLES SERONT CONTENUES DANS UNE DISPOSITION A CAUSE DE MORT,

L'ORDONNANCE fixe ici le délai dans lequel la publication & l'enregiftrement des fubftitutions doivent être faits, pour avoir un effet retroactif, au jour de l'acte entre-vifs qui le contient, ou au jour du décès du fubftituant, lorfque la fubftitution eft faite par difpofition de dernière volonté,

L'article ordonne que la publication & l'enregiftrement des fubftitutions feront faits dans fix mois, à compter du jour de l'acte entre-vifs qui les contiendra, & du jour du décès de celui qui les aura faites par difpofition à caufe de mort.

Lorfqu'elles feront portées par un contrat de mariage ou autre acte entre-vifs) : On doit donc faire l'infinuation dans les fix mois, à compter du jour de l'acte entre-vifs qui contient la fubftitution'; ce qui eft fans difficulté par rapport aux fubftitutions fubordonnées à une donation entre-vifs. Mais il peut y avoir quelque doute par rapport aux fubftitutions fubordonnées aux inftitutions contractuelles, à caufe que leur effet eft fufpendu jufqu'au décès de l'inftituant. Cependant la lettre du texte eft trop précife pour admettre une telle exception : l'inftitution
contractuelle

contractuelle eſt une diſpoſition irrévocable, elle eſt contenue dans un acte entre-vifs. Donc l'inſinuation de la ſubſtitution doit être faite dans les ſix mois, à compter de la date du contrat qui la contient; autrement elle ne poura prévaloir ſur les droits des créanciers du grevé, & des tiers acquéreurs, que du jour qu'elle aura été faite ſuivant l'*art.* 29; & l'on doit dire la même choſe par rapport aux ſubſtitutions ſubordonnées aux donations entre-vifs, lorſque le donateur aura réſervé l'uſufruit des biens donnés.

Et du jour du décès de celui qui les aura faites, lorſqu'elles ſeront contenues dans une diſpoſition à cauſe de mort): Le décès du ſubſtituant par diſpoſition à cauſe de mort, eſt donc le point fixe de l'effet rétroactif expliqué par les *art.* 28 & 29. Mais ſi la ſubſtitution étoit faite par un teſtament clos, qui n'eût été ouvert que long-temps après la mort du teſtateur, ou dans un codicille dont le ſubſtituant eût défendu l'ouverture juſqu'au décès du grevé, l'inſinuation qui ſeroit faite dans les ſix mois, à compter depuis l'ouverture du teſtament ou du codicille clos, ne devroit pas avoir un effet rétroactif, & elle ne devroit avoir ſon effet, que depuis que l'inſinuation auroit été faite. Voilà pourquoi les aliénations qui ſeroient faites par le grevé dans l'intervalle inter-médiaire, devroient ſubſiſter, ſauf au ſubſtitué à demander le prix des aliénations, comme le décide la *loi dernière,* §. *dernier, ff. de leg.* 2.

ARTICLE XXVIII.

*L'insinuation des Substitutions aura effet du jour de la
date des actes entre-vifs , ou du jour du décès du
Substituant , par acte de dernière volonté , quand elle
aura été faite dans les six mois.*

Lorsque la Substitution aura été duement
publiée et enregistrée dans ledit délai de six mois ,
elle aura effet mesme contre les creanciers et les
tiers acquereurs , à compter du jour de la date ,
si elle est portée par un acte entre-vifs , ou du jour du
décès de celui qui l'aura faite , si elle est contenue dans
une disposition à cause de mort.

Cet article règle l'effet que doit produire l'insinuation de la
substitution , selon le temps auquel l'insinuation aura été faite.

Il veut que quand la substitution aura été duement publiée ,
& enregistrée dans le délai de six mois , elle ait son effet , même
contre les créanciers & les tiers acquéreurs , à compter du jour
de la date , si elle est contenue dans un acte entre-vifs , ou du
jour du décès du substituant , si elle est contenue dans une disposition à cause de mort.

Lorsque la substitution aura été duement publiée & enregistrée) :
Le mot *duement* , qu'on lit dans cet article est très-remarquable.
Il prouve , qu'afin que la substitution puisse prévaloir sur les intérêts des créanciers & des tiers acquéreurs , il est nécessaire que
l'insinuation qui consiste en la publication & l'enregistrement ,
ait été duement faite , c'est-à-dire , qu'on y ait observé les formalités prescrites par notre Ordonnance , lesquelles formalités consistent , 1.º à la faire devant le tribunal compétent : 2.º Que la

ſubſtitution ait été publiée à l'audience, les plaids tenans : 3.º Que l'enregiſtrement ait été ordonné lors de la publication : 4.º Que l'enregiſtrement de l'acte entier contenant la ſubſtitution , ſoit fait au regiſtre qui doit être tenu exprès pour l'enregiſtrement des ſubſtitutions. Si quelqu'une de ces formalités manque, ou eſt omiſe, la ſubſtitution doit être poſtpoſée aux droits des créanciers, & des tiers acquéreurs.

Même contre les créanciers) du grevé à quelque titre que ce ſoit, autre que celui d'héritier, de donataire, ou de légataire univerſel ou particulier, ceux-ci ne pouvant pas oppoſer le défaut d'inſinuation, comme le porte l'*art.* 34 de ce titre : mais ſi l'inſinuation eſt dûement faite, les créanciers ne pouront pas exercer leurs créances ſur les biens ſubſtitués, & le fidéicommiſſaire aura une hypothèque pour ſon dédommagement ſur les biens libres du grevé, du jour de ſon acceptation expreſſe ou tacite, ainſi que nous l'avons dit ſur l'*art.* 15 de ce titre, laquelle hypothèque ſera préférée aux créanciers poſtérieurs du grevé.

Et les tiers acquéreurs) des biens ſubſtitués : Enſorte que le fidéicommiſſaire poura révoquer les aliénations faites par le grevé, & vendiquer les biens aliénés, ainſi qu'il eſt porté par l'*art.* 31 de ce titre, dans les cas expliqués aux notes ſur cet article.

ARTICLE XXIX.

Si la Subſtitution n'eſt inſinuée qu'après les ſix mois,
elle n'aura effet contre les Créanciers & les tiers
Acquéreurs, que du jour qu'elle aura été faite avec
les formalités requiſes.

POURA NEANMOINS ETRE PROCEDE A LA PUBLICATION
& à l'enregiſtrement des ſubſtitutions, après l'expiration
du délai de ſix mois ; mais en ce cas, la Subſtitution
n'aura effet CONTRE LES CREANCIERS ET LES TIERS
ACQUEREURS, que du jour qu'il aura été ſatisfait auxdites formalités, ſans qu'elle puiſſe être oppoſée à ceux
qui auront contracté avant ledit jour.

L E délai de ſix mois pour faire inſinuer la ſubſtitution, porté
par l'article précédent, ſuivant la diſtinction qui y eſt expliquée,
n'eſt pas peremptoire, il produit ſeulement l'effet rétroactif ; car
notre article veut qu'il puiſſe être procédé à la publication &
enregiſtrement des ſubſtitutions après l'expiration du délai de ſix
mois ; mais en ce cas la ſubſtitution n'aura effet contre les créanciers à titre non gratuit du grevé, ni contre les tiers acquéreurs
des biens ſubſtitués, que du jour que l'inſinuation aura été bien
& duement faite, ſans qu'elle puiſſe valoir à l'égard de ceux qui
auront contracté avec le grevé avant ledit jour.

Poura néanmoins être procédé à la publication) : L'Ordonnance de Moulins, *art.* 57, déclare nulles & de nul effet les
ſubſtitutions non inſinuées dans le délai par elle preſcrit.

Cette Ordonnance a été modifiée par la Déclaration du Roi
du 17 Novembre 1690, par celle du 18 Janvier 1712, & par
notre article : 1.° En ce qu'il eſt permis de faire inſinuer les ſubſ-

titutions en tout temps, fauf qu'elles ne vaudront contre les
créanciers & les tiers acquéreurs, que du jour de l'infinuation, fi
elle eft faite après le delai de fix mois, fuivant la diftinction
portée par l'*art.* 27 de ce titre : 2.° En ce que les fubftitutions non
infinuées valent contre les héritiers inftitués, donataires, légataires univerfels ou particuliers, même les héritiers légitimes du
fubftituant; & pareillement contre les donataires, héritiers inftitués, ou légitimes, & légataires univerfels ou particuliers du
grevé, comme l'explique l'*art.* 34 de ce titre.

Mais la nullité & l'inéficacité des fubftitutions non infinuées ;
demeure par rapport à l'intérêt des créanciers du grevé, & des
tiers acquéreurs des biens fubftitués : par conféquent le grevé
doit dans ce cas être confidéré, tout comme s'il avoit été inftitué
purement & fans charge de fubftitution. Et du moment qu'il eft
devenu héritier, les biens par lui recueillis font affectés ou hypo-
thèqués à fes propres créanciers, de la même manière que fes
biens libres, quoique leur créance foit antérieure à la délation
des biens chargés de fubftitution, & ce, en vertu de la *loi dernière*,
Cod. quæ res pign. obligari poſſunt.

Comme auffi lorfque la fubftitution n'eft pas infinuée, les
biens fubftitués demeurent obligés, affectés & hypothéqués, felon
la nature des créances, pour les dettes auxquelles le grevé eft
devenu fujet, en acceptant une autre hérédité qui lui a été déférée par une autre voie, que par la difpofition du fubftituant; parceque l'héritier qui accepte une hérédité, quafi-contracte avec
tous les créanciers ou légataires de cette hérédité §. 5, *Inftit. de*
oblig. quæ ex quafi-contractu nafcuntur. Et s'il ne fait point d'inventaire, il eft tenu *ultra vires hæreditatis* ; & il doit payer avec
fes propres biens, par conféquent avec ceux qui dépendent d'une
fubftitution non infinuée, parcequ'ils font cenfés lui appartenir,
tout de même que s'il n'avoit pas été chargé de fubftitution ,
comme étant nulle & de nul effet à l'égard des créanciers du
grevé, & des tiers acquéreurs.

Et comme les biens, qu'un héritier grevé recueille, font hypothéqués par fon addition, à tous fes créanciers hypothécaires, &
affectés aux créanciers cédulaires; lorfque la fubftitution n'a pas

été infinuée dans les fix mois, & que l'effet rétroactif de l'infinuation porté par l'*art.* 27 *suprà* n'a pas lieu, les biens fubftitués
demeurent affectés ou hypothéqués felon la qualité des créances,
aux créanciers propres du grevé, quoique la fubftitution ait été
infinuée après l'addition, lorfque l'infinuation n'a été faite qu'après
les fix mois; mais il en eft autrement, fi l'infinuation a été faite dans
les fix mois portés par l'*art.* 27 de ce titre ; dans ce cas les biens
fubftitués ne font pas affujettis, non feulement aux créanciers
antérieurs du grevé, mais encore aux poftérieurs, & leurs créances ne peuvent pas être prifes fur les biens fubftitués ; fauf à les
prendre fur les biens libres, & fur les détractions du grevé.

Contre les créanciers & les tiers acquéreurs): Les difpofitions
de notre article font très-claires, & il ne peut venir quelque difficulté que des différentes explications qu'on peut donner aux
mots *créanciers* & *tiers acquéreurs* ; il importe donc de bien
connoître la véritable fignification de ces termes.

La *loi* 10, *ff. de verbor. fignific.* explique dans un grand
détail quels font ceux qu'on peut metre dans la catégorie des
créanciers ; elle dit : *Creditores accipiendos effe conftat eos,*
quibus debetur ex quacumque actione vel perfecutione, vel jure
Civili, fine ulla exceptionis perpetuæ remotione, vel honorario,
vel extraordinario ; five purè, five in diem, vel fub conditione.
Quod fi natura debeatur, non funt loco creditorum. Sed, fi non fit
mutua pecunia, fed contractus, creditores accipiuntur. On doit
donc mettre au rang des créanciers, pour faire une jufte application de notre article, tous ceux à qui il eft dû, purement, à
jour, ou fous condition, par action ou pourfuite ordinaire ou
extraordinaire, dérivant du droit civil ou prétorien, même par
contrat, quoiqu'il n'ait pas pour objet le prêt d'argent; pourvu
que l'action ne puiffe pas être exclue & éludée par une exception
perpétuelle ; mais ceux qui n'ont qu'une action fimplement naturelle, ne doivent pas être mis au rang des créanciers, à caufe
qu'une telle action eft inéficace.

Les dernières paroles de notre article, qui portent, *fans qu'elle*
puiffe être oppofée à ceux qui auront contracté avant ledit jour ;
c'eft-à-dire, avant l'infinuation, font comprendre que la fubfti-

tution, qui n'a pas été inſinuée, ne peut pas être oppoſée à ceux qui ont contracté avec le grevé, & qui auront quelque action contre lui, en vertu d'un contrat ſynallagmatique, autre néanmoins qu'à titre de libéralité, & purement gratuit ſuivant l'*art.* 34 *infrà.* Voilà pourquoi l'action qui pouroit réſulter d'une tranſaction paſſée avec le grevé, quoiqu'il n'y eût point d'argent débourſé, ſi elle produit une action en dommages & intérêts ou autrement, ſera un titre ſuffiſant de créance, qui poura être exercée ſur les biens ſubſtitués, quand la ſubſtitution ne ſera pas inſinuée lors du contrat ou tranſaction. En un mot, il n'y aura que les perſonnes mentionnées dans l'*art.* 34 de ce titre, par rapport auxquelles le défaut d'inſinuation ne puiſſe pas nuire aux ſubſtitués.

A l'égard du mot *tiers acquéreurs,* notre article en fait ſuffiſamment connoître l'uſage & l'application, lorſqu'il dit que la ſubſtitution ne poura être oppoſée à ceux qui ont contracté avec le grevé avant l'inſinuation. Voilà pourquoi on doit mettre au rang des tiers acquéreurs, tous ceux qui auront acquis du grevé par un traité ou contrat, pourvu qu'il ne ſoit pas à titre purement gratuit. Par conſéquent tous ceux qui ont un titre, qui eſt réduit en créance ou hypothèque, lorſqu'il eſt réſolu par éviction ou défaut d'exécution, même ceux qui ont acquis par tranſaction des biens ſubſtitués pour finir un procès avec le grevé, ſans qu'il y ait de l'argent débourſé pour l'acquiſition, doivent être mis au rang des tiers acquéreurs, comme l'explique *M. Dolive, liv. IV, ch.* 28, & il n'y a, comme nous l'avons dit, que les titres de pure libéralité & vraiment gratuits auxquels le defaut d'inſinuation ne puiſſe pas être oppoſé ſuivant l'*art.* 34.

Delà vient que celui, qui n'a d'autre titre que la poſſeſſion ſur laquelle il fonde ſon droit par la preſcription, ne peut pas oppoſer le défaut d'inſinuation de la ſubſtitution, à cauſe qu'il n'y a point de contrat entre lui & le grevé, & que ſon titre, s'il eſt réſolu, n'eſt pas réduit en créance ou hypothèque. Nous avons rapporté dans le *Traité des teſtamens,* un Arrêt du Parlement de Toulouſe qui l'a jugé ainſi.

D'ailleurs notre article parle des *tiers acquéreurs ;* ce qui

suppofe un titre d'acquifition de leur part, & une vraie aliénation de la part du grevé, & ne met pas au rang de ceux qui ont
le droit d'oppofer le défaut d'infinuation, les tiers poffeffeurs qui
n'ont d'autre titre pour fe maintenir, qu'une fimple & nue poffeffion, lefquels doivent être diftingués des tiers acquéreurs.

ARTICLE XXX.

Le délai pour infinuer les actes d'acquifition.& d'emploi,
doit courir du jour de chaque acte. Le grevé ne poura
pas aliéner après l'infinuation les acquifitions par lui
faites.

Dans le cas marqué par l'*art.* 23, LE DELAI DE SIX
MOIS CI-DESSUS PRESCRIT, NE COURRA QUE DU JOUR DE
L'ACTE QUI CONTIENDRA L'EMPLOI des deniers provenans de la Subftitution, & lorfque la publication
& enregiftrement requis par ledit article, auront été
faits dans ledit délai, la Subftitution aura effet fur les
biens mentionnés audit article, à compter du jour dudit
acte, même contre les créanciers & tiers acquéreurs;
SINON ELLE N'AURA EFFET CONTR'EUX, A L'EGARD DESDITS
BIENS, QUE DU JOUR DE LA PUBLICATION ET ENRE-
GISTREMENT.

L'ARTICLE 23 de ce titre, qui décide tacitement, que les
acquifitions, qui feront faites par le grevé des deniers appartenans à la fubftitution, doivent en faire partie, ordonne l'infinuation des actes d'emploi afin que le grevé ne puiffe pas les aliéner,
ou les diffiper.
Notre article règle le délai dans lequel l'infinuation des actes
d'emploi

d'emploi & d'acquiſition, doit être faite, il veut que l'inſinuation
en ſoit faite dans les ſix mois, à compter depuis les actes d'emploi
& d'acquiſition, auquel cas l'inſinuation qui ſera faite dans ce
délai, aura un effet rétroactif au jour de l'acte d'emploi, contre
les créanciers du grevé, & les tiers acquéreurs de biens qui auront
été l'objet de l'emploi; ſinon elle n'aura effet contr'eux à l'égard
deſdits biens, que du jour de la publication & enregiſtrement
des actes d'emploi.

*Le délai de ſix mois ci-deſſus preſcrit ne courra que du jour de
l'acte qui contiendra l'emploi*): Mais il courra du jour de chaque
acte d'emploi, ou d'acquiſition en particulier. On ne doit pas
diſtinguer, comme fait l'*art.* 27 de ce titre, ſi la ſubſtitution eſt
contenue dans un acte entre-vifs, ou dans une diſpoſition à cauſe
de mort; l'inſinuation des actes d'emploi devra être faite dans
les ſix mois, à compter du jour de chaque acte indiſtinctement.

L'effet rétroactif que notre Ordonnance donne à l'inſinuation
de la ſubſtitution par l'*art.* 27 de ce titre, & à celle des actes
d'emploi par notre *art.* 30, avertiſſent de ne pas contracter dans
l'intervalle de ſix mois, avec celui qui eſt grevé de ſubſtitution,
à raiſon des biens ſubſtitués, ou de ceux qui ont été acquis des
deniers provenans de la ſubſtitution; car ſi la ſubſtitution, ou les
actes d'emploi ont été inſinués dans les ſix mois, les traités qui
ſeront faits avant l'inſinuation, n'auront point de ſolidité, & le
ſubſtitué poura faire révoquer les aliénations que le grevé aura
faites dans l'intervalle de ſix mois, même avant l'inſinuation,
dans les cas de droit.

*Sinon elle n'aura effet contr'eux que du jour de la publication
& enregiſtrement*): Quand l'inſinuation des actes d'emploi, & de
chacun en particulier, aura été faite après les ſix mois de leur
date, les traités qui ſeront faits avec le grevé à titre non gratuit,
au ſujet des biens acquis pour le grevé des deniers de la ſubſtitution, dont il aura fait l'emploi, ſeront valables & efficaces, tant
pour la créance & l'hypothèque, que pour l'aliénation des biens
qui ſeront l'objet des emplois ou remplois; ainſi les biens acquis
par le grevé de cette manière ſeront ſujets aux créances & hypothèques antérieures, & les aliénations deſdits biens ſeront

Dd d

irrévocables. Mais il eſt néceſſaire que les actes qui établiront la créance, ou l'aliénation avant l'inſinuation, ayent une date cer-taine ou authentique ; que s'ils étoient d'écriture privée, dont la date ne ſeroit pas aſſurée par quelque circonſtance, ils devroient être conſidérés comme poſtérieurs à l'inſinuation qui eſt un acte public ; parceque les écritures privées n'ont point de date cer-taine vis-à-vis des tierces perſonnes telles que ſont les ſubſtitués ; leur date n'eſt aſſurée que par l'aveu ou la reconnoiſſance faites en jugement, ou par acte devant Notaire , ou par quelqu'autre circonſtance, comme la mort de l'une des parties, ou le contrôle de l'écrit privé , auquel cas la date ſeroit fixée au jour de la mort de l'une des parties, ou à celui du contrôle. L'inſinuation étant un acte public , elle a une date fixe & certaine , & doit par conſéquent prévaloir ſur un écrit purement privé, dont la date n'eſt pas aſſurée, & ne fait preuve qu'entre les contractans.

Du reſte les biens acquis par les actes d'emploi ou de remploi, devant faire partie de la ſubſtitution , il faut appliquer à cette eſpèce de biens par rapport à leur aliénation ou hypothèque, ce qui eſt ordonné par rapport aux biens qui dépendent originai-rement de la ſubſtitution.

Il faut prendre garde que l'inſinuation des actes d'acquiſition & d'emploi des deniers dépendans des ſubſtitutions, ne peut produire quelqu'effet à l'égard des créanciers & tiers acquéreurs, qu'autant que la ſubſtitution aura été inſinuée. Cela réſulte de la diſpoſition de l'*art.* 23 de ce titre.

ARTICLE XXXI.

Les Subſtitués peuvent révoquer les aliénations faites après l'inſinuation de la Subſtitution, & ils peuvent vendiquer les biens aliénés, quand même ils ſeroient héritiers de l'aliénant.

Tᴏᴜᴛᴇs ʟᴇs ᴀʟɪᴇɴᴀᴛɪᴏɴs ғᴀɪᴛᴇs ᴘᴀʀ ʟᴇ ɢʀᴇᴠᴇ' ᴏᴜ ᴘᴀʀ ᴜɴ ᴅᴇs Sᴜʙsᴛɪᴛᴜᴇs', ᴀᴜ ᴘʀᴇᴊᴜᴅɪᴄᴇ ᴅᴇ ʟᴀ Sᴜʙsᴛɪᴛᴜ-ᴛɪᴏɴ, ᴀ ᴄᴏᴍᴘᴛᴇʀ ᴅᴜ ᴊᴏᴜʀ ǫᴜ'ᴇʟʟᴇ ᴅᴏɪᴛ ᴀᴠᴏɪʀ sᴏɴ ᴇғғᴇᴛ, ᴄᴏɴᴛʀᴇ ʟᴇs ᴄʀᴇᴀɴᴄɪᴇʀs ᴇᴛ ʟᴇs ᴛɪᴇʀs ᴀᴄǫᴜᴇʀᴇᴜʀs, sᴜɪᴠᴀɴᴛ ʟᴇs ᴀʀᴛɪᴄʟᴇs ᴘʀᴇᴄᴇᴅᴇɴs, ɴᴇ ᴘᴏᴜʀᴏɴᴛ ɴᴜɪʀᴇ ᴀᴜx Sᴜʙsᴛɪᴛᴜᴇ's, ᴇᴛ ᴇɴ ᴄᴀs ǫᴜ'ɪʟs ʀᴇᴠᴇɴᴅɪǫᴜᴇɴᴛ ʟᴇs ʙɪᴇɴs ᴀʟɪᴇɴᴇ's, ʟᴇs ᴀᴄǫᴜᴇʀᴇᴜʀs sᴇʀᴏɴᴛ ᴛᴇɴᴜs ᴅᴇ ʟᴇs ᴅᴇʟᴀɪssᴇʀ, sᴀᴜғ ʟᴇᴜʀ ʀᴇᴄᴏᴜʀs sᴜʀ ʟᴇs ʙɪᴇɴs ʟɪʙʀᴇs ᴅᴜ ᴠᴇɴᴅᴇᴜʀ. Cᴇ ǫᴜɪ sᴇʀᴀ ᴏʙsᴇʀᴠᴇ' ᴇɴᴄᴏʀᴇ ǫᴜᴇ ʟᴇ Sᴜʙsᴛɪᴛᴜᴇ' sᴇ ᴛʀᴏᴜᴠᴇ ᴇɴ ᴍᴇsᴍᴇ ᴛᴇᴍᴘs ʜᴇʀɪᴛɪᴇʀ ᴘᴜʀ ᴇᴛ sɪᴍᴘʟᴇ ᴅᴜ ᴠᴇɴᴅᴇᴜʀ, sᴀɴs ɴᴇᴀɴᴍᴏɪɴs ǫᴜ'ᴇɴ ᴄᴇ ᴄᴀs, ɪʟ ᴘᴜɪssᴇ ᴅᴇᴘᴏssᴇᴅᴇʀ ʟ'ᴀᴄǫᴜᴇʀᴇᴜʀ, ǫᴜ'ᴀᴘʀᴇ's ʟ'ᴀᴠᴏɪʀ ʀᴇᴍʙᴏᴜʀsᴇ' ᴇɴᴛɪᴇʀᴇᴍᴇɴᴛ ᴅᴜ ᴘʀɪx ᴅᴇ ʟ'ᴀʟɪᴇɴᴀᴛɪᴏɴ, ғʀᴀɪs ᴇᴛ ʟᴏʏᴀᴜx-ᴄᴏᴜᴛs.

Cᴇᴛ article explique quels doivent être les effets d'une ſubſ-titution duement inſinuée.

Le Droit Romain dans la *loi* 3 §. 2 & 3, *Cod. comm. de legatis & fideicommiſſis*, ſans exiger la formalité de l'inſinuation des ſubſtitutions, déclaroit nulles les aliénations des biens ſubſtitués, faites par le grevé, comme auſſi les hypothèques; car, comme dit le §. 2, *ſatis abſurdum eſt, & irrationabile, rem quam ſuis*

D d d 2

bonis purè non poſſidet, eam ad alios poſſe transferri, vel hypo-
thecæ pignorisve nomine obligare, vel manumittere, & alienam
ſpem decipere : ſans examiner s'il s'agit d'une hérédité ſubſtituée,
ou d'une choſe particulière, comme l'explique le §. 3.

A la vérité l'aliénation & l'hypothèque ſur les biens ſubſtitués,
tiennent pendant la vie du grevé, ou juſqu'à ce que ſon droit ſoit
réſolu : mais lorſque le temps auquel le fidéicommis doit être
reſtitué, eſt échu, ou que la condition eſt arrivée, de manière
que le droit du ſubſtitué eſt ouvert : l'aliénation & l'hypothèque,
ſont réſolues à la pourſuite du fidéicommiſſaire, dans leur principe, tout comme ſi elles n'avoient pas été faites ou établies, à
cauſe que l'événement de la condition ou du jour, a un effet
rétroactif : *Sciat quòd conditione impleta ab initio cauſa in irritum*
devocetur ; & ſic intelligenda eſt, quaſi nec ſcripta, nec penitùs
fuerit celebrata, comme dit la *loi* 3 §. 3, *Cod. comm. de leg.*
ſans que l'acquéreur puiſſe s'aider de l'uſucapion, ni de la preſcription de long temps, qui aura couru, tandis que la condition
étoit pendante : *Ut nec uſucapio nec longi temporis præſcriptio*
contra legatarium vel fideicommiſſarium procedat.

C'eſt de cette loi que les diſpoſitions de notre article ont été
tirées.

Il veut que les aliénations faites par le grevé, ou par un des
ſubſtitués au préjudice de la ſubſtitution, à compter du jour
qu'elle doit avoir ſon effet contre les créanciers & les tiers acquéreurs, ſuivant les articles précédens, ne puiſſent pas nuire
aux ſubſtitués : & au cas qu'ils revendiquent les biens aliénés,
les acquéreurs ſeront tenus de les délaiſſer, ſauf leur recours ſur
les biens libres du vendeur.

Ce qui doit être obſervé encore que le ſubſtitué ſe trouve en
même temps héritier pur & ſimple du vendeur, ſans néanmoins
qu'en ce cas il puiſſe dépoſſéder l'acquéreur, qu'après l'avoir rembourſé entièrement du prix de l'aliénation, frais & loyaux coûts.

Toutes les aliénations faites par le grevé, ou par un des
ſubſtitués au préjudice de la ſubſtitution) : Il réſulte de ces paroles, & de celles qui ſuivent, que le ſubſtitué, après que ſon
droit ſera ouvert, poura demander la révocation des aliénations

faites par le grevé, ou par un des fubflitués, au préjudice de la fubflitution, & vendiquer les biens aliénés, fans que les acquéreurs puiffent fe difpenfer de les délaiffer. Ce qui doit s'entendre des immeubles, rentes foncières non rachetables, & autres droits réels réputés immobiliers, & non des meubles & effets mobiliers, dont l'*art.* 8 *fuprà* ordonne la vente, ni du remboursement des rentes conflituées fait volontairement par les débiteurs, dont l'emploi eft ordonné par l'*art.* 13 de ce titre, non plus que des offices, que l'*art.* 13 ordonne de vendre & de faire l'emploi du prix.

Mais ce feroit s'équivoquer que de prétendre que notre article prohibe toute forte d'aliénations de biens fubflitués ; il borne la prohibition aux aliénations qui feront faites au préjudice de la fubflitution, c'eft-à-dire, à celles que le grevé ou l'un des fubflitués feront fans caufes légitimes, *& in everfionem fideicommiffi*, comme dit *la loi* 22, §. 4, *ff. ad S. C. Trebell.* Par conféquent la prohibition d'aliéner ne comprend pas les biens dont le fubftituant, aura permis l'aliénation, ni ceux que les loix Romaines ont permis d'aliéner dans certains cas, comme pour conflituer des dots aux filles du grevé, *l.* 22, §. 4, *ff. ad S. C. Trebell.* & *authen.* res quæ *Cod. comm. de leg. & fideicom.* pour la dot & l'auggment de la femme du grevé *Novell.* 39, pour payer les dettes & les charges de la fubflitution, *l.* 38, *ff. de leg.* 3 *:* l'*art.* 55 du *tit.* 1, fournit un bon argument pour appuyer cette dernière réflexion, & autres cas exprimés par les loix ; mais je ne voudrois admettre que ces cas, & rejeter tous les autres qui font expliqués par les Auteurs, lorfqu'ils n'ont pas leur fondement dans quelque loi, comme étant incompatibles avec la lettre & l'efprit de notre article. Comme auffi il me paroît certain que lorfque le fubflituant aura permis au grevé de faire des aliénations pour les cas exprimés dans la difpofition, l'aliénation eft valable ; vu que dans ces cas, la volonté ou le mandat du fubflituant doivent être exécutés ; pourvu que le grevé n'en excède pas les bornes, & qu'il ne faffe rien *in everfionem fideicommiffi.*

Mais quoique je penfe que notre article n'a pas prohibé l'aliénation des biens fubflitués dans les cas où le Droit Romain l'avoit permife, je crois néanmoins que le grevé ne peut pas faire ces aliénations, à moins qu'il n'en ait reçu un pouvoir & un mandat de la part du fubftituant, fans y obferver les formalités preferites par l'*art.* 8 de ce titre, c'eft-à-dire, fans affiches, & fans enchères; car fi ces formalités font néceffaires pour la vente des meubles, qui font ordinairement de peu d'importance, elles font encore plus néceffaires pour l'aliénation des immeubles, dont l'objet eft communément plus confidérable. Et pour que les aliénations faites par le grevé ou par un des fubftitués, puiffent être confidérées comme irrévocables, il eft encore néceffaire que le prix des biens aliénés foit employé à l'acquit des dettes & charges de la fubftitution, ou pour les caufes à raifon defquelles le Droit Romain a permis les aliénations des biens fubftitués, & que le grevé ou les acquéreurs en rapportent une preuve légale, fans quoi ces aliénations pouront être révoquées, & les acquéreurs devront délaiffer les biens aliénés, comme le porte notre article.

La prohibition d'aliéner, comprend à plus forte raifon la prefcription fuivant la *loi* 3 §. 3, *Cod. comm. de leg. & fideicomm.* laquelle prefcription ne peut pas courir contre le fubftitué, tandis que le grevé a droit de jouir : à caufe que le fubftitué n'a qu'une fimple efpèrance, *l.* 42, *ff. de acquir. rer. domin.* qu'il n'a aucun droit d'agir avant l'échéance du fidéicommis, & que *contra non valentem agere non currit præfcriptio ;* mais la prefcription commencera de courir utilement contre le fubftitué capable d'agir, à compter depuis l'échéance du fidéicommis, à caufe de cette autre maxime, *contra valentem agere currit præfcriptio.* Cependant le temps qui a couru contre un premier fubftitué, qui aura laiffé prefcrire fon droit, ne peut pas nuire à un fecond fubftitué, qui vient en vertu d'un droit qui lui eft propre. Voilà pourquoi la prefcription ne poura lui être oppofée, que depuis que le fidéicommis eft échu en fa faveur, les autres échéances antérieures ne pouvant pas lui être imputées, ni oppofées. Ce qui a lieu, quoique la prefcription eût commencé pendant la vie du fubftituant, lorfqu'il s'agira d'un immeuble réel ou fictif; car s'il s'agiffoit d'une fimple action mobiliaire, la preſcription, qui auroit commencé ſur la tête du ſubſtituant, continueroit, & s'accompliroit ſur la tête du grevé, ou d'un premier ſubſtitué, au préjudice du ſubſtitué ultérieur, ſuivant *la loi* 70, §. *dernier ff. ad S. C. Trebell.* ſauf ſon recours contre ceux qui par leur négligence auroient laiſſé perdre l'action : & il me paroît indubitable que, quoiqu'en diſe *M. de Catelan*, il n'y a point de diſtinction à faire au ſujet d'un immeuble réel ou fictif, ſoit que la preſcription ait commencé pendant la vie du ſubſtituant, ou après ſa mort. Cette diſtinction peut bien être reçue pour les biens dotaux à cauſe de la *loi ſi fundum* 16, *ff. de fundo dotali*, mais non dans le cas des biens ſubſtitués ; parceque les paroles & l'eſprit de la *loi* 3, *Cod. comm. de leg.* y reſiſtent en excluant toute preſcription pendant la jouiſſance du grevé.

A compter du jour qu'elle doit avoir ſon effet contre les créanciers & les tiers acquéreurs ſuivant les articles précédens) : C'eſt-à-dire, depuis l'acte entre-vifs qui contient la ſubſtitution, ou depuis la mort du ſubſtituant, lorſque la ſubſtitution aura été inſinuée dans les ſix mois, & depuis l'inſinuation, ſi elle a été faite après les ſix mois, ſuivant les *art.* 27, 28 & 29 de ce titre, quand il s'agira de biens ſubſtitués que le ſubſtituant à laiſſés à ſa mort ; que s'il s'agit d'acquiſitions faites par le grevé par des actes d'emploi de deniers, ſi l'inſinuation a été faite dans les ſix mois, à compter de la date de chaque acte d'emploi, elle aura effet contre les créanciers & les tiers acquéreurs, depuis la date de chacun des actes : mais ſi l'inſinuation a été faite après les ſix mois, elle n'aura d'effet que depuis l'inſinuation deſdits actes ſeulement.

Ne pourront nuire aux ſubſtitués) : Ceci s'entend des aliénations, qui auront été faites ſans néceſſité & ſans aucune cauſe du nombre de celles que les loix approuvent, comme nous l'avons dit.

Et en cas qu'ils revendiquent les biens aliénés, les acquéreurs ſeront tenus de les delaiſſer) : Ceci s'entend des ſubſtitués, lorſque la ſubſtitution aura été échue en leur faveur ; mais pour pouvoir intenter l'action *rei vindicationis* contre les tiers acquéreurs, il faut que les ſubſtitués aient demandé & obtenu la délivrance de la ſubſtitution, ſuivant l'*art.* 40 *du tit.* 1 *de la préſente*

Ordonnance. Toutefois la prescription courra contre le substitué depuis l'échéance en sa faveur, même avant d'avoir obtenu la délivrance, quoiqu'il ne puisse pas agir utilement contre les acquéreurs ou détenteurs : vu que la suspension de l'action du substitué, jusqu'à la délivrance, n'est pas un empêchement de droit ni de fait ; parceque le substitué a la liberté de demander la délivrance. C'est donc sa faute, s'il ne la demande pas pour pouvoir intenter utilement son action contre les tiers détenteurs.

Sauf leur recours sur les biens libres du vendeur) : Lorsque les aliénations des biens substitués, auront été mal faites, les substitués pourront les faire révoquer, revendiquer les biens mal aliénés, & en évincer les tiers acquéreurs, sans être obligés de leur rendre le prix qu'ils en ont payé, ni les frais & loyaux coûts des aliénations ; parceque les tiers acquéreurs qui ne peuvent pas se maintenir aux biens, ne peuvent pas non plus avoir une hypothèque sur les biens substitués, lorsque la substitution a été duement insinuée, & que notre article ne laisse aux tiers acquéreurs qu'un recours sur les biens libres du vendeur ; ce qui met les biens substitués à l'abri de toute recherche de la part des acquéreurs, qui sont évincés.

Mais quoique la *loi* 3 , §. 4 , *Cod. comm. de leg. & fideicom.* décide que l'acquéreur des biens substitués, qui a connu la charge de la substitution, ne puisse pas prétendre les dommages & intérêts, ni les améliorations contre le vendeur, il peut néanmoins demander les améliorations qu'il aura faites aux biens dont il est évincé, & en répéter la valeur à l'estimation d'experts contre le substitué, qui en profite ; parceque *nemo debet locupletari cum alterius jactura,* & qu'il est de l'équité naturelle de rendre les améliorations, même au possesseur de mauvaise foi, suivant la loi *planè* 38 , *ff. de hæred. petit.* comme le décide M° *Charles Dumoulin , sur la Coutume de Paris.*

Du reste, après que l'insinuation a été faite, la substitution est censée connue, au moyen de la publication & de l'enregistrement : par conséquent ceux qui achètent des biens substitués, se trouvent dans la même position que celui dont parle la loi citée ;

citée, qui a connu la charge : voilà pourquoi les ſubſtitués n'ont
pas beſoin de rapporter une preuve ſpéciale, que le tiers acquéreur a eu, lors de ſon acquiſition, une connoiſſance perſonnelle
de la charge de la ſubſtitution, & l'on doit appliquer à tout
acquéreur après l'inſinuation, les diſpoſitions de la *loi* 3, §. 4,
Cod. comm. de leg.

Les paroles de notre texte (*ſauf leur recours ſur les biens libres
du vendeur*), en décidant que les tiers acquéreurs, n'ont rien à
répéter ſur le ſubſtitué, qui évince les biens aliénés, fait comprendre d'une manière très-claire, qu'il ne s'agit, que des aliénations faites ſans cauſe, *in everſionem fideicommiſſi* ; car ſi elles
avoient été faites pour payer les dettes & charges de la ſubſtitution, que le prix eût été employé à les acquiter, & que le Légiſlateur eût permis de les révoquer, il n'auroit pas omis de réſerver
aux tiers acquéreurs l'action pour répéter du ſubſtitué le prix employé à l'acquit des charges de la ſubſtitution, dont il profiteroit ;
par conſéquent il ſeroit tenu de l'action de *in rem verſo.*

Nous avons vu, que quand les aliénations des biens ſubſtitués,
ſont mal faites, le ſubſtitué peut vendiquer les biens, & les évincer des mains du tiers acquéreur ſans lui rendre autre choſe
que les améliorations, s'il y en a, & qu'il ne reſte d'autre reſſource
à l'acquéreur évincé, qu'un recours ſur les biens libres du vendeur ;
il convient d'examiner en quoi conſiſte ce recours.

La loi 3, §. 4, *Cod. comm. de leg.* à laquelle notre Ordonnance
ſe refère, parcequ'elle ne porte aucune diſpoſition qui y déroge, fixe d'une manière très-claire ce recours. Elle porte, que
quand l'acheteur aura connu la charge de la ſubſtitution (ce
qui doit être appliqué à tout acquéreur, lorſque la ſubſtitution
eſt publiée & enregiſtrée ; parceque *ſcire & ſcire debere paria
ſunt*) ; il n'a d'autre action contre le vendeur, que pour la reſtitution du prix ſeulement, ſans pouvoir prétendre aucun autre
dédommagement à raiſon de la ſtipulation du double & de la
garantie ; quoiqu'elle fût inſérée expreſſément dans l'acte d'aliénation, pas même les améliorations ; ſauf aux ſubſtitués à les
répéter du ſubſtitué, qui évince les biens & qui en profite, comme
nous l'avons dit, *emptor autem ſciens rei gravamen*, dit la loi,

adverſus venditorem habeat tantum ad reſtitutionem pretii, ne-
que dupl.e ſtipulatione, neque melioratione locum habente ; cum
ſufficiat ei ſaltem pro pretio, quod ſciens dedit pro aliena re,
ſibi ſatisfieri : Ce qui exclud bien clairement tout dédommagement, même à raiſon des frais & loyaux coûts du contrat,
qui doivent être à pure perte pour l'acquéreur.

Ce qui ſera obſervé, encore que le ſubſtitué ſe trouve en même
temps héritier pur & ſimple du vendeur) : La diſpoſition renfermée dans les paroles que nous venons de tranſcrire eſt nouvelle ;
elle n'a aucun fondement dans le droit, elle eſt même contraire
aux principes qu'il établit ; car l'héritier pur & ſimple repréſente
le défunt, il eſt tenu des mêmes actions que le défunt, & il doit
garantir les faits & les promeſſes du défunt : enſorte que, comme
celui qui a vendu une choſe, & qui doit la garantir, ne peut pas
l'évincer ; quoique la propriété lui parvienne par quelqu'autre
droit, ſuivant les loix du titre du digeſte *de excep. rei vendit.*
& tradit.e, de même l'héritier pur & ſimple du vendeur, ne peut
pas la vendiquer, quoiqu'elle lui parvienne par un droit autre
que celui qui lui vient en qualité d'héritier du vendeur, ſuivant
la loi *Cum à morte* 14, *Cod. de rei vindicat.* La loi 3, *Cod. de reb.*
alienand. non alienandis, la loi *Seia* 73, *ff. die vict.* & autres
textes, deſquels on a tiré la maxime, *quem de evictione tenet*
actio, eumdem agentem repellit exceptio.

Cependant la faveur des ſubſtitutions, & l'attention ſingulière
que le légiſlateur a témoignée par pluſieurs diſpoſitions nouvelles,
qui ont pour objet la conſervation des biens ſubſtitués, l'ont
ſans doute engagé à permettre au ſubſtitué de reclamer les biens
ſubſtitués mal aliénés, quoiqu'il ſoit héritier pur & ſimple du
vendeur. Quoique cela ſoit contraire à la rigueur des règles
du Droit Romain, ſur la matière des ventes, on en trouve quelque fondement dans la *loi* 3, §. 4, *Cod. comm. de leg.* & la diſpoſition de notre article eſt appuyée ſur l'équité. L'acquéreur ne
ſouffre aucun dommage réel, par la précaution que cet article
prend, dont nous allons parler.

Sans néanmoins qu'en ce cas il puiſſe dépoſſéder l'acquéreur,
qu'après l'avoir rembourſé entiérement du prix de l'aliénation,

frais & loyaux coûts): Lorſque le ſubſtitué, qui eſt en même
temps héritier pur & ſimple du grevé, qui a mal aliéné les biens
ſubſtitués, les revendique, comme notre article le lui permet, il
peut bien faire condamner l'acquéreur à délaiſſer les biens mal
aliénés, mais il ne peut pas le dépoſſéder ſans l'avoir préalablement rembourſé du prix que l'acquéreur a payé au grevé,
enſemble des frais du contrat & des loyaux coûts de la vente.

Ainſi l'acquéreur a dans ce cas, non-ſeulement une action
pour obliger le ſubſtitué à lui rembourſer le prix, les frais, & les
loyaux coûts de l'acquiſition, mais encore un droit de retention
des biens juſqu'au rembourſement réel & effectif; ce qui ne vient
que de ce qu'il ſe trouve héritier de celui qui a fait l'aliénation;
car autrement il ne devroit rendre que ce qui auroit été employé à l'utilité de la ſubſtitution: Voilà pourquoi s'il y a un ſecond ſubſtitué en faveur duquel la ſubſtitution ſoit ouverte par le
décès du premier, il ne ſera pas obligé de rembourſer aux héritiers du premier, ce que celui-ci aura été obligé de payer en
capital, frais & loyaux coûts à l'acquéreur pour le dépoſſéder.

Mais le rembourſement eſt borné au prix des biens acquis &
aux frais & loyaux-coûts dont notre article parle, ſans que le
ſubſtitué qui évince, ſoit obligé de payer la plus value des biens
évincés, ni aucun autre dédommagement. L'acquéreur ne doit
pas à la vérité être en perte, mais il ne doit pas gagner à l'occaſion des acquiſitions qu'il a faites par une eſpèce d'imprudence,
ne pouvant pas ignorer qu'il pourroit être évincé après la mort
du grevé.

Pour avoir une intelligence plus pleine & plus parfaite de
notre article, on peut voir les notes que nous avons faites ſur les
art. 41, 44 *& 55 du tit.* 1 de cette Ordonnance.

Au ſurplus, il faut prendre garde, qu'afin que les créanciers
& les tiers acquéreurs puiſſent oppoſer le défaut d'inſinuation, il
faut qu'ils aient contracté avec le grevé ou avec un ſubſtitué, qui
avoient ſur leur tête la propriété des biens; car s'ils avoient contracté avec les héritiers du grevé ou du premier ſubſtitué, qui
n'étoient pas eux-mêmes ſubſtitués, le défaut d'inſinuation de la
ſubſtitution ne pourroit pas être oppoſé, à cauſe que les héritiers

non appelés à la fubftitution , n'ayant aucun droit fur les biens fubftitués, n'en peuvent transférer aucun à ceux qui contractent avec eux. Cela a été ainfi jugé par un Arrêt du Parlement de Touloufe , à la troifième Chambre des Enquêtes , du 4 Août 1739, que nous avons rapporté au traité des Teftamens, *ch.* 8 , *feɛ.* 4, *n.* 42.

Ceci a été autorifé & confirmé par l'*art.* 34 de ce titre.

ARTICLE XXXII.

Qui eft-ce qui peut oppofer le défaut d'infinuation des Subftitutions , & à qui ce défaut peut-il être oppofé?

LES CREANCIERS ET TIERS ACQUEREURS POURONT OPPOSER LE DEFAUT DE PUBLICATION ET D'ENREGIS- TREMENT DE LA SUBSTITUTION , MESME AUX PUPILLES , MINEURS OU INTERDITS , & à l'Eglife , Hôpitaux , Com- munautés , ou autres qui jouiffent du privilège des mineurs, SAUF LEUR RECOURS DESDITS PUPILLES , MI- NEURS ET AUTRES CI-DESSUS MENTIONNÉS , CONTRE LEURS TUTEURS , CURATEURS , SYNDICS , OU AUTRES ADMINIS- TRATEURS , ET SANS QU'ILS PUISSENT ESTRE RESTITUÉS CONTRE LEDIT DEFAUT , quand même lefdits Tuteurs, Curateurs , Syndics ou autres Adminiftrateurs fe trou- veroient infolvables.

CET article & les deux fuivans, expliquent , 1.° quelles font les perfonnes qui peuvent oppofer le défaut d'infinuation des fubftitutions, ou auxquelles le même défaut doit nuire; 2.° quelles font celles qui ne peuvent pas oppofer ce défaut, & à l'égard defquelles les fubftitutions ont leur entier effet, quoiqu'elles ne ſoient pas inſinuées; 3.° que le défaut d'inſinuation ne peut être remplacé ni ſuppléé par aucun équivalent.

L'*art.* 32 veut que les créanciers & les tiers acquéreurs puiſſent oppoſer le défaut de publication & d'enregiſtrement de la ſubſtitution; même aux pupilles, mineurs, ou interdits, & à l'Egliſe, aux Hôpitaux, Communautés ou autres, qui jouiſſent du privilége des mineurs.

Sauf aux pupilles, mineurs & autres ci-deſſus mentionnés, leur recours contre leurs Tuteurs, Curateurs, Syndics ou autres adminiſtrateurs.

Et ſans qu'ils puiſſent être reſtitués en entier envers le défaut d'inſinuation, même dans le cas que les Tuteurs, Curateurs & autres Adminiſtrateurs ſeroient inſolvables.

Il paroît de la diſpoſition de cet article qu'il doit avoir lieu pour les aliénations faites, ou les créances contractées par le grevé, quoiqu'il n'ait pas obſervé la formalité de la miſe en poſſeſſion, en vertu de l'Ordonnance du Sénéchal dont il eſt fait mention dans les *art.* 35, 36 & 39; car l'omiſſion de cette formalité empêche bien que le grevé ne gagne les fruits, mais elle n'empêche pas qu'il ne puiſſe demander l'ouverture & la délivrance de la ſubſtitution, lorſqu'il s'agit d'un premier ſubſtitué, ni que l'héritier inſtitué ne puiſſe prendre la poſſeſſion de fait, à cauſe qu'il eſt ſaiſi de plein droit de l'hérédité. Voilà pourquoi ſi l'héritier grevé aliène, ou s'il contracte des hypothèques ſur les biens ſubſtitués, après avoir accepté expreſſément ou tacitement, les aliénations & les hypothèques tiendront; & l'on doit dire la même choſe par rapport au premier ſubſtitué; mais ſi le premier grevé ou le ſubſtitué n'ont pas accepté expreſſément ou tacitement: les hypothèques par eux contractées n'affecteront pas les biens ſubſtitués.

La Déclaration du Roi du 18 Janvier 1712, avoit ordonné à peu près la même choſe.

Les créanciers & les tiers acquéreurs pourront oppoſer le défaut ae publication & d'enregiſtrement de la ſubſtitution): Nous avons expliqué dans les notes ſur l'*art.* 29 de ce titre, quels ſont ceux qui doivent être mis au rang des créanciers & des tiers acquéreurs, pour pouvoir oppofer le défaut d'infinuation de la fubftitution. Il fuffit de rappeler, que tous ceux qui ont contracté avec le grevé à titre non gratuit, foit pour établir quelque créance, ou pour acquérir les biens fubftitués, même ceux qui ont quafi-contracté avec le grevé, doivent être rangés dans cette catégorie, (*V. M. Maynard , liv. V , ch.* 95) quand même le contrat ou le quafi-contrat feroit antérieur à la délation des biens fubftitués.

Même aux pupilles , mineurs ou interdits): Ceci explique quelles font les perfonnes auxquelles le défaut d'infinuation peut être oppofé par les créanciers & les tiers-acquéreurs.

Ce défaut nuit, non-feulement aux majeurs qui font capables d'agir, mais encore aux pupilles, aux mineurs, aux interdits, à l'Eglife, aux Hôpitaux, aux Communautés eccléfiaftiques & laïques, & à tous les autres qui jouiffent du privilége des mineurs, comme font les enfans de famille, qui font fous la puiffance de leur père, quand même il s'agiroit des biens dont le père auroit l'ufufruit, *jure patriæ poteftatis*. En un mot, le défaut d'infinuation doit nuire à toute forte de fubftitués, de quelque âge, état & condition, qu'ils foient, préfens ou abfens, même *reipublicæ caufâ*, foit qu'ils aient connu ou ignoré l'acte ou la difpofition contenant la fubftitution, ou qu'ils en ayent eu connoiffance, fans diftinction, limitation, ni exception. Mais il faut prendre garde que depuis l'Edit de 1749, concernant les mainmortes, l'église, les Hôpitaux, les Communautés féculières & regulières, & les autres gens de mainmorte, font incapables de recueillir les biens immeubles, rentes foncières non rachetables, & les rentes conftituées fur les particuliers qui feront compris dans des fubftitutions, qui écherront après la publication de l'Edit du mois d'Août 1749.

Sauf le recours defdits pupilles , mineurs & autres , contre les Tuteurs , Curateurs , Syndics , & autres Adminiftrateurs): Cette difpofition de notre article réferve aux pupilles, mineurs & autres, qui fouffrent du préjudice à caufe du défaut d'infinuation de la fubftitution, un recours pour fe faire indemnifer du préjudice que le défaut d'infinuation leur caufe ; lequel recours

doit avoir lieu même contre le père, qui a en fa puiflance les
enfans qui font appelés pour recueillir la fubftitution ; & les fubftitués auront une hypothèque fur les biens de leurs adminiftrateurs , *à die fufceptæ adminiftrationis* , à raifon du dédommagement qu'ils pouront prétendre en vertu de notre article, & felon
la décifion des loix.

Et fans qu'ils puiffent être reftitués contre ledit défaut) : Ceci
tranche la difficulté qui avoit partagé les auteurs, dont les uns
penfoient que la reftitution en entier envers le défaut d'infinuation, devoit être accordée aux pupilles, mineurs & autres de
même qualité , & les autres étoient d'avis que la reftitution
devoit leur être refufée. Notre article décide la queftion fuivant
l'avis de ces derniers, en conformité de la Déclaration du Roi
du 18 Janvier 1712 ; même nonobftant l'infolvabilité des tuteurs,
curateurs & autres adminiftrateurs.

Du refte, quoique la fubftitution. fubordonnée à une inftitution contractuelle, contenue dans un contrat de mariage, ait été
duement infinuée : une telle infinuation n'empêcheroit pas que
ceux qui auroient contracté avec l'inftituant, foit pour établir
des créances & des hypothèques , foit en acquérant des biens
dépendans de l'inftitution & de la fubftitution, ne duffent conferver leurs droits ; parceque l'inftitution contractuelle eft bien
irrévocable pour le titre, & pour affurer la fucceffion à l'héritier
contractuel ; mais elle ne lie pas les mains à l'inftituant, & ne
l'empêche pas de contracter des dettes, & de faire des aliénations
de bonne foi, & exemptes de fraude.

L'inftitution contractuelle eft fufpendue pour fes effets jufqu'à
la mort de l'inftituant, & l'héritier contractuel le repréfente ,
non, eu égard à l'état où les chofes font lors du contrat de mariage, qui contient l'inftitution ; mais eu égard au temps du décès
de l'inftituant ; parceque l'inftitution contractuelle, tout comme
l'inftitution teftamentaire, fait un vrai héritier, lequel eft tenu
même *ultrà vires* (à moins qu'il ne faffe inventaire) de tous les
faits & promeffes de l'inftituant , comme étant à fa place & le
repréfentant, fans qu'il puiffe divifer l'inftitution qui eft de fa
nature indivifible par rapport au temps, pour prendre l'inftitu-

tion au temps du contrat, & renoncer aux biens poſtérieurement acquis, comme on le peut dans les donations des biens
préſens & à venir. Le Parlement de Touloufe l'a jugé ainſi
pour l'indiviſibilité de l'inſtitution contractuelle, par rapport au
temps, par Arrêt du 20 Juin 1749, en la première Chambre des
Enquêtes, au rapport de *M. Miramont* , entre le ſieur *Delbos* ,
Jean Monſſié , & le ſieur *Sabatier de la Gardelle.* Voici
l'eſpèce. Le ſieur Sabatier en mariant ſon fils en l'année 1721,
lui fit donation de la moitié de ſes biens, & promit de ne faire
d'autre héritier à ſa mort pour la moitié reſtante. Poſtérieurement
il aliéna certains biens, en la poſſeſſion deſquels les acquéreurs
furent troublés : ceux-ci appelèrent en garantie le ſieur Sabatier
fils, lequel prétendit ſe faire relaxer de la garantie en demandant
d'être reçu à prendre la promeſſe d'inſtituer du jour de ſa date :
ſauf aux acquéreurs à agir pour leur garantie ſur les biens du ſieur
Sabatier père, autre que ceux qui étoient compris dans la donation,
& la promeſſe d'inſtituer réduite aux biens préſens ; mais il fut dé-
bouté de ſa demande, à ce qu'il lui fût permis de prendre l'inſtitution
contractuelle du jour de ſa date , & il fut condamné à la garantie.

Ainſi le droit des créanciers & des tiers acquéreurs de l'inſtituant devant prévaloir ſur l'inſtitution contractuelle, il doit également prévaloir ſur la ſubſtitution qui y eſt ſubordonnée, &
dont elle eſt une ſuite ; la ſubſtitution ne pouvant avoir ſon effet
nonobſtant l'inſinuation, que pour les biens que l'inſtituant laiſſe
à ſon décès, & devant demeurer chargée des créances, & des
hypothèques, que l'inſtituant y a imprimées à titre onéreux ſans
fraude , pendant ſa vie.

Mais les aliénations qui ſeroient faites par l'héritier contractuel , & les hypothèques ou créances qu'il contracteroit après
l'inſinuation, ne pouroient pas avoir leur effet ſur les biens ſubſtitués ; & à cet égard il faut diſtinguer l'héritier contractuel de
l'inſtituant qui aliène ou contracte des dettes pendant ſa vie,
& durant ſa jouiſſance , même après l'inſinuation ; l'héritier
contractuel ne peut pas aliéner ni hypothéquer les biens ſubſtitués après l'inſinuation de la ſubſtitution, au lieu que l'inſtituant
le peut ſans que l'inſinuation puiſſe l'en empêcher.

ARTICLE XXXIII.

ARTICLE XXXIII.

Le défaut d'Infinuation ne peut être fuppléé ni rem-
placé par aucun équivalent , pas même par la
connoiffance de la Subftitution.

Lᴇ ᴅᴇꜰᴀᴜᴛ ᴅᴇ ᴘᴜʙʟɪᴄᴀᴛɪᴏɴ ᴇᴛ ᴅ'ᴇɴʀᴇɢɪꜱᴛʀᴇᴍᴇɴᴛ
ɴᴇ ᴘᴏᴜʀᴀ ᴇᴛʀᴇ ꜱᴜᴘᴘʟᴇᴇ' , ni regardé comme couvert
par la connoiffance , que les créanciers ou les tiers
acquéreurs pourront avoir eue de la Subftitution , ou par
d'autres voies que celles de la publication & de l'enregiftrement ; ᴠᴏᴜʟᴏɴꜱ ǫᴜᴇ ʟᴇ ᴘʀᴇꜱᴇɴᴛ ᴀʀᴛɪᴄʟᴇ ꜱᴏɪᴛ
ᴏʙꜱᴇʀᴠᴇ' , ᴀ ᴘᴇɪɴᴇ ᴅᴇ ɴᴜʟʟɪᴛᴇ'.

Cᴇᴛ article exige une néçeffité fi précife de l'infinuation des
fubftitutions , qui fe fait par la publication & l'enregiftrement,
qu'il exclut toute autre voie capable de donner une connoiffance,
quoique certaine de la fubftitution : ainfi l'infinuation eft une
formalité intégrante, fans laquelle une fubftitution ne peut avoir
aucun effet vis-à-vis des créanciers & des tiers acquéreurs.

Il porte que le défaut de publication & d'enregiftrement de
la fubftitution ne poura être fuppléé par aucun équipollent, ni
regardé comme couvert par la connoiffance, que les créanciers
& les tiers acquéreurs pouroient avoir eue de la fubftitution, ou
par d'autres voies que celle de la publication & de l'enregiftrement, à peine de nullité des jugemens qui pouroient être rendus
contre la difpofition de cet article.

Le défaut de publication & d'enregiftrement ne poura être
fuppléé): Rien de ce qui peut être fait pour donner une connoiffance de la fubftitution à ceux qui voudront contracter avec
le grevé, ne peut équipoller à l'infinuation, afin qu'elle puiffe

Fff

prévaloir sur les droits des créanciers & des tiers acquéreurs ; ainsi aucune démarche, ni diligence ne peut remplacer ni suppléer l'omission de l'insinuation, soit par des actes de dénonce de la substitution, soit par la signification de l'acte contenant la substitution, ou toute autre voie : quand même celui qui auroit contracté avec le grevé, auroit assisté comme témoin ou autrement, à l'acte dans lequel la substitution seroit renfermée, & qu'il l'auroit signé ; ce dernier point a été jugé au sujet d'une donation non insinuée, par un Arrêt du Parlement de Toulouse du 24 Mai 1728, que j'ai rapporté dans mes observations sur l'*art.* 23 de l'Ordonnance de 1731 : quand même la substitution auroit été déclarée ouverte par Jugement ou Arrêt, en faveur d'un premier substitué, & quoique le testament ouvert d'autorité de justice, eût été enregistré au greffe du Juge, qui auroit procédé à l'ouverture, ou que la donation par acte entre-vifs avec clause de substitution, eût été insinuée en la forme expliquée par l'*art.* de l'Ordonnance de 1731, & par la Déclaration du Roi du 17 Février de la même année ; à cause que l'insinuation des donations se faisant sans publication à l'audience, les plaids tenans, elle manque de la principale formalité, c'est-à-dire, de la publication, que notre Ordonnance exige pour la validité de l'insinuation des substitutions. En un mot, il n'y a que la seule & unique voie de la publication à l'audience les plaids tenans, & de l'enregistrement tout au long de l'acte entier au registre destiné à cet effet, bien cotté & paraphé, & arrêté à la fin par un Officier du Sénéchal, qui puisse faire valoir les substitutions contre les tiers acquéreurs & les créanciers : toute autre voie étant absolument exclue par les paroles & l'esprit de notre article.

Voulons que le présent article soit observé à peine de nullité) : La nullité dont il est parlé ici ne regarde pas la substitution ; mais elle doit être appliquée aux Jugemens, ou Arrêts qui pourroient être rendus au préjudice des dispositions de notre article.

ARTICLE XXXIV.

Quelles ſont les perſonnes qui ne peuvent pas oppoſer le défaut d'Inſinuation des Subſtitutions.

Les donataires, héritiers inſtitués, légataires univer-ſels ou particuliers, même les héritiers légitimes de celui qui aura fait la Subſtitution ; ni pareillement leurs donataires, héritiers inſtitués ou légitimes, & légataires univerſels ou particuliers, ne pourront en aucun cas, oppoſer aux ſubſtitués le défaut de publication & d'en-regiſtrement de la Subſtitution.

L'Ordonnance explique ici quelles ſont les perſonnes qui ne peuvent pas oppoſer le défaut d'inſinuation de la ſubſtitution, & à l'égard deſquelles elle vaudra, nonobſtant le défaut d'inſi-nuation.

Les diſpoſitions de cet article ſont diviſées en deux chefs : dans le premier, il eſt parlé des héritiers teſtamentaires ou légitimes du ſubſtituant, & des autres qui tiennent leur droit de lui à titre gratuit.

Dans le ſecond, il parle des héritiers teſtamentaires ou légi-times du grevé, de ceux qui tiennent leur droit de lui à titre gratuit, & de ceux qui tiennent auſſi leur droit des légataires univerſels ou particuliers, & donataires du ſubſtituant, ou ceux qui ſont grevés de ſubſtitution univerſelle ou particulière.

L'article veut que les donataires, héritiers inſtitués ou légitimes, & les légataires univerſels ou particuliers de celui qui aura fait la ſubſtitution, ne puiſſent en aucun cas, oppoſer aux ſubſtitués le défaut de publication & d'enregiſtrement de la ſubſtitution.

Il veut encore que les donataires, héritiers inſtitués ou légiti-

mes, légataires univerfels ou particuliers des héritiers, des donataires & des légataires, tant du fubftituant que du grevé, & des
autres qui ont reçu des libéralités, ne puiffent pareillement oppofer en aucun cas, aux fubftitués le défaut de publication d'enregiftrement de la fubftitution. Notre article renferme encore
les créanciers & tiers acquéreurs des héritiers du grevé, de fes
donataires & de fes légataires univerfels ou particuliers, s'ils ne
font pas eux-mêmes appelés à la fubftitution, & grevés en fous-
ordre; parceque, comme nous l'avons remarqué fur l'*art.* 31
de ce titre, il n'y a que les créanciers ou tiers acquéreurs qui ont
contracté avec le grevé, ou avec un premier fubftitué, qui foient
recevables à oppofer le défaut d'infinuation. La Déclaration du
Roi du 18 Janvier 1712, renferme des difpofitions à peu-près
femblables : elle porte, *Ne poura le défaut de publication &*
d'enregiftrement, être oppofé en aucun cas aux fubftitués, par
les héritiers inftitués, ou ab inteftat, *donataires ou légataires*
univerfels ou particuliers, ni par leurs fucceffeurs, à l'égard
defquels les fubftitutions auront leur effet, comme fi elles avoient
été publiées & enregiftrées.

ARTICLE XXXV.

Néceſſité d'obtenir une Ordonnance pour prendre poſſeſſion des biens ſubſtitués. Formalités requiſes pour l'obtention de cette Ordonnance.

Voulant aſſurer pleinement l'obſervation des règles ci-deſſus preſcrites pour la conſervation des droits des ſubſtitués, & pour la ſureté des familles; ordonnons qu'à l'avenir ʟᴇs ᴅᴏɴᴀᴛᴀɪʀᴇs , ʜᴇʀɪᴛɪᴇʀs ɪɴsᴛɪᴛᴜᴇ's , ʟᴇɢᴀᴛᴀɪʀᴇs ᴜɴɪᴠᴇʀsᴇʟs ᴏᴜ ᴘᴀʀᴛɪᴄᴜʟɪᴇʀs ǫᴜɪ sᴇʀᴏɴᴛ ɢʀᴇᴠᴇ's ᴅᴇ Sᴜʙsᴛɪᴛᴜᴛɪᴏɴ , ᴏᴜ ᴄᴇᴜx ǫᴜɪ ᴇɴ ᴘʀᴇɴᴅʀᴏɴᴛ ʟᴀ ᴘʟᴀᴄᴇ ᴀ ʟᴇᴜʀ ᴅᴇꜰᴀᴜᴛ , ɴᴇ ᴘᴏᴜʀᴏɴᴛ sᴇ ᴍᴇᴛᴛʀᴇ ᴇɴ ᴘᴏssᴇssɪᴏɴ ᴅᴇs ʙɪᴇɴs ᴄᴏᴍᴘʀɪs ᴅᴀɴs ʟᴀ Sᴜʙsᴛɪᴛᴜᴛɪᴏɴ, ǫᴜ'ᴇɴ ᴠᴇʀᴛᴜ ᴅ'ᴜɴᴇ Oʀᴅᴏɴɴᴀɴᴄᴇ ᴅᴜ ᴘʀᴇᴍɪᴇʀ Oꜰꜰɪᴄɪᴇʀ des Siéges mentionnés dans les *art.* 19 & 20 , ou en ſon abſence, de celui qui le ſuit dans l'ordre du tableau; ʟᴀǫᴜᴇʟʟᴇ Oʀᴅᴏɴɴᴀɴᴄᴇ ɪʟs ɴᴇ ᴘᴏᴜʀᴏɴᴛ ᴏʙᴛᴇɴɪʀ qu'en rapportant l'acte de publication & d'enregiſtrement de la Subſtitution; comme auſſi un extrait en bonne forme de la clôture de l'inventaire, fait après le décès de l'auteur de la Subſtitution.

Cᴇᴛ article & ceux qui ſuivent juſqu'au quarante-cinquième incluſivement, règlent une formalité nouvelle, que l'Ordonnance a introduite, afin que ceux qui ſont grevés de ſubſtitution, puiſſent ſe mettre en poſſeſſion des biens ſubſtitués, & en percevoir les fruits à leur profit.

L'*art.* 35 établit la néceſſité où ſont ceux qui ſont grevés de ſubſtitution, d'obtenir une Ordonnance du Sénéchal pour se mettre en possession, & il prescrit ce qui est préalable pour obtenir cette Ordonnance.

L'*art.* 36 enjoint à ceux qui recueilleront les substitutions en rang subordonné, en cas que celui qui en étoit chargé n'ait pas observé la formalité prescrite par l'article précédent, d'en exécuter le contenu.

L'*art.* 37 veut que l'Ordonnance soit rendue sur une simple Requête, avec les conclusions des Gens du Roi ; sans qu'il soit nécessaire d'appeler d'autres parties, à laquelle requête le grevé attachera l'acte de publication & d'enregistrement de la substitution & l'extrait de la clôture de l'inventaire.

L'*art.* 38 règle les épices qui peuvent être taxées en rendant l'Ordonnance, soit pour le Juge ou pour les conclusions des Gens du Roi, soit pour les salaires du Greffier.

L'*art.* 39 veut que ce qui est prescrit par les articles précédens soit exécuté, encore que l'exécution des dispositions portant substitution, eût été consentie par des actes volontaires, à peine de nullité.

L'*art.* 40 défend de rendre aucun jugement sur les demandes formées en conséquence des actes portant substitution qu'après que ce qui est prescrit par les articles précédens, aura été observé, à peine de nullité.

L'*art.* 41 explique depuis quel temps le grevé peut prétendre les fruits des biens substitués.

L'*art.* 42 fait perdre au grevé les fruits, faute par lui d'avoir satisfait aux règles prescrites au sujet de l'inventaire, & de la prisée des meubles.

L'*art.* 43 veut que les dispositions des deux articles précédens ayent lieu ; quoique la substitution soit faite en faveur des enfans qui sont en la puissance de leur père, qui est grevé de la substitution.

L'*art.* 44 excepte de la perte des fruits, les pupilles, mineurs ou interdits, les églises, hôpitaux & communautés, & autres qui jouissent du privilège des mineurs : mais les tuteurs, curateurs & autres administrateurs doivent être condamnés en telles sommes qu'il appartiendra au profit du premier ſubſtitué, ou de l'hôpital du lieu.

L'*art.* 45 impoſe l'obligation de faire procéder à l'inventaire avec priſée, & à la publication & enregiſtrement de la ſubſtitution, encoré que ceux qui en ſont chargés prétendiſſent être en droit d'attaquer la ſubſtitution ; ſauf à être ordonné qu'ils feront rembourſés des frais par eux faits à ce ſujet.

Revenons à l'*art.* 35, il ordonne, afin d'aſſurer l'obſervation des règles pour la conſervation des biens ſubſtitués, qu'à l'avenir les donataires, héritiers inſtitués, légataires univerſels ou particuliers, qui feront grevés de ſubſtitution, ou ceux qui prendront leur place à leur défaut, ne pourront ſe mettre en poſſeſſion des biens compris dans la ſubſtitution, qu'en vertu d'une Ordonnance d'un Officier du Bailliage ou Sénéchauſſée, laquelle Ordonnance ils ne pourront obtenir, qu'en rapportant l'acte de publication & d'enregiſtrement, & un extrait en bonne forme de la clôture de l'inventaire, fait après le décès du ſubſtituant.

Les donataires): Notre article s'applique ſans difficulté aux donataires à cauſe de mort ; mais comme une telle donation ne ſaiſit pas en vertu de la maxime *le mort ſaiſit le vif*, le donataire à beſoin de demander la délivrance aux héritiers, avant de faire les diligences, afin d'obtenir l'Ordonnance pour ſe mettre en poſſeſſion des biens donnés qui ſont chargés de ſubſtitution.

A l'égard des donataires par acte entre-vifs, il faut uſer de diſtinction, pour pouvoir faire une juſte application des diſpoſitions de notre article. Lorſque la donation a été exécutée par la tradition réelle, & que le donateur n'a pas réſervé l'uſufruit, le donataire qui ſe trouve en poſſeſſion réelle avant la mort du donateur, n'a pas beſoin de pourſuivre une Ordonnance pour prendre une poſſeſſion qu'il a déja, & ce ſeroit employer une formalité illuſoire, & qui n'auroit point d'objet.

Que s'il s'agit d'une donation entre-vifs, dont le donateur a réſervé l'uſufruit ; dans ce cas, le donataire n'ayant pas une poſſeſſion réelle, il ne peut pas s'immiſcer dans la jouiſſance des biens donnés & ſubſtitués, ſans avoir obtenu l'Ordonnance du Sénéchal, qui lui permette de prendre la poſſeſſion, comme notre article le preſcrit : mais afin que le donataire entre-vifs puiſſe obtenir l'Ordonnance, il n'a pas beſoin de rapporter la clôture de l'inventaire des biens du ſubſtituant, lorſqu'ils ſont au pouvoir d'un autre qui eſt héritier. Il lui ſuffit de rapporter l'acte de publication & d'enregiſtrement de la ſubſtitution, & l'état ou inventaire qui a été fait lors de la donation, ſi elle contient des meubles & effets mobiliers, en conformité de l'*art.* 9 *du tit.* 1 de la préſente Ordonnance.

Héritiers inſtitués) : Il n'y a point de doute que les héritiers inſtitués, ne doivent obtenir l'Ordonnance pour ſe mettre en poſſeſſion des biens ſubſtitués, & obſerver les autres choſes marquées dans notre article ; ce qui doit avoir lieu, non-ſeulement par rapport aux héritiers inſtitués par teſtament, mais encore dans le cas d'une inſtitution contenue dans un contrat de mariage : mais l'héritier ne ſera pas obligé de demander la délivrance aux héritiers légitimes, parcequ'il eſt ſaiſi de plein droit par l'inſtitution teſtamentaire ou contractuelle, au moment de la mort du ſubſtituant, en vertu de la maxime, *le mort ſaiſit le vif.*

Légataires univerſels ou particuliers qui ſeront grevés de ſubſtitution) : mais les légataires univerſels ou particuliers devront demander la délivrance du legs, comme nous l'avons dit du donataire à cauſe de mort, parcequ'ils ne ſont pas ſaiſis. On doit néanmoins excepter le cas expliqué dans l'*art.* 69 de l'Ordonnance de 1735. Lorſqu'un teſtateur domicilié en pays de droit écrit, a fait ſon teſtament dans un pays où ce droit n'eſt pas obſervé, alors le legs univerſel devant valoir comme inſtitution dans le pays du droit écrit, pour les biens qui y ſont ſitués ou qui ſuivent la perſonne, un tel légataire univerſel, qui eſt ſaiſi de plein droit, n'a pas beſoin de demander & d'obtenir la délivrance.

Ou ceux qui en prendront la place à leur défaut) : Ceci peut s'appliquer au premier ſubſtitué, lorſque l'héritier grevé a répudié : ou lorſque le grevé ſera décédé pendant la vie du ſubſtituant ; pourvu que la ſubſtitution ſoit ſoûtenue par la clauſe codicillaire, comme le porte l'*art.* 16 *du tit.* 1 de la préſente Ordonnance, auquel cas le premier ſubſtitué prend la place de l'héritier à ſon défaut : mais il faut prendre garde que notre article n'impoſe

n'impoſe la néceſſité d'obtenir l'Ordonnance pour ſe mettre en
poſſeſſion des biens ſubſtitués, qu'au premier grevé, ou à ſon
défaut à celui qui prend ſa place, & qui recueille le premier, &
non à celui qui recueillera les biens ſubſtitués après un autre
qui les aura recueillis.

On peut encore en faire l'application au légataire de l'uſufruit
des biens ſubſtitués, parcequ'il prend la place de l'héritier grevé
par rapport à la jouiſſance; il ne devra donc ſe mettre en poſſeſſion des biens ſubſtitués dont il a l'uſufruit, qu'en vertu d'une
Ordonnance du Sénéchal, comme notre article le preſcrit.

Ne pouront ſe mettre en poſſèſſion des biens compris dans la
ſubſtitution): La poſſeſſion dont notre article parle, ne s'entend
que de la poſſeſſion réelle, & de la perception des fruits, & non
de la poſſeſſion civile, dont l'héritier grevé eſt ſaiſi en vertu de
la maxime *le mort ſaiſit le vif*, depuis le décès du ſubſtituant; car
il ne faut pas s'imaginer que notre article déroge à cette maxime
de notre droit François. Ainſi l'héritier grevé ſera ſaiſi de la poſſeſſion civile, quoiqu'il ait beſoin d'obtenir une Ordonnance
pour ſe mettre dans la poſſeſſion réelle, & pour percevoir &
gagner les fruits.

Mais qu'arrivera-t-il, & comment doit-on ſe comporter,
lorſque l'héritier grevé décédera avant le délai de faire l'inventaire, & avant de faire inſinuer la ſubſtitution? Il me ſemble que
les héritiers du grevé pourront ſatisfaire à ces formalites, auquel
cas ils devront gagner les fruits que le grevé auroit pu percevoir,
s'il avoit vécu, & qu'il eût fait faire l'inventaire, & fait inſinuer
la ſubſtitution, à l'égard des fruits qui ſe diviſent *pro rata tem-*
poris, comme ſont les rentes conſtituées & les loyers de maiſons, & encore de ceux qui auroient été cueillis pendant la vie
de l'héritier grevé, car un tel événement ne devroit pas nuire
aux héritiers du grevé, qui ne ſeroit pas en faute, ni dans la
demeure; cependant, ſi le décès arrivoit après l'échéance du
délai accordé au grevé pour faire l'inventaire, ſes héritiers ne
pouront rien prétendre aux fruits depuis la mort du ſubſtituant,
à moins qu'il ne fût de la qualité exprimée dans l'*art.* 44 de ce
titre, auquel cas les fruits appartiendront au grevé ou à ſes

Ggg

héritiers, depuis la mort du substituant, qui est le temps de droit dont l'*art.* 41 parle.

Qu'en vertu d'une Ordonnance du premier Officier) : Laquelle Ordonnance doit être poursuivie & obtenue d'autorité du Siége royal ressortissant au Parlement, dans le ressort duquel Siége les biens substitués sont situés, la loi *Un. Cod. ubi de hæreditate agatur ; illuc*, dit ce texte, *Ubi res hæreditarias esse proponis in possessionem rerum hæreditariarum mitti postulandum est*. Outre la permission de se mettre en possession des biens substitués, dont notre article parle, l'Ordonnance de l'Officier doit encore fixer le délai dans lequel le grevé doit faire l'emploi des deniers provenans de la substitution, suivant l'*art.* 12 de ce titre.

Laquelle Ordonnance ils ne pourront obtenir) : Afin que celui qui est grevé d'une substitution universelle ou particulière puisse se mettre à portée de prendre la possession des biens substitués en vertu de l'Ordonnance du Sénéchal, il doit rapporter & joindre à sa requête, l'acte de publication & d'enregistrement de la substitution, & un extrait en bonne forme de la clôture de l'inventaire fait après le décès de l'auteur de la substitution. L'*art.* 37 de ce titre l'ordonne de même, & ajoute que l'Ordonnance du Sénéchal sera donnée sur simple requête sur les conclusions des Gens du Roi, sans qu'il soit nécessaire d'y appeler d'autres parties. Ainsi le Procureur du Roi est le seul contradicteur légitime à cet égard.

L'extrait de la clôture de l'inventaire dont notre article parle, ne doit pas s'entendre d'une simple transcription de la partie de l'inventaire, qui contient le chargement des effets; il signifie dans cet endroit un précis ou sommaire du contenu en l'inventaire pour le montant de la prisée des effets mobiliers, à peu-près comme on doit l'entendre dans l'*art.* 25 de ce titre; car cet extrait devant servir à fixer le délai dans lequel le grevé doit faire l'emploi des deniers de la substitution, suivant l'*art.* 12 de ce titre, il est nécessaire que l'Officier qui doit fixer ce délai, soit instruit du montant des deniers dont l'emploi doit être fait.

ARTICLE XXXVI.

Extenſion de l'article précédent, à ceux qui recueilleront la Subſtitution, en cas que celui qui en étoit chargé n'ait pas ſatisfait aux formalités.

La diſpoſition de l'article précédent aura lieu pareillement à l'égard de ceux qui recueilleront la ſubſtitution, en cas que celui qui en étoit chargé n'ait pas ſatisfait aux formalités preſcrites par ledit article.

Cᴇᴛ article eſt une extenſion & une ampliation du précédent, qui ne parle que du premier grevé de ſubſtitution, & le trente-ſixième veut que tout ce qui eſt preſcrit par l'*art.* 35, ſoit exécuté par ceux qui recueilleront la ſubſtitution, en cas que celui qui en étoit chargé n'ait pas ſatisfait aux formalités preſcrites par ledit *art.* 35.

Cet *art.* 35, outre les formalités de l'Ordonnance du Sénéchal, pour ſe mettre en poſſeſſion des biens ſubſtitués, qu'elle impoſe de nouveau à celui qui recueille en premier rang des biens compris dans une diſpoſition contenant ſubſtitution, on en ſuppoſe encore deux autres ; ſavoir, la publication & l'enregiſtrement de la ſubſtitution, & l'inventaire des meubles & effets dépendans de la ſucceſſion du ſubſtituant, avec la priſée.

Lors donc que le premier qui recueillera les biens ſubſtitués, aura ſatisfait à toutes ces formalités, le ſubſtitué qui recueillera en ſecond rang, ne ſera pas obligé de les obſerver de nouveau ; vu que notre article n'en impoſe la pratique, qu'en cas que celui qui en étoit chargé n'y aura pas ſatisfait.

Mais s'il y a ſatisfait, celui qui recueillera en ſecond rang ne devra pas les réitérer ; que ſi celui qui étoit chargé de remplir ces formalités n'en a rempli que quelques-unes, celui qui recueillera la fubſtitution en ſecond rang devra obſerver celles qui n'auront pas été remplies.

Cependant le ſubſtitué, quoique ſaiſi de la poſſeſſion civile, n'étant pas ſaiſi de la poſſeſſion de fait, & les biens ſubſtitués devant demeurer au pouvoir des héritiers du grevé, juſqu'à ce que les détractions aient été liquidées & payées, il devra demander & obtenir la délivrance, & la remiſe du fidéicommis, comme le porte l'*art.* 40 *du tit.* 1 de la préſente Ordonnance.

La diſpoſition de notre *art.* 36 ne doit néanmoins être appliquée, qu'en cas qu'il reſte un degré de ſubſtitution à remplir, après celui qui la recueille en ſecond rang ; car autrement les biens demeurent libres ſur la tête de celui qui les recueille, il n'y a aucune formalité à obſerver, ces formalités n'étant requiſes, comme le porte l'*art.* 35, que pour la conſervation des droits des ſubſtitués : lequel objet manque dès qu'il ne reſte point de ſubſtitué ultérieur.

Notre article doit avoir lieu ſans difficulté pour les ſubſtitutions contenues dans des diſpoſitions poſtérieures à la publication de notre Ordonnance : mais doit-il avoir lieu pour les ſubſtitutions contenues dans des actes antérieurs? L'*art.* 57 de ce titre décide cette queſtion pour l'affirmative, à l'égard de ceux qui recueilleront à l'avenir les biens compris dans une ſubſtitution qui n'auroit pas encore été publiée ni enregiſtrée, lorſqu'elle échoit après la publication de notre Ordonnance ; par conſéquent le ſubſtitué devra faire publier & enregiſtrer la ſubſtitution, faire un inventaire avec priſée, & obtenir une Ordonnance du Sénéchal pour ſe mettre en poſſeſſion ; auquel cas cette Ordonnance ne devra pas fixer le délai pour faire l'emploi des deniers, parceque l'*art.* 57 de ce titre n'en parle pas, & il ne donne pas un effet rétroactif pour ce dont il ne parle pas.

Il n'eſt pas difficile de comprendre que celui qui veut recueillir en ſecond une ſubſtitution, puiſſe faire inſinuer la ſubſtitution qui ne l'a pas été, & obtenir l'Ordonnance du Sénéchal pour ſe mettre en poſſeſſion des biens ſubſtitués. Ces formalités ſont aiſées ; mais il n'eſt pas ſi facile de ſavoir, Comment poura-t'il faire un inventaire des meubles & effets? Lorſqu'il s'agit d'une

fubftitution univerfelle, à laquelle plufieurs perfonnes font appelées fucceffivement, fi l'héritier grevé ne fait pas inventaire,
ou s'il meurt avant l'échéance du délai, le premier fubftitué peut
facilement remplir cette formalité, en obligeant les héritiers du
grevé à repréfenter les effets qui doivent être inventoriés, & qui
font compris dans la fubftitution : il peut également faire procéder à la publication & à l'enregiftrement de la fubftitution, &
enfuite prendre la poffeffion, ainfi que l'*art.* 35 le prefcrit. Mais
s'il s'agit d'une fubftitution particulière de quelques immeubles,
comment le premier fubftitué poura-t-il faire procéder à l'inventaire des meubles & effets de la fucceffion du fubftituant, & en
faire faire la prifée? Comme notre Ordonnance n'exige des formalités qu'autant qu'elles font poffibles, & qu'elles tendent à la
confervation des droits des fubftitués, il me femble, que dans le
cas propofé, il fuffit que le fubftitué faffe faire un inventaire des
meubles & effets dépendans de la fubftitution particulière qui
feront exhibés & repréfentés par les héritiers du grevé, & d'en
faire la prifée, fans qu'il foit néceffaire de faire la prifée ni l'inventaire des meubles & effets dépendans de la fucceffion du fubftituant, non compris dans la fubftitution : un inventaire en
cette forme ne pouvant être d'aucune utilité à un fecond fubftitué, qui n'a rien à voir fur les effets de la fucceffion, non compris dans la fubftitution; mais il peut y avoir de l'utilité dans
l'inventaire & la prifée des meubles & effets dépendans de la
fubftitution particulière, afin que le premier fubftitué en demeure chargé, & que le fecond fubftitué puiffe exercer fon
recours & fon hypothèque fur les biens libres du premier fubftitué.

ARTICLE XXXVII.

Comment doit-on se pourvoir pour obtenir l'Ordonnance portant permission de prendre la possession des biens substitués.

L'Ordonnance requise par les deux articles précédens, sera donnée sur une simple Requête, à laquelle sera attaché l'acte de publication & d'enregistrement, ensemble l'extrait en bonne forme de la clôture de l'inventaire, & sur les conclusions de notre Procureur ; sans qu'il soit nécessaire d'y appeler d'autres parties, & sera fait mention expresse desdits Actes dans le vû de ladite Ordonnance, dont la minute sera mise au Greffe ; LE TOUT A PEINE DE NULLITE.

LES dispositions de cet article sont claires : il veut que l'Ordonnance requise par les deux articles précédens, soit donnée sur une simple requête, à laquelle le grevé, ou celui qui prendra sa place à son défaut, attachera l'acte de publication & d'enregistrement de la substitution, ensemble l'extrait en bonne forme de la clôture de l'inventaire.

Il n'est pas nécessaire que le grevé poursuive cette Ordonnance, en contradictoire défense avec le premier substitué, ni qu'il appelle aucune autre partie pour y défendre ; il suffit qu'elle soit rendue sur les conclusions du Procureur du Roi, qui est considéré dans ce cas comme seul contradicteur légitime.

Il doit être fait mention de ces actes dans le vu de cette Ordonnance, dont la minute doit être remise au Greffe ; le tout à peine de nullité.

Pour obſerver exactement dans la pratique, la lettre & l'eſprit de cet article, il faut que l'Officier du Sénéchal, auquel la requête ſera préſentée, la réponde d'une Ordonnance de ſoit montré, ou de ſoit communiqué au Procureur du Roi, lequel donnera ſes concluſions ſur la requête qui lui ſera communiquée : enſuite l'Officier du Sénéchal rendra ſéparément l'Ordonnance définitive, qui permettra au grevé de ſe mettre en poſſeſſion des biens ſubſtitués, & fixera le délai dans lequel l'emploi des deniers de la ſubſtitution devra être fait.

Il doit être dreſſé une minute ou *dictum*, de cette Ordonnance, qui doit être remiſe au Greffe, & le grevé, ſoit en premier ou en ſecond rang, devra s'en faire délivrer une expédition.

Le tout à peine de nullité) : Si l'on omettoit quelqu'une des formalités que notre article preſcrit, l'Ordonnance du Sénéchal ſeroit nulle, & tout ce qui s'en enſuivroit. Ainſi le grevé ne pouroit pas gagner les fruits, ni faire uſage en juſtice de la ſubſtitution, ni former aucune demande en conſéquence, comme le porte l'*art.* 40 de ce titre.

Du reſte, après que le grevé aura obtenu l'Ordonnance du Sénéchal dont l'*art.* 35 parle, avec les formalités preſcrites par notre article, il aura le pouvoir & la liberté de prendre la poſſeſſion de fait des biens ſubſtitués & d'en percevoir les fruits, ſans avoir beſoin de prendre cette poſſeſſion par acte de Notaire ou d'Huiſſier. Une telle formalité, qui ſeroit inutile parceque notre Ordonnance n'en impoſe pas la néceſſité, ne pouroit aboutir qu'à expoſer le grevé à payer un double centième denier de la valeur des biens ſubſtitués ; le grevé doit donc ſe garder de faire dreſſer quelque acte de ſa miſe de poſſeſſion.

ARTICLE XXXVIII.

Fixation de ce qui doit être payé à l'Officier qui rendra l'Ordonnance, au Procureur du Roi, & au Greffier.

Il fera payé à l'Officier qui rendra ladite Ordonnance, quatre livres dix fols, à notre Procureur trois livres, & une livre dix fols au Greffier ; leur défendons de prendre autres, ou plus grands droits, à peine de concuffion.

Il feroit difficile de faire quelque obfervation utile pour procurer l'intelligence du texte, qui eft clair, & dont la pratique confifte à obferver littéralement ce qu'il prefcrit.

Il veut qu'il foit payé à l'Officier qui rendra l'Ordonnance dont il eft parlé dans les *art.* 35 & 37, 4 liv. 10 f. au Procureur du Roi 3 liv. & au Greffier 1 liv. 10 f. & il leur eft défendu de prendre d'autres ou plus grands droits, à peine de concuffion.

On doit néanmoins prendre garde que les droits qui font fixés à trente fols pour le Greffier, font, non pour la remife devers le Greffe de la minute ou *dictum* de l'Ordonnance, mais pour les droits de l'expédition ; toutefois le Greffier poura fe faire payer du papier ou parchemin, timbrés, qui feront employés à écrire l'expédition.

ARTICLE XXXIX.

ARTICLE XXXIX.

Les formalités preſcrites par les articles 35 , 36 & 37 doivent être obſervées , quoique l'exécution des ſubſtitutions ait été conſentie par des actes volontaires.

La diſpoſition des *art.* 35 , 36 & 37 ſera obſervée ; encore que l'exécution des diſpoſitions , portant ſubſtitution eût été conſentie par des actes volontaires , leſquels ne pourront avoir aucun effet , qu'après que ceux au profit deſquels ils auront été faits , auront ſatisfait auxdits articles ; CE QUI SERA EXECUTE A PEINE DE NULLITE.

C ET article ordonne que les diſpoſitions des *art.* 35 , 36 & 37 ſoient obſervées , encore que l'exécution des diſpoſitions portant ſubſtitution , eût été conſentie par des actes volontaires , leſquels ne pourront avoir aucun effet , qu'après que ceux au profit deſquels ils auront été faits , auront ſatisfait auxdits articles ; ce qui ſera exécuté à peine de nullité.

Un fidéicommis peut être reſtitué de deux manières. La première , par Sentence ou Arrêt qui le déclare ouvert , & maintient le ſubſtitué , ſauf les détractions & imputations telles que de droit ; mais une telle reſtitution ne peut être demandée , que quand le fidéicommis eſt échu , ſoit par l'événement de la condition , ou l'échéance du délai auquel elle doit être faite.

La ſeconde eſt celle qui eſt faite du conſentement du grevé ou de ſes héritiers , par des actes volontaires ; celle-ci peut être faite de deux façons , l'une après que le fidéicommis eſt échu par l'événement de la condition ou du délai , l'autre par anticipation où avant l'événement de la condition , & l'échéance du délai ;

H h h

pourvu que les créanciers du grevé ne s'y oppofent pas.

La loi 37, *ff. ad S. C. Trebell.* dit que la reftitution après l'échéance, peut être faite par des paroles, ou par écrit, comme par lettre ou tout autre acte, & une telle reftitution transfère les actions au fidéicommiffaire; ou bien par le fait, comme lorfque l'héritier grevé permet au fubftitué de prendre poffeffion des chofes héréditaires en tout ou en partie, dans l'efprit ou dans l'intention de faire la reftitution du fidéicommis, ou fi le grevé approuve & ratifie après-coup dans le même deffein, la poffeffion que le fidéicommiffaire aura prife. Notre Ordonnance n'a point touché à ces différentes manières de reftituer les fidéicommis; par conféquent elles fubfiftent. Le fidéicommiffaire fera donc difpenfé de demander en juftice la délivrance du fidéicommis, lorfqu'il l'aura obtenu par la volonté ou le confentement du grevé ou de fes héritiers, de la manière expliquée par la loi 37, *ff. ad S. C. Trebell.* mais il fera obligé d'obferver le contenu aux *art.* 35, 36 & 37 de ce titre.

Il en fera pareillement difpenfé lorfque le grevé aura fait la reftitution par anticipation du fidéicommis, quoique non échu; mais les créanciers du grevé pourront s'oppofer à l'exécution d'une telle reftitution, ainfi que nous l'avons expliqué ailleurs.

Cependant de quelque façon que la reftitution foit faite, foit après l'échéance, ou par anticipation, le fubftitué ne poura en faire ufage, qu'après avoir obfervé tout ce qui eft prefcrit par les *art.* 35, 36 & 37 de ce titre. Il ne peut même être rendu aucun jugement valable fur les demandes, que le fubftitué pouroit faire en vertu des actes de reftitution du fidéicommis, fi le fubftitué n'a rempli préalablement lefdites formalités, comme le porte l'*art.* 40 de ce titre.

Mais ceci ne doit s'entendre que quand il y a un fubftitué fubordonné à celui auquel la reftitution volontaire aura été faite; parceque les précautions ne font requifes que pour la confervation des droits des fubftitués, fuivant l'*art.* 35, laquelle confidération ceffant, les précautions ne font plus néceffaires.

Ce qui fera exécuté a peine de nullité): la peine de nullité tombe, non-feulement fur les actes de reftitution volontaire du

fidéicommis; mais encore sur tout ce qui peut être fait en conséquence, même des Jugemens & Arrêts, qui pouroient être rendus
sur des demandes formées en jugement, sur le fondement des
actes de restitution consentis volontairement par l'héritier, comme le porte l'*art.* 40 de ce titre.

ARTICLE XL.

Il ne peut être rendu aucun Jugement sur les demandes
formées à l'occasion des Substitutions, si l'on n'a
rempli les formalités prescrites par les articles 35, 36,
37 & 39.

Voulons qu'il ne puisse être rendu aucun Jugement
sur les demandes qui seroient par eux formées en conséquence des Actes portant Substitution, qu'après qu'il
auroit été satisfait auxdits Articles, CE QUI SERA PAREIL-
LEMENT OBSERVÉ A PEINE DE NULLITÉ.

CET article est relatif aux précédens, & en est une extension.
Il veut qu'il ne puisse être rendu aucun jugement sur les demandes formées par les substitués, en conséquence des actes portant
substitution, qu'après qu'il aura été satisfait aux *art.* 35, 36 & 37;
c'est-à-dire, qu'il aura été fait un inventaire avec prisée, qu'il aura
été procédé à la publication & à l'enregistrement de la substitution, & qu'il aura été obtenu une Ordonnance du Sénéchal ou
autre Siége Royal ressortissant nuement au Parlement ou Conseil supérieur, portant permission de se mettre en possession des
biens substitués, à peine de nullité des jugemens qui seroient
rendus.

Ceci doit s'entendre quand même la restitution du fidéicommis auroit été faite par acte volontaire, soit avant, soit après

l'échéance de la substitution : pourvu que, comme nous l'avons observé sur les *art.* 36 & 39 de ce titre, il reste un degré de la substitution à remplir, & qu'il y ait un substitué ultérieur, qui soit appelé pour la recueillir.

Ce qui sera pareillement observé à peine de nullité) : La nullité prononcée par cet article, porte sur les Jugemens ou Arrêts qui seront rendus sur des demandes formées par le substitué, en conséquence des actes contenant substitution, & des actes de restitution volontaire faits par le grevé ou ses héritiers, au préjudice de la prohibition portée par notre article ; dans le cas où il n'auroit pas été satisfait aux formalités expliquées dans les articles précédens. Tout cela est ainsi ordonné, afin que le grevé, & les substitués ne puissent pas éluder l'exécution de ce qui leur est enjoint par la présente Ordonnance.

ARTICLE XLI.

De quel jour les fruits des biens substitués doivent-ils appartenir au grevé.

LES FRUITS DES BIENS DONT CELUI QUI AURA OBTENU L'ORDONNANCE CI-DESSUS REQUISE, sera autorisé à prendre possession, LUI APPARTIENDRONT DU JOUR QU'ILS LUI SERONT DUS DE DROIT, lorsqu'il aura fait procéder à la publication & enregistrement de la Substitution dans le délai de six mois ci-dessus prescrit ; sinon il ne poura les prétendre que du jour de ladite publication & enregistrement. Voulons que les fruits échus avant ledit jour, soient adjugés, & ceux qu'il auroit perçus restitués, par forme de peine, à celui qui sera appelé après lui à la Substitution ; & s'il n'étoit pas encore né, à l'Hôpital du lieu où le Jugement ſera rendu, ou à l'Hôpital le plus prochain, s'il n'y en a point dans ledit lieu.

Cet article & les trois ſuivans expliquent les cas auxquels le grevé doit gagner les fruits, & depuis quel temps, & ceux auxquels il doit les perdre, & font la deſtination des fruits que le grevé doit perdre.

L'*art.* 41 veut que les fruits des biens, dont celui qui aura obtenu l'Ordonnance du Sénéchal, qui l'autoriſe à prendre la poſſeſſion, lui appartiendront du jour qu'ils lui ſeront dus de droit, lorſqu'il aura fait procéder à la publication & à l'enregiſtrement de la ſubſtitution dans le délai de ſix mois ci-deſſus preſcrit.

Sinon il ne poura les prétendre que du jour de l'inſinuation, publication & enregiſtrement.

Les fruits échus avant le jour de l'inſinuation, enſemble ceux que le grevé auroit perçus, doivent être adjugés par forme de peine, à celui qui ſera appelé à la ſubſtitution après lui, & ſi le ſubſtitué n'étoit pas encore né ni conçu, ils doivent être adjugés ou reſtitués à l'hôpital du lieu où le jugement ſera rendu, ou à l'hôpital le plus prochain, s'il n'y en a point dans ledit lieu.

La matière du gain ou de la perte des fruits, dans le cas des ſubſtitutions, peut être éclaircie par quelques obſervations.

1.° Quand l'héritier grevé aura obtenu l'Ordonnance portant permiſſion de prendre la poſſeſſion des biens ſubſtitués, après avoir fait inſinuer la ſubſtitution dans les ſix mois, il poura demander & gagner les fruits depuis la mort du ſubſtituant, qui eſt le temps de droit dont notre article parle, par rapport à un héritier qui eſt ſaiſi de droit. Que s'il ne s'agit que d'un fidéicommis à un legs particulier dont le légataire eſt chargé, le temps de droit eſt celui de l'interpellation judiciaire. Mais s'il eſt queſtion d'un fidéicommis attaché à une donation entre-vifs avec retention d'uſufruit en faveur du donateur, le temps de droit pour le donataire ſera la mort du donateur, à cauſe que la donation entre-vifs ſaiſit.

2.º Quand l'infinuation n'aura été faite qu'après les fix mois ; le grevé ne gagnera les fruits que du jour de l'infinuation.

3.º Ceux qui feront perçus avant l'infinuation faite après les fix mois, demeureront à ceux qui les auront perçus, autres que le grevé ; fi perfonne ne les a perçus, ou fi c'eft le grevé qui les a pris, ils appartiendront au fubftitué s'il eft né ou conçu, à caufe que celui qui eft dans le fein de fa mère eft confideré comme né par rapport à fon avantage ; *l. qui in utero* 7 , *ff. de ftatu hom.*

4.º S'il n'eft pas né ni conçu, les fruits appartiendront à l'hôpital du lieu où le jugement qui prononce fur la fubftitution fera rendu. S'il n'y a point d'hôpital dans ce lieu, ils doivent être adjugés à l'hôpital le plus prochain. Que fi dans le lieu où le jugement eft rendu , il y a deux ou plufieurs hôpitaux, les fruits doivent être partagés entre tous les hôpitaux par égales parts. Il en fera de même s'il y a deux ou plufieurs hôpitaux dans le lieu le plus prochain, lorfqu'il n'y en aura pas dans le lieu où le jugement fera rendu.

5.º Si la fubftitution eft faite par acte entre-vifs, & que le donateur n'ait pas réfervé l'ufufruit, les fruits appartiendront au donataire grevé , du jour de la donation, s'il a fait infinuer l'acte portant la fubftitution dans les fix mois de la date de l'acte , finon depuis l'infinuation feulement. Que fi la fubftitution eft faite par difpofition de dernière volonté , l'héritier grevé aura les fruits depuis la mort du teftateur fubftituant.

6.º Dans le cas que le grevé fera privé des fruits, faute d'avoir fait faire l'infinuation, il devra les rendre d'abord, & fans attendre l'échéance ou l'ouverture de la fubftitution ; parceque la privation des fruits eft une peine encourue par la contravention, & que fi le fubftitué n'eft pas né ni conçu, les fruits doivent être adjugés à l'hôpital. Il ne faut donc pas attendre que le fidéicommis foit échu au fubftitué, pour que les fruits lui foient adjugés ou à l'hôpital à fon défaut.

7.º La peine de la perte des fruits eft attachée par l'*art.* 41 au défaut d'infinuation dans les fix mois, & l'*art.* 42 attache la même perte des fruits au défaut de faire procéder à l'inventaire avec la prifée , dans le cas où le grevé en eft tenu.

8.° La perte des fruits, dans les cas où elle a lieu, ne regarde que ceux des biens compris dans la ſubſtitution, & non ceux des biens qui ſont libres ; l'héritier gagne les fruits de ces biens libres depuis la mort de celui qui a fait la diſpoſition, ſans qu'il ait beſoin d'obſerver aucune formalité.

9.° Si l'uſufruit des biens ſubſtitués eſt laiſſé à une autre perſonne qu'au grevé, l'uſufruitier perdra les fruits, ſi ce qui eſt porté par notre article n'eſt pas obſervé ; parceque l'uſufruitier prend dans ce cas la place du grevé par rapport à la jouiſſance, & que le gain des fruits eſt attaché à l'obſervance du contenu en cet article comme nous l'avons remarqué ſur l'*art.* 35 de ce titre.

Les fruits des biens dont celui qui aura obtenu l'Ordonnance ci-deſſus requiſe) : Notre article ſe ſert du mot *celui* pour comprendre dans ſa diſpoſition tout grevé, ſoit en premier ou ſecond ordre, c'eſt-à-dire, tant l'héritier, légataire ou donataire, lorſqu'il y a retention d'uſufruit, que le premier ſubſtitué, lorſqu'il y aura un ſubſtitué ultérieur.

Lui appartiendront du jour qu'ils lui ſeront dus de droit) : Le temps de droit pour gagner les fruits eſt réglé différemment ſelon les différentes qualités d'héritier ou de ſubſtitué. Quand l'héritier a ſatisfait aux formalités que l'Ordonnance exige de lui, les fruits doivent lui appartenir depuis le décès du teſtateur ou du ſubſtituant ; parceque l'addition de l'hérédité en quelque temps qu'elle ſoit faite, a un effet rétroactif au jour du décès du défunt, même dans les diſpoſitions conditionnelles.

A l'égard du ſubſtitué, les fruits ne peuvent lui appartenir, que depuis la demande formée en juſtice, en ouverture ou délivrance du fidéicommis, ſuivant l'*art.* 40 *du tit.* 1 de la préſente Ordonnance, ainſi que nous l'avons expliqué ſur cet article, & il en eſt de même du légataire, lequel ne peut obtenir les fruits que depuis l'interpellation judiciaire, ſuivant *la loi* 1 *& la loi dernière, cod. de uſuris & fructibus legatorum* ; mais afin que le ſubſtitué, & le légataire puiſſent prétendre les fruits depuis l'inſtance en ouverture du fidéicommis, il faut qu'ils ayent obſervé les formalités preſcrites par notre Ordonnance dans le cas où elles leur ſont impoſées.

Voulons que les fruits échus avant ledit jour): Comme le gain des fruits, soit pour le grevé, soit pour le premier subſtitué, eſt attaché aux formalités que notre article & l'*art.* 42 preſcrivent, c'eſt-à-dire, à l'inſinuation de la ſubſtitution, à la faction de l'inventaire, & à l'obtention de l'Ordonnance du Sénéchal, portant permiſſion de ſe mettre en poſſeſſion des biens ſubſtitués; lorſque le grevé ou le premier ſubſtitué, dans le cas où il eſt tenu, auront négligé quelqu'une de ces formalités, ils ſeront privés des fruits, échus ou perçus, leſquels doivent être adjugés par forme de peine à celui qui ſera appelé après lui à la ſubſtitution, s'il eſt né ou conçu; & s'il n'étoit pas encore né ni conçu, à l'hôpital du lieu où le jugement ſera rendu, ou bien à l'hôpital le plus prochain, s'il n'y en a point dans le lieu où le jugement ſera rendu.

ARTICLE XLII.

Perte & privation des fruits des biens ſubſtitués, pour avoir omis de faire inventaire avec priſée des meubles.

La peine de privation & reſtitution des fruits portée par l'article précédent, ſera pareillement prononcée CONTRE LE GREVÉ DE SUBSTITUTION, OU CELUI QUI L'AURA RECUEILLIE, lorſqu'il aura négligé de ſatisfaire aux règles preſcrites par le préſent titre, ſur l'inventaire & ſur la priſée DANS LES CAS OU IL EN EST TENU.

L'ARTICLE 41 n'avoit attaché la perte des fruits qu'à l'omiſſion ou au retardement, de faire inſinuer la ſubſtitution; celui-ci l'applique à l'omiſſion de faire l'inventaire dans les cas où il eſt néceſſaire d'y faire procéder, ainſi que nous l'avons expliqué ſur l'*art.* 1 de ce titre. Il veut que la peine de privation & reſtitution des fruits, portée par l'article précédent, ſoit pareillement pro-
noncéa

noncée contre le grevé de ſubſtitution , ou celui qui l'aura
recueillie, lorſqu'il aura négligé de ſatisfaire aux règles preſcrites
par le préſent titre ſur l'inventaire, ou ſur la priſée dans les cas
où il en eſt tenu.

Contre le grevé de ſubſtitution) : Cela doit avoir lieu, non-
ſeulement contre l'héritier grevé, mais encore contre celui qui
ſera légataire de l'uſufruit des biens ſubſtitués , comme nous
l'avons dit ſur les *art.* 3 1 & 4 1 de ce titre.

Ou celui qui l'aura recueillie): A la place de l'héritier grevé,
qui ſera décédé avant le ſubſtituant, lorſque le teſtament ſera
ſoutenu par la clauſe codicillaire,ſuivant l'*art.* 26 *du tit.* 1,ou lorſqu'il aura répudié, quand les formalités preſcrites de l'inſinuation,
de l'inventaire & de l'obtention de l'Ordonnance du Sénéchal,
pour ſe mettre en poſſeſſion des bien ſubſtitués, n'auront pas été
obſervées par l'héritier grevé.

Mais il faut que le ſubſtitué qui recueille au défaut de l'héritier,
ſoit lui-même chargé de ſubſtitution en faveur d'un autre, non
autrement, comme nous l'avons remarqué ſur les *art.* 36, 39
& 40 de ce titre.

Dans les cas où il en eſt tenu): C'eſt-à-dire, lorſque l'héritier
grevé n'aura pas ſatisfait aux formalités de l'inſinuation, de l'inventaire avec priſée, & de l'obtention de l'Ordonnance du
Sénéchal , portant permiſſion de ſe mettre en poſſeſſion, ou
de quelqu'une d'icelles, auquel cas le ſubſtitué qui recueillera ,
devra remplir les formalités qui auront été omiſes par le premier
grevé.

Mais afin que le grevé puiſſe prétendre les fruits en la forme,
& depuis le temps dont l'*art.* 41 parle, il faut qu'il ait obtenu
l'Ordonnance du Sénéchal, pour prendre la poſſeſſion des biens
ſubſtitués. L'obtention de cette Ordonnance eſt une condition
attachée au gain des fruits par l'*art.* 41. Cela réſulte clairement
des premières paroles de cet article ; où il eſt dit *que les fruits
des biens dont celui qui aura obtenu l'Ordonnance ci-deſſus requiſe, ſera autoriſé à prendre la poſſeſſion, lui appartiendront du
jour qu'ils lui ſeront dus de droit.* Ainſi, afin que le grevé puiſſe
gagner les fruits des biens ſubſtitués, il faut qu'il rempliſſe trois

conditions. La première, qu'il fasse faire l'inventaire avec prisée, dans les cas qu'il en est tenu. La seconde, qu'il fasse insinuer la substitution : La troisième, qu'il obtienne l'Ordonnance pour se mettre en possession; mais en quelque temps qu'il obtienne l'Ordonnance, il aura les fruits depuis le temps de droit, n'y ayant point de délai fixe pour obtenir l'Ordonnance.

ARTICLE XLIII.

La peine de perte ou privation des fruits, faute d'avoir satisfait aux formalités prescrites, a lieu contre le père qui est grevé de rendre à ses enfans qui sont en sa puissance.

La disposition des deux articles précédens sera observée, encore que la Substitution fût faite au profit des enfans de celui contre lequel ladite peine sera prononcée, & quoiqu'ils fussent sous sa puissance, dans les pays où la puissance paternelle a lieu.

CET article est une extension & une ampliation des deux précédens. Il veut que la disposition des *art.* 41 & 42 soit observée, quoique la substitution soit faite au profit des enfans de celui contre lequel ladite peine sera prononcée, & quoiqu'ils fussent sous sa puissance, dans les pays où la puissance paternelle a lieu.

La disposition de cet article a été sagement ajoûtée pour lever le doute qui pouvoit naître de la loi *Cum oportet* 6, §. 2, *cod. de bonis quæ liberis ;* laquelle déclare le gouvernement du père, par rapport aux biens des enfans qu'il a en sa puissance, entièrement exempt de toute peine, *& gubernatio rerum earum sit penitùs impunita.* Mais le Législateur a trouvé juste d'assujettir le père héritier avec charge de rendre à ses enfans, à la même perte des fruits par l'omiſſion des formalités, à laquelle il a aſſujetti les autres héritiers chargés de rendre à des étrangers.

Enſorte que nonobſtant la puiſſance paternelle, & l'impunité que le Droit Romain prononce, le père qui omettra quelqu'une des formalités capables de faire perdre les fruits au grevé, ſera privé des fruits ſuivant notre Ordonnance, & il ne poura les prétendre, ni en qualité d'héritier, ni en vertu de la puiſſance paternelle ; ce qui eſt une exception à la diſpoſition du Droit Romain, qui attribue au père l'uſufruit *jure patriæ poteſtatis*, de tous les biens que ſes enfans acquièrent, à tout autre titre que de pécule *caſtrenſe* ou *quaſi-caſtrenſe*. Notre Ordonnance établit une peine contre le père, tout comme contre les autres héritiers grevés, mais cette peine n'auroit pas un effet tel que notre article entend lui attribuer, ſi le père pouvoit jouir pendant ſa vie des fruits dont il eſt privé.

ARTICLE XLIV.

Quelles ſont les perſonnes qui ſont exemptes de la perte ou privation des fruits, à cauſe de l'omiſſion des formalités. Les Tuteurs, Curateurs, Syndics & autres Adminiſtrateurs, doivent être condamnés à une peine.

N'entendons comprendre dans les diſpoſitions des articles précédens, <small>LES</small> P<small>UPILLES</small>, M<small>INEURS OU</small> I<small>NTERDITS</small>, <small>NI LES</small> É<small>GLISES</small>, H<small>ÔPITAUX</small>, C<small>OMMUNAUTÉS</small>, ou autres qui jouiſſent du privilége des Mineurs ; & en cas que leurs Tuteurs ou Curateurs, Syndics ou autres Adminiſtrateurs, ayent négligé de ſatisfaire auxdites formalités, ils ſeront condamnés en leur propre & privé nom, <small>EN</small>

TELLES SOMMES QU'IL APPARTIENDRA , AU PROFIT DU
PREMIER APPELE' à la Subſtitution , ou de l'Hôpital ci-
deſſus marqué.

C ET article eſt une exception des précédens qui font perdre
au grevé les fruits des biens ſubſtitués , en cas de négligence ou
d'omiſſion de quelqu'une des trois formalités de l'inventaire avec
priſée , de l'inſinuation de la ſubſtitution & de l'obtention de
l'Ordonnance pour ſe mettre en poſſeſſion des biens ſubſtitués.

Il veut que les pupilles , mineurs ou interdits , les égliſes , hôpitaux , communautés , & autres qui jouiſſent du privilége des
mineurs , qui ſeront chargés de ſubſtitution , ne ſeront pas aſſujettis à la perte des fruits , pour avoir omis les formalités qui aſſu-
jettiſſent à la perte des fruits des biens ſubſtitués.

Mais en cas que les tuteurs ou curateurs & autres adminiſtrateurs des perſonnes , égliſes , hôpitaux , communautés & autres
qui jouiſſent du privilége des mineurs , auront négligé de ſatiſ-
faire auxdites formalités , lorſqu'ils y ſont aſſujettis , ils doivent être
condamnés en leur propre & privé nom , en telles ſommes qu'il
appartiendra , au profit du premier appelé à la ſubſtitution , ou
de l'hôpital ci-deſſus marqué.

Les pupilles , mineurs ou interdits) : Dans les pays coutumiers
où la tutèle dure juſqu'à l'âge de 25 ans accomplis , la diſpoſition de cet article doit être exécutée contre le tuteur ou curateur ; mais dans les pays du Droit écrit , où la pupillarité & la
tutèle finiſſent à la douzième ou quatorzième année accomplie
ſelon la différence du ſexe , & où les mineurs n'ont de curateur
lors de la puberté , qu'autant qu'ils le veulent , excepté en jugement , la peine prononcée contre le curateur ne peut pas avoir
lieu lorſque le mineur n'en aura pas : cependant le mineur n'en
ſera pas moins exempté de la perte des fruits.

Ni les égliſes , hôpitaux , communautés) : Lorſque notre Ordonnance fut faite , les égliſes , hôpitaux , communautés & autres
gens de mainmorte , étoient capables de recueillir des diſpoſitions ; par conſéquent ces diſpoſitions étoient ſuſceptibles de la

charge d'une ſubſtitution , comme notre article le ſuppoſe.

Mais par l'Edit du mois d'Août 1749, *art.* 14, les gens de mainmorte ayant été déclarés incapables d'acquérir & poſſéder à l'avenir, les biens immeubles, rentes foncières, ou non rache-tables, même des rentes conſtituées ſur des particuliers, ſans y être autoriſés par des lettres patentes duement enregiſtrées, les diſpoſitions de cet Edit ont évacué les diſpoſitions de cet *art.* 44, pour ce qui concerne les immeubles & autres biens dont les main-mortes ſont déclarées incapables par l'Edit de 1749.

En telles ſommes qu'il appartiendra): La condamnation aux ſommes, qui doit être prononcée contre les tuteurs, curateurs & autres adminiſtrateurs, eſt renvoyée à l'arbitrage du Juge qui doit en faire la fixation, eu égard à la valeur des fruits, qui auroient été perdus, ſi la qualité du grevé avoit permis que la peine eût été exécutée contr'eux : enſorte, que les tuteurs, curateurs ou autres adminiſtrateurs, doivent ſupporter la même perte au profit du premier ſubſtitué, ou de l'hôpital, que le grevé auroit dû ſupporter par le défaut d'obſervation des forma-lités, s'il avoit été perſonne capable d'agir par lui-même.

Au profit du premier appelé): Ceci comprend non-ſeulement le premier ſubſtitué, vis-à-vis de l'héritier grevé qui omet les formalités, mais encore le ſecond ſubſtitué, quand le premier eſt en perte des fruits, pour avoir négligé ou omis des forma-lités qu'il auroit dû obſerver.

· ARTICLE XLV.

Ceux qui font obligés de fatisfaire aux formalités de l'inventaire avec prifée , & de la publication des Subf-titutions , ne pouront pas s'en difpenfer fous prétexte qu'ils attaqueront la Subftitution : fauf à fe faire rembourfer les frais , en cas qu'ils faffent rejetter la Subftitution.

CEUX QUI SONT TENUS, fuivant les règles ci-deffus prefcrites, de faire procéder à l'inventaire & à la prifée, dans le cas où elle eft requife, & à la publication & enregiftrement de la Subftitution, feront tenus de fatif-faire auxdites formalités, ENCORE QU'ILS PRETENDISSENT ETRE EN DROIT D'ATTAQUER LADITE SUBSTITUTION, contre laquelle ils ne pouront fe pourvoir qu'après les avoir remplies, SANS NEANMOINS QUE L'ON PUISSE S'EN PREVALOIR CONTRE LEUR PRETENTION, ET SAUF, EN CAS QU'ILS Y REUSSISSENT, A ETRE ORDONNE QU'ILS SERONT REMBOURSES DES FRAIS PAR EUX FAITS A CE SUJET.

CEUX qui font grevés de fubftitutions, font tenus de remplir les formalités de l'infinuation de la fubftitution, & de l'inventaire avec prifée, dans les cas où cette formalité eft requife ; font tenus de remplir ces formalités qui leur font prefcrites par la préfente Ordonnance, encore qu'ils prétendiffent être en droit d'attaquer la fubftitution, contre laquelle ils ne pouront fe pour-voir qu'après les avoir remplies.

Sans néanmoins que ceux qui auront intérêt de faire valoir la substitution, puissent se prévaloir des démarches que les grevés auront faites, ni en induire qu'ils auront reconnu la validité de la substitution, pour les exclure de la demande en rejet, ou cassation de la substitution.

Sauf en cas que les grevés parviennent à faire casser ou rejeter la substitution, à être ordonné qu'ils seront remboursés des frais par eux faits à ce sujet.

Ceux qui seront tenus): C'est-à-dire, ceux qui seront grevés de substitution comme l'héritier, ou celui qui prendra sa place à son défaut; même les héritiers légitimes du substituant, lorsque la charge du fidéicommis les regardera. Tout grevé de fidéicommis, soit universel ou particulier, est tenu de faire insinuer la substitution, soit qu'elle ait été faite par acte entre-vifs, ou par disposition de dernière volonté; mais toute personne grevée n'est pas obligée de faire procéder à l'inventaire, c'est la raison pourquoi notre article ajoute, *dans le cas où elle est requise*, c'est-à-dire, la formalité de l'inventaire. Nous avons expliqué sur l'*art.* 1 de ce titre, quels sont les cas où l'inventaire est requis ou non.

Encore qu'ils prétendissent être en droit d'attaquer ladite substitution): Il seroit facile au grevé d'éluder l'exécution de la présente Ordonnance, en ce qu'elle exige les formalités de l'insinuation de la substitution & de l'inventaire, s'il étoit autorisé à s'en dispenser, sous prétexte que la substitution ne devoit pas le lier, ou qu'elle ne devoit pas être exécutée, soit pour n'avoir pas été suffisamment exprimée, soit pour contenir des biens dont le substituant n'avoit pas la liberté de disposer, ou pour quelqu'autre cause apparente. Et comme ces formalités sont établies par une loi publique, & que d'ailleurs elles sont nécessaires pour conserver les droits des substitués, notre article veut que le grevé soit tenu de les remplir, quand même il prétendroit être en droit de l'attaquer, sans qu'il lui soit permis de se pourvoir contre la substitution, qu'après les avoir remplies.

Sans néanmoins que l'on puisse s'en prévaloir contre leur prétention): L'accomplissement des formalités ne pourra donc pas être opposé au grevé, comme un acquiescement, une approbation & une fin de non recevoir; c'est à quoi notre article pourvoit. Le grevé étant forcé de remplir ces formalités, on ne peut pas lui imputer une approbation volontaire à raison des démarches qu'il aura faites *coactus*.

Et sauf en cas qu'ils y réussissent, à être ordonné qu'ils seront remboursés des frais par eux faits à ce sujet): C'est-à-dire, en cas que le grevé fasse casser ou déclarer nulle ou inutile la substitution. Notre article pourvoit abondamment à l'intérêt du grevé, soit en lui réservant les actions pour attaquer la substitution, soit en pourvoyant au remboursement des frais qui seront par lui exposés, lequel remboursement ne devra pas être exercé sur les biens prétendus substitués, lorsque la substitution sera déclarée inutile, ni sur ces biens dépendans de l'hérédité, mais sur les biens du substitué qui fera valoir la substitution, parceque ce sera à raison de son seul intérêt, que ces frais auront été exposés.

ARTICLE XLVI.

Exceptions des Parlemens où l'Ordonnance de Moulins n'a pas été enregistrée, par rapport à la nécessité de l'Insinuation des Substitutions.

N'entendons par les dispositions du présent titre, concernant la publication & enregistrement des Substitutions, rien innover par rapport à celles qui seroient antérieures à l'enregistrement de l'Ordonnance de Moulins, en cas que les degrés prescrits par les Ordonnances ne soient pas encore remplis, ni pareillement à l'égard des Substitutions faites dans les pays où l'Ordonnance de Moulins n'a pas été publiée avant l'enregistrement des Loix qui y ont établi la formalité de la publication & enregistrement. Voulons que l'Edit du
mois

mois de Juillet 1707, enſemble notre Déclaration du
14 Septembre 1721, enregiſtrée en notre Parlement
de Franche-Comté ; & notre Déclaration du 22 Août
1739, enregiſtrée en notre Parlement de Dauphiné,
ſoient exécutés par rapport aux Subſtitutions faites dans
leſdites Provinces avant les temps y mentionnés ; le tout
à la charge de ſe conformer, pour les publications &
enregiſtremens qui ſe feront à l'avenir, aux règles ci-
deſſus preſcrites ſur les Juriſdictions, & les formes dans
leſquelles il doit y être procédé.

QUOIQUE les diſpoſitions de cet article ſoient fort étendues,
il y a peu de choſes à obſerver pour en faire connoître l'eſprit ; la
ſeule lecture ſuffit, il excepte de ce qui eſt preſcrit dans le préſent titre, concernant la publication & l'enregiſtrement des ſubſtitutions, celles qui ſeroient antérieures à l'enregiſtrement de
l'Ordonnance de Moulins, en cas que les degrés preſcrits ne
ſoient pas encore remplis.

Il excepte pareillement les ſubſtitutions faites dans les pays
où l'Ordonnance de Moulins n'a pas été publiée avant l'enregiſtrement des loix qui y ont établi la formalité de la publication & enregiſtrement.

L'article veut encore que l'Edit du mois de Juillet 1707, &
la Déclaration du 14 Septembre 1721, enregiſtrés au Parlement
de Franche-Comté, & la Déclaration du 22 Août 1739, enregiſtrée au Parlement de Dauphiné, ſoient exécutés par rapport
aux ſubſtitutions faites dans leſdites provinces avant le temps y
mentionné.

Le tout à la charge par les Parlemens de Beſançon & de Grenoble, de ſe conformer pour les publications & enregiſtremens qui
feront faits à l'avenir, des ſubſtitutions, aux règles ci-deſſus preſcrites, ſur les juriſdictions & les formes dans leſquelles il doit y
être procédé.

K k k

Pour l'exécution de notre article dans la pratique, tout confifte; 1.° A connoître dans quels Parlemens l'Ordonnance de Moulins a été enregiftrée dans fon temps. C'eft de quoi on peut s'affurer, en confultant les regiftres des Parlemens; il nous fuffit de dire qu'elle fut enregiftrée au Parlement de Touloufe, comme l'attefte *M. Maynard*, le 28 Mars 1566, fans modification.

2.° A connoître la teneur de l'Edit du mois de Juillet 1707; & de la Declaration du Roi du 14 Septembre 1721, enregiftrés au Parlement de Bezançon pour la Franche-Comté.

3.° A connoître les difpofitions de la Déclaration du Roi, du 22 Août 1739, pour le Dauphiné, enregiftrée au Parlement de Grenoble, au fujet de la publication & de l'enregiftrement des fubftitutions.

L'*art*. 6 de l'Edit du mois de Juillet 1707, porte: *Ordonnons, que toutes fubftitutions, tant celles qui font déja faites, que celles qui fe feront à l'avenir, feront publiées en jugement à jour de plaidoirie, & enregiftrées au Greffe de la Juftice royale du domicile du donateur ou teftateur; & pareillement au Greffe de la Juftice royale, dans l'étendue de laquelle les biens donnés ou légués font fitués; & ce dans les fix mois; favoir, à l'égard de celles qui feront faites à l'avenir, à compter du jour des contrats, fi elles font contractuelles, ou de la mort du teftateur, fi elles font faites par teftament: & à l'égard de celles qui font déja faites, à compter du jour de la publication des préfentes.*

Art. 7. *Les fubftitutions qui auront été publiées & enregiftrées dans les fix mois, en la forme portée par l'article précédent, auront leur effet du jour du décès du teftateur, conformément audit article, tant contre les créanciers, que contre les tiers acquéreurs des biens qui y font compris; & celles qui n'auront été publiées & enregiftrées qu'après les fix mois, n'auront effet à l'avenir contre lefdits créanciers & tiers acquéreurs, que du jour defdites publications & enregiftremens.*

La Déclaration du 14 Septembre 1621, enregiftrée au Parlement de Befançon, ordonne l'exécution de l'Edit du mois de Juillet 1707, & déclare *toutes les fubftitutions faites avant ledit Edit, dans l'étendue du Comté de Bourgogne, quelque anciennes* qu'elles puiſſent être , & ſoit qu'elles euſſent été faites par contrats entre-vifs ou par teſtamens , ou autres diſpoſitions de dernière volonté , avoir été ſujettes à la nouvelle publication , & au nouvel enregiſtrement ordonnés par ledit Edit , encore qu'elles euſſent été publiées avant ledit Edit , & en quelque forme & manière qu'elles euſſent pu l'être , ſuivant les différens uſages dudit Comté.

Elle veut encore que leſdites anciennes ſubſtitutions , qui n'auroient point été publiées & enregiſtrées dans les ſix mois de la publication de l'Edit de 1707, n'aient d'effet contre les créanciers & tiers acquéreurs , que du jour que la publication & enregiſtrement en auront été faits.

Il faut donc que dans le reſſort du Parlement de Beſançon, on exécute l'Edit de 1707, & la déclaration du 14 Septembre 1721; pour les diſpoſitions y contenues, concernant la publication & l'enregiſtrement des ſubſtitutions , ſauf pour ce qui concerne la juriſdiction & la forme de l'enregiſtrement; l'inſinuation devant être faite, ſelon notre Ordonnance, aux Bailliages, Sénéchauſſées ou autres Siéges royaux, reſſortiſſans nuement au Parlement, au lieu que ſuivant l'Edit de 1707, elle devoit être faite aux Siéges royaux de la première Juſtice.

A l'égard du Parlement de Grenoble, la Déclaration du Roi du 22 Avril 1739 porte:

Article 1 : *Les diſpoſitions des Déclarations du 17 Novembre 1690 , & 18 Janvier 1712 , ſeront exécutées ſelon leur forme & teneur ; & en conſéquence voulons , que toutes les ſubſtitutions faites dans notre province de Dauphiné , depuis le jour de la publication & enregiſtrement de ladite Déclaration du 17 Novembre 1690 en notredite Cour de Parlement ; comme auſſi toutes celles qui ſeront faites à l'avenir ne puiſſent avoir aucun effet contre les créanciers & les tiers acquéreurs , ſi elles n'ont été publiées & enregiſtrées en la forme , & dans les délais portés par leſdites Déclarations.*

Art. 2. *Et à l'égard des ſubſtitutions qui auront été faites dans ladite province , avant le jour de la publication & enregiſtrement de ladite Déclaration du 17 Novembre 1690 en notre Cour de Parlement , & dont les degrés preſcrits par les Ordonnances ne*

K k k 2

seront pas encore remplis, voulons, que dans six mois pour tout délai, à compter du jour de la publication & enregistrement de notre présente Déclaration, lesdites substitutions soient publiées & enregistrées, si fait n'a été, & ce, en la manière prescrite par les Ordonnances & Déclarations données en conséquence.

Art. 3. *Les substitutions mentionnées en l'article précédent, qui auront été publiées & enregistrées dans ledit délai de six mois, seront exécutées, à compter du jour des donations ou contrats qui les contiennent, si elles sont contractuelles, ou du jour de la mort du testateur, si elles sont faites par dispositions de dernière volonté: Voulons que lesdites substitutions ayent leur plein & entier effet, même contre les créanciers & tiers acquéreurs, qui auroient contracté ou fait les acquisitions avant ladite publication & enregistrement.*

Art. 4. *Faute d'avoir fait procéder dans ledit délai de six mois, à la publication & enregistrement desdites substitutions, elles ne pourront être opposées auxdits créanciers & tiers acquéreurs, sous quelque prétexte que ce puisse être.*

Art. 5. *N'entendons au surplus empêcher par notre présente Déclaration, qu'il ne soit procédé à la publication & enregistrement desdites substitutions, même après l'expiration dudit délai: sans néanmoins qu'audit cas elles puissent avoir leur effet contre d'autres créanciers & tiers acquéreurs, que ceux qui auroient contracté ou fait des acquisitions postérieurement à ladite publication & enregistrement.*

Art. 6. *Les dispositions portées par les* art. 2, 3 & 4, *ne pourront être tirées à conséquence contre les droits qui se trouveront être acquis, soit à des substitués, soit à des créanciers, ou à des tiers-acquéreurs, en vertu d'Arrêts définitifs, ou des Sentences passées en force de chose jugée avant la publication & l'enregistrement de la présente Déclaration.*

Toutes les dispositions contenues dans cette déclaration, devront être exécutées dans le ressort du Parlement de Grenoble; en vertu de la confirmation contenue dans notre art. 46, à cela près, que la publication & l'enregistrement des substitutions devront être faits aux Bailliages, Sénéchaussées ou autres Siéges

royaux, reffortiffans nuement au Parlement de Grenoble, conformément à l'*art.* 19 de ce titre, & dans le regiftre deftiné à cet
effet, cotté & paraphé à chaque feuillet, & arrêté à la fin fuivant
l'*art.* 24, comme le preferit l'*art.* 46 par cesparoles : *Le tout à la*
charge de fe conformer à l'avenir aux règles ci-deffus preferites
fur les jurifdiétions , & les formes dans lefquelles il doit y être
procédé : & ceci regarde pareillement le Parlement de Befançon.

ARTICLE XLVII.

Les conteftations fur la matière des Subftitutions fidéicom-:
miffaires , ne peuvent être portées que devant les Séné-
chaux & autres Siéges royaux , reffortiffans nuement
aux Parlemens ou Confeils fupérieurs.

Defirant pourvoir au bien des familles, qui font
intéreffées dans les Subftitutions , & leur épargner les
frais auxquels elles feroient expofées par la multiplicité
des degrés de jurifdiction : Voulons que toutes les conteftations concernant les Subftitutions fidéicommiffaires,
foient portées à l'avenir en première inftance dans nos
Bailliages , Sénéchauffées ou autres Siéges royaux, reffortiffans nuement en nos Cours de Parlement & Confeils fupérieurs, à l'exclufion des Juges royauxfubalternes,
& de tous Juges feigneuriaux, même de ceux qui reffortiffent nuement en nos Cours & Confeils fupérieurs , pour
y être ftatué fur lefdites conteftations , à la charge de
l'appel en nofdits Parlemens & Confeils fupérieurs.

Cet article & le fuivant règlent les tribunaux dans lefquels
des matières concernant les fubftitutions doivent être portées.

Pour pourvoir aux biens des familles, & leur épargner les frais auxquels elles seroient exposées par la multiplicité des dégrés de jurisdiction, notre article veut que toutes les contestations concernant les substitutions fidéicommissaires, soient portées à l'avenir en première instance, dans les Bailliages, Sénéchaussées ou autres Siéges royaux, ressortissans nuement aux Cours de Parlement & Conseils supérieurs, à l'exclusion des Juges royaux subalternes, & de tous Juges seigneuriaux, même de ceux qui ressortissent sans moyen aux Cours de Parlement & Conseils supérieurs, pour y être statué sur lesdites contestations, à la charge de l'appel aux Parlemens ou Conseils supérieurs.

Les motifs qui servent de fondement aux dispositions de cet article sont très-bons, & rien n'est plus utile pour le bien des familles, que les dispositions qu'il renferme. Il seroit à souhaiter que par une loi générale on le réglât de même pour toutes les autres matières, & qu'il n'y eût que deux degrés de jurisdiction.

Comme l'*art.* 19 de ce titre attribue aux Baillifs, Sénéchaux & autres Juges royaux, ressortissans nuement aux Cours supérieures, le droit de faire la publication & l'enregistrement des substitutions à l'exclusion de tous autres Juges, il étoit convenable que la connoissance de toutes les contestations sur la matière des substitutions, fût pareillement attribuée en première instance, aux mêmes tribunaux royaux, à l'exclusion de tous autres juges.

Mais il faut prendre garde que cette attribution particulière ne regarde que les contestations au sujet des substitutions fidéicommissaires, comme notre article le marque, par les mots, *concernant les substitutions fidéicommissaires*, qui sont restrictifs & limitatifs: ensorte que quand il s'agira de quelque substitution directe, comme de la vulgaire, de la pupillaire, & de l'exemplaire, les contestations devront être portées, comme avant la présente Ordonnance, devant les Juges ordinaires, soit royaux ou seigneuriaux.

Si donc il s'agit d'une contestation au sujet d'une substitution fidéicommissaire, elle ne poura être portée en première instance, que devant les Baillifs & Sénéchaux royaux, & tous les autres Juges ordinaires en sont exclus & déclarés incompétens; ensorte

que ſi une conteſtation de cette qualité, étoit portée même incidemment devant les Juges ordinaires, ils doivent ordonner que
les parties ſe pourvoient pardevant qui il appartiendra, ſans
examiner ſi les parties ſont nobles ou roturières ; car ce n'eſt pas
à raiſon de la qualité des parties, mais à raiſon de la matière,
que l'attribution en eſt faite aux Baillifs & Sénéchaux royaux, à
la différence de l'attribution faite aux Sénéchaux par l'Édit de
Cremieu, des cauſes des nobles, laquelle étoit faite à raiſon de
la qualité des parties, qui ſont de qualité noble.

Notre article n'explique pas devant quel Baillif ou Sénéchal
royal, doivent être portées les conteſtations au ſujet des ſubſtitutions fidéicommiſſaires, lorſque les biens ſubſtitués ſe trouvent
ſitués dans deux ou pluſieurs Sénéchauſſées royales, ou que les
grevés ou leurs héritiers auront leurs domiciles dans le reſſort d'un
Sénéchal différent de la ſituation des biens, en tout ou en partie.
Ainſi ces difficultés qui peuvent naître de ces cas doivent être
décidées ſuivant les règles de la loi Romaine.

La loi *Unique, Cod. ubi fideicommiſſum peti oporteat*, décide
une de ces difficultés en diſant, que le fidéicommis d'une hérédité, doit être demandé devant le Juge où l'hérédité a été laiſſée:
*Fideicommiſſum ibi petendum eſſe, ubi hæreditas relicta eſt, du-
bitari non oportet.*

Mais il faut prendre garde aux termes dont ce texte eſt conçu,
pour en connoître l'eſprit; il ne dit pas que le fidéicommis doit
être demandé devant le Juge où les biens héréditaires ſont ſitués:
il dit que l'action à raiſon du fidéicommis, doit être intentée devant le Juge où l'hérédité à été laiſſée, *ubi hæreditas relicta eſt:*
& comme une hérédité, *eſt nomen juris*, que le droit n'en ſub-
ſiſte pas moins, quoiqu'il n'y ait aucun corps héréditaire, & que
l'hérédité réſide en la perſonne de celui qui l'a laiſſée, on doit
conſidérer le lieu du domicile du défunt pour connoître le lieu
où elle a été laiſſée, ſans avoir égard à la ſituation des biens dont
l'hérédité eſt compoſée, comme le remarque *Peres dans ſes
préléçons ſur le titre du code, Ubi fideicom. peti oporteat, n. 3.*

Cependant la loi *Unique cod. ubi de hæreditate agatur*,
décide, que s'il s'agit de mettre l'héritier en poſſeſſion d'une

hérédité qui lui est déférée, c'est d'autorité du Juge de la situation des choses héréditaires, que cela doit se faire : *Illuc, ubi res hæreditarias esse proponis, hæredes in possessionem rerum hæreditariarum mitti postulandum est* : la raison est parceque la mise en possession est réelle : mais s'il s'agit de l'action pour reclamer une hérédité, qui est appellée, *actio petitionis hæreditatis,* l'action doit être intentée devant le Juge du défendeur, ou, s'il a son domicile dans le lieu où les choses héréditaires sont situées, c'est devant ce Juge, que la demande doit être portée & terminée : *Ubi autem domicilium habet qui convenitur, vel si, ubi res hæreditariæ sitæ sunt, degit : hæreditatis erit controversia terminanda.*

Les différentes décisions de ces deux loix, qui semblent se choquer, rendent la chose difficile à résoudre : toutefois il me semble que le doute peut être tranché par une distinction : ou il s'agit du fidéicommis d'une chose particulière, qui a une situation fixe, dans ce cas l'action peut être intentée devant le Juge de la situation de la chose, sans considérer le lieu du domicile du défendeur ; *l.* 38, *ff. de judiciis*, *Peres.* sur le titre du code, *ubi fidéicom. peti oporteat, n.* 2, parceque le fidéicommissaire intente une action vraiment réelle, si le demandeur n'aime mieux intenter l'action devant le Juge du domicile du défendeur, comme le permet la loi dernière, *cod. ubi in rem actio exerceri debeat,* qui dit d'abord, que le demandeur doit suivre le domicile du défendeur, soit qu'il s'agisse d'une action réelle ou personnelle, *actor rei forum, sive in rem, sive in personam sit actio, sequitur ;* mais le même texte ajoute, que s'il s'agit d'une chose qui a une situation fixe, le demandeur peut intenter l'action réelle contre le possesseur devant le Juge de la situation de la chose : *Sed ut in locis, in quibus res, propter quas contenditur, constitutæ sunt, jubemus in rem actionem adversùs possidentem moveri.* C'est ainsi que le sens de cette loi, qui paroît conçu d'une manière ambigüe, a été fixé par *Baquet* & les autres Auteurs : & cela me paroît d'autant plus indubitable, qu'il y a toujours quelque chose de personnel dans l'action intentée pour demander l'ouverture, & la délivrance du fidéicommis particulier ; & c'est aussi dans ce

sens

sens que l'on doit entendre la loi *Unique cod. ubi fideicommissum peti oporteat.* Nonobstant ce que nous avons dit au sujet de cette loi.

Que s'il s'agit du fidéicommis d'une hérédité, l'action devra être intentée devant le Juge du domicile du défendeur, suivant la maxime, *actor sequitur forum rei*, à cause qu'il s'agit d'une action mixte tenant de la réalité & de la personalité, à raison du désistat des biens, qui est demandé, & des autres actions en détractions & imputations qui viennent dans l'action *petitionis hæreditatis*, surtout de la restitution des fruits, qui produit une action purement personnelle.

Ainsi lorsqu'il s'agira d'un fidéicommis particulier, l'action poura être intentée ou devant le Sénéchal dans le ressort duquel les biens substitués sont situés, ou devant le Sénéchal du domicile du défendeur, au choix du demandeur ; au moyen de quoi on évite la difficulté qui peut venir de ce que les biens dépendans d'un fidéicommis particulier, sont situés dans plusieurs Sénéchaussées différentes.

Que s'il s'agit du fidéicommis d'une hérédité, l'action devra être portée devant le Sénéchal du domicile du défendeur, sans examiner si les biens sont situés dans des Sénéchaussées différentes, & il faudra suivre dans ce cas la maxime, *actor sequitur forum rei*, *sive in rem*, *sive in personam sit actio*.

ARTICLE XLVIII.

Les actions & les contestations au sujet des fidéicommis,
pourront être portées devant les Juges de privilège
en vertu des committimus, sans néanmoins que les
actions en défistat contre les tiers possesseurs, puissent
y être portées.

N'ENTENDONS PREJUDICIER PAR L'ARTICLE PRECEDENT,
au privilége de *Committimus*, lorfqu'il s'agira des demandes & contestations formées entre celui qui fera
appelé à la Substitution, & les héritiers ou repréfentans
de l'auteur de la Substitution, ou de celui qui en étoit
chargé ; fans que ledit privilége puiffe avoir lieu à l'égard
des demandes en revendication des biens substitués,
ou en révocation des aliénations faites par les grevés de
Substitution, lorfque lefdites demandes feront formées
CONTRE LES TIERS DETENTEURS; ENCORE QUE CELUI QUI
AUROIT FORMÉ LESDITES DEMANDES CONTR'EUX, Y EUT
MESLÉ DES CONCLUSIONS TENDANTES A FAIRE DECLARER
LA SUBSTITUTION OUVERTE EN SA FAVEUR.

CET article déclare n'entendre préjudicier par les difpofitions
de l'article précédent, au privilége de *committimus*, lorfqu'il
s'agira des demandes & contestations formées, entre celui qui
fera appelé à la fubstitution, & les héritiers ou repréfentans de
l'auteur de la fubstitution, ou de celui qui en étoit chargé.

Sans que le privilége de *committimus*, puiffe avoir lieu à l'é-
gard des demandes en revendication des biens fubstitués, ou en

révocation des aliénations faites par les grevés de fubftitution, lorfque les demandes feront formées contre les tiers acquéreurs, ou détenteurs des biens fubftitués.

Ce qui doit avoir lieu quoique celui qui auroit formé les demandes en revendication des biens, ou en révocation des aliénations contre les tiers acquéreurs, y eût mêlé des conclufions tendantes à faire déclarer la fubftitution ouverte en fa faveur.

N'entendons préjudicier par l'article précédent au privilége de committimus) tant du grand que du petit fceau. Mais ce privilége ne poura pas être exercé dans tous les cas; notre article l'exclud formellement, lorfqu'il s'agit des demandes en revendication des biens fubftitués, ou en révocation des aliénations faites par les grevés, lorfqu'elles feront formées contre des tiers détenteurs; ce qui doit s'entendre, foit qu'il s'agiffe du privilége de *committimus*, appartenant au défendeur ou au demandeur, à caufe qu'il s'agit d'une matière réelle, qui n'eft pas de la compétence des requêtes de l'Hôtel ou du Palais, & quoique le *committimus* du grand fceau, attire de toute l'étendue du Royaume aux requêtes de l'Hôtel ou du Palais à Paris, en faveur de ceux qui en jouiffent, & que le *committimus* du petit fceau n'attire que du reffort du même Parlement, les privilégiés ne peuvent ufer de leur privilége que pour les matières civiles perfonnelles, poffeffoires ou mixtes, entières & non conteftées devant d'autres Juges, fuivant *l'art.* 1 *du tit.* 4 des *committimus* de l'Ordonnance de 1669.

Contre des tiers détenteurs) : Ce mot *tiers détenteurs*, a plus d'énergie & d'étendue que le mot *tiers acquéreurs* : celui-ci ne comprend que ceux qui ont quelque titre d'aliénation de la part du grevé, au lieu que le mot *tiers détenteurs*, comprend ceux qui ont un titre d'aliénation, & ceux qui poffédent & détiennent les biens fubftitués fans autre titre que leur poffeffion; auffi notre article parle-t-il, non-feulement du cas où le fubftitué agira pour demander la révocation des aliénations: ce qui s'applique aux tiers acquéreurs; mais encore de celui où le fubftitué agira pour revendiquer les biens fubftitués : ce qui s'applique à ceux qui n'ont d'autre titre que la poffeffion.

Encore que celui qui auroit formé lesdites demandes contr'eux, y eût mêlé des conclusions tendantes à faire déclarer la substitution ouverte en sa faveur): Le privilégié qui est assigné devant le Sénéchal, en révocation des aliénations faites par le grevé, & en désistat des biens substitués qu'il possede avec titre ou sans titre, ne peut pas user de son privilége, comme notre article le porte : mais si le substitué intente devant le Sénéchal la demande en ouverture de la substitution contre le grevé ou ses héritiers, & y fait assigner un tiers acquéreur privilégié, ce privilégié poura-t-il user de son *committimus*, & porter toute l'instance aux requêtes ? Il faut décider pour la négative ; parceque le privilégié, tiers détenteur n'est pas intéressé à la demande principale en ouverture de la substitution formée contre le grevé ou ses héritiers. Le substitué ne peut pas même la former contre le tiers acquéreur, vu que suivant l'*art.* 40 *du tit.* 1 de la présente Ordonnance, le substitué ne peut agir contre les tiers acquéreurs ou détenteurs des biens substitués, qu'après avoir obtenu la délivrance ou l'ouverture du fidéicommis par sentence, ou par acte volontaire, consenti par le grevé ou ses héritiers. Le privilégié n'étant donc intéressé que pour la demande en désistat, qui ne peut pas être évoquée aux requêtes, en vertu du privilége de *committimus*, il ne lui reste d'autre ressource qu'à défendre devant le Sénéchal pour demander la décharge de l'assignation, jusqu'à ce que le substitué ait obtenu la délivrance du fidéicommis.

Mais si la demande en ouverture du fidéicommis est formée aux requêtes du Palais ou de l'hôtel, par un substitué privilégié, poura-t-il en même temps y appeler les tiers détenteurs des biens substitués, pour revendiquer les biens, ou demander la révocation des aliénations faites par le grevé ? Il faut également décider pour la négative, parceque le substitué ne peut pas accumuler la demande en ouverture de la substitution contre le grevé ou ses héritiers, avec l'action contre les tiers détenteurs : laquelle action ne peut être intentée qu'après que le substitué aura obtenu la délivrance du fidéicommis.

ARTICLE XLIX.

Néceſſité des concluſions des Gens du Roi, ſur les con-
teſtations au ſujet des Subſtitutions fidéicommiſſaires,
& des règles préſcrites par la préſente Ordonnance ; le
défaut de concluſions donne lieu à la Requête civile
contre les Arrêts.

Il ne poura être rendu aucun Jugement SUR CE QUI
CONCERNE LES SUBSTITUTIONS FIDÉICOMMISSAIRES, ET
L'OBSERVATION DES REGLES PRESCRITES PAR LA PRESENTE
ORDONNANCE, que ſur les concluſions de nos Avocats
& Procureurs en première inſtance, & ſur celles de nos
Avocats & Procureurs Généraux en nos Cours, lorſque
les conteſtations formées à ce ſujet y ſeront portées par
appel ou autrement. VOULONS QU'IL Y AIT OUVERTURE
DE REQUETE CIVILE contre les Arrêts qui ſeront rendus
ſans concluſions de noſdits Avocats & Procureurs
Généraux.

CET article introduit une formalité nouvelle, du moins dans
certains Parlemens, comme à Toulouſe, où l'on n'étoit pas dans
l'uſage de faire donner des concluſions par MM. les Gens du
Roi, ſur les conteſtations au ſujet des ſubſtitutions, à moins que
la qualité des parties ne l'exigeât.

Il veut qu'il ne puiſſe être rendu aucun Jugement ſur ce qui
concerne les ſubſtitutions fidéicommiſſaires, & l'obſervation
des règles preſcrites par la préſente Ordonnance, que ſur les
concluſions des Gens du Roi, tant en première inſtance qu'en
cauſe d'appel ; faute de quoi, il y aura par une telle omiſſion,

ouverture de requête civile, contre les Arrêts qui seront rendus sans les conclusions de MM. les Avocats & Procureurs Généraux; & par conséquent une nullité de Sentences des Sénéchaux. Le Légiflateur a voulu faire considérer la matière des substitutions fidéicommissaires comme faisant partie du droit & de l'intérêt public, à raison de quoi l'*art.* 34 *du tit.* 35 des requêtes civiles, impose la nécessité des conclusions des Gens du Roi.

Sur ce qui concerne les substitutions fidéicommissaires): Notre article ne parlant pas des autres substitutions directes, il n'y a pas lieu d'y étendre la disposition qui impose de nouveau la nécessité des conclusions des Gens du Roi, comme nous l'avons remarqué ailleurs; parcequ'une loi qui introduit un droit nouveau dans un cas, ne doit pas être appliquée par extension, à d'autres cas dont elle ne parle pas.

Et l'observation des règles prescrites par la présente Ordonnance): Les conclusions des Gens du Roi seront donc nécessaires, non-feulement dans les causes, instances, ou procès sur la matière des substitutions fidéicommissaires; mais encore toutes les fois qu'il faudra recourir à l'autorité du Sénéchal pour observer quelqu'une des formalités ou des règles que notre Ordonnance prescrit, soit que les substitutions ayent été faites par acte entre-vifs, ou par disposition à cause de mort, même pour la publication des substitutions fidéicommissaires.

Voulons qu'il y ait ouverture de requête civile): Mais l'ouverture de requête civile fondée sur le défaut des conclusions des Gens du Roi, sera-t-elle absolue, & pourra-t-elle être proposée par toutes les parties, ou bien respective ou relative, de manière qu'il n'y ait que le grevé & le fidéicommissaire qui puissent la faire valoir pour leur intérêt particulier? Lorsque les moyens font établis en faveur des personnes, comme font les mineurs, les ecclésiastiques & autres de même qualité, il n'y a qu'eux qui puissent les faire valoir; parcequ'ils font relatifs & ne font pas communs; mais lorsqu'ils font fondés sur la faveur de la matière qui intéresse le droit public & en fait partie, comme dans le cas de la police dont parle l'*art.* 34 *du tit.* 35 de l'Ordonnance de 1667, l'ouverture de requête civile, fondée sur l'omission des conclusions des Gens du Roi, eſt commune à toutes les parties du procès, elles peuvent donc la faire valoir; & comme la matière des ſubſtitutions eſt conſidérée par notre Ordonnance, comme faiſant partie du droit public, dont la défenſe appartient principalement aux gens du roi, il y a lieu de décider que l'ouverture de requête civile établie par notre Ordonnance, peut être propoſée par toutes les parties du procès, comme leur étant commune.

ARTICLE L.

Le ſubſtitué ne peut ſe pourvoir que par Requête civile, contre les Arrêts rendus en contradictoire défenſe avec le grevé. Quels ſont les moyens de Requête civile?

LES ARRÊTS OU JUGEMENS EN DERNIER RESSORT, QUI SERONT CONTRADICTOIRES AVEC LE GREVE' DE SUBSTITUTION, OU UN DES SUBSTITUES', OU CONTRE LESQUELS IL NE POUROIT ETRE REÇU A FORMER OPPOSITION, ne pouront être retractés ſur le fondement d'une tierce oppoſition formée par celui au profit duquel la Subſtitution ſera ouverte, SAUF A LUI A SE POURVOIR PAR LA VOYE DES LETTRES EN FORME DE REQUETE CIVILE, LESQUELLES POURONT ETRE FONDE'ES, ſoit ſur les ouvertures mentionnées dans l'*art.* 34 *du titre* 35 de l'Ordonnance du mois d'Avril 1667, ſoit ſur la contravention à la diſpoſition de l'article précédent, ſoit ſur le défaut entier des défenſes, ou l'omiſſion des défenſes valables de la part du grevé ou ſubſtitué.

CET article & les quatre ſuivans règlent la forme de ſe pourvoir contre les Arrêts qui auront été rendus en contradictoire défense avec le grevé ou quelqu'un des substitués, & contre les Arrêts qui auront homologué les actes de désistemens, transactions, ou conventions qui seront passées au sujet des substitutions.

L'*art.* 50 défend de se pourvoir par la tierce opposition, contre les Arrêts ou Jugemens en dernier ressort, rendus contradictoirement avec celui qui est grevé de substitution, soit en premier ou second ordre, & ne permet de se pourvoir que par la voie de la requête civile.

L'*art.* 51 règle le délai dans lequel le substitué en sous-ordre doit se pourvoir par cette voie.

L'*art.* 52 règle pareillement le délai de se pourvoir par requête civile, lorsqu'il s'agira de l'intérêt de l'église, des hôpitaux, corps ou communautés laïques ou ecclésiastiques.

L'*art.* 53 veut que les actes concernant les désistemens, transactions ou conventions, qui seront passées à l'avenir au sujet des substitutions, entre le premier ou le second grevé & d'autres parties, ne puissent avoir aucun effet contre les substitués ultérieurs, & il ne pourra être rendu aucun jugement en conséquence, qu'après qu'ils auront été homologués aux Parlemens, ou Conseils supérieurs, sur les conclusions de MM. les Gens du Roi, à peine de nullité.

L'*art.* 54 ordonne que les Arrêts qui auront homologué lesdits actes seront exécutés contre les substitués ultérieurs, lesquels ne pourront se pourvoir contre lesdits Arrêts d'homologation, que par la voie de la requête civile sur les moyens, & dans les délais expliqués dans les articles précédens.

Les Arrêts où Jugemens en dernier ressort qui seront contradictoires avec le grevé de substitution) : Ceci s'entend des substitutions fidéicommissaires, & non des substitutions directes, telles que sont la vulgaire, la pupillaire, & l'exemplaire ; parceque, comme nous l'avons observé ailleurs, notre Ordonnance ne règle que ce qui regarde les substitutions fidéicommissaires, & laisse les autres aux termes du droit commun.

Ou un des substitués) : C'est-à-dire, un premier substitué qui étoit seul contradicteur légitime ; car si l'Arrêt ou le Jugement contradictoire avoit été rendu avec un d'entre plusieurs substitués

appelés

appelés en même rang, pour recueillir la ſubſtitution, les co-
ſubſtitués qui n'auroient pas été ouis, pourroient ſe pourvoir par
la voie de l'oppoſition; vu que notre article n'entend parler que
de l'Arrêt ou Jugement rendu avec un premier ſubſtitué, qui
avoit recueilli ſeul la ſubſtitution; parceque dans ce cas il ſeroit
ſeul contradicteur légitime, & à l'égard d'un ſubſtitué ultérieur;
parceque les co-ſubſtitués ayant un droit égal à celui d'un autre
ſubſtitué en même rang, qui auroit défendu, l'Arrêt ou le Jugement en dernier reſſort ne produiroit pas l'exception de la choſe
jugée à l'égard des autres co-ſubſtitués qui n'auroient pas été appelés ni ouis, comme le décide la loi 2, *Cod. quibus res judicata
non nocet.*

　　Contre leſquels il ne pourroit être reçu à former oppoſition):
C'eſt-à-dire, que toutes les fois que le grevé ou le premier ſubſtitué auront défendu, & que l'Arrêt ou le Jugement en dernier
reſſort ſera réputé contradictoire avec lui, il ſera pareillement
réputé contradictoire avec le ſubſtitué ultérieur. Le Droit Romain dans le titre du digeſte *de exceptione rei judicatæ*, donne
des règles pour connoître les cas où les Arrêts & Jugemens,
ſont véritablement, ou ſont réputés contradictoires.

　　L'art. 1 *du tit.* 35 des requêtes civiles de l'Ordonnance de
1667, l'explique auſſi en peu de paroles, lorſqu'il dit, *les Arrêts
& Jugemens en dernier reſſort, ne pourront être rétractés que par
lettres en forme de requête civile, à l'égard de ceux qui auront
été ou parties, ou duement appelés;* ce qui comprend les Arrêts
rendus par forcluſion; parceque celui qui ſouffre la forcluſion
a été appellé & oui. L'Ordonnance de 1539, *art.* 31, l'avoit ainſi
ordonné pour les jugemens par forcluſion, ne permettant de ſe
pourvoir que par appel, s'il y avoit lieu, contre des jugemens de
cette eſpèce, & non par la ſimple voie de l'oppoſition.

　　Mais l'Ordonnance de 1667, *tit.* 35, *art.* 2, permet de ſe pourvoir par ſimple requête, à fin d'oppoſition contre les Arrêts &
Jugemens en dernier reſſort, auxquels le demandeur en requête
n'aura été partie ou duement appelé, & même contre ceux donnés
ſur requête.

　　L'art. 3 du même titre permet pareillement de ſe pourvoir par simple requête contre les Arrêts & Jugemens en dernier ressort qui auront été rendus, à faute de se présenter, ou à l'audience à faute de plaider ; pourvu que la requête ait été donnée & signifiée dans la huitaine du jour de la signification de l'Arrêt à personne, ou domicile de ceux qui seroient condamnés , ou au Procureur quand il y en a un ; si ce n'est que la cause eût été appelée à tour de rôle , auquel cas les parties ne pouroient se pourvoir que par requête civile.

Lors donc que le grevé ou le premier substitué auront défendu, auquel cas ne pouvant pas se pourvoir par simple requête à fins d'opposition , le substitué ultérieur ne sera pas non plus reçu à se pourvoir par la voie de l'opposition contre l'Arrêt ou Jugement en dernier ressort rendu contre le grevé ou un premier substitué. Notre article déroge donc à cet égard, à la disposition de l'*art.* 2 du *tit.* 35 de l'Ordonnance de 1667, qui permet à ceux qui n'ont pas été parties ou duement appelés, de se pourvoir par la voie de l'opposition , & qui par conséquent laissoit à un substitué ultérieur, la voie de la simple opposition pour attaquer un Arrêt ou un Jugement en dernier ressort, contradictoire avec un héritier grevé, dont le substitué n'étoit pas héritier : mais cette dérogation doit être réservée au cas particulier d'un substitué , sans pouvoir être étendue à quelqu'autre cas, où le demandeur en requête n'aura pas été oui ni appelé.

Sauf à lui à se pourvoir par des lettres en forme de requête civile) : La voie de l'opposition n'étant donc pas ouverte dans ce cas, au substitué ultérieur, il ne lui reste d'autre ressource que la requête civile, suivant notre article & l'*art.* 1 *du tit.* 35 de l'Ordonnance de 1667. Mais si les Arrêts ou Jugemens en dernier ressort sont antérieurs à l'enregistrement de la présente Ordonnance , l'*art.* 58 de ce titre décide de ce cas par une distinction.

Que s'il n'y a qu'une Sentence rendue avec le grevé ou le premier substitué, laquelle ait passé en force de chose jugée, vis-à-vis de ceux avec lesquels elle aura été rendue, le substitué ultérieur aura la faculté d'en appeler dans les dix ans, à compter de la signification qui lui en aura été faite en majorité depuis l'ouverture de la substitution , suivant l'esprit de l'*art.* 58 de ce titre.

Leſquelles pourront être fondées): Non-ſeulement ſur les ouvertures de requête civile, expliquées dans l'*art.* 34 *du tit.* 35 de
l'Ordonnance de 1667, mais encore ſur deux autres moyens que
notre article établit.

Les moyens de requête civile reſultans de l'Ordonnance de
1667, ſont, 1.° le dol perſonnel.

2.° Si la procédure preſcrite par l'Ordonnance de 1667, n'a
pas été ſuivie. Toute contravention à l'ordre de la procédure
n'eſt pas un moyen de requête civile, il n'y a que l'inobſervation
de la procédure marquée par l'Ordonnance de 1667, qui produiſe cet effet; ce qui réſulte des mots, *ſi la procédure* PAR NOUS
preſcrite , ce qui ſe rapporte à ce qui eſt preſcrit par la même
Ordonnance.

3.° S'il a été prononcé ſur les choſes non demandées ou non
conteſtées; c'eſt-à-dire, s'il a été prononcé ſur des choſes qui ne
faiſoient pas partie de la conteſtation en cauſe.

4.° S'il a été plus adjugé qu'il n'a été demandé, c'eſt ce qu'on
appelle *ultrà petita.*

5.° S'il a été omis de prononcer ſur quelqu'un des chefs de
demande.

6.° S'il y a contrariété d'Arrêts ou Jugemens en dernier reſſort entre les mêmes parties, ſur les mêmes moyens, & en mêmes
Cours ou Juriſdictions.

7°. Si dans un même Arrêt, il y a des diſpoſitions contraires.

8.° Si aux choſes qui concernent le Roi, l'Egliſe, le Public
ou la Police, il n'y a pas eu des concluſions de MM. les Gens
du Roi.

9.° Si l'on a jugé ſur des pièces fauſſes.

10.° Ou ſur des offres & conſentemens ; qui aient été déſa-
voués, & le déſaveu jugé valable.

11.° Ou s'il y a des pièces déciſives nouvellement recouvrées
& retenues par le fait de la partie. Tous ces cas ſont littéralement
exprimés dans l'*art.* 34.

12.° L'*art.* 35 du même *tit.* 35, veut encore que les eccléſiaſ-
tiques, les communautés & les mineurs ſoient reçus à ſe pourvoir
par requête civile, s'ils n'ont pas été défendus ou s'ils ne l'ont pas

été valablement. Au Parlement de Toulouse on juge sans difficulté, que quand un mineur n'a pas été pourvu de curateur *ad lites*, la requête civile est bien fondée.

13.° Notre *art.* 50 ajoute le défaut des conclusions des Gens du Roi, en conformité de l'article précédent.

14.° Il ajoute encore, non-seulement le défaut entier des défenses, mais encore l'omission de défenses valables de la part du grevé ou du premier substitué, avec lequel l'Arrêt ou le Jugement en dernier ressort aura été rendu; & cela sans distinguer si le grevé ou le substitué étoient majeurs ou mineurs, à raison de quoi notre article fait une addition importante à l'*art.* 35 du *tit.* 35 de l'Ordonnance de 1667.

Ensorte que quand il s'agira d'une requête civile, obtenue par un substitué ultérieur, contre un Arrêt ou Jugement en dernier ressort, rendu avec un héritier grevé ou un premier substitué, l'Arrêt ou le Jugement devront être cassés ou rétractés par le défaut de défenses en entier, ou par le défaut de défenses valables, ou l'omission de quelque raison décisive, quoique le grevé ou le substitué fussent majeurs lors de l'Arrêt ou du Jugement en dernier ressort. Ensorte que le défaut absolu de défense, ou le défaut de défense valable sont aujourd'hui des moyens de requête civile, en matière de substitution, en faveur des majeurs, tout comme en faveur des mineurs, & de ceux qui jouissent du privilége des mineurs.

La disposition de notre article, qui veut que l'Arrêt qui est contradictoire avec le grevé, soit réputé contradictoire avec le substitué quoique non oui ni appelé, & qu'il ne représente pas le grevé, n'est fondée sur aucun texte du Droit Romain, ni d'Ordonnance : elle est même contraire à la maxime du Droit Romain, *res inter alios judicata aliis non nocet*, & à l'*art.* 2 du *tit.* 35 de l'Ordonnance de 1665, auquel elle déroge, comme nous l'avons remarqué : mais notre article peut être fondé sur ce qu'il importe de couper la racine des contestations par le retranchement des causes qui sont capables de les produire; & que le grevé représentant la substitution, & en exerçant les droits & les actions, il est de l'équité, de ne pas permettre à un substitué de se pourvoir par oppoſition, contre un Arrêt rendu contre le grevé, qui peut être réputé vrai contradicteur légitime ; lorſqu'il aura fourni une défenſe ſerieuſe, & qu'il n'aura rien omis pour la conſervation des biens ſubſtitués; ce qu'il faut préſumer; à moins que l'omiſſion de la défenſe légitime ne ſoit établie. Auſſi eſt-il pareillement juſte & équitable de permettre au ſubſtitué d'attaquer l'Arrêt ou le Jugement en dernier reſſort rendu avec le grevé , qui n'aura pas bien défendu la ſubſtitution, & qui aura omis quelque raiſon ou moyen déciſif, ſans examiner ſi le grevé étoit majeur ou mineur lors de l'Arrêt; parcequ'il ne doit pas être permis à un grevé de rien faire, ni de rien omettre au préjudice des ſubſtitués.

ARTICLE LI.

Dans quel délai la Requête civile poura-t-elle être obtenue par le Subſtitué, contre les Arrêts contradictoires avec le Grevé. De quel jour ce délai court-il?

Lᴇ ᴅᴇʟᴀɪ ᴘᴏᴜʀ ᴏʙᴛᴇɴɪʀ ʟᴇsᴅɪᴛᴇs Lᴇᴛᴛʀᴇs sᴇʀᴀ ᴅᴇ sɪx ᴍᴏɪs, ᴀ ᴄᴏᴍᴘᴛᴇʀ ᴅᴜ ᴊᴏᴜʀ ᴅᴇ ʟᴀ sɪɢɴɪғɪᴄᴀᴛɪᴏɴ qui aura été faite de l'Arrêt ou Jugement en dernier reſſort, à la perſonne ou domicile du Subſtitué ᴅᴇᴘᴜɪs ʟ'ᴏᴜᴠᴇʀᴛᴜʀᴇ ᴅᴇ ʟᴀ Sᴜʙsᴛɪᴛᴜᴛɪᴏɴ à ſon profit, s'ɪʟ ᴇsᴛ ᴍᴀᴊᴇᴜʀ , ᴏᴜ ᴀ ʟᴀ ᴘᴇʀsᴏɴɴᴇ ᴏᴜ ᴅᴏᴍɪᴄɪʟᴇ ᴅᴇ sᴏɴ Cᴜʀᴀᴛᴇᴜʀ, s'ɪʟ ᴇᴛᴏɪᴛ ɪɴᴛᴇʀᴅɪᴛ, & ſi le Subſtitué eſt pupille ou mineur, ledit délai ne ſera compté que du jour de la ſignification qui lui aura été faite après ſa majorité.

Cᴇᴛ article règle le délai dans lequel le ſubſtitué , qui voudra attaquer les Arrêts ou Jugemens en dernier reſſort rendus avec le grevé ou le premier fubftitué, devra fe pourvoir par requête civile?

Il veut que le délai pour obtenir les lettres en forme de requête civile foit de fix mois, à compter du jour de la fignification qui fera faite de l'Arrêt ou Jugement en dernier reſſort à la perſonne ou domicile du fubftitué, depuis l'ouverture de la fubftitution à fon profit, s'il eft majeur, ou à la perſonne ou domicile de fon curateur, s'il étoit interdit. Et fi le fubftitué eft pupille ou mineur, le délai de fix mois ne fera compté que du jour de la fignification qui lui aura été faite après fa majorité.

L'*art. 5 du tit. 35* de l'Ordonnance de 1667, avoit réglé à peu-près de la même manière, le délai dans lequel les lettres en forme de requête civile doivent être obtenues dans toutes les matières.

Le délai pour obtenir leſdites lettres fera de fix mois): Mais il faut non-feulement obtenir & impétrer les lettres en forme de requête civile, mais encore les faire fignifier dans les fix mois avec aſſignation aux parties intéreſſées pour les voir entériner; autrement les fins de non-recevoir pouront être oppoſées, & les Arrêts & Jugemens en dernier reſſort ne pouront plus être utilement attaqués par cette voie.

A compter du jour de la fignification): Cette fignification doit être faite au fubftitué, afin que le délai de fix mois puiſſe commencer de courir; quoique l'Arrêt ou Jugement en dernier reſſort eût été fignifié au grevé, avec lequel il auroit été rendu; Une telle fignification, quoique faite à la perſonne ou au domicile du grevé majeur, ne pouvant pas nuire au fubftitué, ni faire courir le délai de fix mois contre lui.

Depuis l'ouverture de la fubftitution): Ceci s'entend de la fubftitution fidéicommiſſaire, comme nous l'avons remarqué pluſieurs fois; mais afin que la fignification puiſſe être faite utilement au fubftitué, il eft néceſſaire d'attendre qu'il ait fait déclarer la fubftitution ouverte à fon profit, ou qu'il ait obtenu la délivrance par acte volontaire; il ne fuffira pas que la fubftitution foit échue par l'événement de la condition, ou du jour, & que le droit d'en demander l'ouverture foit parvenu fur la tête du fubftitué, parce qu'avant que l'ouverture foit déclarée & la délivrance ordonnée, le substitué n'a point d'action contre les détenteurs des biens pour pouvoir les évincer, comme le porte l'*art.* 40 *du tit.* 1 de notre Ordonnance. Ainsi la signification au substitué ne peut être utile, que quand elle aura été faite dans un temps auquel il poura agir.

S'il est majeur) : Lorsque le substitué est majeur, la significa‑ tion de l'Arrêt ou Jugement en dernier ressort, poursuivi avec le grevé, à raison des biens substitués, poura lui être faite utile‑ ment à sa personne, ou à son domicile, quoiqu'il soit fils de fa‑ mille, & en la puissance de son père ; parceque notre article ne considère que l'age de majorité.

Ou à la personne ou domicile de son curateur s'il est interdit) : Soit que l'interdiction soit fondée sur la prodigalité, ou sur la démence, l'imbécillité ou la fureur ; notre article ne distinguant pas ces cas, les comprend également tous par sa disposition indé‑ finie. Auxquels cas, si le substitué est majeur, la signification dont l'article parle, peut être valablement faite à la personne du cu‑ rateur de l'interdit, ou à son domicile, & le délai de six mois courra utilement contre la personne interdite par justice, à compter du jour de la signification de l'Arrêt ou jugement en dernier ressort, après que la substitution aura été déclarée ouverte.

Lorsque notre article veut que la signification puisse être faite à la personne ou au domicile du curateur de l'interdit, il le dis‑ tingue de la personne du pupille, ou du mineur, à l'égard des‑ quels la signification ne peut être faite utilement, que quand ils sont parvenus à leur majorité, sans que la signification faite au tuteur du pupille ou au curateur du mineur, puisse faire courir le délai de six mois, comme notre article le porte, lorsqu'il dit, *Et si le substitué est pupille ou mineur, ledit délai ne sera compté que du jour de la signification qui lui aura été faite après sa majorité.* Mais il faut que la substitution ait été déclarée ouverte à leur profit, comme nous l'avons dit. La raison de la différence entre le pupille ou le mineur, & l'interdit, est que la pupillarité & la minorité ont un terme certain, au lieu que l'interdiction peut durer toute la vie : cependant il faut un temps pour la requête civile, afin que les chofes ne foient pas dans l'incertitude durant un intervalle trop long.

ARTICLE LII.

Dans quel délai l'Eglife, les Hôpitaux & les Communautés fubftituées, doivent-elles fe pourvoir par Requête civile contre les Arrêts rendus contradictoirement avec le Grevé.

En cas que la Subftitution fût faite en faveur de l'Eglife, Hôpitaux, Corps ou Communautés laïques ou eccléfiaftiques, ledit délai fera d'un an, A COMPTER DU JOUR DE LA SIGNIFICATION QUI SERA FAITE DEPUIS L'OUVERTURE DE LA SUBSTITUTION, à la perfonne ou domicile de leurs Syndics, ou autres Adminiftrateurs.

L'ARTICLE 7 du *tit.* 35 de l'Ordonnance de 1667, porte : *Les eccléfiaftiques, les hôpitaux & les communautés, tant laïques qu'eccléfiaftiques, feculières, regulières, même ceux qui font abfens du Royaume pour caufe publique, auront un an pour obtenir & faire fignifier les requêtes civiles, à compter pareillement du jour des fignifications (qui leur auront été faites au lieu ordinaire des bénéfices, des bureaux des hôpitaux, ou aux Syndics ou Procureurs des communautés, ou au domicile des abfens.*

En conformité de l'Ordonnance de 1667, notre article ordonne qu'en cas que la fubftitution foit faite en faveur de l'églife, hôpitaux, corps ou communautés laïques ou eccléfiaftiques, ledit délai fera d'un an, à compter du jour de la fignification qui fera faite depuis l'ouverture de la fubftitution, à la perfonne ou domicile de leurs Syndics ou autres Adminiftrateurs.

Quoique

Quoique notre article ne parle pas des abſens *rei publicæ cauſâ*, les ſubſtitués abſens pour cauſe publique doivent avoir le délai d'un an , pour obtenir & faire ſignifier les lettres en forme de requête civile , parceque l'Ordonnance de 1667 le leur accorde, & que notre article n'y déroge pas.

A compter du jour de la ſignification qui ſera faite depuis l'ouverture de la ſubſtitution): Il faut appliquer ici ce que nous avons dit ſur l'article précédent, que la ſignification de l'Arrêt ou Jugement en dernier reſſort, ne poura être faite utilement, qu'après que la ſubſtitution aura été déclarée ouverte par Sentence, ou que la remiſe du fidéicommis aura été faite volontairement par le grevé.

Nous devons encore appliquer ici une réflexion que nous avons faite, que depuis l'Edit de 1749, qui déclare les gens de mainmorte incapables d'acquérir & poſſéder des biens immeubles, droits réels, rentes foncières, ou non rachetables, rentes conſtituées ſur les particuliers, & autres biens mentionnés dans l'*art.* 14 de cet Edit, la diſpoſition de cet article ne poura leur être utile qu'autant qu'il s'agira des ſubſtitutions échues avant la publication de cet Edit.

ARTICLE LIII.

Les actes de défiſtement , les tranſactions & les conven-
tions paſſées au ſujet des Subſtitutions , doivent être
homologués au Parlement avec les Gens du Roi ,
à peine de nullité des Arrêts & Jugemens qui ſeroient
rendus ſur leſdits Actes non homologués.

Les Actes contenant des défiſtemens, tranſactions
ou conventions, qui ſeront paſſées à l'avenir entre celui
qui ſera chargé de Subſtitution, ou qui l'aura recueillie,
& d'autres parties, ſoit ſur la validité ou la durée de la
Subſtitution, ſoit ſur la liquidation des biens ſubſtitués
& des détractions, ſoit par rapport aux droits de propriété, d'hypothèque ou autres, qui ſeroient prétendus ſur leſdits biens, ne pourront avoir aucun effet contre
les Subſtitués, & il ne poura être rendu aucun Jugement
en conſéquence deſdits Actes, qu'après qu'ils auront été
homologués en nos Cours de Parlement ou Conſeils
ſupérieurs, ſur les concluſions de nos Procureurs Généraux ; ce qui ſera obſervé à peine de nullité.

Notre Ordonnance continuant de pourvoir à la ſureté des
biens ſubſtitués, & à veiller à la conſervation des droits des perſonnes qui doivent les recueillir, veut par l'*art.* 53, que les actes
concernant les défiſtemens, les tranſactions ou conventions, qui
ſeront faits à l'avenir, entre celui qui ſera chargé de ſubſtitution,
ou le premier ſubſtitué qui l'aura recueillie, & d'autres parties,
ſoit ſur la validité ou la durée de la ſubſtitution, ſoit ſur la liqui-

dation des biens ſubſtitués, & des détractions, ſoit par rapport aux droits de propriété, d'hypothèque ou autres, qui ſeroient prétendus ſur les biens ſubſtitués, ne puiſſent avoir aucun effet contre les ſubſtitués ultérieurs, & il ne poura être rendu aucun jugement en conſéquence deſdits actes, qu'après qu'ils auront été homologués aux Cours de Parlement ou Conſeils ſupérieurs, ſur les concluſions de MM. les Gens du Roi. Ce qui doit être obſervé à peine de nullité. En un mot, aucun traité concernant directement ou indirectement les biens ſubſtitués qui aura été fait par celui qui eſt grevé de ſubſtitution, ne peut nuire ni être oppoſé au ſubſtitué ultérieur, à moins qu'il n'ait été homologué.

Ce n'eſt que par l'homologation aux Cours ſupérieures, avec les concluſions des Gens du Roi, qui par leur miniſtère doivent veiller à la conſervation des droits des ſubſtitués, que les traités & actes faits par ceux qui ſont grevés de ſubſtitution après eux, peuvent avoir leur effet, & valoir contre le ſubſtitué qui doit recueillir; enſorte que s'ils n'ont pas été homologués, ils ne peuvent pas être oppoſés au ſubſtitué, & les droits qui pouroient avoir été réglés, pourront être diſcutés & examinés de nouveau, tout comme ſi les actes & les traités n'avoient pas été faits. Il ne peut même être rendu aucun jugement en conſéquence deſdits actes ou traités non homologués, à peine de nullité, tant des actes que des jugemens qui ſeroient rendus à leur occaſion. Cet article n'a pas beſoin d'une explication plus ample. On doit néanmoins obſerver, que ſi les arrêts d'homologation des actes étoient rendus ſans concluſions des Gens du Roi, ils ne pouroient pas nuire au ſubſtitué, qui n'auroient pas beſoin de les attaquer par requête civile, à cauſe de la nullité prononcée par cet article.

ARTICLE LIV.

Quand les Actes & Traités auront été homologués par
. Arrêt , le Substitué ne poura se pourvoir contre
l'Arrêt que par Requête civile.

Les Arrêts qui auront homologué lesdits Actes,
seront exécutés contre les substitués, lesquels ne pouront se pourvoir contre lesdits Arrêts que par la voie
de la Requête civile , sur les moyens & dans les délais
ci-dessus expliqués.

Les Arrêts qui auront été homologués en la forme prescrite par
l'article précédent, les actes ou traités faits par le grevé, ou par
un premier substitué qui aura recueilli, seront exécutés contre
les substitués ultérieurs , lesquels ne pouront se pourvoir contre
lesdits Arrêts, que par la voie de la requête civile , sur les moyens
& dans les délais ci-dessus expliqués. Ce qui doit s'entendre ,
soit que le substitué soit intervenu lors de l'Arrêt, & qu'il ait
donné son consentement ou non.

Il peut se présenter une difficulté à l'occasion de notre article.
Elle consiste à savoir si pour mettre le substitué dans la nécessité de se pourvoir par la voie de la requête civile , contre les
Arrêts d'homologation des actes & traités, il faut, outre les conclusions de MM. les Gens du Roi, que les Arrêts d'homologation
ayent été rendus avec le grevé, qui a passé les actes, ou fait les
traités homologués, qu'ils ayent été poursuivis à sa requête , ou
rendus de son consentement.

Il semble d'abord que les seules conclusions des Gens du Roi
suffisent, à cause que notre Ordonnance les considère comme
légitimes contradicteurs au sujet des matières concernant les

substitutions fidéicommissaires, & que par cette raison, ils soient réputés contradictoires avec le grevé ; qu'ainsi ils ne puissent être attaqués que par la voie de la requête civile ; vu que les Arrêts qui sont réputés contradictoires avec le grevé, le sont pareillement avec le substitué suivant l'*art.* 50.

Mais il faut décider le contraire, c'est-à-dire, que le substitué poura attaquer les Arrêts d'homologation, lorsque le grevé n'aura pas été appelé ni oui. La raison est que les conclusions des Gens du Roi ne suffisent pas pour rendre ou faire réputer contradictoires, les Arrêts, lors desquels les parties intéressées n'auront été ni appelées ni ouies. Voilà pourquoi les Arrêts d'homologation, qui auront été poursuivis avec MM. les Gens du Roi seulement, pourront être attaqués par opposition de la part du grevé suivant l'*art.* 2 *du tit.* 35 de l'Ordonnance de 1667 ; & si le grevé peut venir par cette voie, le substitué ultérieur le poura aussi, parceque, suivant l'*art.* 50 de ce titre, le substitué n'est exclu de la voie de l'opposition qu'autant que le grevé l'est lui-même.

D'Argentré sur la Coutume de Bretagne, art. 265, *verbalement par achat de justice,* n. 28, dit qu'un Arrêt qui autorise ou homologue une transaction, n'empêche pas que les parties ne puissent se pourvoir contre la transaction par les voies qui sont ouvertes pour demander la cassation ou rescision des actes non homologués, parceque l'Arrêt n'étant rendu que du consentement des parties, & non en la forme judiciaire, n'ajoute rien à la force de la transaction. *Chorier, dans sa Jurisprudence de Gui-Pape,* pag. 352 ; rapporte un Arrêt du Parlement de Grenoble, rendu les Chambres consultées le 10 Décembre 1672, qui a jugé qu'on n'a pas besoin de la requête civile contre les arrêts d'homologation des transactions.

Cependant un Arrêt rendu du consentement des parties est contradictoire à leur égard, puisqu'ils y sont parties ; & l'*art.* 1 *du tit.* 35 de l'Ordonnance de 1667 dit, que les *Arrêts & Jugemens en dernier ressort ne pouront être rétractés que par lettres en forme de requête civile, à l'égard de ceux qui auront été parties ou duement appelés, & de leurs héritiers, successeurs, ou ayans cause :* ce qui reçoit une juste application à ceux qui ont confenti aux arrêts d'homologation, parcequ'ils y ont été parties. Ils ne peuvent donc les attaquer que par requête civile.

ARTICLE LV.

Enumération des cas auxquels les difpofitions de la préfente Ordonnance ne doivent pas avoir un effet rétroactif.

Les difpofitions contenues dans le titre premier de la préfente Ordonnance, fur ce qui concerne la validité ou l'interprétation des Actes portant fubftitution, la qualité des biens qui peuvent en être chargés, la durée des Subftitutions, & l'irrévocabilité de celles qui font portées par des contrats de mariage ou autres actes entre-vifs, la manière d'en compter les degrés, l'hypothèque fubfidiaire des femmes mariées avant la publication des préfentes, & l'effet des décrets qui l'auront précédé, n'auront aucun effet rétroactif, ET LES CONTESTATIONS NÉES OU A NAÎTRE, à cet égard, feront jugées fuivant les Loix & la Jurifprudence qui étoit obfervée auparavant dans nos Cours, LORSQUE LA SUBSTITUTION AURA UNE DATE ANTERIEURE à la publication de la préfente Ordonnance, fi elle eft portée par un acte entre-vifs, ou SI ELLE EST CONTENUE DANS UNE DISPOSITION A CAUSE DE MORT, lorfque celui qui l'aura faite fera décédé avant ladite publication.

CET article & les trois fuivans, règlent les cas où notre Ordonnance doit ou ne doit pas avoir un effet rétroactif, quoique réguliérement les loix nouvelles n'aient lieu que pour les cas qui ſurviennent depuis leur publication, parceque, *futuris, non præteritis formam dant negotiis*, ſuivant la loi 7, *Cod. de legib.* néanmoins le Légiſlateur peut leur donner l'effet rétroactif, quand il le juge à propos & convenable, comme le dit la même loi : *Niſi nominatim de præterito tempore, & adhuc pendentibus negotiis, cautum ſit.*

L'*art.* 55 refuſe l'effet rétroactif aux diſpoſitions des articles contenus dans le *titre* 1 de la préſente Ordonnance, ſur les matières dont l'énumération eſt faite ici, & règle de quelle manière il faut fixer la date des actes qui contiennent des ſubſtitutions fidéicommiſſaires.

L'*art.* 56 établit auſſi que les diſpoſitions contenues dans les articles du *tit.* 2, ſur la néceſſité & la forme de l'inventaire des effets des ſucceſſions dans leſquelles il y aura des biens chargés de ſubſtitution, n'auront d'effet, qu'à l'égard des ſucceſſions qui ſeront ouvertes après la publication de la préſente Ordonnance.

L'*art.* 57 déclare pareillement que les diſpoſitions contenues dans les articles du *tit.* 2, concernant l'Ordonnance, que celui qui recueillera les biens ſubſtitués, doit obtenir, faute par le grevé d'y avoir ſatisfait, n'auront lieu qu'à l'égard de ceux qui recueilleront les biens compris dans une ſubſtitution, qui n'auroit pas encore été publiée & enregiſtrée.

L'*art.* 58 règle les différens cas auxquels notre Ordonnance doit avoir un effet rétroactif, par une diſtinction qui doit être priſe de la date des actes.

Notre *art.* 55 fait une énumération des cas où la préſente Ordonnance ne doit pas avoir un effet rétroactif.

Le premier eſt, ce qui concerne la validité ou interprétation des actes, portant ſubſtitution fidéicommiſſaire, leſquels doivent être exécutés, interprêtés & entendus, comme on auroit pu le faire avant la publication de la préſente Ordonnance.

Le ſecond eſt la nature & la qualité des biens qui peuvent être chargés de ſubſtitution, comme ſont les meubles dans certains cas, & les biens donnés par acte entre-vifs, à l'égard deſquels certains Parlemens autoriſoient les ſubſtitutions faites *ex intervallo.*

Le troisième regarde la durée des substitutions, que la présente Ordonnance borne à deux degrés, la première disposition non comprise ; au lieu que dans certains Parlemens elles pouroient être faites pour avoir lieu durant quatre degrés, sans y comprendre la première disposition.

Le quatrième est l'irrévocabilité des substitutions qui sont portées par des contrats de mariage, ou autres actes entre-vifs.

Le cinquième regarde la manière de compter les degrés : certains Parlemens, comme celui de Toulouse, les comptant par souches ou générations, & les autres par têtes.

Le sixième concerne l'hypothèque subsidiaire des femmes mariées avant la publication de la présente Ordonnance.

Le septième est l'effet des décrets poursuivis avant ladite Ordonnance.

Dans tous lesquels cas la présente Ordonnance n'aura aucun effet rétroactif ; mais les contestations nées ou à naître, devront être jugées suivant les loix ou la jurisprudence qui étoit observée auparavant dans les Cours supérieures, lorsque la substitution aura une date antérieure à la publication de la présente Ordonnance, si elle est portée par un acte entre-vifs, ou si elle est contenue dans une disposition à cause de mort, lorsque celui qui l'aura faite, sera décédé avant ladite publication.

Et les contestations nées & à naître à cet égard) : C'est-à-dire, pour les effets des substitutions & autres choses dont l'énumération est faite ci-dessus.

Lorsque la substitution aura une date antérieure) : c'est-à-dire, ne date publique & assurée, comme sont les donations entre-vifs, lesquelles ne peuvent être faites que par acte public passé devant Notaire, & dont il restera minute suivant l'*art.* 1 de l'Ordonnance de 1731.

Si elle est contenue dans une disposition à cause de mort) : C'est-à-dire, dans un testament, ou un codicille, ou une donation à cause de mort, auquel cas on ne considère pas la date des dispositions de cette qualité, quoiqu'elle soit publique & authentique ; parceque, comme nous l'avons remarqué sur l'*art.* 13 du *tit.* 1 de la présente Ordonnance, lorsqu'il s'agit d'une disposition

tion entre-vifs, on confidère la date de l'acte qui la renferme ; au lieu que quand il est question d'une difposition à caufe de mort, on ne confidère que le temps de la mort, parceque, *ut teflamentum valeat, intercedat mors teflatoris neceffè eft.* C'eft ce que nous avons éclairci par un exemple dans les notes fur l'*art.* 13 *du tit.* 1.

Suivant la loi 25 , *Cod. de donat. inter virum & uxor.* & l'*art.* 18 *du tit.* 1 de notre Ordonnance, les donations entre mariés, *conflante matrimonio,* & celles qui font faites par le père à fes enfans qu'il a en fa puiffance, autrement qu'en faveur de mariage, ne font valables qu'autant qu'elles font confirmées par le filence du donateur, lequel a la liberté de les révoquer, & de les charger de fubftitution après coup, ainfi que nous l'avons expliqué dans les notes fur l'*art.* 18 *du tit.* 1, quoiqu'elles foient conçues entre-vifs : enforte qu'elles ne valent que comme des difpofitions à caufe de mort ; d'où il femble qu'on doive conclure, qu'il faut confidérer dans ces cas, le temps de la mort du donateur, & non le temps de la date des actes qui renferment des donations de cette efpèce.

Cependant la loi 25 , *Cod. de donat. inter vir. & uxor.* décide que quand une donation de cette qualité n'a pas été révoquée par le donateur, & qu'elle fe trouve confirmée par le filence, elle doit avoir fon effet du jour de la date de l'acte, pourvu qu'elle ait été infinuée, ou qu'elle n'excède pas la fomme à con-currence de laquelle les donations non infinuées étoient vala-bles : *Si verò vel non amplior fit donatio, vel cum amplior effet, in actis infinuata fit, tunc & filentium donatoris, vel donatricis, & fpecialis confirmatio, ad illud tempus referatur quo donatio confcripta fit ;* je penfe même que quand elle n'auroit pas été in-finuée, elle devroit remonter à la date de l'acte, & l'on ne devra pas confidérer le temps de la mort du donateur, ainfi que je l'ai obfervé fur l'*art.* 35 *du tit.* 1.

Si donc une perfonne a fait une fubftitution par une vraie dif-pofition à caufe de mort, avant la publication de la préfente Or-donnance, il faut ufer de diftinction, lorfqu'il s'agit de favoir s'il faut fe régler par la préfente Ordonnance, ou par le droit

& la jurifprudence antérieure. Si le fubftituant eft mort avant la publication de l'Ordonnance, fes difpofitions ne pouront point y être appliquées, & il faudra fe régler par le droit antérieur ; mais s'il eft décédé après la publication de l'Ordonnance, il faudra fe conformer à ce qu'elle prefcrit, quoique la fubftitution ait une date publique antérieure ; dans tous les cas, & pour les matières dont l'énumération eft faite dans notre article, parceque la fubftitution eft cenfée faite au moment du décès du fubftituant, & par conféquent fous la puiffance de la loi nouvelle, quand le fubftituant eft décédé après la publication de l'Ordonnance.

ARTICLE LVI.

Enumération de quelques autres cas où la préfente Ordonnance n'a pas un effet rétroactif.

Les difpofitions du préfent titre, fur la néceffité & la forme de l'inventaire des effets des fucceffions dans lefquelles il y aura des biens chargés de Subftitution, n'auront effet qu'à l'égard des fucceffions qui feront ouvertes après la publication des préfentes.

Notre article veut que les difpofitions *du tit.* 2, fur la néceffité & la forme de l'inventaire des effets des fucceffions, dans lefquelles il y aura des biens chargés de fubftitution, n'auront effet qu'à l'égard des fucceffions qui feront ouvertes après la publication de la préfente Ordonnance.

Mais il faut prendre garde aux cas qui font expliqués dans *l'art.* 46 de ce titre, par rapport à l'infinuation des fubftitutions faites dans les refforts des Parlemens de Befançon & de Grenoble, au fujet de quoi il faudra fe conformer aux difpofitions de cet *art.* 56 , de l'Edit de 1707, de la Déclaration du 14 Septembre 1721 pour le parlement de Beſançon, & de la Déclaration du 22 Avril 1739 pour le Parlement de Grenoble : mais les loix particulières de ces Parlemens ne parlent point de l'inventaire qui fait le ſujet de notre article. Ainſi il faudra l'exécuter à Beſançon & à Grenoble, comme dans le reſſort des autres Parlemens.

L'intention de cet article n'eſt pas d'ajouter quelque choſe aux autres articles, qui ont impoſé la néceſſité de faire inventaire, & qui en ont preſcrit la forme. Il ne fait que déclarer que ce qui eſt preſcrit par la préſente Ordonnance, au ſujet de l'inventaire & de la forme, ne devra être exécuté, qu'à l'égard des ſucceſſions qui ſeront ouvertes après la publication de la préſente Ordonnance , lorſque dans ces ſucceſſions il y aura des biens chargés de ſubſtitution; ce qui ſemble induire que l'inventaire doit être fait en la forme preſcrite, toutes les fois qu'une ſucceſſion , ſoit du ſubſtituant , ſoit du grevé, dans laquelle il y aura des biens ſubſtitués mêlés & confondus, ſera ouverte après l'enregiſtrement de la préſente Ordonnance , c'eſt-à-dire , ſoit qu'il s'agiſſe de la ſucceſſion du ſubſtituant , ou bien de celle de l'héritier grevé; parcequ'il ſera vrai que dans ces ſucceſſions il y aura des biens ſubſtitués mêlés & confondus avec ceux qui dépendent des ſucceſſions.

Mais ce n'eſt pas l'eſprit de notre article. Le temps du décès du ſubſtituant eſt le point fixe de l'obligation de faire l'inventaire. L'*art.* 1 de ce titre en impoſe cette obligation à l'héritier grevé; l'*art.* 2 veut, que ſi le premier grevé n'a pas fait procéder à l'inventaire en la forme preſcrite, dans les trois mois, le premier ſubſtitué le faſſe faire dans le mois ſuivant; & ſi l'un & l'autre négligent de faire l'inventaire dans ces deux délais, le Procureur du Roi du Sénéchal peut le faire faire. Il n'y a donc aucune obligation impoſée à un ſubſtitué ultérieur de faire faire l'inventaire de la ſucceſſion du premier grevé, quoiqu'elle ſoit ouverte après la publication de notre Ordonnance, & la néceſſité de faire l'inventaire , ne regarde que les meubles & effets dépendans de la ſucceſſion du ſubſtituant , & non ceux qui dépendent de la succeſſion du premier grevé. Voilà pourquoi ſi la ſucceſſion du ſubſtituant eſt échue avant la publication de notre Ordonnance, quoique le grevé ait négligé de faire inventaire, le ſubſtitué qui reçüeillera après lui, même après la publication de l'Ordonnance, ne ſera pas obligé de faire l'inventaire en la forme preſcrite, ni des effets de la ſucceſſion du grevé, ni de ceux qui dépendent de la ſucceſſion du ſubſtituant ; parceque, comme nous l'avons dit, la mort du ſubſtituant eſt le point fixe du temps auquel il faut procéder à l'inventaire, & qu'il n'y a point de loi qui oblige un ſubſtitué à faire procéder à l'inventaire des effets d'un héritier aux biens duquel il ne ſuccéde pas.

Auſſi lorſque notre article parle de la néceſſité de faire l'inventaire des ſucceſſions ouvertes, après la publication de l'Ordonnance, il n'entend parler que des ſucceſſions des ſubſtituans, & non de celles d'aucune autre perſonne.

ARTICLE LVII.

Les diſpoſitions de la préſente Ordonnance ſur la néceſ-
ſité d'obtenir la permiſſion de ſe mettre en poſſèſſion
des biens ſubſtitués, ne doivent avoir lieu qu'à l'égard
de ceux qui recueilleront à l'avenir des biens ſubſtitués,
lorſque la Subſtitution n'aura pas encore été inſinuée.

Les diſpoſitions portées par le préſent titre, CONCER-
NANT L'OʀᴅᴏɴɴᴀɴCᴇ, QUE CELUI QUI RECUEILLERA LES
BIENS SUBSTITUE᾽S DOIT OBTENIR, faute par le grevé
ou le précédent ſubſtitué d'y avoir ſatisfait, n'auront
lieu qu'à l'égard de ceux qui recueilleront à l'avenir les
biens compris dans une Subſtitution, qui n'auroit pas
encore été publiée ni enregiſtrée.

Cᴇᴛ article parle des diſpoſitions de la première loi concernant l'Ordonnance, que celui qui recueillera les biens ſubſtitués,
doit obtenir, & veut que ces diſpoſitions n'aient lieu, qu'à l'égard
de ceux qui recueilleront à l'avenir les biens compris dans une
ſubſtitution qui n'auroit pas encore été publiée ni enregiſtrée ;
ce qui doit s'entendre, pourvu qu'il reſte quelque degré de la
ſubſtitution à remplir ; car autrement les biens devenant libres ſur
la tête de celui qui remplit le dernier dégré, il n'y aura aucune
précaution à prendre, ni formalité à obſerver.

Concernant l'Ordonnance) : Ceci eſt relatif aux *art.* 35, 36,
37, 39 & 40 de ce titre, qui impoſent la néceſſité d'obtenir cette
Ordonnance pour ſe mettre en poſſeſſion des biens ſubſtitués,
& preſcrivent les formalités qui doivent être obſervées dans
l'obtention de cette Ordonnance.

Que celui qui recueillera les biens subſtitués doit obtenir):
Cette diſpoſition eſt relative à l'*art.* 36 de ce titre avec cette
addition que notre article explique, que la néceſſité d'obtenir
cette Ordonnance, regarde non ſeulement l'héritier grevé, mais
encore le premier & le ſecond ſubſtitué, lorſque l'héritier grevé
ou le premier ſubſtitué n'auront pas fait publier & enregiſtrer la
ſubſtitution. Et comme l'Ordonnance du Sénéchal qui autoriſe
à prendre la poſſeſſion des biens ſubſtitués, ne peut être obtenue
qu'en rapportant l'acte de publication & d'enregiſtrement de la
ſubſtitution, il eſt indiſpenſable que le premier ou le ſecond
ſubſtitué faſſent procéder à l'inſinuation de la ſubſtitution qui n'a
pas été inſinuée.

Mais il faut prendre garde que quand notre article dit, *faute
par le grevé ou le précédent ſubſtitué*, il ſuppoſe que le ſecond
ſubſtitué eſt aſſujetti à l'obtention de l'Ordonnance; cependant
les ſubſtitutions ſont bornées à deux degrés, ſans y comprendre
la première diſpoſition, & l'on ne peut pas dire que notre article
ait entendu proroger la ſubſtitution à un troiſième degré, dans
le cas que le grevé & le premier ſubſtitué euſſent omis de faire
inſinuer la ſubſtitution, & nous avons obſervé pluſieurs fois que
les formalités preſcrites par notre Ordonnance, ne doivent être
remplies par le ſubſtitué, que quand il y a un ſubſtitué ultérieur,
qui eſt appelé pour recueillir. Il faut donc dire que quand notre
Ordonnance parle du ſecond ſubſtitué, pour l'obliger à obtenir
l'Ordonnance pour ſe mettre en poſſeſſion des biens ſubſtitués,
il ſuppoſe qu'il reſte un degré à remplir, à cauſe que l'héritier
grevé, ou le premier ſubſtitué n'auront pas recueilli, de manière
qu'ils ne doivent pas être comptés pour faire nombre.

Il n'y a aucun article dans notre Ordonnance, ni aucune autre
loi qui impoſe à un ſecond ſubſtitué qui recueille en ſecond ou
troiſième rang, la néceſſité de faire un inventaire avec priſée,
des effets de la ſucceſſion du ſubſtituant, ainſi que nous l'avons
remarqué ſur l'*art.* 56; cependant les *art.* 35 & 37 de ce titre,
veulent que l'Ordonnance, pour ſe mettre en poſſeſſion des biens
ſubſtitués, ne puiſſe être obtenue qu'en rapportant la clôture de
l'inventaire des effets du ſubſtituant, & l'acte de publication &

d'enregiſtrement de la ſubſtitution. Il faudroit donc aſſujettir un ſecond ſubſtitué à rapporter la cloture de l'inventaire, puiſqu'on lui impoſe la néceſſité d'obtenir l'Ordonnance qui l'autoriſe à ſe mettre en poſſeſſion des biens ſubſtitués.

Mais il faut faire attention que les *art.* 34 *&* 37, qui obligent au rapport de la clôture de l'inventaire, pour pouvoir prendre la poſſeſſion des biens ſubſtitués ne parlent que du premier grevé, ou du premier ſubſtitué qui prend ſa place à ſon défaut, & qui recueille en premier rang, & quand notre article parle d'un ſecond ſubſtitué, ou de celui qui recueille les biens ſubſtitués en ſecond rang, il ne parle pas de la néceſſité du rapport de la clôture de l'inventaire, & il ne l'oblige qu'à la formalité de la publication & de l'enregiſtrement de la ſubſtitution, lorſque le grevé ou le premier ſubſtitué, qui prend ſa place à ſon défaut, auront omis l'inſinuation de la ſubſtitution. Ainſi le ſecond ſubſtitué poura obtenir l'Ordonnance pour ſe mettre en poſſeſſion des biens ſubſtitués, ſans qu'il ſoit obligé de rapporter la clôture d'un inventaire, lorſque le grevé ou le premier ſubſtitué n'en auront pas fait faire après le décès du ſubſtituant, pourvu qu'il rapporte l'acte de publication & d'enregiſtrement de la ſubſtitution, parcequ'aucun article de l'Ordonnance n'impoſe au ſecond ſubſtitué, la néceſſité de faire procéder à l'inventaire, quoique l'héritier grevé, ni le ſubſtitué, ni le Procureur du roi ne l'aient pas fait faire; & cela ſans doute, à cauſe des difficultés & des embarras où ſe trouveroit un ſecond ſubſtitué de faire inventorier des meubles & effets qui auroient paſſé en d'autres mains, & qui pourroient n'être pas en nature, & avoir été divertis ou diſſipés. Il ſuffira donc que le ſubſtitué rapporte l'acte d'inſinuation, ſans être obligé à rapporter la clôture de l'inventaire pour obtenir l'Ordonnance qui l'autoriſe à ſe mettre en poſſeſſion des biens ſubſtitués.

ARTICLE LVIII.

*Enumération des cas auxquels la préfente Ordonnance
doit avoir, ou ne pas avoir un effet rétroactif.*

Les règles prefcrites par la préfente Ordonnance ;
fur l'emploi & le remploi des effets compris dans la
Subftitution, fur la publication & l'enregiftrement des
Subftitutions, & des actes d'emploi & remploi, fur les
Tribunaux qui doivent connoître des conteftations
formées au fujet defdites Subftitutions, fur la manière
de fe pourvoir contre les Arrêts ou Jugemens en dernier
reffort, & fur l'homologation des tranfactions ou autres
conventions faites avec ceux qui feroient chargés de
Subftitution, feront exécutées par rapport aux publications & enregiftremens, actes, demandes & procédures,
qui fe feront après la publication des préfentes, encore
que la Subftitution fût antérieure, ou que les Jugemens
contre lefquels le Subftitué voudroit fe pourvoir, euffent
été rendus auparavant ; & à l'égard des publications &
enregiftremens, actes, DEMANDES ET PROCEDURES qui
auroient été faites avant la publication de la préfente
Ordonnance, il y fera pourvu en cas de conteftation ,
fuivant les Loix & la Jurifprudence qui ont été obfervées
jufqu'à préfent en nos Cours.

CET article marque les cas auxquels les règles prefcrites par la
préfente Ordonnance doivent être exécutées & obfervées,
quoiqu'il s'agiffe des fubftitutions antérieures à la publication de
ladite

ladite Ordonnance ; pourvu qu'il s'agiſſe des faits poſtérieurs à ladite Ordonnance, & non autrement.

Ces cas ſont, 1.º ce qui eſt ordonné ſur l'emploi & le remploi des deniers & effets compris dans la ſubſtitution fidéicommiſ-ſaire ; ce qu'il faut entendre néanmoins, pourvu que la vente des effets ou des offices dépendans de la ſubſtitution, & les rembourſemens des parties ſoient poſtérieurs à la publication de notre Ordonnance ; car ſi les ventes ou les rembourſemens étoient antérieurs, il ne ſeroit pas néceſſaire de faire l'emploi ou le remploi.

2.º Ce qui regarde la publication & l'enregiſtrement des ſubſ-titutions, & des actes d'emploi & de remploi ; pourvu que la publication & l'enregiſtrement n'aient pas été faits avant la préſente Ordonnance, & que les actes d'emploi ou de remploi aient été faits depuis l'Ordonnance.

3.º Sur les tribunaux qui doivent connoître des conteſtations formées au ſujet des ſubſtitutions depuis notre Ordonnance ; car ſi les conteſtations avoient été intentées auparavant, même par ſimple exploit, avant la publication de la préſente Ordonnance, elle ne pouroit pas y être appliquée pour fixer la déciſion.

4.º Sur la forme de la publication & de l'enregiſtrement des ſubſtitutions antérieures, lorſqu'il ſera néceſſaire de les faire inſi-nuer, auquel cas l'inſinuation ne poura être faite après la publi-cation de la préſente Ordonnance, que devant les Sénéchaux, & dans le regiſtre tenu à cet effet, cotté & paraphé à chaque feuillet, & arrêté à la fin, comme il eſt porté par les *art.* 21 & 24 de ce titre.

5.º Sur la manière de ſe pourvoir contre les Arrêts & Juge-mens en dernier reſſort qui auront été rendus avec l'héritier grevé ou un premier ſubſtitué.

6.º Sur l'homologation des tranſactions, ou traités ou autres conventions faites avec ceux qui ſeront chargés de ſubſtitution & d'autres parties , & ſur la manière de ſe pourvoir contre les Arrêts qui auront homologué les traités & conventions.

7.º Sur les procédures qui doivent être obſervées dans les inſ-tances qui ſeront formées pour des ſubſtitutions antérieures à

P p p

notre Ordonnance, lorſque les procès auront été intentés après la publication de ladite Ordonnance.

À l'égard de tous leſquels cas il faudra ſe conformer aux règles preſcrites par notre Ordonnance, quoiqu'il s'agiſſe des ſubſtitutions antérieures, à raiſon de tout ce qui ſera fait après la publication de cette Ordonnance.

Et à l'égard des publications & enregiſtremens, actes, demandes & procédures, & autres choſes ci-deſſus exprimées, qui auroient été faites avant la publication de la préſente Ordonnance, il doit y être pourvu en cas de conteſtation ſuivant les loix & la juriſprudence, qui ont été obſervées juſqu'alors dans les Cours ſupérieures.

Demandes & procédures): Faut-il conjoindre ces deux mots, demandes & procédures ; enſorte qu'il ſuffiſe que la demande ait été formée avant la publication de cette Ordonnance, afin qu'on puiſſe ſe régler par la procédure obſervée auparavant ? ou bien quoique la demande en juſtice ſoit antérieure, faut-il obſerver ce qui eſt preſcrit par notre Ordonnance, pour ce qui reſte à faire de la procédure ? Le premier parti paroît le mieux fondé ; parceque les loix nouvelles ne peuvent ſervir à décider, que les cas nouveaux ſurvênus & portés en jugement depuis leur promulgation, & non aux procès intentés, & qui étoient pendans lors de la publication des loix nouvelles, à moins que le Légiſlateur ne leur attribue nommément & expreſſément l'effet rétroactif, comme dit la loi 7, *Cod. de legib.* Ainſi une demande en ouverture de ſubſtitution formée devant un premier Juge Royal ou Baneret, y devra être pourſuivie, & il ne ſera pas néceſſaire de faire intervenir le miniſtère du Procureur du Roi ou Fiſcal, pour donner des concluſions, quoique le procès intenté avant l'Ordonnance, ſoit inſtruit & jugé après la publication de ladite Ordonnance, laquelle ne peut faire aucun changement, ni ſur le fonds, ni ſur la procédure des procès intentés avant ſa publication.

CONCLUSION DE L'ORDONNANCE.

Voulons au ſurplus que la préſente Ordonnance ſoit gardée & obſervée dans toute l'étendue de notre Royaume, terres & pays de notre obéiſſance, à compter du jour de la publication qui en ſera faite; Abrogeons toutes Ordonnances, Loix, Coutumes, Statuts & Uſages différens, ou qui ſeroient contraires aux diſpoſitions y contenues. Si donnons en mandement à nos Amés & Féaux, les Gens tenant nos Cours de Parlement & Conſeils ſupérieurs, Grand'Conſeil, Chambre des Comptes, Cour des Aides, Baillis, Sénéchaux, & tous autres nos Officiers, que ces préſentes ils gardent, obſervent & entretiennent, faſſent garder, obſerver & entretenir; & pour les rendre notoires à nos Sujets, les faſſent lire, publier & enregiſtrer: Car tel est notre plaisir. Et afin que ce ſoit choſe ferme & ſtable à toujours, Nous avons fait mettre notre ſcel à ceſdites préſentes. Donne' au camp de la Commenderie du Vieux Jonc, au mois d'Août, l'an de grace mil ſept cent quarante-ſept, & de notre regne le trente-deuxième. *Signé* LOUIS. *Et plus bas,* par le Roi, Phelypeaux. *Viſa* d'Aguesseau. Et ſcellé du grand ſceau de cire verte, en lacs de ſoie rouge & verte.

La préſente Ordonnance a été enregiſtrée au Parlement de Paris le 27 Mars 1478 ; & au Parlement de Toulouſe le 27 Août 1749. Elle a été auſſi enregiſtrée aux autres Parlemens & Conſeils ſupérieurs, à l'exception du Parlement de Provence.

TABLE
DES TITRES ET ARTICLES
contenus dans ce Volume.

XLIX.

TITRE SECOND.

Des règles à obſerver par ceux qui ſont grevés de Subſti-
tution, des Juges qui en doivent connoître, & de l'au-
torité de leurs jugemens.

Qqq 2

Fin de la Table.

www.ingramcontent.com/pod-product-compliance
Lightning Source LLC
Chambersburg PA
CBHW060914220326
41599CB00020B/2959